JN324813

中央大学人文科学研究所
翻訳叢書
9

セバスティアン・カステリヨン

異端者を処罰すべからざるを論ず

フランス・ルネサンス研究チーム
訳

De l'Impunité des Hérétiques

中央大学出版部

De l'impunité des hérétiques/De hæreticis non puniendis
By Sébastien Casterillon
© 1971 by Librairie Droz S.A., Genève (Switzerland)

まえがき　ルネサンス期における寛容の地平

昨今はともあれ、ひと昔もふた昔も前、西欧ルネサンスという言葉で想起させられたのは、羅針盤と火薬と印刷術の発明とか、大航海時代や宗教改革、古典古代の再生と軌を一にする人文主義という言葉で一括される事象であった。西欧ルネサンスはイタリア人文主義に始まり、その思想的・芸術的な運動がイタリア戦役を経て、フランスへと広がって、さらにドーヴァー海峡を渡り、シェイクスピアに結実する英国ルネサンスにゆきつく一方、ピレネー山脈を越えて、十七世紀初頭のスペインの、いわゆる「黄金時代」に辿りついた、というのもそのころの常識であった。その一方、人文主義の輝きにつつまれた歴代ローマ教皇が、皮肉にも人文主義が生み出した文献学的操作や人間性の探究によって、世俗的にその地位の根拠を疑われるとともに、古代にキリスト教の出自を尋ね、古代との現在の懸隔の深さに戦いた僧族の、まさに僧衣をまとった一部の人々により糾弾されたのも事実であった。また他方では、球体の地球というファンタジーに賭け、大西洋に乗り出したクリストファー・コロンブス（クリストバル・コロン）が切り開いた新大陸への道をつうじて、その地を征服し、黄金と奴隷をかき集め、はたして新大陸人が人間か亜人間かという問いを投げかけたのもこの時代であった。——要するに西欧近代、ひいては現代の起点において大きな問はほぼ出尽くしているように思える。

もちろん「ほぼ」であり、時代錯誤に陥らない範囲でであるが。

しかし問題はこの「ほぼ」である。グーテンベルクによる（西欧での）印刷術の発明は十五世紀前半だから、文芸ルネサンス盛期のイタリアのペトラルカやボッカッチョの時代には、印刷術は発明されていない。火薬の使用は十三世紀にすでにヨーロッパに伝わっていたと言われる。おおよそ現代のモデルとなった羅針盤が一五六〇年頃、イタリアに伝搬したと伝えられている。イタリア・ルネサンスを主流に据えるとこれはもうルネサンス晩年、というよりバロックとかマニエリスムの世界である。このように「ルネサンス」を規定すると思われていた三種の神器、羅針盤や火薬、印刷術はかならずしもルネサンスの源流、イタリアの産物ではない。これを念頭におき、さきの謳い文句をすべてカッコに入れて、今度は十六世紀を表象するといわれる、人文主義、宗教改革、新大陸の発見という、語彙・概念に共通するものは何か、果たして存在するのかどうか、尋ね直してみよう。

これらの三つの事象に共通するのは「古代」の発見である。人文主義はギリシア・ローマの知識と文明を再発見し、それまでのキリスト教とローマ・カトリック教会に支配されていた思考の枠組みを問いただした。宗教改革は腐敗したローマ教会を目の当たりにした教会人が古代へブライ語・古代ギリシア方言で書かれた原始キリスト教会の教えに戻すこと、すなわちローマ・カトリック教会を言葉のうえだけでなく使徒伝来のものへと差し向けようとした。新大陸の発見は、時間を空間と言い換えれば、人文主義や宗教改革が歴史の彼方に古代を見出したとおなじように、空間の彼方に古代、しかも途方もない古代を見出したと信じたのである。人祖アダムに近い人種が、楽園である新大陸に、西欧文明の垢にまみれず、原始の姿を保ちつつ自然人として暮らしているとも考えられた。もちろん新大陸の原住民がキリスト教を知らず、悪魔に仕える蛮人であったとする考えがこれに続いたのはさておく。要するに、人文主義も宗教改革も新大陸も中世という闇（きょうこのごろではこのような言葉遣いは、はなはだしい時代錯誤であると知られているが、ともあれ当時の知識人にとっては）の彼方のありうべき文明や文化、習俗をふたたび花開かせようとしたのである。そしてそのような人々にとって、その実現を阻んでいたものこそ、ローマ・カトリック教会であった。人文主義者の営為を妨げていたのは、説教さえラテン語でおこない、ましてやギリシア語など悪魔の言葉であると言い切る、知識の普及が己の足元をすくうと察知した教会人であり、いわんや宗教改革においては事情はいっそう明白であった。新大陸＝楽園説をくつがえしたのは、キリスト教を知らないと見なし、それゆえに悪の巣窟であると断じた（そう断じた方が都合がよかった）教会博士たちであった。そしてその教会の戦略は破門であり、迫害であり、ひとに非ずときめつけた排斥であった。

教会は寛容であることもできたはずだ。少なくとも芸術に関しては、教皇たちはときによって非常な寛容さ、鷹揚さを示した。しかし、ことが教義に関われば話は違う。中世の危機的状況下でも、自らに都合が悪いとおもわれた修道会〔ここではアッシジのフランチェスコにはじまるフランシスコ派修道会を念頭においている〕を抱き込むすべを知っており（それはとりもなおさず、抱き込まれた修道会が抱き込まれるすべを知っていたということであるが）寛大さも持ち得ていた教会が、今回は排除の論理を選んだのである。それは使徒伝来のローマ・カトリック教会に対立する勢力が事態を非常に危機的に把握しており、妥協の余地がないものと認識していたことと、ローマ・カトリック教会に反旗をひるがえした者をかばいうる経済的・政治的・社会的・文化的背景が発生していたことによる。

例をカステリヨンの母国フランス王国にとってみよう。「学問の父」と呼ばれたフランソワ一世はイタリア戦役から雅な宮廷文化をまなび、輸入した。積極的に人文主義の成果を導入しようと、のちのコレージュ・ド・フランスにあたる古典語の研究組織、王立教授団を創設させたのもこの国王である。外政においてもルイ一二世のあとを受けて、イスラム教国トルコと積極的に同盟をむすぶなど、ローマ教会を大いに刺激した。とはいえ、綿密な内政・外政戦略にのっとっていたというより、君主の恣意に多くを負っていたフランス王国において、「寛容」という政治戦略は容易に掌を返すように、「不寛容」へと変化する。一五三四年一〇月、王の寝所にまで貼りだされた、ジュネーヴの改革派信徒マルクールによる、カトリックの奥義、聖餐を真っ向から否定する一葉のパンフレがフランソワ一世を激怒させたのである。王はみずから懺悔のための宗教行列をもよおし、パリの街中をねり歩いた。そしてそれまで保守的・伝統尊重的高等法院やパリ大学神学部（通称ソルボンヌ神学部）からかばってきたルター派の確信犯的改革者や、たとえば福音主義者のある者たちのような、あるいはエティエンヌ・ドレ〔一五〇九—一五四六。ユマニスト。出版業者〕に代表される違法出版業者のような状況的改革派の人々を、時に突き放して高等法院やパリ大学神学部に身元をあずけ、また時に彼らを庇うというような、場当たり的な行動にでるようになった。中でも有名なのが、フランソワがハプスブルク家の神聖ローマ帝国皇帝カール五世の虜囚になっている間に、神学部の判決で火刑に処せられた、エラスムスのフランス語訳者ルイ・ド・ベルカン事件であろう。ベルカン〔一四九〇―一五二九〕が騎士の称号を有する貴族階級に属していたためもあって、二人の王子と交換に釈放されたフランソワはこの処置に激怒した。しかしいかに国王の意志が固くても（その意志が堅固でなかったことは、先に述べたとおりだ）、一度動き始めた車輪は止まらない。フランソワ一世の御世でもローマ・カトリック派による「異端者」狩りは続けられるであろうし、フランソワ亡き後、非妥協的反改革派貴族ロレーヌ家の後継で玉座にのぼった青年王フランソワ二世は徹底的な弾圧を開始し、青年王の急逝がなければ、王族の血筋につらなる改革派貴族、コンデ公やナヴァール王も極刑に処されるところであった。

大雑把に言って、外教徒《がいきょうと》〔ユダヤ教からキリスト教は発し、イスラム教はキリスト教から発した。キリスト教から見て、ユダヤ教とイスラム教は旧約書を共有しながら、キリストを救世主とは認めていない。これらの二宗教をキリスト教徒は外教徒［infidèle］と呼んでいる〕はこれを不問に付すが、異端者はこれを弾圧するというのが当時の風潮であったらしい。トルコとフランスの外交関係についてはすでに述べたが、トルコ皇帝が隠密裏にイタリアを訪ね、紳士的にふるまい、あるいはもてなされる情景はルネサンス期の滑稽譚によく見られる。サラセン海軍によるロドス島の略奪や、レパント沖の海戦といった汎欧州的な事件でもマホメット教徒がそれなりに武勇を認められることも稀ではなかった。これに比して同じキリスト教に属しながらも伝統的な信仰箇条を捨てたいわゆる「異端者」への処分は厳しかったし、異端者の側からのローマ教会の重鎮への批判も厳しかった。さらには異端者同士の争いは、ローマ教会を相手取った場合よりも激しいのが通例であった。差異が細かければ細かいほど、その差異が本質的に見えてくる、という論の具現である。

ジュネーヴはそれまでの経緯はさておいて、一度は追放したカルヴァンをベルンから呼び戻して以来、カルヴァン指導下の、いわば神権国家になっていた。反カルヴァン派は追放されたり、意志に反して改宗を余儀なくされていた。カルヴァンが権力をにぎって間もないころ起ったのが、この『異端者を処罰すべからざることを論ず』の背景となっているミゲル・セルベト事件である。

ミゲル・セルベトはスペイン人の医師にして非カトリック派神学者であったが、その神学的見解の独自性から、改革派の怒りをかうことにもなった。カトリック側からも改革派主流からも異端者扱いされ、逮捕状が回覧された。幾度か難をのがれたセルベトであったが、不注意にもジュネーヴを再訪したとき、見とがめられ、逮捕された。カルヴァンは反セルベトを鮮明にしている他の改革派諸都市の意向を尋ねたのち、一五五三年一〇月、セルベトを火刑に処した。セルベトの火刑は各方面で反響を呼んだ。みずからが建てた火刑台をジュネーヴから非難され続けてきたカトリック教会からは無論のこと、人文主義者たちからも、福音主義者からも、再洗礼派を代表とする群小改革派からも、そして一度はジュネーヴ・アカデミーの教師として招かれた、セバスティアン・カステリヨンのような孤立独歩の思想家からも、カルヴァン派に対して抗議の声があがった。

カステリヨンに限って言えば、年譜に示したとおり、同年ただちに撰集《せんじゅう》『異端者について』をもって糾弾を開始した。これはエラスムスなど寛容派のチャンピオンからカルヴァンそのひとや、過去の神学者の寛容に肯定的な断片的な文章の集成であるが、その前後はそれぞれベリーという偽名によるカステリヨン自身の序論ではじまり、同じくモンフォールという名のもと、自身の結論で締めくくった文書であった。セルベト焚殺によせられた批判の嵐や、カステリヨンの撰集に対して、カルヴァンは『ミゲル・セルベトの誤謬に抗して』をもって応酬し、カルヴァンの腹心テオドール・ド・ベーズは『行政官の権威を論ず』（ラテン語題名『異端者は世俗権によって裁かるべきこと』）でこれに倣った。前者に関してカステリヨンは『カルヴァンの誹謗文書に抗して』により、後者に関しては本書『異端者を処罰すべからざるを論ず』をもって反論を加えた。両者ともに草稿のまま回覧され、前者が活字になったのはカステリヨン没後半世紀を経た十七世紀初頭、後者はさらにその二五〇年後の現代まで活字にはならなかった。『カルヴァンの誹謗文書に抗して』はフランス語訳で見る限り、寛容論をカルヴァンそのひとを主たる対話者とする対話篇の形式で説いている。ベーズの『行政官の権威を論ず』およびそれを反駁したカステリヨンの『異端者を処罰すべからざることを論ず』については本書をお読みいただきたい。ここに訳出した『異端者を処罰すべからざることを論ず』をお読みいただければ明白だと思われるが、正統と異端という問題を前にしたカステリヨンの立場は、後述するように、当時の基本的寛容論の立脚点であった、自己の立場は己にとって絶対的であるが、他己にとっては相対的である、といういわば地上での自己相対論に存するのみならず、永遠の彼方ともいえる最後の審判を想定し、そこから現在を照射するという、時間的相対論にも存している。ただひとつ、カステリヨンが相対論の立場から差異を抹消する対象に選ばない、いわば絶対的な悪というものがある。それはとりもなおさず無神論者である。この時代にあってカステリヨンが無神論者という概念をどの程度把握していたのか、判断はむずかしい。なぜならリュシアン・フェーヴルも言うように、一六世紀の論争において、宗教的な論争か非宗教的な論争かを問わず、誰もが誰かにとって無神論者であるからだ。つまり無神論者に何の内実もなく、単に罵倒の言葉として用いられているだけのように思われるからだ。思想史的には十七世紀初頭、火刑台に歿したチェーザレ・ヴァニーニ〔一五八五—一六一九 イタリア人自然哲学者〕の名前が無神論者の代表としてすぐに思い出されようが、筆者の判断では、ヴァニーニが無神論者であると断定するのには大きな疑問符がつく。近年の研究に逆らってチェーザレ・ヴァニーニを無神論者としない論議は本稿の対象を大きく外れるので、いずれ別言せざるをえないだろう。既成の常識にあえてさからうのは、偉ぶった物言いに聞こえようとも、それなりの読みがあってのゆえだとお考えいただきたい。

いったい寛容の根拠とは何か。それはまず自己相対化の根拠と、自己絶対化の根拠の二点に分けうる。己が自己絶対化の倫理を有するとして、他者もまた他者なりに己の絶対化の倫理を有する。己が己の絶対化を称する権利があるように、他者も己の絶対化を称する権利を有する。そのような絶対化の倫理を相互に持ち得る可能性に賭けて、己の絶対化の倫理は、絶対的な他者の倫理からみれば、非絶対的なものだという認識を相互に共有し、己の絶対的な倫理は他者の眼差しのもとに相対化されうる。これが自己相対化の根拠である。これはユマニストの一部に存した相互寛容の論理であったが、宗教や信仰が己を絶対化する性格のものだけに、相対化の絶対的な根拠とはならなかった。

　異なる宗教でもそれがキリスト教という大枠で括り得るかぎり共通する理念があるはずであり、そうした理念の共有という一点によって、キリスト教諸宗派が相互寛容を有しうるはずだ。その統治の初期、王太后カトリーヌ・ド・メディシスはそう考えてカトリック教徒と改革派信徒のそれぞれの代表を招き、宗教改革史に名高い「ポワシーの討論会」〔一五六二〕を開催しさまざまな挿話を残したが、結局それが無残な結果に終わったのは周知の如くである。ミサの問題ひとつについても（確かにそれはカトリック教会と改革派門徒を隔てる厚い壁であったが）、双方とも主張を譲ることなく、これこそ本質的な問題であるとして、王太后が願った妥協など、決してしなかったのだ。

　内部から絶対化の極を動かせないとして、外部からはどうであろうか。これがギヨーム・ポステル〔一五一〇―一五八一。東洋学者〕の提言で、地球規模でみれば圧倒的に多いイスラム教徒に囲繞されたキリスト教者には、コップの中の争いをしている余裕はない、という論拠を引き出して、キリスト教諸国、キリスト教諸派が小異を捨てて大同団結するように訴え、さらにはキリスト教とイスラム教の和合を説いた。ポステル風の説得がどれほど現実的な効果を有したか否かは分からないが、そうした認識を背景とする「史実」としての事例は幾つか存する。

そのひとつはポーランド王国の例で、この王国には弱体な王権のもと、群小貴族が共存しており、その貴族たちはカトリック教ではなく（カトリック教徒は農奴のレヴェルまで下がれば、圧倒的な多数を占めていたのは確かだが）、信仰の位相で、というよりおそらく社会的・政治的事由で、いわゆる異端的キリスト教をそれぞれに奉じていた。国王は異端諸派を弾圧すると国政そのものが成り立たなくなるため、政策として不可避的に、各宗派の融和の方途をとらざるをえなかった。これは国王だけの認識ではなく、政治的構成員たる諸貴族も共有した理念であった。十六世紀の七〇年代、国王が逝去し、家系が断ずると、国王を他国の「高貴な」血筋から選抜しようとした。その候補者のひとりがのちのフランス国王アンリ三世であった。選出はほぼ決まりかけていたが、突如（としておこう）出来した聖バルテルミーの虐殺はポーランド国民を震撼とさせた。ポーランド使節団はいたく刺激され、改革派への弾圧をやめないかぎり、アンリを国王にかつがないと威嚇、壊滅の危機にあった改革派都市サンセールの攻囲陣を解かせた。このポーランドの例は「国家」という理念が「宗教」という世界観を現実のただなかで解体し、凌駕した結果だと思える。しかしことポーランドにかぎれば、信仰の自由はあくまでも領主階層における自由で、彼らに従属する領民に自由があるわけではなく、その者たちは領主の信仰をいやおうなしに受け入れるほかなかった。またこれはスイス連邦にもあてはまった。

詳述はさけるがスイス連邦は連邦諸州が独自の宗教を保持し、相互の自立性を認めなければ周辺諸国から独立しえなかった。

それでは自己絶対化の倫理とは何か。それは、先述したように、最後の審判という絶対的な終焉、最終的な未来からの視点をえて、己のみが救済されると信じ、そのように信ずることで自己に絶対的な確信をいだきつつ、他の信仰の絶対性を黙認するというもので、これはカステリヨンによっても提唱された。しかし己の絶対性を確信している宗教や信仰は、他者の救済をひとつの核として有する。その限りで、過てる信仰に凝り固まると思われた人々を折伏して救済に導かねばならず、他者における己の信仰の絶対性に一歩踏み込んで、その信仰を無化させ、自らの絶対的な信仰に帰依させようとすることになる。

いずれにせよ近世初期において宗教のみが世界を律する体系である以上、わずかな例外をのぞいて、世界・社会を支えるあらたな思想体系が登場するまで、キリスト教という宗教を骨格に有する各宗派は己の絶対性に閉塞し、他己の絶対性を否定し続けるであろう。

＊　　＊　　＊

研究活動の柱として、ジョゼフ・ルクレールの大著『宗教改革の世紀における寛容の歴史』（アルバン・ミシェル、一九九四〔初版一九五五〕年）の読書会をおこなってきた私たちフランス・ルネサンス研究チームが（というより強引に推薦した高橋が）、日本語訳しづらく、きわめて情況的で、ルネサンス期の学識を惜しみなく注ぎ込んで執筆されたこの『異端者を処罰すべからざるを論ず』を選択したのは、まさしくこの論駁書が一篇の思想書として成立しているように思われたからである。上述したように宗派の相対化によって人々をまとめようとする発想はこの当時にあってさえけっして珍しいものではなかった。

一方、最後の審判からの眼差しによって、信仰の確信的絶対性を相対性に変え、したがって相互排斥を排し、寛容の光の中に包み込むこと、こうした寛容論を超えうる理論が、この混迷の時代にどれほどあったか、不勉強にして知らない。無神論が実際に登場するとき、あるいは新たな展開があるかもしれない。しかし、それはこの時代のことではなく、またこの解説の範囲でもない。私たちはその点だけを確認して、あとは来たるべき読者にまかせ、筆をおくことにする。

フランス・ルネサンス研究チーム

責任者　高　橋　　薫

凡例として

以下に訳出したのは、セバスティアン・カステリヨン著『異端者を処罰すべからざることを論ず』(Sébastien Castellion, *De l'impunité des hérétiques* : Texte français inédit publié par M.Volkhopff : ラテン語版 Sebastian Castellio. *De haereticis non puniendis* : Texte latin inédit publié par Bruno Becker, Droz, 1971) のフランス語版である。フランス語版を訳出したのはルネサンス期のラテン語が難解であったからだが、フランス語版で不明な箇所をラテン語版で確認した場合もある。

原著フランス語版（つまり本書の底本）には長い段落が多かったが、適宜段落を増やし、読みやすいようにした。また訳出にあたってラテン語版のみに存在する小見出しを援用した。フランス語版には小見出しは例外をのぞいてほとんどない。

（ ）はカステリヨンの原文のままである。

註にあっては、聖書等の出典註に関する、簡略なものは〔 〕内にポイントを落とし、主として割註にして示した。事項註、人名註も同様である。やや複雑な経緯をしめす註に関しては後註とした。事項註、人名註に関しては、人口に膾炙していると思われるものはこれを略した。なお聖書中の「記・書」は以下のように略した。これは外典をふくめて、ほぼ新共同訳聖書の略号にもとづいている。聖書からの引用にさいしては、カステリヨン自身もフランス語訳聖書を上梓しているが、やや特殊な表現や解釈があるため、これを底本とせず、近年の動向にしたがって、新共同訳聖書によった。ただし、カステリヨンの表現を尊重して、手を加えた箇所もある。

(旧約) 創世記＝創、出エジプト記＝出、民数記＝民、申命記＝申、ヨシュア記＝ヨシュ、士師記＝士、サムエル記上＝サム上、列王記上＝王上、列王記下＝王下、歴代志下＝代下、詩篇＝詩、箴言＝箴、イザヤ書＝イザ、エレミヤ記＝エレ、エゼキエル書＝エゼ、ダニエル書＝ダニ、オバデヤ書＝オバ。

(旧約外典) 知恵の書＝知恵、バルク書＝バル

(新約) マタイによる福音書＝マタ、マルコによる福音書＝マコ、ルカによる福音書＝ルカ、ヨハネによる福音書＝ヨハ、使徒言行録＝使、ローマの信徒への手紙＝ロマ、コリントの信徒への手紙一＝Ⅰコリ、コリントの信徒への手紙二＝Ⅱコリ、ガラテヤの信徒への手紙＝ガラ、エフェソの信徒への手紙＝エフェ、フィリピの信徒への手紙＝フィリ、テモテへの手紙一＝Ⅰテモ、テモテへの手紙二＝Ⅱテモ、テトスへの手紙＝テト、ヘブライ人への手紙＝ヘブ、ペテロの手紙二＝Ⅱペテ、ヨハネの手紙一＝Ⅰヨハ、ユダの手紙＝ユダ、ヨハネの黙示録＝黙。

- 原著の氏名の表記は引用内の名辞や書物のタイトルと必ずしも一致しない場合があろうが、これは慣用にもとづいて自由訳とさせていただいた。引用文献や書物の表記を尊重しなかったためではなく、本人文研究所の翻訳叢書の方針にしたがったためである。たとえば以下の引用文の表記では「アリストテレース」とある場合には「アリストテレス」とした。これは岩波書店「キケロー選集」からの引用文中にある。この「キケロー選集」の「キケロー」も音引きを控えて「キケロ」とさせていただいた。関係各所のご海容を願う次第である。聖書「ローマの信徒への手紙」の略記には慣例に従って「ロマ書」と、これも音引きを避けた。これはけっして原著を無視したためでなく、慣用の尊重ゆえとご理解いただきたい。

  聖書の章句に関しては、人口に膾炙しているものも少なくないと思われるが、できる限り新共同訳聖書のそれを尊重した。

- 現代では不適切ととらえられかねない表現も二、三存在するが、原文が四百数十年以前の作品であることを鑑み、ご理解いただければさいわいである。

セバスティアン・カステリヨン年譜

	カステリヨン	同時代
一五〇九		カルヴァン誕生
一五一一		セルベト誕生
一五一五	サン＝マルタン・デュ・フレネで誕生	
一五一七		ルター、九五箇条の提題
一五一九		ベーズ誕生
一五二四～二五		ドイツ農民戦争
一五三一頃		セルベト、『三位一体の誤謬』秘密裏に発行
一五三三～三四		カルヴァン、カトリック信仰を棄教。フランス国外逃亡
一五三八		カルヴァン、ジュネーヴを追われ、ストラスブールに落ち着く
一五四〇頃	福音主義に回心。ストラスブールのカルヴァンのもとに亡命	

一五四一		カルヴァン、ジュネーヴに戻る
一五四二	ジュネーヴの学校《アカデミー》に招聘される	
一五四四〜四五	カルヴァンおよびジュネーヴ市当局と対立。バーゼルに亡命	
一五五三	バーゼル大学ギリシア語教授に就任	セルベト『キリスト教再興』刊行するも（一月）、ジュネーヴで逮捕され火刑に処せられる（八〜一〇月）
一五五四	『異端者について』を刊行 『カルヴァン誹謗文書に抗して』を執筆（二十世紀初頭になってようやく刊行される） 『異端者を処罰すべからざるを論ず』執筆（二十世紀の後半になって活字となる）	カルヴァン『ミゲル・セルベトの誤謬に抗して。すべてのキリスト教徒がまもるべき三位一体の真の信仰を維持するための声明』刊行 ベーズ『異端者は世俗の権威によってさばかるべきこと』（仏語訳名『行政官の権威について』）
一五五五	『フランス語訳聖書』刊行	
一五六〇		『行政官の権威について』仏訳刊行
一五六一	『悩めるフランスに勧めること』	
一五六三	死去	
一五六四		カルヴァン、死去

目次

目次

目次

目　次

目　次

目　次

目　　次

目次

付属資料　テオドール・ド・ベーズ

目　次

目　　次

異端者を処罰すべからざることを論ず

「それは第九年目まで引きとめらるべし」

〔ホラティウス『詩論』三八八行〕

誹謗について

「あなたたちは悪い人間であるのに、どうして良いことが言えようか」と真理の師はおっしゃった〔マタ一二・三四〕。こうしたみ言葉によって、確かに、この方は、心にあふれることを口が語るのだから、悪しき心をもっている者は良いことを話すことができないとお示しになった。ところで私たちのいる昨今、人間がとても悪しくなっているに違いないことは、聖書が至るところで予言しているし、私たちも日々体験している。しかしあらゆる悪口が悪しきものであるのはそのとおりであっても、権力の座にある者がいう悪口ほど害があり、危険であるものはない。なぜなら彼らは悪口を言えるのみならず、悪事を働くこともできるからである。さて、権力を持っているのは支配している者たちだけでなく、権威を持っている者もそうであり、彼らはお互いに交わって、かかる結びつきから、彼らが悪しき者なら、一方の者たちが耳元でささやき、仄めかし、もう一方は彼らの言に耳を傾け、従うことで、多くの災いをなす、ということが生じてくる。ダビデはこのような敵、サウル王とその追従者たちの被害を受けたことがあり、彼がそのような者について以下のように書いたとしても謂れがないことではない。「舌によって力を振おう、自分のくちびるは自分のためだ。わたしたちに主人などはない」〔詩一二・五〕。かかる者たちがこんにち、権力者や君侯と心を尽くして友好を結び、彼らの援助で勢力をもち敵に復讐できるよう企てている者たちである。けれどもやかましい口をもち、うるさい者たち、すなわち自分たちの著作で彼らと同じ場所にいて同じ時間を共有している人々を傷つけるばかりでなく、遠方にいたり、やがて来る人々を傷つける者たちは、はるかに悪しき者である。これらの舌から（彼らに耳を傾けているうちは）身を守りうる民族も時代もないので、正当にもそれらについての「詩篇」の金言を引用することができる。「口を天に置き、舌は地を行く」〔詩七三・九〕。

ベリーという瑣事について

ところで私がこれらのことがらを何のわけがあって述べたのか、はっきりさせておきたい。過ぐる年、マルタン・ベリーとかいう男が次のような本を世に出した。『異端者について。彼らを迫害すべきかどうか、そして如何にして彼らに対して身を処すべきか』、つまり私がいま話したあれらの舌があらゆるキリスト教国家をつうじて目覚めさせている、迫害の残忍さに動かされてどう身を処すべきか、ということだ。あれらの舌は自分たちが望む人々を異端者とよび、彼らを焚刑にしなければならないと叫びながら、王侯たち（彼らは、そうでなくとも、寛大すぎるほど寛大ではないのだが）をかり立てて血を、言わせてもらえば流されるべきではない血を、洪水のように流させるのだ。

カルヴァンの著書

同じころ、ベリーの本と完璧に正反対のジャン・カルヴァンのものが世に問われるということが起こった。すなわち『剣をもって異端者を罰すべきこと』というもので、執筆のきっかけはミゲル・セルベトの死であった。なぜならジュネーヴでこの男を生きながらに焚殺したあと、少なからぬ者からかかる行為が非難されているのを聞いて、カルヴァンはこの騒動に対処しなければならないと考えたからである。このように相反する二冊の本が出版され、お互いにせめぎあうこととなったので、カルヴァン派教徒たちは自分たちの本のために加勢するのがよかろうと判断した。そこで彼らのうち一番学識ある者たちが自分たちの見解を蒐集して、それらをテオドール・ド・ベーズに送り、雄弁に表明させようとした。

ベーズの著書

ベーズの方では、この男は能弁な人間で、学識があり、巧緻にして鋭敏、勤勉で、この事件に関心を持っており、そのうえにカルヴァンの弟子だったので、可能な限り迅速かつ早急に、自分の著書を書き上げ、フランクフルトの市《いち》に送った。とはいっても、ほかの諸本が送り出されたあとだった。彼の本はそれほど早くは完成できなかったからである。このような具合で、ベリーの本は、前門と後門から襲ってくる二人の敵を持つことになった。これとともにカルヴァン教徒は少なからぬ場所で、ベリーの本が販売されないように努めた。しかしある人々が、公然と処罰された者が同じく公然と自分の言い分を述べないのは（そうしたことが盗賊にも立派に許されていることを考えれば、なるほど事態は不公平であろう）不条理であると指摘したので、行政官（彼らはカルヴァン教徒の熱意に従いたいなどとは全く思っていなかった）の公正さと寛大さとによって、ベリーの本は、白昼堂々とではないにしても少なくとも半ば公然と、半ば闇で自分の大義を弁明するために販売されることが許された。そのためカルヴァン教徒は念入りに命令を下して、その本や著者たちがあらゆる手段をもちいていたるところでこき下ろされるようにし、このようなたくらみによって人々がこの本を読み、その中に本当はなにがあるのか知ることを妨げさせようとした。これに加えて、彼らは熱心に印刷所の動静をさぐらせ、ベリーの側から何も明るみにでないようにした。これらのことがらがそのような状況にあったので、私は上述した三冊の書物の論理をつうじてベリー〔セバスティアン・カステリヨンの筆名のひとつ〕と、ベリーがその撰集《せんじゅう》〔セバスティアン・カステリヨン編・著『異端者について』のこと〕で引用している実直なひとたちと、彼らの意見に与している私自身と加えられている不正と侮辱を知り、私たちの相手方の大義よりもこちらの方がはるかに優れていることを知らしめるため、この件を引き受けたいと思った。にもかかわらず、三つの理由から、口をつぐんでいる方が良かろうというのが私の考えであった。

この著作の由来

まず最初に、公正な裁き手に読まれさえすれば、そして一方の側に対しても他方の側に対しても贔屓をしないひとたちの手に渡りさえすれば、ベリーの撰集は十分な真理をそなえているものだと、私は思うからだ。つぎに、かの者たちがこのことでいっそう怒り狂い、そのために少なからぬひとたちが危険に晒されるのではないかと懸念するからだ。最後に、誠実な人々を危険に晒すことなく、私が書いたものを公刊する方法が分からないからだ。しかしこうしたことがらを友人と論じたのち、私たちは、反応が聞こえてこないのは、多くの人々が巧妙な弁論と美辞麗句に騙されているのだと思った。この害悪について想いをめぐらせ、それが非常に重大であるのを見てとって、私はベーズに回答せざるをえなくなった。ところで、この出来事にあっては三種類の人間がいるので（なぜならあるひとたちは優しく穏やかで、私たちの大義に進んで味方してくれ、別の者たちは粗野にして非人間的で、私たちの大義を自ら毛嫌いし、最後の人々はまさしく温和であるのに、無知で迷いのうちに動揺しているからだ）、私はどの人々のことも考慮した。まず第一に、優しく穏やかなひとたちに対しては、ほかのひとたちに対抗して身を守るのに必要なものを手に入れられるように、第二に、粗野な者たちに対しては、この者たちが論駁されるように、最後に、そして特に迷いのうちにある人々に対しては、この人々が教えを得られるように考慮した。しかし私がカルヴァンよりもむしろベーズに反論すべく企てたのは、カルヴァンがその著作を執筆したとき、まだ目にしていなかったベリーの撰集が刊行されたあとでベーズが筆をとったからである。それに加えて、ベーズはカルヴァンよりもずっと詳しく、狡猾にこの題材を論じたので、誰かがベーズのものを論破したら、カルヴァンのものは無力になるであろうからだ。なぜなら確かに私はこうしたことを告白するばかりでなく、みなのまえで率直にこう述べたいからだ、つまりこのような件に役立てようと彼らが白羽の矢をたてたベーズの能弁は卓越したもので、彼を打ち負かした者は、この件の勝者とされて当然と思われるだろう、と。

　ここで問題になっているのが学芸だとか弁論術だとか、その他の、人間の学問だとかであるなら、私はこの偉大な巨人と戦いを交えたいと望むほど無分別ではないだろう。しかしながら私たちの衝突が真理に由来し、真理に対して学問や巧妙さは麻屑が火に対するのと同じくらいにしか抵抗できないものなので、術策や学問によってではなくただ真理のみによって武装して、私は闘おう、そして、この巨人ゴリアテが、羊飼い〔ダビデのこと〕の投石器が放った、神のみ言葉という石をもって大地に打倒されうるかどうか、そして彼自身の剣によって（それというのも私たちはこの闘いにサウル王の甲冑、すなわち人間の護身の具をたずさえて向かいはしないからだ）首を落とされうるかどうか、見てみたいと思う。私がわざわざ苦労して捜さなくともすむよう、彼自身がその本の中で、彼に反論できるよう、そしてこの論争において彼のとった方策や手段に倣えるように技術や方法を与えてくれるだろうことは間違いない。

この闘いをめぐる条件

しかし私にはこの闘いにひとつの困難があるのが分かっている。それは私たちには条件が非常に悪しく、不公平であるということだ。なぜなら私たちが真なる方法によって勝利をおさめたとしても、彼らが行政官に何らかの影響力をもっていて、死刑執行人にこの論争の指揮を委ねて、この件に決着をつけさせたら、私たちは彼らに殺されてしまうだろう。彼らは逆に、打ち負かされたとしても、私たちの弁護によって（もし行政官たちが私たちを信じてくれれば）彼らの生命は救われるだろう。しかし真理はまさしく危険を冒す価値がある。仮に彼らが私たちの肉体に対して絶大な力を持っているとしても、確実に私たちの霊魂はさらに力強いみ手のうちにある。

読　者　へ

だから、読者よ、注意深くしなさい。そしてお互いの愛憎を捨てて、真理があなたをどこに導こうと真理にしたがう準備をし、ただあなたが真理のみを考慮するようにしなさい。そしてそのことをよりよく行うために、あなたが私のこの本を読む場合には、もしできるなら、ベリーの撰集とベーズの文書を手元におくようお勧めする。こうすればあなたはそれらを突き合わせることでよりたやすく判断でき、あなたを正しい道から踏み外させ、遠ざけるべく何者かの中傷によっていざなわれることがないよう、よりたやすく気を付けられるだろう。

ベーズの雑言

ベーズが自分の本のあらゆる箇所にやたらに詰め込んでいる罵り言葉や侮辱の言葉に関しては、どれほどこうしたことが脆弱さと虚弱さに由来すると思われても（なぜなら軍人ではなく、戦争に向いていない女性たちが罵詈雑言で闘う習慣であるのだから）、しかしながら私は、これらの罵詈雑言がベーズの損になるよう望むものではなく、むしろあなたがそうしたことを脇において、彼の言い分を、あたかも彼がまったく謙虚に述べているかのごとく、入念に考察するよう求めたい。私の方はといえば、彼の中傷や議論に対して、全論点のひとつひとつを、大掛かりで巧妙な修辞法を用いて提示するのでなく、苦労してでもただひとつの真実をもって表現するように（そのようになれば嬉しいのだが）努めるつもりだ。こうした方法によって少なからぬ人々の生命が救われるだろうし、かくも熱烈に他人の血に飢える者たちがどのような存在であるか、そして疑わしいことがらにおいてどれほど彼らを信ずべきか知ることができるだろう。

対立者への要求

その他に関しては、ベーズよ――なぜなら君はどこかで君が回答を待っていると述べたからだが――そして、カルヴァン派信徒である君たちよ、君たちには一つのことだけを要求する。つまり我慢して私のこの弁護論を（もし君たちの手に運よくわたったら）手元におき、読むことだ。私は君たちに正しいことを要求しているし、おまけにそれは、山賊にも許されていることだ。もし君たちが誰かをその言い分も聞かずに罰しようと思わないならば、の話であるけれど。それというのも、もしアリストテレスが、ルキアノスが、プリニウスが、オウィディウスが、マルティアリスが、カトゥルスが、プラウトゥスが、テレンティウスが、そしてその他の邪で慎みのない著者たちが容認されるだけでなく、読まれ、暗記され、大切にされ、これらの著者たちのもとで子供たちが（子供たちは教会の苗床だというのに）幼いころから教育されている――しかしながら彼らのある者は、世界の創造をしりぞけ（これがしりぞけられたら、キリスト教が滅びてしまうのは必然である）、別の者は神に属することがらとキリストに属することがらをたいそう敵意をもって書いているので口にするのがはばかられるほどだし、また別の者は美辞麗句によって他人の妻と放蕩にふける技法とやり方を教えたり、あらゆる種類の下劣な言動や卑猥な言葉で子供たちのやわらかい精神を満たしている――もし、言わせていただければ、このようなことが君たちのあいだで容認され、許可されているなら、私のこの回答である弁明書（それがどのようであろうと）を君たちが我慢して受け入れるのが、理屈であるのは確かだ。ここで君たちが反論できない（真実の力は大きいからだ）ことがらが述べられているなら、君たちの良心に逆らう、すなわち神に逆らうことがないように警戒するがいい。ところで私は君たちがそのことを知ることができるであろうような徴を教えておきたい。私の本を読んで、歯ぎしりし復讐の念に燃え、さらには鋭い歯で私を喰らってしまいたいような欲望を持つほど動揺するのを覚えたら、それは私の論証が大いなる効力を有している徴であろう。その場合には、血迷った悪しき助言者であるその憤怒に従わないよう気をつけるようにせよ。さもないと君たちは手の施しようのない害悪のなかに自分が身を投ずることになるだろう。だが主としてこのことが起こるのは、君たちが痛いところをつかれた場合であって、なぜならその時には盲目的な自尊心が君たちの精神の眼にしっかりと目隠しをするので、君たちは真実を見ることができなくなるからだ。であるから、もし君たちが自分の救済を大切に思うなら、自分自身に対して闘うがよい。そして邪な者たちが耐えることができないことに、耐えられるようにするがよい。

さらに、私たちの件の審理はまだ判事のまえで係争中であるのだから（ベーズが否定しているにしても、である。しかしベーズが起訴者である以上、彼を信じてはいけない）、私は少なくとも、モーセの戒律が論争家に許していたことを、私ばかりにではなく、君たちが異端者と見なしている人々にも許すよう、君たちに要求する。つまり私たちの一件が、いささかも敵でない、君たち以外の長老によって裁かれる一方で、主なる神の庇護のもとに暮らすことを、である。なぜなら確かに君たちが私たちに抱いている明らかな憎しみのせいで、私たちは君たちが私たちの審判者となることを忌避するからだ。もし君たちが私たちに以上の二つのことを認めるなら、君たちはキリスト教徒としてふるまうことになるだろうし、君たちが、自分にして欲しいことを他人にもしてやりたいと欲する人間であると知らしめることになるだろう。もし君たちがこれほどまでに理にかなった要求を棄却するなら、君たちは、ものごとが力づくで取り扱われるところでは叡智など存在しないということを、いつの日か、世界が理解するだろう、その原因となるであろう。

しかし、読者よ、私はあなたがこの件において公正で公平な判事となってくださるよう、お願いする。それというのも私は、私たちの霊魂を創造し、私たちの考えをはっきりとご覧になられる神を、私が誰かへの愛着に強いられたり、また憎悪に強いられたりしてこの著作を世に問うのではなく、真理を擁護するという、また不正を暴き、それを妨げるという唯一の願望からそうしているのだという思いの、証人とするものである。そして私の意図はいかなる善意の人間の評判を貶めるものではなく、教会（それでなくとも、今まで十分に苦しめられてきた）において何らかの混乱を引き起こそうと欲しているどころか、ある者たちの邪心と野望をつうじて、悪魔が教会に導きいれようと努めている、それも教会の教義の統一を維持し、司祭の教義と権威を大きな、そして無数の災いが、みなに（もし可能なら）知られ、妨げられるようにである。擁護するという口実のもとに持ち込もうとしている。もちろん私は、世俗の人間として、本物の司祭たちの権威と真の教義の一致に敬意を払っているし、非常に神聖なことだと考えている。そしてそれだから、このことにキリスト教国の救済と維持、軽蔑の対象に成り下がることのないよう保てるかどうかが懸かっていると承知している者として、私は全力を尽くしてそれを維持し、讃えるべく努めている。もし私が幾つかの悪しき計画を露見させ、そうした計画の創案者を指し示すにしても、それは同一の顕職にあるひとたちのあらゆる叙階や気分を傷つけることを意味しないし、誠実なひとたちのあいだの調和を損ねたり、混乱されたりすることも意味しない。ましてやエレミヤ〔ヘブライ人の著名な預言者。ヨシュヤ、エホアハズ、エホヤキム、エホヤキン、ゼデキヤの諸王の時代に活躍した〕や聖パウロ、そのほかの人々が贋の預言者たちを厳しく叱咤したときそうしたように、彼らの助けとなり、彼らの役に立つためである。なぜなら子羊の皮を被って狼の中身を隠す者たちを看破するのは、早い時期から警戒できるようにするため、有益なことであって、これは彼らの正体が露見していなければ出来ないであろうからだ。私が、ベーズの著作においてキリストの真理に反しているとして非難している諸点を公にするとしても、それらの諸点がキリストの教義と初期教会の前例にまったく反しており、ちかごろの権力者たちの狂気と傲慢に合致していることからみて、そうした見解が説教師たち共通の合意によって世に出されたとは思っていないし、ましてや教会の合意によるとは、なおのこと思っていない。あれらの計画――とあえて言わせていただく――と血なまぐさい所業の責任を私は説教師全員に負わせるものではないし、なおのこと教会の責任とはしていないが、そうではなくむしろ説教師のうちの何人かの者たちの責任だと思っている。もし彼らが、自分の栄光と同じくらいキリストの栄光を求めていたら、現在そうしているものとははるかに異なった教えを述べているだろう。かかる不公平な判決やそれに引き続く残酷な拷問を嫌悪している幾人もの教会の司祭がいることは明らかである。一方で彼らのうちのあるひとはそれについての文書を世に問い、この問題についての自分たちの考えを知らしめようとした。他方、他の人々はそれらの者たちの厚遇なしには自分たちの位階や栄誉、信望も維持することができないだろうと見込んで口を閉ざすが、それでも言葉にせずともこの件がもっと寛容に取り扱われることを望んでいる。したがって、その者が、自分の企てや発言、行為によって、自分が罪を犯したことを、自分自身で認め、悟るであろう者以外、私がここで咎めている罪について誰ひとり責めようとは思わない。そしてまた、すでにして明らかなこれらの罪悪を、私はわざわざ痛みと苦悩をもって呼び起こすことはしない。弱い立場にある人々を害することなしに、それらの罪悪を公にするのは困難であろうからだ。そこでこの弊害を避けるために、ベリーとベリーがその撰集で見解を取り上げた人々は、この最初の論争で、教会の名にかかわることにも、それが誰にせよ、誰の名にもふれなかった。異端者に対してこのように振る舞うべきという仕方で、一般的に論じつつ、すべての君侯と行政官に、かくも危うい問題において彼らの果たすべき務めを知らせ、勧めた。自分たちの理論と論証によって（どうか彼らが聞く耳をもって、注意深く検討してくれますように）彼らの迫害の企てを転換してもらいたい、そしてそうすることで、悔い改めたしるしを見せてほしいと思ってのことである。しかし彼らはそうしたところからは甚だ遠く、カルヴァンに続いて、年も改まらないのに、ベーズの著作が刊行された。いかなる悔悛からもあまりに離れていて、あまりにわずかな血しか流されなかったことをのぞいて、それ以上に大きな懸念はいだいていないかのようであった。せめてもし彼らが、罵り言葉も邪な悪意もなしに、この問題を協調的に聖書にしたがって扱ってくれればよかったのだが。しかしベーズの本はひどく悪意に染まっているので、そこにはほとんど優しい言葉は見られないであろう。彼はベリーの撰集に出てくるあらゆる議論を最悪の方向に曲解し、もしくはむしろそれらを悪意をもってひっくり返し、謝罪を狂気と呼び、謙虚さを偽善と、素朴さを欺瞞と、一貫性を頑固さと呼び、要するにすべてをさかさまに解釈して、言われたものと別の意味で解釈するのである。こうしたことを考えると、私はこれらの者たちが改心するだろうとのあらゆる希望をほとんど失ってしまった。そしてそのことで私は非常に悲しくなり、神の栄光と、教会の利益と若干のひとたちの救済によって、あれらの者たちの努力と仕業が世間にこのうえなく明らかにされ、著者たちが最大限の入念さをもって見張られ監視されるよう要求するように思えること以外、ほかのことは判断できなくなってしまった。

これらの者たちの狂気と激怒は、この出来事の原因と、加えて私の意図がよりよく理解されるよう、あらゆる決意に反して、この本の中で幾つかのその他の彼らの仕業と企てを、私をして暴露させるよう余儀なくさせた。私が思うに、大きな混乱なしにはなしえないのだから、学識があるひとたちを苛立たせず、私が口をつぐんでいた方がよかったのだと考える、幾人かの無力な人間もでてくるだろう。そうした人たちにはこう答えよう。無数の人々がいたるところで、ずっと続いて、あれらの者たちの命令によって（なぜならあれらの者たちにしか関係していないだろうから）殺されているのがより良いことかどうか、またそれらの虐殺の張本人を明らかにすることが良いことかどうか、考えるようにと。もしかりに私たちがいま、キリストや使徒たちを迫害したユダヤの律法学者やファリサイびとを非難することになったとしても、そうすることでキリスト教徒の気分を害することなどないであろうし、しかもそうしたところで、あとの祭りであるのに、だ。それでは、誰かが私たちの時代の律法学者やファリサイびとを暴きだすと、こうして明らかにすることが今ならまだ、あわれな人々の役に立ちうるという今このとき、なぜ人々の怒りをかうのであろう。それともむしろ、この者たちが欲するだけの人々をみな殺しにしてしまうのを待たなければならないのだろうか。そしてもう遅いという時になって、彼らを明らかにしなければならないのだろうか。確かに、この者たちがこの世で行っている邪な仕業が許される範囲であるうちは、私は喜んで沈黙をまもるつもりだ。しかし彼らがたくらんでいるのが（彼らが認識しているにせよ、していないにせよ）不正で数えきれない殺害の問題である以上、私の考えは声を張り上げ、無知な人々に警告すべきだということになった。彼らのうちの多くの者たちから、理にかなった正しいことが何もえられないなら、謙虚で公正な人々がみな、この私の回答によって、この者たちの所業と企てがいかに不当でキリスト教の慈愛からどれだけ懸け離れており、全教会にどれほど有害であるか、分かってもらえるに違いない。そしてそれにとどまらず、私は、彼らの多くが（もし彼らが、私の言葉に耳をふさいで、この件を誠心誠意、忍耐強く検討するのを拒もうとしないかぎり）結局は大変な罪に対する後悔の念を感じるであろうという希望は捨てていない。そしてそのあとで、私を断罪しないばかりか自分たちがその死をもとめている人々の無実を弁護するであろうし（このことを彼らは神のみ前で、また人間のまえでおこなわなければならない）、こうしたことをつうじて私の大義を善しと是認するであろう。

もし相手側が彼らの振る舞いと企てを遂行しつづけ、迫害を煽動することをやめなかったら（大いに懸念されるところだが）、あるいは迫害を培い増長させることをやめなかったら、そのときには私もふくめ全員が私たちのこの先の論証でもって、彼らの邪な企てと所業をのすべてを（私たちの今後知りうる限り）、どこで誰が、いかなる機会にか、はっきり名前を出して、公表できるように、この事業にいっそう熱意を燃やすことが必要となるだろう。そして神が恩寵によって許され給い、私にその機会があれば（もし誰かほかの人間が私よりまえにそれに手をつけなければ）、間違いなく私はそれを実行する。教会のために私たちに求められて当然の熱意と骨折りによって、すべての人々に神の救済のご意志を知らせるためであり、また（私たちにできる限り）虚偽と殺人を暴き出して、正体を隠した偽りの宗教を盾にして、虚偽と殺人が堂々とまかり通り、ついには、全世界で認められるようになるのをふせぐためである。まさしくその点にこそ悪魔の意向実現への骨折りがあるのだから。この者の傲慢な知恵をやりこめるために、かつて世間の取るに足りない、ばかげた物事を受けた教会のため、なにかを成し遂げてくださるだろう。そしてあれらのうぬぼれた偽善者たちを打ち倒し、彼らの非常に暴力的な助力をすべて粉砕してくださるだろうと、私は期待している。

アカデメイア派の人々

さて、ベーズよ、問題点に移ろう。そしてまず君の著書の題名について話すことにしよう。君は開口一番、ベリーとその仲間に悪評をつけるために、彼らを「新しいアカデメイア派の徒」と呼んでいる。このことで私は幾つかの点を論じよう。第一に、君はことのついでに、哲学者たちのうちで最善の学派をけなしている。それから、君は非常に古いものを新しい、と呼んでいる。第三に、君はベリーとその仲間に真実でないことがらを押し付けている。最後に、アカデメイア派という事象ではなくその名称は、彼らよりも君たちにふさわしい。最初の点に関しては、君は、アカデメイア派の人々の目指す基本理念が不確かな物事を確実であるとみなしたり、不確かな物事に承認を与えたりしないように警戒することであった（そして彼らはすべての物事が不確かであると考えていた）ことを知っている。不確かなことを確かであると見なすことで、過ちを犯す結果になり、あとになって「こんなことになるとは思っていなかった」と言わざるをえないことをしてしまう羽目になるのを恐れてのことである。そして本当のところ、健全な判断力をそなえた何者もつぎの原則、「私は不確実なことがらを確かだとは言わないつもりだ」が、健全で妥当であることを否定はしないだろう。

ソクラテスの叡智

この見解と学派の主たる創設者はソクラテスで、このひとの以下の発言はたいへん称揚されている。「私は私が何も知らないということを知っている」。このひとはキリストの光明に与っておらず（君自身告白するだろうように）、闇の中にあったので、この無知ゆえに、神のことがらに関してはこれ以上に賢明なことを述べることが出来なかった。なぜならまったく明白な事象ということについて、彼らが極端すぎる見解をもっていたことは、私も認めるからだ。だが不確実なことを確実であると言い切ってしまうよりも、確かなことを確かと認めないことの方が、まだましであることは君もまた認めてくれなければならない。このために彼は非常に評価されたので（しかしあらゆる立派な人間に起こりがちなように、ずっと遅くなってからだ）、大哲学者みなが彼こそ哲学を始めたひとであると述べたほどである。それは彼の熟慮にあふれた無知が、ほかの者の軽率で向う見ずな学識をはるかに凌駕したように思えるほどである。もしアテナイのひとたちがこのことで彼に従っていたら、不幸きわまりなくも、彼らが自分たちのなかでもっとも優れた人間を殺すことなどしなかったろうに。

逍遥学派が主張している無思慮

さてここで、君たちが手本にしているひとたち、いわせてもらえば、逍遥学派〔アリストテレス学派のこと〕の徒と比較をこころみるがよい。そうすれば君は、彼らがすべてを確言しようと欲することで、みじめにも失敗していることが分かるだろう。逍遥学派の代表であるアリストテレスが私たちの例示になるだろう。アリストテレスは万事を知っていると考え、この世界がけっして創造されたものではなく、狂犬に噛まれた人間がけっして狂犬病になることはなく〔アリストテレス、『動物誌』、第八巻第二二章、『アリストテレス全集』岩波書店、第八巻所収、島崎三郎訳〕、自身の学問を名誉を求めるためにおこなわなければならず、侮辱を我慢することは卑怯なことである、と教えた。それから、もし女性が老人や少年のような虚弱な男によって妊娠したら、堕胎させなければならないと教えた〔『政治学』第七巻第一六章、同第一五巻所収、山本光雄訳〕（この点については確実に――もし彼にそうできたら――、サラの胎内にいたイサクを、そしてイサクを媒介にして私たちの主イエス・キリストを殺してしまっただろう）。加えて、もし何かが不完全のまま生まれたら、それを養ってはいけない、と述べた。これらのことは、一部は誤りであり、一部はいかなる人間性からもかけ離れ、口にするのもはばかられるものである。私はしかしながら、彼自身男色がまぎれもない醜悪で卑しい行為であると確信し、あえて公然と口に出すのをはばかったほどであるにしても、彼が男色を認めた点については語るまい。以上が、ベーズよ、すべてを確言しようと欲する者の学問のもたらすものだ。そしてこうしたことは単に哲学者たちに起こるのみならず、神の民にも起こることだ。私が言っているのはユダヤ人のことで、彼らは聖書の学問に関する自惚れでいっぱいになって、いささかの懸念もなく神の預言者たち、使徒たち、最後には神のみ子さえも大胆にも殺してしまった。もし彼らが不確実なことがらを疑っていたら、本当のところ、けっして行わなかったであろうことだ。私たちの時代について、私の考えを言おう。仲間うちに、誰か自分たちの宗教に敵対する者たちを見つけ、しかも自分たちにはすべてが明白で確かであると考えている人々が、しばしば善良で無実な者たちを死刑に処しているのではないか。ミュンスターの再洗礼派のひとたち(1)は、地上の王国が神によって自分たちにもたらされたと考え、大きく過ったのではなかったろうか。ドイツの農民たちは、地上の暴君たちを破滅させるため（かつてゲデオンがそうだったように）剣が自分たちに与えられていると考え、自分自身で首に縄を巻きはしなかったろうか。（幾人かの王侯は自分たちの教会の長になり、あらゆることがらを裁こうと欲して、教皇派を殺し、あるときはルター派を、ツウィングリ派を、あるいは再洗礼派を殺し、今では救いようのない人殺しに成り下がっていはすまいか）。なんだって、ベーズよ、それでは君たちは過ちえない唯一の存在なのかね。

なにものについても疑うことを望まず、推測をも確実なことがらとして信じようとする君であるから、君自身過ちをおかす危険が大きいと、私がこの本で明らかにしたらどうだろう。君のそのほかの過ちはそれぞれ適した箇所で論証したいが、ここでは、もっと先に進むまえに、私は君にあるひとつの過ちの理由を尋ねたい。君のいうところでは、ベーズよ、何年か以前、君たちの行政官の穏やかさと牧師たちの優しさを実際に経験した二人の人間がいた（そのうちのひとりは、君の本の第六ページで触れられており、君はそれをモンフォールだと言っている）。私の方では、（それが君が嫌疑をかけている人々であろうと、そうでなかろうと）君がいつわりの証人であり、君か、さもなければ君同様、無知な者たちの脳みその創りあげた憶測のみに導かれて、君が出版した書物で、もしかしたらそうではないかも知れないことを確かであると断定した、と言おう。ベーズよ、君に尋ねる。それらの人々が（君の剣《つるぎ》に対する恐怖が取り除かれたのち）いつの日か出てきて、自分たちの名前を明かすことがあるにせよ、ないにせよ、君は不確かなことを確かであると確言した以上、人々の前で、君の誤りの証言にどのような理由付けをするのか。君は推測でそう信じたのだとはいささかも言わないつもりかね。賢人でさえ時として推測により欺かれるということを知らないのかね。

推測をもとにしては決定されないこと

私が知っているある町で、妻と大喧嘩したある男が妻を連れて町を出、一人で戻ってきた。その妻がどこにいるか尋問され、彼女を置き去りにしてきたある場所を答えた。事態は疑わしく思われ、この男は牢屋に投獄されて、審問され、拷問にかけられた。彼は妻を川の底に投げ込んだと告白する。同じころ男が妻を投げ込んだと告白した場所の下に、溺死したひとりの女が見つかった。このような事件において、ベーズよ、君はどう判断するだろうか。推測は大きくふくらんで、事情はほとんど確実なものに思えた。おまえなら彼を断罪するだろうと、私は思う。そこで人々は彼を断罪した。死刑が執行され、ほんの数日ののち、妻は戻ってきた。幾つもの同様の例を想起することができる。これらの例をもってして、君たちが心を動かされないなら、もし君たちが遅まきながら悔い改め始めたとしても、そのときになって君たち自身以外の誰も咎めてはならないであろう。

不確実なことがらについては疑うべきこと

不確実なことがらを疑うことを新奇なものと呼んでいることに関しては、君は大いに間違っている。なぜならはるかに以前、すでに、誠実なひとや賢明なひとたちのある者はこうしたことを実践してきたばかりか、命じてきたからだ。キリストはおっしゃっている。「人を裁くな。あなたがたも裁かれないようにするためである」〔マタ七・一〕。聖パウロはこの世君にして、すなわち不確実なことがらについて話しながら、裁くことを禁じている。聖パウロ自身、第三天に導かれて、それが肉体のうちにおこったのか、肉体を離れておこったのか疑っている〔Iコリ一二・二―三。ただしこの箇所ではパウロ自身の体験としては述べられていない〕。それから彼は、もし誰かが賢明になろうと欲するのなら、愚か者になるように教えている。もし君が万事が君にとって明白だと考えているようなら、以下の言葉に陥らないよう気をつけるがよい。「もし何者でもない者が何者かと考えたら、その者はみずからを欺いている」。

君がひとりのキリスト教徒のようにではなくキケロのように、あたかも私たちが何であろうと、ものごとを確言することを欲しないかのごとく、私たちの名誉を傷つけながら（まさしく「私たちを」だ、と言っておこう。なぜなら私は、君が誤解しないように、ベリーの肩をもち、これから先はベリーの仲間として発言することにしたいからだ）、言葉によってこうした事情を誇張しにやってくることについて、私は何を言えばよいのか。もし私たちが黙っていれば、私たちは君が望んでいない少なからぬことを確言する結果になるし、神と聖書について私たちが疑っていない少なからぬことを確言する結果になる。しかしこれほど重要な議論になっている幾つかの章節の理解については、私たちは神がはるかに大きな光明をもたらしてくださるまで、人々が懐疑のうちにとどまっていてくれるよう願う。もし君が、私たちが疑うことを我慢できないなら、私たちが確言するまで我慢するがよい。もしくは君たちが、私たちが確言したり懐疑をいだいたりすることに我慢できないなら（確かに君たちはそうすまい。もし私たちが疑うなら、私たちをアカデメイア派と呼ぶだろうし、もし確言すれば異端者と呼ぶだろうから）、君たちは君たちの邪悪さを知らしめることになる。だがこの件についてはのちほど十分に語ることにしよう。

アカデメイア派

ところで君は私たちをこのようにアカデメイア派と呼び、非難する一方で、君自身が君の本の中で、君たちのローザンヌのアカデメイアをあれほど賞讃し、讃美し、「アカデミー」と呼ぶことをいささかも厭わないが、これはどういうことなのだろう。もし君たちがアカデメイア派の人々の見解に賛同しているのでないとしたら、なぜ君たちはキリスト教の学校を、この「アカデミー」という非キリスト教的な名で呼ぶのか。そうではなく、もし君たちが彼らに賛同してはいないなら、君たちの学校をアカデミーと呼んで、人々を欺いてはならない。——以上がアカデメイア派の徒の論争についてである。

さて、君の本の冒頭をとりあげることにしよう。その死がカルヴァンと君の執筆の原因となったセルベトについて、君がそこに書いているからだ。私はただ、どのような生涯をセルベトが送ったか尋ねないでおくことを述べておきたい。しかしセルベトの著作に関しては、君たちは賢明にもそれらが日の目を見ないような手段をさがしたものだ。それらがいまここにあるなら、カルヴァンの中傷は誰の眼にも明らかとなるだろうからだ。そして私がこう言ったからといって、セルベトの本に少しも誤りがないと言っているわけではない。カルヴァンの教義の支持者たちの中にも、セルベトの著書を読んで、カルヴァンに対して大いに反感を覚え、カルヴァンの中傷に反駁するために、自分たちの望みはひとえにセルベトの本が出版されることであるというに至りさえする者たちがいるのは、紛れもないことなのだ。

けれどもベーズに戻ることにしよう。彼の言っていることには触れずにおくが、彼の著書の冒頭や、その他にも何か所もの件《くだり》でセルベトの弟たち（なぜならベーズは彼らをこのように呼んでいるからだが）のことや、その他、幾つもの彼の密偵たちによってもたらされたことを述べており、それらは部分的に誤りであったり、不確かな部分を含んでいたりする。こうしたことは、耳障りの良い話に餓《かつ》えている耳に快いものであるので、彼はそれらを信じて、確かだと断言したのだ。そののち彼は、ベリーと私たちの仲間が、カルヴァンの著書が公刊されてから執筆したと言っている。しかしこのことは偽りである。なぜならそれらの著作は同時に印刷されたのだから。ただ印刷業者が（彼らの慣習にしたがって）出版の日付を繰り下げたのだ。私の言葉を信じたまえ、ベーズよ、もし私たちがカルヴァンの本を前もって読んでいたとしたら、君たちのベリーとの論争はまったくの別物となっていただろう。このことは私の書物を読めば君にも容易に分かるだろう。しかし君が私たちに対して仕掛けていることにはどんな意味があるのかね。「彼らはこう考えた。（と君は言う）もし自分たちがセルベトの言い分を公にとりあげても、それを安全に行って、何らかの成果を得ることは出来ないだろう」。私はキケロがこんな風に中傷する習いであることは承知している。だが君はキリスト教徒であったはずだ。というのも、君はいったい誰から、彼らがセルベトの言い分を喜んで弁護するつもりだったと聞いたのか。私はそうではないと思っているし、よしんばそうあったにしても、君は知りもしないことを明らかであると断言する、偽りの証人だ。

ベーズの讒訴《ざんそ》

私たちが異端者を、傷つけてはいけない、なにかしら聖なる人々と見なしているという君の言については、それは讒言《ざんげん》である。なぜなら私たちは、それらの人々を聖人と見なしていないからだ。ベリーが、私たちが異端者を憎悪しており、彼らが根絶されるのを望んでいると述べているのを見てもらえば分かる。さらに、彼らに打撃を与えなければならない、ということを否定するものではない。ベリーが（もし彼らが本物の異端者なら）彼らを破門せねばならないことを示しているのが、その証だ。そして私たちが罰せられる危険なしに、真の教会を襲撃し、混乱に陥れるために、それらのことをしている、と君は言っているが、それはただ、神と私たちだけしか知らない私たちの考えの良し悪しに判定を下しているのだ。ほかの者たちは君たちについて同じことを疑うかも知れないし（そしてそれはいっそうありそうなことなのだが）、君たちの敵が排除されて、誰も君たちの正体をあばかず、そのようにして何の危険もなく暴政をふるえるよう、君たちの敵の処罰を求めているのだ、というかも知れない。私たちは不確実で慈愛から遠い疑惑など、いささかも持つべきではない。私たちはまた真の教会に属しており、この教会に対して私たちが叛旗を翻しているようなら、私たち自身にたいして反逆していることになる。そして君が、撰集において彼らの名前を掲載しようとしなかった点で、ベリーと私たちの仲間の狡猾さを咎めている件に関しては、私は私も仲間たちも、喜んでその誇りを受けるものだ、と返答しよう。私たちの行ったことはキリストの命《めい》によるものであり、また君たちの暴力のためにそうせざるを得なかったことなのだ。「人々に注意しなさい」〔マタ一〇・一七〕。（とキリストはおっしゃった）だがどのような人々に、か。もちろん血を流そうと努めている者たちのことだ。「なぜなら兄弟が兄弟を殺すために渡すからだ」〔同二一〕。これは君たちが私たちに対してしようとしていることだ。君は私に言うだろう。「町から町に逃げなさい」〔同二三〕。君たちの影響力は私たちからこの逃亡を奪い去ってしまった。君たちの本の荷が届かない守りの固い町も、遠く離れた町もないからだ。私たちの血を求めるのをやめよ。処刑人なしに君たちと議論を交わせるようにさせて欲しい。そうすれば私たちは、君たちのうちに真理がありさえすれば、全員、君たちの言葉を学ぶ心づもりをもって、その場をあとにすることになるだろう。なぜなら剣の力に屈して私たちが君たちを信じることはないからだ。だが、何ということだ。君たちは他人にけしからんと咎め立てしていることを君たち自身、行っているではないか。なぜならアレティウス・フェリヌス〔マルティン・ブッツァーの異名〕とか、ケパス・クロリウス〔ピエール・ヴィレのアナグラム〕とか、アルクウィヌス〔カルウィヌス＝カルヴァンのアナグラム〕とか、カタルス〔ルターのアナグラム〕とか、ほかにもあるこの種の名前は、どういうことなのか。（君たちがソルボンヌ〔神学部〕の火刑台を避けるのと同じく、私たちもジュネーヴの火刑台を避けてもよいのではないか）。君について何を語ったらいいかね、ベーズよ。なぜ君は君の『通行証（ベネディクトゥス・パサヴァンティウス師の手紙）』〔ベーズの諷刺書〕に君の名前を記さなかったのか。このことによって何の危険も及ばないというのに。なぜなら誰も、滑稽本や暇つぶしの本のために迫害されたりなどしない。むしろ君のその『通行証』は君の仲間たちによって、懐《ふところ》深く守られているではないか。ところが君が、ベリーの撰集はベリーによって忠実に蒐集されていなかったと述べている点については、君の言うことはおかしい。なぜなら君は、もともと著者の書いているものと異なる引用は、一言一句たりともあげることは出来ないだろうからだ。君がマクデブルクについて記していることは、君の軽率のなせるわざで、印刷工に属していることを私たちのせいにしている。たとえベリーと私たちの仲間がそうしたとしても（そうしなかったのは確かだが）、君自身が不確かだと思っていることを確言し、君自身も行っていることで他人が他人を叱責するとは、君は横着者だ。考えられることだが、君が君たちに向けて印刷された本のことを私たちが知らないと考えていることをのぞいては。それらの本にはローマで印刷されていると書かれているのだが。

おまけに、君は私たちが行政官についてまったく議論していないことで、私たちを咎める。疑ってもいないことを論議するのは骨折り損だから、これは愚かなおしゃべりというものだ。それから、直後にベリーについて君が書いていることは、明らかに真実に反している。君がベリーと考えているひとについて、少なからぬ者が（私もそのひとりだが）仄聞しているところでは、そのひとは諸言語と学問を学ぶため、非常に勤勉に勉強したので、徹夜することもしばしばだった。そして語学のこと以外ほとんどすべてを忘れ、言語をよりよく学ぶべく、あらゆる窮乏と不運を辛抱強く我慢した。したがってしばしば私たちは、彼が自分の熱心さを敬虔や宗教に向けなかったことで嘆き、ため息をつくのを耳にしたものだ。そしてこの件にかんしては、よい証拠を差し出すことができる。だが君は、あらゆるものごとを非難したくてたまらず、君が憎んでいる者に不利な話を喜んで信用し、そのようにして邪悪でないこと、まともなことでさえ非難するのだ。そしてその証拠に、君は彼に対する判決を下したあと、彼を激しく非難する。彼が異端者の定義を目にするのはそれからだ。しかしながらこれは、何をさておき第一番に明らかにされていなければならないと、彼が言っていることなのだ。いったいなぜ、彼はそれを自著で、序文に続く著者たちの文章のところにではなく、序文で述べていたのだろう。換言すれば、どうしてこの「第一に」や「なにはさて措き第一番に」は、いつも時間的なものとしてとらえられ、聖パウロが「主たる」とか「最大の」という意味で、ご自分は罪人のうちの第一人者であると言われたように、そのこと自体のうちの第一としてとらえられることは少ないのだろうか。

ベリーによる異端者の定義

その他のことは、またのちに話すとして、いまはベリーの異端者の定義に向うとしよう。君が彼の意図を理解していないか、あるいはもちろんのこと理解していない素振りをしている定義のことだ。聖パウロは異端者について語りながら、教義と生活習慣をむすびつけている。生活習慣は教義から由来するもので、このことはこの方のつぎの言葉からも知ることができる。「あなたがこれらのことを力強く主張するように、わたしは望みます（とこの方はテトスに話しかけながらおっしゃっている）。そうすれば、神を信じるようになった人々が、良い行いに励もうと心がけるようになります。これらは良いことであり、人々に有益です」〔テト三・八〕。君にはこの方がここで生活習慣について話しているのが分かるだろう。それからこの方はこう続けている。「愚かな議論、系図の詮索、争い、律法についての論議を避けなさい。それらは無益で、むなしいものだからですか」〔同・九〕。君にはこの方がここで教義についてどのように話しているか分かるだろう。教義は悪しき生活習慣を生み出すのである。そのあと、この方はこう続ける。「分裂を引き起こす人には、一、二度訓戒し、従わなければかかわりを持たないようにしなさい」〔同・一〇〕。お願いだ、ベーズよ、どのようなひとをこの方は異端者と呼んでいるのだろう。この方がおっしゃっている愚かな問題やその他の空虚なことがらに専心している者のことではないのかね。それらのことがらが異端者に良い業《わざ》に気を配らないようにさせているのかね。この方はこのことを、君が示したまさにその箇所で、テモテに対しいっそう詳しく、はっきりと述べられている。こう言っておられるのだ。「異なる教えを説き、わたしたちの主イエス・キリストの健全な言葉にも、信心にも基づく教えにも従わない者がいれば、その者は高慢で、何も分からず、議論や口論に病みつきになっています。そこから、ねたみ、争い、中傷、邪推、絶え間ない言い争いが生じるのです。これは、精神が腐り、真理に背を向け、信心を利得の道と考える者のあいだで起こるものです。もっとも、信心は、満ち足りることを知る者には、大きな利得の道です。なぜならば、わたしたちは、何も持たずに世に生まれ、世を去るときは何も持って行くことができないからです。食べる物と着る物があれば、わたしたちはそれで満足すべきです。金持ちになろうとする者は、誘惑、罠、無分別で有害なさまざまの欲望に陥ります。その欲望が、人を滅亡と破滅に陥れます。金銭の欲は、すべての悪の根です。金銭を追い求めるうちに信仰から迷い出て、さまざまのひどい苦しみで突き刺された者もいます。しかし、神の人よ、あなたはこれらのことを避けなさい」〔Iテモ六・三―一一〕。ここで私は君に尋ねる、ベーズよ。聖パウロが、君の言葉によってさえ、この箇所において異端者が何であるか描いているのだから、私たちの主の聖なるみ言葉にいささかも同意しないで、諸々の問題の周辺で煩悶しながら、好んでことを構え、妬み、中傷する、等々の者は異端者ではないのだろうか。もし君がこれらの者はその行為によってではなくむしろその悪しき見解によって異端者であるというなら、君がどのように「見解」というものを解釈しているのか見ることにしよう。というのも、異端者の理屈は、君が再洗礼派たちの理屈だと言っているものと同じではないのだろうか。再洗礼派たちは結婚を禁じ、そのため女性が彼らの共有となっていると、君は言っているが。しかし聖パウロは、あれらの者たちは妬みや中傷がよい行為だと言っているからではなく、言葉による問題の論争に心を悩ましているからだと語っている。だが君が「見解」とは何か、もっと奥深く考察したいと思うなら、私たちは賛成しよう。

あらゆる罪は見解によって犯される

なぜなら私が思うに、あらゆる罪は（その罪ゆえに人間は罰せられているのだが）主として「見解」によって犯されているからだ。それというのも神を信じていないのと同様、何者も善をなせないのと同様、その者がそう気づいているかどうかは別にして、悪魔を信じていなければ、何者も罪を犯しえないからだ。このことはイザヤによって明らかにされている。「災いだ（とイザヤは言う）、悪を善と言い、善を悪という者は」〔イザ五・二〇〕。確かにかの者たちは悪を善であると信じている。さらに詩篇にはこうある。「神を知らぬ者は心に言う、『神はない』と」〔詩一四・一〕。確かにこの者たちは悪魔を信じており、この邪な見解から彼らの罪が生じてくる。したがってこの見解が申し分なく信じられているときには、この者たちは単に信じないばかりでなく、神などいささかも存在しないのだと、公然と言って、あらゆる人間性を喪失しているため、姦通とかその他の邪悪な行為が悪であることを否定するのである。もしこうした見解が当然のこと異端と呼ばれるのであれば、確かに頑に自らの邪悪さに固執する悪人は、異端者と呼ばれるであろう。

さて君は「異端」がギリシア語で「見解」として解釈されるだけでなく、「見解に由来する生き方」としても解釈されることを知っているのではないか。ここから導かれるのは真の宗教の道に進むことを拒否する者たちは、まさしく異端者と呼ばれうる、ということである。もし君が、同じ過ちを犯し、にもかかわらず自分たちが罪を犯したと認めたある者たちがいる、と述べるなら、私はその者たちは見解によってもまた、罪を犯している、と答えよう。なぜならもしその者たちが本当に神を信じているなら、彼らは心から罪を遠ざけるだろう。すなわち徳を生み出す信仰によってそうするだろうということだ。信仰の強さに応じて罪を遠ざける徳の大きさもまた決まるのである。しかし彼らの信仰は小さいので、彼らの力も小さく、したがって彼らの信仰の弱さは当然のことに不信とか疑念と呼ばれうるのであって、それはちょうどキリストが、弟子たちが狂人を治癒できなかったのは、彼らが信仰を持っていないからではなく、その信仰が小さいからであると、彼らの不信が原因であるとされたように、である〔マタ一七・一五―二〇〕。それというのも信仰が望むことをするために必要なほど大きくない場合には、信仰が不足しているからである。あたかも鉄を熔解しようと欲しながら火がそうするためにはあまりに弱いとき、火がないわけではなく、火があまりに弱いゆえに、火が足りないというようなものである。

ひとは意に反して罪を犯しうるか

もし君が、自分たちが望んでいる良いことをいささかもおこなわず、憎んでいる悪しきことをおこなう者たちを私の前に連れて来たら、私は聖パウロにならって罪を犯しているのはその者たちではなく、その者たちのうちに住んでいる罪であると君に答えよう。私はこのことを以下の比喩によってもっとはっきりと言明することにしよう〔ロマ七・一五―一七〕。

湖の上で揺れている舟の船乗りたちが、それ以上進まないように、漕ぐことをやめて、櫂を船べりにあげても、舟はしばらくのあいだ、漕ぎ手たちの意に反してにせよ、徐々に動きがおさまって、しまいにはすっかり停止するまで、その動きにつられて進んでいく。それと同様に、人間は、キリストを信じ、罪という櫂を動かすのをやめても、年老いた人間の心の一徹さによって自分の意志に反し、徐々に罪の闇が薄くなるまで、そして信仰の光が濃くなり、その者が真の光の子となるまで、あちらこちらと動かされるのだ。したがって、信仰が完璧であれば信仰の力と徳もまた完璧となるだろう。しかしながらその者が自分自身によってではなく、その者のうちに住んでいる罪がなす悪によって処罰されることがないのは、それはキリストの恩寵がご自身のうちにある人々が何ら罰を受けえないようにされるからである。漕ぎ手が漕ぐのをやめたあとで生ずる舟の動揺のせいで責められることがないのと同様である。おそらくは君にはこのことは理解できないだろうが、ベーズよ、しかし信ずる者は理解するであろう。なぜなら信仰は力と徳のみならず、叡智をも生み出すからである。

それゆえこうしたことがらによって十分に明らかなのは（私が思うに）、ベリーが自分の撰集のなかで、頑でありしかるべく戒められたあとでなければ服従しようとしない者が異端者であると述べて、提出している異端者の定義、もしくは簡潔な陳述は適切であるということだ。そして、これではすべてが異端者で満ちているということになるとするベーズの発言、私はそれについて同意するものである。なぜなら自分の罪に頑になってその悪しき見解や意図、確信に固執し、誰かがその者たちをそこから抜け出させようとするのを拒むのが異端者だからである。それというのもその者たちは反対の教義にしたがうからであって、それはすなわち悪魔の教義である。悪魔は、キリストがご自分のみ言葉によって善きひとの種をまかれたように、自分の言葉をつうじて悪しき者たちの種をまいた、その者たちの父なのである。――戒めなければならないさまざまな種類のひとたちがいると君が述べている点については、そのことがこの陳述をなんら損なうものではない。なぜなら誰かが私的に戒められようと、公然とであろうと、聖職者によってであろうと、個人によってであろうと、一度、二度であろうとしょっちゅうであろうと、その仕方の如何を問わず、その者が頑であれば、とにかくその者は異端者であり、それゆえにその者を避け、異教徒にして徴税人として見なさなければならない。

それというのも、ベーズよ、君が異端者と見なしている者たちのひとりがひそかに罪をおかし、君がそれを知っていたら、君はどうするのだろうか。キリストの教えに沿って、ひそかにその者を戒めないだろうか。むろん、君はそうすべきだろう。それではもしその者が公然と罪を犯したらどうするのか。君は公然とその者を叱責するだろう。もし君が聖職者ならどうするのか。君は聖パウロの教えに従い、ひとを戒める者たちにお定まりの、同一の仕方でこうしたことすべてをおこなうだろう。そしてそう呼ばれることを否定しはしない。このためにベリーは、「異端者」という名称がこのような者たちに本質的に似つかわしいと言ったのである。けれども、仮に彼がより深い考察をおこなったからといって、君はこのことで彼を断罪すべきではない。また彼は、この者たちを戒めるやり方とその他の者たちを戒めるやり方とがまったく同じであることをもって、頑な異端者たちというものを、すべての頑な異端者たちの範疇に一般化してふくめ、限定的な問題を普遍的な問題にひきおろした。君がモーセの律法により異端者たちに死がもたらされることを望むとき、ベーズよ、君たちもまさしく、さらにはいっそう大胆に、おなじことをしているのだ。そしてモーセがそこで異端者についていかなる言及もしていないので、君たちは冒瀆者や偶像崇拝者、贋の預言者たちへの律法を盾に取る。

その中に異端者をふくめようとしているのだ。そして宗教のために、この者たちに死が与えられたので、君たちは異端者たちもそうでなければならないと、強硬に主張している。さらに君は、ベリーがこの箇所で次の章句、「足の埃を払い落としなさい」〔マタ一〇・一四〕を引用しているのは、告げられた福音を拒絶する者たちに対して言われたわけであるから、愚かな引用だと述べているが、これは君自身に対して述べているに他ならない。なぜならすぐあとで君は、聖パウロがテモテ書で異端者が何であるか定義し、言明していると書いているからだ。その箇所で彼はことさらキリストの善きみ言葉にいささかも同意しない者たちについて話しているのだが〔Iテモ六・一五の指示があるが、同・二〇の誤りか〕、それはまぎれもなく福音を拒絶することに他ならないのである。トルコ人やユダヤ人についても、もし彼らが自分たちに啓示された福音を拒絶したら、私は同じことを言う。そして君が、異端者は信者の数から締め出されるべきだ、ということでベリーに同意している件については、君は先に私たちが異端者を、侵すべきではない聖人と見なしていると書き、またその先では、ベリーの仲間は異端者が悪事をはたらくのを許さないと書いたのだから、このことにおいて君は自分で相反することを述べている。

ベーズは自己撞着している

同じく、ときとして彼らを生ける者の数から除外しなければならない、という点で彼に同意している件については、君は彼の名誉を毀損している。彼はその者たちの生命が救われること以外、何も切望していないのだから、そして君自身、君の本の中で彼がその者たちを死なせようと望んでいない点で彼を非難しているのだから。彼が君の告げていることを求めている、などとはとんでもない。だが私が分かるのは、君がこの箇所で意図によってよりも言葉によって過ちを犯しているという事態だ。それというのも異端者を追放することで君はベリーに賛成しながら、この者たちを殺すという点でベリーに君のものを付け加えているからだ。けれども、たとえ君の言うことを言葉通りに取りたいと望んだとしても、君の言葉は別な風に響く。君は私たちの言葉を私たちの意図に反して悪い方に捻じ曲げ、私たちは君たちの意図に沿って、君たちの言葉をよい方に解釈している。だから私は君に、私たちの慈愛と君たちの怨恨のあいだに如何なる違いがあるかを、ほんのついでに示したかったのだ。君が、聖パウロが異端者の公的排斥について（上述のテトス書において）話されているのを否定している件については、ベリーはそのことを述べていないし、公然とした排斥と私的な排斥との比較もおこなってはいない。しかし排斥されることを、排斥することに比べることをおこなっている。神を信じる者の行為は、なすにしてもなされるにしても、神の認めるところであるから、この比較が妥当であることは確かである。

再洗礼派は不当に弾劾されている

君が再洗礼派について、彼らが正統な結婚と行政官を断罪し、人殺しを弁護すると述べている件については、君がどこからその情報をえているのか尋ねたい。それは彼らの文書からでないのは確かであるし、彼らの言葉からではいっそうない。残されているのは君が彼らの敵から聞いただろうということだ。しかしもし君たちが、誰かが敵の言葉を信ずるよう願うなら、君たちが同じように評価されないよう気を付けるが良い。フランスでは、ツウィングリは木や岩や動物に福音を説教していると噂した。「福音をあらゆる被造物に説教しなさい」と書かれているからだ。そしてまたルター派の徒は聖母マリアを「淫売婦」と呼んでいると取りざたされ、ファレルは髭のなかに毛と同数の悪魔を飼っており、食事をとるたびごとにパンを与えて食べさせていると言われた。その他にも幾つもの誤った、語るにもあたいしない風聞が飛び交った。さてさて、ベーズよ、君はこんなことが鵜呑みにされるのを望んでいるのかね。それではなぜ、再洗礼派の徒の敵たちに信を置くのかね。彼らの敵たちが君たちの敵よりも嘘つきではないと考えているのかね。それ以上だ。再洗礼派という単一な党派が存在しなのであるから、君は彼らについて包括的に論ずべきではなかったのだ。君たちとルター派とにはいくつか相違点があるからというので、ルター派の徒について語られることが、君たちについても言われるのを望ましく思っていないが、それと同じようなことだ。もっとも他の国々では、どこでも君たち全員がルター派の名称で呼ばれているが。もちろん私に関しては、君が再洗礼派について語っていることをいささかも信じていない。ミュンスターの人々は行政官を処罰などせず更迭したのだが、かつて行政官であったクニペルドニンゲス〔ミュンスターの再洗礼派によって一五三四年二月市長に選出されたが、同年五月辞職〕なる者は職を追われることさえなかった。しかし結婚については、彼らの敵さえ銘々が複数の妻を持っていた、と書いている。これは女たちをそこでは共有していたと述べることとは一致しない。そして私の聞くところでは現在ではひとりの妻しか持っていない。もちろん再洗礼派ではない二人の人物から聞いたところだが、ボヘミアには再洗礼派のひとつの宗派があって、彼らは結婚を非常に尊重しており、もしそのうちの誰かが姦通していることが見つかったら、彼らはその者を破門し、自分たちの仲間から追放して二度とその者を受け入れないという。しかしそれでももし君が、彼らの中に気違いじみた天啓によって姦通と殺人を弁護した者がいた、というなら、このことで他人をとやかく言うことはできまい、と答えよう。それどころか良心的に結婚を堅持している者の善行は君が難じている人々のがわにあるとされるべきであろう。そして、一時みなから悪く思われていたが、今では別な印象を持たれているとしたら、なおのこと君はいま、彼らのことをそんな風に話すべきではなかろう。ちょうどそれはテオドール・ド・ベーズが、甘美で優雅な美しい詩句でかつて何度も、放蕩と姦通を声高に賞讃し〔改宗前のベーズが歌った詩歌『青春賦』のこと〕、説いたことがあったのに、いまでは自分のおこないは罪であったと否定しているが、このような過ちは彼にとって、すこしも非難とか汚点にあたらないであろう、というのと同じことだ。かつて神の預言者のなかにも、偽の預言者がいたが、この者たちも神の預言者と呼ばれていた。真の預言者はこのことで処罰されなければならないのだろうか。使徒たちの時代、復活などけっしてありえないと教えるキリスト教徒がおり、またすでに復活があったのだとする別のキリスト教徒もいた。このために真のキリスト教徒は罰せられなければならないのだろうか。

仄聞するところではこんにちのフランスには君の宗教に属し、福音の口実のもとに女性を姦通へと誘い、姦通が掟にかなっていると教える者がいるそうだ。君たちはこうしたことが君たちの教義に帰せられることを望むのかね。先ごろのことだが、君たちの仲間のある者たちが、力づくで、行政官とその警邏の手からひとりの男を奪い去った(この男は宗教上の理由で捕らえられ、パリに連れて行かれるところだった)。ある者たちは信仰の審問官をなぐり、傷つけた。ある者たちは寺院から盗み、略奪した。ある者たちは、宗教の口実のもとに淫売婦を君たちのもとに連れてきて、そのあと彼女たちは自分たちの妻だ、と言った。さらにある者たちは両親の家から、彼らの意に反して、娘たちをかどわかし、君たちのもとに連れて行った。君たちの仲間はほかにこうした振る舞いをし、そうした行いをひとが潤色し、誇張し、君たちが他人を測っているのと同じ尺度を君たちに適用するとしたら、お願いだ、ベーズよ、そこから何が起こるかね。おお、この点では、事実は火を見るより明らかであり、少なくともこのことに関しては、君たちに目を覚まして中傷をやめてほしいものだ。私の言葉を信ずるがよい、ベーズよ。いかに君たちが再洗礼派を人間と見なさなくとも、神が彼らの問題に裁きをつけられるであろう。神という裁き手の前には、君を弁護してくれるキケロのような口達者はいない。君に、その君の虚偽の証言をさせないためである。その君の偽証によって、君は万人の前で、再洗礼派に姦通と殺人の濡れ衣をきせ、告発した。そして君の宣告によって（君にできるかぎり）幾千もの人々を君は現在までに殺害し、今後も殺害するであろう。君はおそらく私が再洗礼派の徒だというだろう。なぜなら君の弁明はいつもそのようなものであるからだが、しかしそのようなやり方では、君は何も主張することはできないだろう。私は再洗礼派ではないし、彼らがどこで過ったか分かっているつもりだ。しかしことはどうあれ、中傷によってはひとりの再洗礼派はおろか、ひとりの盗賊でさえ弾圧すべきではない。

詭弁的分類

ユダヤ人、律法学者、ファリサイびと、といったベリーの分類がどんな弁論術から生まれているのか、君が尋ねている点に関しては、私はキリストが（この方は君の狡賢さなど歯牙にもかけられない）このように、つまり「弟子たちとペテロに言いなさい」とおっしゃった弁論術から、もしくは「律法は正しい者のために与えられているのではなく、不法な者や不従順な者、不信心な者や罪を犯す者、神を畏れぬ者や俗悪な者、父を殺す者や母を殺す者、人を殺す者、みだらな行いする者、男色をする者、誘拐する者、偽りを言う者、偽証する者のために与えられ、そのほか、健全な教えに反することがあれば、そのために与えられているのです」〔Iテモ一・九―一〇〕と言われた聖パウロから生まれていると答えよう。これ以上私が何を言うべきだろう。君たちのキケロさえ、こう述べて、そのような分類を行っている。「すべての年齢をつうじて、幾つかの期限がある。しかし老年については、きまった期限はまったくない」〔キケロ、『老年について』、二〇・七二、『キケロ選集』第九巻所収、中務哲郎訳〕。しかし君が同じことをして、こう告げるとき、どんな意味なのだろうか。「聖職者の勤めの職務と俗世間の行政官の職務は違っている」。あるいはまた、カルヴァンの「教会は行政官に属しているなにごともおこなわない」という言葉を君が賞讃するとき、それはどのような意味なのだろうか。なぜなら、確かに、あるいは君たちが行政官を教会の外に置いているか、あるいはまた君たちがベリーのやり方で分類しているかであるからだ。そして、ベーズよ、君は次のように言って、同様の分類を教えている。「もちろん、私は奉公人は刈取り人と違うことを認める。属が種と違うように、もしくは（いわば）部分が全体と違うようにである」。君は分からないのか、ベーズよ、君は君自身もおこなっているまともなことを咎めているということが。おお、願わくば、君がここで眼を覚まして、いかに自分が論難したいという大きすぎる欲望のために盲目になっているのか見てほしいものだ。君がもっと危険なことがらにおいて、もっと思慮深くなれるようにである。なぜなら君は他人の言葉を難じる中で、誤りをおかしているからである。とはいえ、学識ある君なら、憎悪に邪魔されていなければ、容易に判断できる誤りである。であるから、他人の生命にかかわる判決を下す際に、君がより危険な間違いを犯すこともありうるのだ。

律法学者はその生活習慣において異端者である

同じく君が律法学者やファリサイびとが生活習慣において異端者であったということを否認するのはどんな意味かね。しかしながらこの者たちは野望が高く貪欲で、宴会で上席に着いたり、敬意を表されることを好み、着服した金品でふくれあがり、預言者を殺していた。こうしたことすべては（君も分かっているように）、君たちが教義としていることによると、教義に属していなかった。だがどうして君、ユダヤ人を異端者と呼ばなければならないことをいま否定した君が、彼らの教義を異端と呼ぶのかね。キリストが彼らを避けられなかったが、破滅させ、根絶された、と君が付言している点については、キリストは彼らを見放されたが、この放棄こそ壊滅と破滅にほかならない、と答えることにしよう。それというのも主は彼らをそのように、イザヤにおける葡萄の木のように、すなわち見捨てられた状態に罰したのである。なぜなら敵はすべて、神に見捨てられた者たちを破滅させる準備を整えているからである。ちょうど羊の群れが見捨てられると、狼がほったらかしの雌羊を貪り食らおうと、手ぐすねをひいているようなものである。それゆえキリストの故郷の者たちは不信仰のうちに凝り固まっており、したがって自分たちの生活習慣と暮らしぶりを改めなかったのである。

ハナニヤは異端者である

同じく、私にはどうして君が、ハナニヤが異端者であったこと〔エレ二八〕を否定するのか、分からない。なぜなら君は少し前に、どれほど口では私たちの宗教を信じていると公言していても、何らかの誤った考えによって、自分自身、よからぬ生活習慣に固執したり、他人を悪しき生活態度に縛り付ける者は異端者である、と言っており、そうしたことがらすべてがハナニヤに当てはまるのだから。というのもハナニヤは誤った預言をおこなったが（これは教えることに相当する）、ユダヤ人はこの預言による、遠からず帰還できるという希望的観測から、より頑に悪しき生活態度と不服従に固執し、ハナニヤのせいでユダヤ人はエレミヤに従わなかったのである。そしてこれゆえに、彼は哀歌において、エルサレムの破滅をいつわりの預言者たちのせいにしたのだ。君たちはまたこの世のうちで完璧な正義がなされるだろうと告げる者たちを異端者と見なしている。けれどもかかる論争は将来起こるか、起こらないかの事象にかかわる。以上でベリーがその撰集でもたらしている異端者の定義に関しては十分であろう。

ジュネーヴ市民にはセルベトを殺すことは許されていない

さて、ベーズの論証に移ろう。その中には私が説明をしてもらいたいことがらがある。なぜなら君に話をするうえで、ベーズよ、君はトルコ人とユダヤ人を、彼らが神のみ子を否認するがゆえに外教徒の中に数えている。ところで君の言では、キリストを神の永遠のみ子と認めない者は、神のみ子を否定している。ところがセルベトは（君が言うように）み子を神の永遠のみ子として認めていなかった。そこから帰結されるのはセルベトが外教徒だということだ。そしてもし彼が外教徒なら、彼は教会の外にいることになり、君は外部にいる者たち、すなわちトルコ人やユダヤ人や教皇主義者たちを裁いていない。それではいったいなぜ、君がほかの外教徒を殺していないのに、セルベトを殺したのか、私に教えるがよい。答えよ、ベーズよ。

分離主義と異端を分けること

君の論証のもうひとつの問題点は、君が分離主義と異端のあいだにある差異をしっかりと示していないことだ。それというのも分離主義は（君が書いているように）さまざまな異端に変貌するのではなく、さまざまな異端を生み出すからだ。なぜなら「分離主義」は（この言葉が示すとおり）対立に等しいからだ。その対立によりそれ以前はひとつにまとまっていた者たちが幾つもの集団に分裂し、それらが「異端」、つまり一党、党派、徒党、分派と呼ばれているのである。私たちはまさしくその例をイスラエル人たちの治世に見ることができる。その治世はロボアムの時代に、イスラエル人たちのあいだに生じた分離主義、もしくは（私たちの母語で語れば）対立のために分裂し、そこから二つの異端が生まれた。すなわち「党派」もしくは「徒党」である。そのひとつがイスラエル人の宗派であり、もうひとつがユダヤ人の宗派である。同様にマカベアの時代の宗教に存在した対立は幾つもの宗教に分かれていた。律法学者派、ファリサイ派、サドカイ派、エッセネ派であり、このようにひとつの分離主義から幾つもの異端が派生したのである。これが二つの単語の意味であり、このことをギリシア語につうじたいかなる学者も否定しないであろう。加えて聖パウロも君が援用した箇所で同じやり方で話をしている。その箇所で彼は「あなたがたが教会で集まる際、お互いの間に仲間割れがあると聞いています。わたしもある程度そういうことがあろうかと思います。あなたがたの間で、誰が適格者かはっきりするためには、仲間争いも避けられないかもしれません」〔Iコリ一一・一八―一九〕と言っている。ところで彼が何を仲間割れ（＝異端）と呼んでいるか、彼はすぐに明言して、こう述べている。「なぜなら食事のとき各自が勝手に自分の分を食べてしまい、空腹の者がいるかと思えば、酔っている者もいるという始末だからです」〔同・二一〕。なぜなら金持ちは金持ちでご馳走を食べるし、貧しい者もそうするのであり、そしてかかる分裂による集団がギリシア語で「異端」と呼ばれ、分裂もしくは対立が「分離主義」と呼ばれているのだ。したがって分離主義とは同一のことを思う者たちの分裂であると述べた者は、ちょうどそれは意見の一致する者たちの対立であると言ったと同然である。君は、考えではなく心において相違している人々は分離主義者と呼ばれるべきであり、異端者と呼ばれるべきではないと言っているが、あたかもその精神と心に不一致をかかえた者が、考えの面でなんの不一致もないと言っているようなもので、なんの意味もない。精神の不一致とは、精神のうちに宿る多様な考えにほかならないからだ。なぜならあるひとがパウロの党派だと自慢し、別の者がケパ〔ペテロのこと〕の党派だと自慢するとき、それは後者がケパの方がより優れているという見解に立ち、もう一方はパウロがそうだという見解に立っているからだ。したがってかかる対立を引き起こした者は分離主義者、すなわち煽動者であるが、各党派もしくは分派に与する者は厳密な意味で異端者になる。しかしながらこれらの者たちは宗教の点で一致していると君が告げるなら、あたかもこの者たちがすべての点で不一致というわけではないと言っているのと同じことだ。たしかに、慈愛を持たない彼らは、宗教においてかなり不一致であるが、慈愛は宗教の到達点であり、それなくして宗教にはなんの価値もない。そしてギリシア語の「ヘテロディダシカレイン」が、聖パウロにあって、単に「さまざまなことを教える」という意味であるという君の説には不同意であるが、「異なる教えに従う」という意味には同意である。それは「ヘテロクシュグーン」が「反対のくびきを担うこと」であるようなものである。

さて言葉の面では君に同意するにせよ、しかしながらあれらの一節をつうじて、教化している者たちだけが異端者であるという結果になることについては、君と同意しない。そうではなくむしろ私が告げたいのは、異端にしたがい、異端に同意する者が異端者だということだ。その者自身が教化もするなら、教化しているゆえに異端者と呼ばれるのではなく、異端者の師と呼ばれるということである。ちょうどキリスト教徒がキリストを教える者ではなくキリストに従う者であるように、またアカデメイア派の徒がアカデメイアの見解と教義とを遵守する者であり、教える者は博士と呼ばれるように、である。

ベーズの異端者の定義への反駁

かくして異端者について、つぎに述べるような君の定義は無価値であるのは明らかである。「巧みに敬虔さで身を装い、いくども戒められたあとで、教会の聖なる言葉の側に身を置かないばかりでなく、過てる教義を勧めて、教会の平和と和合を破る者は異端者である」。もし私が、ベーズよ、君たちが他人の発言を検証するのは常としたように、この定義を検証しようと欲したなら、君のその定義はすこしも異端者をとらえておらず、代わりに私たちに偽善者や頑固者、偽の博士に煽動者をひとからげにして提示しているということになるだろう。なぜなら敬虔さで身を装うということは偽善者と偽って見せる者に係っており、戒められても頑固であるとは頑迷固陋な者に係っており、過てる教義を勧めるとは偽の博士、平和を乱す者は煽動者に係っており、そのうちの誰も異端者という名称にふさわしくないからである（このあとまもなく私たちが示すように）。こうしたあらゆる悪徳に染まってい る異端者がいようとも、である。しかしながらいささか君の言葉ではなく、君の意図を考察してみよう。君は「異端者」をこの言葉の意味によってではなく、聖書の用例にもとづいて定義しようと欲した。だが、なんということだ。君は自分で、私が君を弁護するのを妨げている。なぜならすぐに君は以下の言葉を付け加えているからだ。「そしてこのことは、この言葉の意味がそれをはっきりさせている。なぜなら異端とはギリシア語の単語で、もともとはまさしく賞讃の言葉であって、パウロもどこかでそのことを否定していない。しかし仕舞いには会話における慣用から、神の教会の見解を軽視したあげく、ひとが選び取って従った邪悪な見解や党派活動をさす悪徳の範疇に入れられ始めたのである」。君は自分の言葉をよく分かっている、ベーズよ、君の言葉をつうじ、「異端者」をその単語の意味に即して定義したということを知らしめたいと君は願っているのだ。だが君は自家撞着していることに気が付かないのか。なぜならそれが初期においてはひとつの賞讃の言葉だった――「見解」以外のなにものでもない――と述べている点に関しては、それは確かにその単語の意味であるが、君は定義するにあたっていささかもその意味に触れなかった。これについてはのちほど見ることにしよう。しかし話し方に関して君が付言していることは、いささかも意味に属しているわけではなく、誤用に属しており、君は意味を顧みることなく、この誤用を考えている。だがお願いだから、ベーズよ、君はこの「異端」という言葉のうちのどこに、偽装とか、頑迷、過てる教義、そして煽動を見出すのかね。それというのも私たちは次のように考えるからだ。

異端とは何であるか

「異端」とはギリシア語で「党派、選択、選出、意図、選良、徒党、決議、配慮、追随、あるいは追求」を意味し、動詞「ハイルーマイ」に由来している。すなわち「私は選ぶ、私は欲する、私は要求する、私は追求する、私は望む、私は同意する、私は受け取る、私はより好む」その他の意味であり、それらを私は君たちの『ギリシア語宝典』から蒐集したのであって、そこでこの動詞は入念に説明されている。私に少し教えてくれ、これらすべての意味のうちで、君の定義と合致するのは、どれかね。したがってもし君がこの単語の意味によって異端とは何かを定義したいなら、同じ形態の単語を選ぶがよい、そうすれば君はただちに定義がわかるだろう。アカデメイア派の徒とは何かね。アカデメイアに属していてその教義に従っている者のことだ。プラトン派の徒とは何かね。プラトンの教義に従っている者だ。

異端者とは何者であるか

それでは異端者とは何かね。異端にしたがい、もしくはしたがうことを自らに課す者だ。異端とはすなわち、教義もしくは生活態度における、党派、見解、意図または研究であって、あるいは讃辞にあたいするものであり、あるいは非難の的となるものである。なぜならこれは（君が述べているような）賞讃の言葉ではなく、中性的な言葉であり、あるときは讃辞でも用いられ、あるときは非難でも用いられる。まさしく「レビ記」にも、異端説《エレジー》によって、すなわち自発的な（なぜならこのようにローマ人はヘブライ語を解釈しているからだ）神にささげられた奉納品について、言及がある。これは確かに異端者の、すなわち自発的な奉納品と呼ばれうるだろう。同様にアリストテレスが自発的に危険に身をさらすことを「異端派の」危険と呼んでいる。しかし聖書において異教徒が自分たちをすべからく異邦人だと見なしているのと同様、そのような具合にまた、異端を、キリスト教でないので悪徳に染まっている、あらゆる異邦の党派と見なしたのだ。それゆえ私たちは聖書をつうじて次のように異端者を定義できるだろう。すなわち悪しき党派に属しているか、もしくは邪悪な目論見に賛同している者で、もしその者がその悪しき考えに凝り固まっていたなら（この者たちの倣いであるが）、君はベリーのものと合致する定義をうることだろう。しかし君の定義は、ベーズよ、上記の悪徳以上に、さらに君の中で矛盾している。なぜなら君の定義はトルコ人やユダヤ人、そして教皇主義者をふくんでいるが、にもかかわらず、君は彼らを異邦人として君の処罰の対象から除外している。さらに君の定義は、あたかも他人を教化する者だけが異端者であるかのような偽りの説を付加しているのだ。

さてここで、もし君たちの教会が本物なら（確かに君たちがそうあれと望んでいるように）、あらゆるルター派の徒は、君たちにとって異端者となるであろう。彼らは聖餐のことでこの教会と非常に食い違っており、ルター自身、おぞましいものとして、大いに嫌悪していたほどであるからだ。また君たちの少なからぬ者たちも（君も分かっているように）、異端者である。彼らは救霊予定説について君たちといささかも同意せず、しばしば注意されたのちも、君たちに服せず、君たちの安らぎを破っているからである。だが君たちのもとではすべてが諍いや論争、不和、陰謀、羨望、その他のあらゆる悪しきことがらに満ち、火がついていることから見て、さらに何を言おう。残るのは君たち少数の者、君たちの最大多数を掌握し、自分たち以外は全世界が異端であると見なしている君たち少数者だけだ。君たちが異端者とみなしている人々をみな処刑しなければならないなら、世界全土と君の仲間のうちで、君たちの解釈とか釈義、および定義に同意し、いささかも君たちに反論することなく賛同する者以外、残る者はいなくなるだろう。

聖パウロの明確な表現

さてこれから君の行政官論争に向かうとしよう。この論争で君は、宗教に係る責務と配慮は神によって行政官に授けられたことを示すために、聖パウロの二つの件《くだり》を引用している。ひとつは「ローマの信徒への手紙」で（これに関して君が別の箇所で論じているので、この一節に関する反論はそこまでとっておくことにしよう）、もうひとつは「テモテへの手紙　二」である。そこでかの使徒はこう語っている。「そこで、まず第一に勧めます。願いと祈りと執り成しと感謝とをすべての人々のためにささげなさい。王たちやすべての高官のためにもささげなさい。わたしたちが常に信心と品位を保ち、平穏で落ち着いた生活を送るためです」〔Iテモ二・一―二〕。これらの言葉をつうじて、君はカルヴァン（君はこやその他の箇所でほとんど考えなしにこの男に従っている）とともに口をそろえて、行政官はその市民と家臣が平安のうちにあって、ほかならぬ宗教と神の奉仕に関することから、逸脱しないようにするためその職に任じられている、と結論している。ここで私は君に質問したい。カルヴァンとベーズよ、君たちがフランスに散らばっている君たちの兄弟に「王たちやすべての高官のためにもささげなさい。私たちが常に信心と品位を保ち、平穏で落ち着いた生活を送るためです」と書き送るとしたら、――そう、もしそのように書き送るなら、君たちの意図はどのようなものなのだろう。それはかの王が彼らを君たちの宗教のうちに守るようになのか。国王が君たちの宗教を憎悪している以上、確かに違う。そうではなく王が彼らを迫害するのをやめるようにだ。そうすれば彼らは自分たちの宗教のうちで安らかに暮らすことができるようになるかも知れない。あるいは、確かに、王がそのような生活を送ってその罪ゆえに自分の王国にいかなる災厄も起こらないようにするためなのか。そうした災厄には彼の王国にいる君たちの兄弟もまた被害をこうむるに違いあるまい。かくしてエレミヤはバビロンに追放されている人々に向けて、神によって彼らが移住することになった都市の平安をもとめ、その都市のために祈るように、その都市の平安のうちに彼らの平安があるのであると書き送った。同様にバルクもまた同じ人々にこう書き送った。「そしてバビロンの王ネブカドネツァル〔ネブカドネザル二世。前六世紀の新バビロニア帝国の王。ユダ国を属国とする。ネブカドネザルはアッシリア語で、ナブーが境界石を守る、の謂〕とその子ベルシャツァル〔バルタザル〕の長寿を祈り、天が続く限り生き永らえるように願いなさい。そうすれば主は私たちに力を授け、私たちはバビロン王ネブカドネツァルとその子ペルシャツァルの保護のもとで暮らし、長く彼らに仕えて彼らの好意を受けるでしょう」〔バル一・一一―一二〕。この一節における聖パウロの意図がかかるごとくであること、それはあの時代の状況を考察する者には容易にわかるであろう。狼が羊につきまとうのをやめ、羊の素朴さと無垢がそれらに平穏をもたらすように。王たちが義なる人々を迫害するのをやめ、悪しき者たちの侮辱から身を守ってくれるように。彼らの霊魂に関しては、敬虔さが霊魂を守り、霊魂が敬虔さにおいていささかも傷つくことのないよう、そして彼らの敬虔さの主人にして師であるひとたちが、彼らにとって、行政官なしでも十分な、生き方の法にして命令となるように。君たちが善なるひとと思っている行政官にかくも多くのことを許すのは、君たちにとって最善でも、もっとも安心なことでもない、と私は君たちに確かに告げたり、保証したりすることができる。君たちはその援助なしに君たちの敵に抵抗しえないので、行政官に属していないものをその手にゆだねることを恐れない。それではいったい、君たちの許可と認可をえて、彼らが君たちの勤めに関して命令するようになりはじめたとしたら、どうなるのか。

行政官は司牧者を統率する

なぜなら、ほかのことには口をとざすとしても、評議会の決定について、あるいはもっと正確にいえば、最近出された議決について私は何を言うか。私は無論のことその決議の内容をここに記したいとおもう。君たちの政体の一端をわかってもらうためである。ところで、カルヴァンの教義に対してモルジュの身分宗務会で述べられた発言が、そのきっかけだった。なぜならこのことを警告されて、ジュネーヴの七人の聖職者はその地の行政官に請願して、請願書の中でカルヴァンに反対する幾人かの聖職者たちのことを嘆いた。それに関する決議はつぎのような形式で、結果として下された。

煽動家たちに対する議会の決議

「すぐる年、余は脅かされ、そのため正当な理由によって違反者たちは重罰に十分あたいし、余の国と土地からの追放にさえあたいした。しかしながらこの件に限り、余は格別の恩情をもって、今後かかる、もしくは同類の過ちを犯さないことを期待して、彼らを許したく思う。汝らすべておしなべて、また各々個人的に――余の不快な思いと重罰と上述の追放を汝らは避けるべきであることをもって――、これ以後公然とにせよ秘密裡にせよ、行為において、また発言によって、また文書によって、かかる、もしくは同類の背反、無益な共謀、根拠のない論争を避けなければならないと、はっきりと知らせ、命ずるものである。そうではなく汝らのキリスト教徒の兄弟、神の聖なるみ言葉の奉仕者にして僕《しもべ》とともに、われらの唯一の救済者イエス・キリストのもとに、一体となって平和的に生き、良好な関係を保ち、友好的に対話するように。汝らにイエス・キリストの恩寵があらんことを。一五五四年、一一月一七日」

分かるかね、ベーズよ、どのように君たちの行政官の側からの処罰が君たちの頭上にかかっているか、どのように君たちの日々の勤めや教義、著作が彼らによって制限されているか、どのようにキリスト教徒的な平安と和合が（彼らは君たちの間にそれがないことを見てとっている）君たちに命じられているか。その結果、君たちには彼らにしたがう必要がしっかりあるが、彼らが君たちに命ずる必要はそれほどではないことになるであろう。そして実のところ、私は、彼らのやり方を少しも非難しないし、むしろ彼らの賢慮を讃える。彼らは君たちが女子供のように反抗し、言い争い、議論し、異端の党派を育んでいるのを目にしており、（別のやり方では君たちが、自分たちの教義を果たそうとしないので）力によって、君たちに正道を歩ませることを望んでいるのだ。かくして宗教を力づくで処理したがっている君たちが、神の当を得た摂理によって、同じく力づくで、他人の意向に沿って宗教を保持させられることとなった。私よりも君によく知られているこれらのことがらや、その他の少なからぬことがらが、ベーズよ、もしいまおこなわれたら、そのあとに何が待っているだろうか。カルヴァンが迫っていると預言している、かの野蛮極まりない状況が訪れたら、どうなるであろう。その野蛮さによって、君たちの死後、君たちの筆によって収集されるべきものとしては、かろうじていくつかの聖遺物が残るだけとなるだろう。そのとき行政官は自分の気に入るように（君たちの権威が彼らに通じればよいのだが）あらゆることがらを統治しないだろうか。その結果、君たちにはいかなる宗教の自由もなくなるだろう。キケロに（君たちはキリストの模倣者であるよりキケロのそれなのだが）起こったようなことが君たちに起こることを恐れないのか。キケロは臆面もなく諂い、オクタウィアヌスをもちあげ、そののちオクタウィアヌスによって滅ぼされたのだった。あるいはユダヤ人に（君たちはそのすぐあとを追っている）起こったようなことを恐れないのか。この者たちはかつて熱烈に、しかも神のご意志に反して、ひとりの国王を戴くことを願った。そののち国王の支配によって踏みにじられ、抑圧されて、国王を拒絶したのだった。私の言葉を信ぜよ、ベーズよ、君がそうすべきよりも程度をこえて委ねようとしている者は、君が望んでいないことまでなすだろう。

ベリーとその仲間は、君が、ベリーによってその撰集に引用された著者たちと論争を構えるに違いないと考えた、と君はそのあと書いている。だが君はなぜそんな大胆なことが言えるのかね、著述家の方では君となんの係りもなければ、君に何も頼んだことはなかったのに。とはいえ、彼らは著述家たちの証言を忠実に引用しており（君の非難のようには）著述家たちの名前も評判も傷つけたわけではない。あたかも、彼らを引用している者たちが、彼らの変節の原因であるかのように。豹変した姿を見せている人々の評判が傷つけられたと君が言っているのでなければの話だが。彼らはその変節ゆえに評判を落とすのであって、その発言が引用されたゆえではない。

ルター

そののち、君はルターに方向を転じ、もし彼が生きていたら（と、君は言う）、おお、善き神よ、どのように君たち、アカデメイア派をあつかうだろうか。しかしむしろ君たち、ベーズよ、私は君たちに言っているのだが、君たちツウィングリ派の徒よ（私は君たちが如何にチューリッヒの者たちと同意見であるのか分かっている)、ルターはどのように君たちを叱責するだろうか。ルターは彼らを単に異端者呼ばわりするだけでなく、実際、心からどのような信仰箇条も信じていない君たちを、躊躇なくはっきりと外教徒と言い切った。おまけに、彼は君たちが死罪にあたいするような罪を犯し、君たちはユダヤ人やトルコ人、おまけにどのような悪魔よりも悪いと述べている。なるほど私たちは、ルターがアカデメイア派の性格とははるかに縁遠いものであったことを知っている。そうでなければキリストがそのために死なれた者たちをあれほどひどく断罪したり嫌悪したりすることを恐れただろう。それから、君たちと、君たちがたったひとつの信仰箇条も信じていないと確言するルターとが、すこしも対立していないという勇気が君にあるだろうか。だが君はルターがこれらのことを書いたのは、ひとにぎりの者たちの暴政のせいだというであろう。あたかも彼はそこで数名の者たちについて語ったのであり、全員について述べてはいないかのごとく。また同じ理由が同じことをした者たち全員にあてはまるものではないかのように。そして君は彼が「注釈」で同じことを言い、さらに君たち、異端者を殺した君たちを肉体と霊魂の虐殺者と呼んでいることについてどう言うだろう。しかしながら弁えておいてもらいたいのは、私はルターやその他の人々の権威や数の多さではなく、理論を拠り所としているということだ。——その理論を君は反駁しないと言っているのだから、欲する者はベリーの撰集に収められているルターの宣言と見解を読むがよい。そうすればその者は容易に、ルターが君たちと同意であるかどうか、あるいはむしろ、彼が君たちと水と油のように相反してはいないかどうか、分かるだろう。

ブレンツ

さらにブレンツについて君は、彼はたいへん謙虚なひとなので、自分の再洗礼派処罰論を、あれほど多くの教会の合意に対立させないだろうと言っている。したがって彼は諸教会と異なる意見を持っていたことになる。すぐあとで君は、彼が語っている異端は、ただ非常にあからさまな異端のみであって、あまりにあからさまなため、有害で危険な結果を招くこともなければ、宗教を揺るがすこともなく、つまるところ異端と呼ばれるよりも誤りと呼ばれるのにあたいするもののみであるという。おお、君、キケロの同類のベーズよ、ブレンツは、その著書の第一ページからただちに、つぎのような言葉を述べている。「彼らは、いかなるキリスト教徒も行政官の勧めをすることも出来ずまたすべきでもない、と絶えず確言しており、行政官に余儀なく従わせることも、行政官に対し、誓約や宣誓をもって言質を与えることも欲しない」。そして少し間をあけて「しかし、聖書の確固たる証言によって、この者たちに再び洗礼を施されることで、洗礼の秘蹟がけがされることをはっきり証明し示すことができるのであるから（ことの次第がこのようなものなら、ベーズよ、間違いなく宗教は揺るがされてしまう）そしてさらにまた、こうした再洗礼派の教義によって、再び、内紛の温床であるファリサイびとの新しい修道会が設立されることも立証し、明示できるのであるから、いまや問題となるのは、どのような方法によってこの狂信的な異端を治癒し、それが抜き去られ、消し去られるようにすべきかを知ることである」。君には分かるかね、ベーズよ、君がそれによって、彼の言い分を和らげると宣言していた、かの真にして適切なる解釈とはこのようなものなのかね。それを狂信的あるいは、ブレンツの本全体が君の言葉を反駁していることを考えると、むしろ君は明らかに彼らに反する虚偽の証言を述べているのではないかね。さらにまた、君はブレンツについても（君は彼に敬意を抱いているかのごとく見せている）、同じことをしていることから見て、君が、ベリーとベリーの撰集にとらわれて他の、君の知らない著述家たちについて、偽りを述べているとしても、はたして誰か驚くことがあろうか。さてさて、ベーズよ、高貴なことがらを俗っぽく語り、俗っぽいことを高貴に語るように、すなわち闇を光に変え、光を闇に変えるように君に教えている、巧みに話す技術と学問がこれだね。次いで君は同じ見解を持ち続けているとつけ加えているが、それはかくも多くの教会の調和について、先刻以前述べたのを忘れてのことだ。同様に、君はその箇所でセバスティアン・カステリヨンがその聖書の序文で述べているのと同じことを言っているにも関わらず、のちになってそのカステリヨンの同じ件に対して怒りを開陳しているのは、何をかいわんや、である。

エラスムス

エラスムスについて、君は彼が意見をさまざまに変えるという。しかしそれはこのために彼のもろもろの見解が棄却されねばならないということなのかね。だが彼は（と君は言うだろう）教会人に反対して執筆した。それではなぜそのひとたちに対してベリーの撰集に引用されたと考えないのかね。同じ理由は同じことをしている者たちみなに対して常に有効であるし、エラスムスまたは偽りの福音主義者たちに対して大いに執筆した。だが君は彼が自分自身に矛盾しているという。これに対して私は、ベリーに対してはそれはお門違いだ、と答えよう。ベリーはその序文で最初の考えを持ち続けるべきであると言っているのだ。そうしたことはおこなわれていない、と答えよう。ベリーはその序文でエラスムスの最初の意見を支持すべきであると言った。そしてカルヴァンもまた自分自身に矛盾してはいなかったかね。なぜ同じ悪徳で君はカルヴァンを弁護し、エラスムスを告発するのかね。

ベーズの偽りの証言

カルヴァンのことで、君はベリーとその仲間を中傷する二つの誤った証言をしている。すなわち彼らはカルヴァンとブーリンガーを教会から放逐しようとしたというのである。そして最近ではジュネーヴの教会の内部に危険な不和を引き起こそうと試みた、という。しかしながら君が告発しているひとたちのなかの一人、すなわちバジル・モンフォールがその宣言の末尾で、二種類の牧者がいると書き、誠実で優しく、人間的で温厚な牧者に従わなければならない、と述べているのをきみは覚えていないかね。そこでもし、君が言及している二人がそのような人間であるなら、（もちろん君はそう思っているに違いないが）、モンフォールの助言、忠告に従って、彼らに従うべきであって、ベリーとその仲間が彼らを教会から追放しようと望んだというのとは、大変なひらきである。かかる中傷によって君たちはさきに再洗礼派を咎めた。しかし君たちはなんの危険もなくそうなさる。それというのも君たちは、自分たちが咎めているひとたちは自分たちと同じでないこと、すなわち復讐するのに貪欲でないことを知っており、そうしても同じ目に遭わされる恐れはないと思っているからだ。ところが、こうしたあらゆる欺瞞、中傷、侮辱、その他のことがら（その中にあって君たちは憎悪で盲目になり、何をしているか分かっていない）について、私が思うにベリーとその仲間、それに彼らの党派に属している私、私たちは君たちを許す。そして神に君たちをお許し下さるよう祈っている。もし君たちが何かしら悪意あることをしたら、その復讐を私たちは神にお任せしており、君たちは神を相手取ることになるだろう。

したがって、カルヴァンに話をもどすと、君はカルヴァンがその著作で、いくつかの件において、そして、主としてセルベトに対して執筆した書物の中で、異端者を殺すことについての見解を示した、と言っている。私にはよく分かる、ベーズよ、耐え難い悲しみとともに、異端者たち――要するに君たちの対立者のことだ――を殺すための二冊の本が一年のあいだに出版されたのを知っている。一冊はカルヴァンの工房から、もう一冊は君の工房から出されたものだ。二冊とも、同じ精神と意図で書かれ、ひとがひとたるをえて以来存在した験しのないしろものだった。しかりしこうして君たちは、自分たちが、流血を求める熱意の強さにおいて、あらゆる世紀、あらゆる民族を打ち負かし、凌駕したと、当然の権利を持って言うことができる。この現在の（つまりこのうえなくひどい）世紀においては、世界が虚偽を信ずるために、実はこのような指導者を必要としたのである。世界は真実を知りたいとは思ってはいないのだから。だが話を戻そう。私たちにはよく分かる、ベーズよ、カルヴァンは意見を変えたのだ。それというのも最初の時期の『キリスト教綱要』では、カルヴァン自身が不運に打ちひしがれていたので、権力者たちに抗して不運にあえぐ惨めな人々を擁護した。いまでは、権力者になってしまったので、彼は不運に喘ぐ惨めな人々に対して権力者たちを庇っており、その豹変ぶりからは、カルヴァンは適切なことを書くのではなく、自分に都合のよいことを書いていて、自分の利益のためならなんでもおこなうように思える。もし仮にカルヴァンが良い方向に意見を変えていたのなら、私は彼を賞讃するだろうが、彼が悪しき方向に変わったことをかんがみると、最初の意見を手放すべきではない。それはその意見がカルヴァンのものだからではなく、それが正しく堅固な論理に基づいているからで、そうした論理は、発言者が意見を変えようとも、相変わらず正しい状態にとどまるからである。君はカルヴァンが教会人の暴政に抗して執筆した、という。もし彼の言葉がそうしたことを表しているなら、なぜ君は彼の言葉がこの暴政に抗して引用されていると思わないのだね。なぜならベリーは、君たちだけを標的に、これらの証言を収集してはいないからだ。だがもしそれらの意見が君たちにもほかのひとたちにも同じようにふさわしいものなら（その部分はベリーの引用よりも、長々と著者に論じられており、その一節を全文通して考察してもらえるなら、それらの言葉は、間違いなく他の人々同様、君たちにも当てはまる。なぜならカルヴァンはその件で、個別的な問題ではなく、一般的な問題を論じているからである）、どのような権利によって君は万人に係わる法から君たちを埒外に置き、それ以外のすべての人々を包み込む特権を作り出そうというのかね。ものの本によれば、ローマにある男がいて、土地の計測と割り当てにかかわる掟を定めた。そしてまたギリシアにいる、ある者が姦通にかかわる掟を定めた。二人ながら真っ先に彼らの掟を破ったので、法の執行者により、正しくも罰せられた。なぜなら「汝が制定した掟を甘受せよ」と言われているからである。

いったいなぜそれで、カルヴァンは同じ制約のもとにおかれないのだろう。加えて、もし彼が教会人の暴政と、君が言うように、おなじく私たちの党派に反対して執筆したのだったら、教皇はそのまま残り、私たちの登場は思いがけぬものであったことを考えると、（私たちだが、言わせてもらおう、カルヴァンは当時私たちのことは全く警戒していなかった）、なぜ彼は完全にこの一節を『キリスト教綱要』から抹消したのか（少なくとも私は最新の版にはその一節を一度たりとも見出すことができなかった）。いまや教皇に抗しても、私たちに抗しても、かつてなかったほど必要なのに。

聖ヒラリウス

君は同じ判断によってほかの著者たちを、とくに聖ヒラリウスを逃げ、避けている。君は（カルヴァンの真似をして）、聖ヒラリウスが突如熱烈な信仰心にとらわれて、少々道から遠ざかってしまったと言っている。けれども君は彼の、まったく神々しい理由を棄却しない。だが、ベーズよ、聖ヒラリウスは熱烈な信仰心に常軌を逸して〔優れた側である〕右の方に、少々それすぎてしまったとするなら、君たちは〔悪しき側である〕左の方に、より大幅にそれているのではないかという恐れを、君は少しも致していないのかね。左側で身を過つ方がはるかに容易で、君たちは聖ヒラリウスよりはるかに邪悪であるのだから。カルヴァンが教会人の暴政に反対して（と君は言っている）執筆したことを考えると、君がカルヴァンについて同じことを言わなかったのはどんな理由からだね。なんだって、同一の主義主張でありながら聖ヒラリウスは過ちをおかし、カルヴァンはそうではないというのかね。聖ヒラリウスの言葉をよく読むがよい。そうすれば彼が述べたに勝る真実は何ひとつ言えなかったことがはっきりするだろう。

さてこれから本題に向かうとしよう、ベーズよ。君はここで私たち相手に議論をしていると言っても過言ではない（そう、私たちと、だ。なぜなら先に述べたように、私はベリーとその仲間の立場に立っているからだ）。そして君は自分たちが血を分けた者に向かって立ち向かい、同族に対する戦いを率いていると思われないように、君たちが教会に対していだいている善意と愛情を声高に讃えている。その教会に対し（これらの仔羊の前に姿を現すべくもない）狼である私たちは、罠をしかけ、教会を完全に打ち壊そうと力を尽くしているというのだ。読者よ、お願いしたいが、もしあなたがベーズの巧みな術策をお知りになりたければ、ベリーの序文をすべてお読みなさい。それというのも私は少なからぬひとたちが、あれらの者の党派に与している説教師でさえ、ベーズの本を読む前にベリーの序文を読んで、それを非常に讃え、悪い箇所はどこにも見出せないと語っているのを見たことがあるからだ。

中傷の効果

しかしベーズがその序文をつつき回し、あげつらい、追求し、論証し、それもたいそう激烈に、たいそう熱く語り、要するにキケロ風弁論術のはなはだ立派な実践者であったので、その序文をそれ以前に入念に読んでいた私自身さえ、ベーズの本を読んだあと、ベーズが主張しているようなことがあるかどうかよく見てみようと、いっそう入念に再読したいと思ってしまったほどだ。しかしベリーの率直さと簡潔さに気付くと、ベーズの悪意が見えてきて、聖パウロになにが起こったか、思い起こされた。聖パウロはリカオニア〔使一四・六〕の住人が自分を崇めるのをなんとかやめさせようと、手を焼いていたが、その後彼ら自身によって石打たれた。その地にやってきた何人かのユダヤ人の中傷に彼らが突き動かされたのである〔使一四〕。同様のことがベリーの序文にも起こった。この序文をある者たちはそれ以前には驚くほど賞讃していたのに、彼ら自身がベーズの中傷によっていささか嫌気がさしたらしい。かかるところが――そしてかくも大きいのが――中傷することの効果であって、とくにその効果がベーズのこのキケロ風能弁と結びつくと、真実よりもいく倍も価値あるものとなるのだ。この能弁と巧みな語り口で（彼の師匠に倣いながら）彼は裁き手たる読者の眼をくらませたのである。これはすでに以前からクランベールが怖れていたことであった。なるほど、時として私自身のうちで、どれほど中傷というものが世の中を害しているか考察し、さまざまな悪のなかでもとりわけ中傷によって私たちの世紀が焦土と化しているのを見て、私は部分的にせよかかる怪物の正体を、もし可能ならば、明らかにするため、なにごとかを書きとめようと決意したことがあった。しかしまさしくちょうど良い折りに、かくも多くの中傷で満ち、粉飾されたベーズのこの本が私の手に届き、あらゆる種類の中傷の完璧なこの手本が見つかったので、それらの中傷を暴露し、光のもとに曝け出す以上にこの件をうまく論ずることが出来ないように思える。そういうわけであるから、読者よ、提示されている異端者の問題にはっきり属しているとも言い切れないことがらを、論駁するのに、私がいささか紙幅をついやしているとしても、お許し願いたい。なぜならこの件は、中傷というものが無垢の者の血を流すことさえあるということを考えれば、当初告知した問題におとらず、あなたの益になるであろうからだ。

弁論術

ところでベーズはこの本でいかなる中傷のやり方も除外しなかったし、忘れもしなかったように私には思える。それというのも彼は能弁や巧みな語り口の技術を熱心にかつ大変よく集めているからだ。この技術たるや、ひとつの主題を、真実に反してであろうと、真実のためと少しも劣らず議論し、討論する仕方を示すものである。それはちょうど彼らの主たる師匠であるキケロが『弁論家について』第四巻〔「第三巻」の誤り〕でつぎのように語りながら示しているとおりである。「ましてや、アリストテレスの方法によって、すべての事柄について賛否両論を語り、すべての係争で弁論、弾劾二つながら展開する能力をもった人、あるいは、アルケシラオスやカルネアデスの方法によって、提起されたいかなる命題に対しても論駁する能力をもった人、しかもそうした理論に、私たちのこの弁論の実践経験と修練とを結び合わせる能力をもった人がやがていつの日か現れるとするなら、その人こそ、そして、その人だけが、真の、間然するところのない弁論家ということになるはずである」〔キケロ「弁論家について（第三巻）」一、二一（八〇）、『キケロ選集第七巻』所収、大西英文訳、岩波書店〕。以上がクラッススの人となりに仮託して語っているキケロの見解であり、その人物像から、真実に抗しても、真実を弁護するためにもまた、巧みに話すことができるキケロ流の完璧な弁論家であるのを知ることができる。要するにこの件において彼らは、どのようにすれば真実の価値を引き下げて、打ち捨てさせ、いかなる言い分もすべからず弁護することができるのを教示しているのである。真実を否定するために誤りや疑わしいことがらを確言し、重大なことがらを卑小化するために取るに足りない事実を誇張する。私たちに害を及ぼすことを見て見ないふりをする。私たちの罪であるかのように見せかけで大罪を他の者に転嫁する。罪を罪であると認めず、逆のことを言う。不明瞭な言葉で聴衆を混乱させて、彼らを真実から遠ざけたり、確固として信にたる論証を脆弱であるとして、確かでもなく信を置くことも出来ない議論を確かであるとする。彼らの敵対者を敵意に塗れさせる一方、自分たちは悪意、悪評を免れるのである。誹謗中傷し、嘲弄し、他人の言葉を本人の意図に反して曲解し、真実を笑いものにして帳消しにし、最終的にはあらゆることを神の命令に反しておこない、かの陰険な蛇が楽園で最初の人間に命じたすべての指示において、その蛇に従うためである。

弁論術の起源

なぜならそこから、あの完璧な弁論家である悪魔の嘘をつく技術が出て、私たちのもとに、降りてきたのである。「決して死ぬことはない」〔創三・四〕と悪魔は言う。この点で悪魔がいかに真実のことがらを否定しているか、わかるであろう。「それを食べると目が開け、神のように善悪を知るものとなることを神はご存じなのだ」〔同五〕。ここですでにこの者はいつわりのことがらを確言し、神の言葉をそのご意図に反して解釈している。かくして蛇は女にそのことを信じさせ、それから女は男に信じさせた。彼らはこの技術を教え込まれているので、神の声を聞いて身を隠すにあたって、まず第一に真理、すなわち神から遠ざかるのである。次に弁論術の教えにしたがって、大罪を前の者に転嫁して、自分の罪を肩代わりさせる。男は女に、そして女は蛇に罪をなすりつけるという具合である。以上が弁論の世俗的な技術の最初の起源であり、この技術は年老いたアダムの子供たちの心に、幼いころから、自然に植え付けられ、その技術に加えられるのが、人間の、すなわちアリストテレスやキケロやその他のひとたちの勤勉な研究と所見である。そしてもしこれが邪な精神のもとに渡ったら（キリストによって再生したひとを除く、すべての者だ）、こうした技能の使い手以上に危険で害をなすものはありえないだろう。これはこの巧みな語り口の効能について、同じ本で次のように書いているキケロ自身の言葉によっても明らかである。「ある徳〔この力〕は（と彼は言っている）事柄の知識を把握し、精神によって生み出された観念や見解を言語によって表現し、そうすることによって、聴衆をどの方向へであれ、意図する方向へ駆り立てることのできる、まさにこの弁論の力がそうした徳の一つなのである。この弁論の力は、大きければ大きいほど、なおさら人格の立派さと賢明さに結びついていなければならない。そうした徳を欠いた者に弁論の豊かな能力を授けたりすれば、けっして弁論家を創り出すことにはならず、それこそ気違いに刃物を与えることになってしまうのである」〔キケロ、前掲書、第三巻一四（五五）〕。以上がキケロの言葉であり、この言葉によって、弁論家が、もし悪人なら、気違いであることが分かる。私は誠実な人間が弁論家になりうることを否定するものではないし、この技術やその他の学問を巧みにあやつりうることを否定するものでもない。神を愛する者たちにとって益となるようになるからである〔ロマ八・二八〕。しかしこれらの者たちは正義を学び教える以前に、弁論術を学び教えるので、狡猾で邪念にみち、負かされるよりも死ぬことを選ぶこうした弁論家がいても、不思議ではない。そこでこのような者たちと使徒たちを比べてごらんなさい。そうすれば君は素朴で知識を持たず、ただ真実の証言のみを武器とする人々を目にすることであろう。彼らはすべての技術と、かくも対極的にあり、無縁であるので、彼らの使用するのは、かの弁論家たちや、大作家たちが「無技術」、つまり技術の不使用、と呼ぶものにほぼ限られているのだ。証言や卜占そして予言のようにである。このことから誰かが使徒たちの文体にしたがって書いたり話したりするとき、すなわち素朴に飾り気なく思ったことや経験したことを語るとき（ベリーがそうしたように）、君たち能弁の徒は猿どもが驢馬を苦しめ悩ますのに、勝るとも劣らず彼を苛むであろう。

したがって主題に戻れば、読者よ、ベリーの序文すべてを読んで、この私たちの論争をよりよく理解してください。しかしながらもし、たまたま誰かがベリーの撰集をもっていない場合にそなえて、私はここに彼の言葉を記すことにしよう。ベーズは彼の言葉を引用するが、順序をかえたり、とりわけ本題にかかわるなにごとかを抜かしたり、それらを好き勝手に解釈したりしており、その結果上述のベリーの意図にこれ以上反対のものはありえないほどになっている。さてそこで、彼の言葉は以下のごとくである。

ベリーの言葉(2)

キリストはこの世界の君主である。この方は地上を離れるにあたって、時期は定かではないがいつの日、ご自分が来られるであろうと、人々に予言された。この方は人々がご自分の来訪にそなえて白い衣装を用意するように命じられた。すなわち彼らが対立も論争もなく、ともに愛し合い、ともに慈しみ合い、キリスト教徒的に生活することを命じられたのである。ところがいま、お願いだからどのように私たちが自分の勤めをおこなっているか、考えてみようではないか。かかる白い衣装を用意する心配りをしている者たちがどれほどいるだろう。至福なる神の到来を待ちながら、清らかに、義にかなって、宗教的にこの世で暮らすまったき配慮と努力をしている者は誰だろう。このことほど蔑ろにされているものはない。神に対する真の愛と畏れは打ち捨てられ、慈愛は冷め切っている。私たちの暮らしは言い争いとあらゆる種類の悪徳のうちに過ぎている。人々は言い争うが、それはキリストに向かう道、すなわち生活を改めることについてではなく、あの方の地位と勤めについて、つまりあの方がいまどこにおられるか、何をしていらっしゃるか、どのような具合に父なる神の右手に坐しておられるか、どのように父なる神と一体でいらっしゃるか、である。加えて、三位一体について、救霊予定説について、自由意志について、神について、天使について、死後の霊魂の状態について、その他の、信仰によって救済をうるにはぜひとも知られなくてはならないというわけではないこのようなことがらについて言い争っている（それというのもそうしたことの知識がなくとも小作人や売春婦は救われたのだから）。さらにそれらのことを知るには、その前に清い心を持っていなければならない。まさにこれらのことを理解するということは、神を見ることにほかならないが、「心の清い人たちは、さいわいである、彼らは神を見るであろう」〔マタ五・八〕と告げられているところによれば神は清い心なくして見られないからである。これらのことはまた、たとえわかったところで、ひとをよりよくするものではいささかもない。聖パウロはこう述べておられるからである。「たといまた、私があらゆる奥義とあらゆる知識に通じていても、もし愛がなければ、私は無に等しい」〔Iコリ一三・二〕。人間たちのこうした関心と念慮はまったく逆向きにはたらき、それ自体で邪悪であるだけでなく、また別のさらに大きな災いを生み出すのである、等々。

以上がベリーの言葉であり、これらの言葉に、ベーズよ、君は幾人かの他の者たちといっしょになって、大きな憎しみと怒りとをもって解釈をほどこしたが、それは君の言葉を見ればわかることだ。私たちが同じ言葉を慈愛をもって解釈したら、君はどう言うだろう。私たちの慈愛よりも君の憎しみをむしろ信じる必要があるのだろうか。ひとは憎しみによって盲目となるが、慈愛は、他人に対し、あの人はこんなことをしてもらえるとよいのだがと思っているそのことを、その人のために行うのである。もし君が、果たして君は、自分の言葉がこのように解釈してもらえればよいと願っている仕方で、ベリーの言葉を解釈したのかと尋ねられたら、君は大いに迷うことだろう。しかし私は、神の前で、ベリーに対してまさにそのようにすると断言できる。彼の言葉を、私自身に対してそんな風にしてもらいたいと願うように解釈するつもりだ。ベリーが君の解釈を棄却して私の解釈を受け入れることを確信している。

偽りの解釈

しかしながらもし私が彼の言葉を用いて、君の解釈が誤りであることを明らかにできなければ、そしてまた君がここで行っていることは、言い方を変えると、君と君の仲間たちが聖パウロやそのほかの人たちの言葉を、聖パウロがご存命であれば、「私はそんなことは断じて言っていない。私は決してそんなことを考えなかったし、私の脳裏に浮かんだこともなかった」とおっしゃったに違いないほどだ。台無しにし、自分たちの好き勝手に捻じ曲げる際に、君たちの註解や論述においていつも行われていたことであるということ、それをはっきりと示すことが出来ないなら、私自身ベリーとともに断罪されても一向に構わない。なぜなら、ベリーやその撰集に載った著作家たちがまだ生きているのに、君たちが彼らの言葉をただ単に彼らの意図に反してのみならず、それらの言葉自体に反して、それらの言葉が表現し、意味することに反して、要するにあらゆる真性さに反する解釈をほどこすなら、著作家たちの死後、なにがなされるのか分かったものではない。

反論

したがって、論点にもどれば、先ほど転載した言葉や、君が引用したその他の語句をもって、君はベリーが、キリスト教を（それをキリスト教徒的というよりも、むしろ哲学者の手法により）無垢な生活はお互いに助け合い、奉仕しあうことのうちに置こうとしたと述べている。これはいつわりだ。なぜならベリーのつぎの言葉、「言い争いもなく、ともに愛し合い、慈しみのうちに、キリスト教徒的に生活すること」のうちに神に対する、そして隣人に対する人間のもろもろの勤めが含まれており、これは律法と福音の要点のすべてなのである。そしてこのために、君自身、君の本の六〇〔ページか。とすると、この「本」はフランス語版の『行政官の権威を論ず』ではない。不詳〕で同じことを、だがよりみすぼらしく、以下の言葉で語っている。「神を見ることは天国を見つめることである。天国はキリストの血により宗教的に、かつ無垢のうちに暮らしているひとびとに対してもたらされていないものなのである」。しかし同じ箇所で舌の根の乾かぬうちに、君は自分がいま語ったことを忘れて、ベリーの無垢に抗して大声をあげる。君が哲学について述べていることに関しては、君はそれを打ち上げたのだ。ベリーは哲学への言及など少しもしていないのだから。そして君自身、ベリーが学識は（そこにはもちろん哲学が含まれる）キリスト教徒には必要ないという考えをもっていたということを、さきほど証言した。これに加えて、「お互いに慈しむこと」というベリーの言葉は哲学からではなく、「あなたがたに新しい掟を与える。互いに愛し合いなさい。わたしがあなたがたを愛したように、あなたがたも互いに互いに愛し合いなさい」〔ヨハ一三・三四〕とおっしゃったキリストのいましめに由来しているベリーがこの箇所を念頭に置いていたことは、キリストが地上を去られるにあたってそれらのことを命ぜられたと、キリストが地上を去られるにあたってそれらのことを命ぜられたと、キリストについて述べているベリーの言葉からたやすく見てとれる。君はそれから信仰がベリーとその仲間によって、傲慢の母のように打ち捨てられていると述べている。この点にあって君は明白な中傷家である。なぜならベリーは以下の聖パウロの言葉、「この世で、思慮深く、正しく、信心深く生活するように」〔テト二・一二〕を引いているのだから、君は（もし君のうちにいく分かの慈愛があったなら）聖パウロがここで語っている信仰に由来する服従の念について、ベリーが話していると思ったはずなのだ。そのうえ、彼がはっきりと「信仰によって救済をうる」と言っているのだから、彼が私たちを救済する真の信仰について話していると見てとるのは容易なのだ。彼が信仰についていかなる言及もしていないからといって、彼の引用している聖書の各節によって、君は彼の意図がいかなるものか、しっかりと考えるべきであったのだ。そして無論君はそれらの聖書の言葉に咎めだてなどしないに違いない。

そのあとで君は、ベリーが敬虔さの教えとはなんであるか、定義しておかずにおいて欲しいと望んでくれたら良かったのにと思う、と言っている。だが私にはこの点において君は彼がそれらを定義しなかったとしても、この教えがたっぷりと述べられている聖書を参照させているのを考慮すると、彼はなぜならこのことで責められるべきではなかろう。そばの泉を教えてやれば、水を持ってくる必要はないからだ。それと同様に、敬虔さの戒めが示されており、それについてなんの疑いもいれない聖書が、みなの手元にある以上、それを記述する必要などなかったのだ。とはいえ彼は、「誰が清らかに、義にかなって、宗教的にこの世で暮らすまったき配慮と努力をしている者だろう」と言って、それらの教えを簡単に記述していた（君がこの彼の言葉に触れなかったところを見ると、君はこのことが気に食わなかったらしい）。それというのも君が聖パウロのこの箇所をじっくりと読んでいたら、君はそこに敬虔さの教えが書かれているのを見出しただろう。

君はそれから、なんらかの逃げ道を見つけようとして、ベリーが、賛同を得るに違いない敬虔さの教えを付け加え、言及したのだと言っている（そのことで君は彼の言葉に言及して彼の言葉を裁いているが、それを裁くのはただ神のみに属することなのだ）。しかし彼が、敬虔さの主要な項目は救済に必要でなく、信仰によって救済をうるべきであり、それらを知ることはひとをより善良にするわけではないと述べたとき、彼自身柵を立て、道を閉ざしたのである。

いまここにいたって、ベーズよ、君はその教えについての君の言葉を主要点もしくは（君がすぐあとでそう名付けているように）見解へと、あたかも教えと見解が同一であるかのように、巧妙に言葉の意味を捻じ曲げながら、君はソフィストの真似をしている。そしてここのところで、特に君は立ち止まり、幾つもの箇所で喜びに跳ね、ベリーをいたるところから、悪評と憎悪と敵意で攻撃しようと努める。もし君のうちにひとかけらでも慈愛があり、君が彼の言葉によく耳を傾けていたら、けっして行わなかったはずのことだ。彼はこうした三位一体とか救霊予定説とか、そのほか論争されるのが習わしとなっていることがらが、信仰による救済をうるのに非常に必要だということを否定し、人々がキリストにいたる方法について、すなわち生活を改めることについて論ずる方を好んでいる。それゆえ好意ある読者は容易に、ベリーの意図は、人々は自らの勤めに配慮することであって、神やキリストの職務についてではないとお分かりになるだろう。しかしこんにちではすべては逆であって、人々は自分たちの勤めに気を配らず、キリストの職務について論争することにすっかりかまけている。つまるところ、君は、すでにずっと前から教会があわれにも苦しめられてきた、これらの珍妙な論争が、ベリーによって咎められていることを、考えるべきである。それらの論争とは次のようなものである。永遠なるキリストとは何者でどのような方であられたのか、そしていまどのようにしておられるのか。どのようにキリストは父なる神と違っておられるのか、どのように父からお生まれになられたか、創造直後であったのか、創造以後であったのか。さらにどのように聖霊は生み出されたのか、（ギリシア教会が信仰告白しているように）父なる神からか、それとも（ローマ教会が歌っているように）父なる神と子なる神の両者からか。そしてまたこの子なる神の生成と聖霊の発生の違いはどのようなものか。それから教会が子なる神は父なる神と同一の実質で成り立っていると告げ、教会法は子なる神を神の似姿にして、神的実質の徴と刻印と呼んでおり、三つの位格の実質はひとつにすぎないのである以上、父なる神は正確にいって、子なる神と同一の実質であり、その似姿であるのかどうか。またこのように、すぐる日々、キリストのうちで神的性質と人的性質はどのように結び付けられていたのかとか、キリストの位格はどれだけの数の性質から構成されているのかとか、苛烈に論争されてきた。かかる高遠で困難な問題がひとたび提起され、論題となると、それ以後決してやめることなく、論争を続けた。三位一体についての使徒たちの教義はまったくもって単純であったが、人間の好奇心がそれを、かくも長きにわたって論争し、論争好きの人々に論争をするたねを与え、形式を分離し、理性を取り除き、反駁や形相、全称性、内包、通性原理、呼称、その他のこの種の言葉を論争しながら、混乱させてしまった。神的本質を諸関係から区別し、あるものは行為から、また別の者は知性から区別したり、ある者は無限の実在性を与え、別の者たちはそれを取り除き、笑いものにした。こうしたことがらをつうじてどれほど前に進んできたか、実現してきたかは、すべての歴史と私たちの現世紀が示している。あらゆる和合は消滅し、慈愛は冷め、神への愛と畏敬はどこにも見当たらない。なぜなら人々は行うよりも知ることを欲しているからである。私たちの精神はまったくあべこべに働いているので、私たちの理解力が遠く及ばず、敬虔で神聖な生活には、なんの役にも立たないことにばかり精神を傾注し、それ以外の何に対してもそれ以上の入念な気遣いをすることはないに等しいほどである。おお、神がイエス・キリストにおいて、人類へのどのようなご意志とご愛着をお持ちになっておられるのか、そして私たちに何を求めていらっしゃるのかということを知ろうとすることの方が、神とは、ご自身、何者でそのような方であらせられるのかを尋ねるよりもどれほど良いであろう。このことを知るのは、ごくわずかの者に限られているのに対し、もう一方はみなの知るべきことであるのを考えてみれば分かることだ。罪に対する神の裁きがどのようなものか、律法がなにを求めているか、悪人の罰がどのようなものか、私たちの罪の許しと復活の恩寵をどこに探すべきか、私たちのうちに実現される、かの復活とはなんであるか、復活はどのような果実をもたらすか、みなが知らなければならないからだ。要するに、キリストを知ること、それはもろもろの性質の違いや受肉の様態を知ることではなく、キリストの恩恵と本性を勤勉に考察することであり、それらを獲得するよう努めることなのである。

霊魂について

すぐる日々、人々はまだ霊魂の起源をめぐっても論争し、これについて見解がさまざまとなり、聖ヒエロニュムスはこれらの意見の幾つかを聖アウグスティヌスに宛てた書簡の中で、覚書にした。その箇所で彼自身、それらの見解のどれひとつ、はっきりと肯定していない。さらに、死後の霊魂の状態についても見解はさまざまであった。なぜなら古代人は二つの復活があり、そのひとつは霊魂の復活、いまひとつは肉体の復活であると信じていたからである。しかしこんにちでは、霊魂は肉体から離脱するやいなや、栄光につつまれるか、苦悶につつまれるかのいずれかであると信じている。そしてこの聖餐をめぐる、災いのもととなっている論争は、昔日どれほどの混乱を招いたことか、そして現在、招いていることか。幼児洗礼については、幾人もの著述家が、これがキリストによって定められたか、教会の権威によって定められたか、断言することを恐れている。自由意志について、救霊予定説について、そして事象の偶然性と絶対的な必然性について、論争は現在に至るまで実りあるというよりも難解であってきたし、それは誠実なひとたちが嘆きながら証言しているところである。現代においては義化〔義認とも言う。キリスト教で人間がキリストの贖罪によって正しい人として神に認められること〕の理由とか、その理由の種々の相違とか、有益であるよりもむしろ巧緻にすぎるその他のこの種の問題など、これらのことがらについて書かれ、書き直されたかくも多くの書物によって、どれだけ長い時間、どれだけ巧妙に、どれだけ頑に、この件について、こんにちまで論じられてきたか、明らかとなっている。

　したがってベリーがこれらの件の知識は信仰による救済を獲得するにはそれほど必要ではないと言っているというのは、たいていの場合、さまざまな悪しき情念に由来し、情念の本質と実質に由来するわけではない、難多くして実りのない諸問題に関してのことだとか考えるか、あるいはまた、トルコ人やユダヤ人が彼らの間の一般的見解であったり、お決まりの金言としているような、空疎で無益で卑俗な知識と証明に関することだと理解すべきであって、キリスト教の、そして福音的な確実で揺るぎない生きた信念と知識、すなわち「人間たちのこうした懸念はまったく逆向きにはたらき」という言葉が、十分に示しているところである。

不条理な配慮

そこでベリーの言葉を考察してみよう。まず第一に、彼はこれらのことがらについての知識の必要性を否定してはいない。そうではなく彼はこれらのことがらがきわめて必要であるということを否定しているのだ。つまりこれらの論争家たちが考えているほどに、大いに必要ではないというのだ。こうした論争家たちは、神の掟の力や、より良い生き方をすることの徳を胸にきざまず、彼ら自身とその他の人々を曖昧で難解な問題によって混乱させ、彼らと、彼らの本をひも解いて時を過ごす者たちに、自分たちの勤めによって考える暇をほとんどといってよいほど与えないようにし（私もそうなったことを告白する）、常に学び続けながら決して真の知識に到達することはないのだ。なぜならこうした問題への好奇心から派生するのは羨望や諍い、呪詛、悪しき嫌疑、堕落した理性をもつ者たちの無益な口論だからだ。かかるところが確かに君たちの議論であり問題とする諸点であって、ベーズよ、それらによって君たちはかくも頻繁に君たちの行政官をいらだたせているのだ。そのために彼らは、給与を減らし大げさに脅迫することによって、君たちの極端さを改善することを余儀なくされたのである。そしてただ単に君たちが君たちのあいだで培っている諍いと憎しみによって、君たちの行政官を怒らせているのみならず、民衆をひどく悲惨な状況に陥れたので、いまでは君たちのいる場所で、君たちの預言や教義に好感をいだいている者はほとんどいない有りさまである。少なからぬ者が君たちを嫌悪し、恐れ、彼らの唄や陰口《かげぐち》、俚諺で公然と君たちの名誉を傷つけ、辱めている。そして、君たち（いわゆる温厚で寛大な牧師たち）が彼らを罰させようと欲し、彼らに敵対するよう行政官を焚きつけ、君たちの新たな復讐の欲望によって君たちに対する新たな憎悪を目覚めさせるとき、そこから生まれてきているのが新しい、絶えることのない諍いである。その結果、私には、ほかのどこに向かってよりも君たちに対して、敵意が根深く、熱く、頑であると見て取れるのをのぞいて、君たちとそれ以外の集団のあいだにどのような違いがあるのか分からないのである。ベーズよ、君たちの集団に属する者すべてが、このことをわかっており、それは本当だと大声で叫んでいる、全員でなくとも、少なくとも大多数が。ベリーはこうした諍いや諸問題を憎悪し、これが、彼が執筆した原因であった。彼の序文を入念にかつ完璧に読めば、容易に分かるであろう。

それから、彼はこうしたことがらの知識が救済に必要であることは否定していないが、信仰によって、救済を得るのに必要であることは否定していない。この言を君はたいそう思い違いをしているが、それは君が簡単に自分の信じたいように信じてしまったためであるとともに、君がベリーに抱いている憎しみのためでもある。これに加えて彼が言葉において簡潔であるのと同じく簡潔に執筆したので、彼の意図を十分理解することをおそらく妨げたのであろう。その彼の意図を、私たちは神の助けを借りてしっかりと説明し、すべてを素直に受け取りたいと思っているひとに、いかなる疑念もためらいも残らないようにしよう。

学識は信仰から生まれるのであって、信仰が学識から生ずるのではないこと

さてそこで聖ペテロは救済にたどりつく方法についてこのように記している。「だから、あなたがたは、力を尽くして信仰には徳を、徳には知識を、知識には自制を、自制には忍耐を、忍耐には信心を、信心には兄弟愛を、兄弟愛には愛を加えなさい。これらのものが備わり、ますます豊かになるならば、あなたがたは怠惰で実を結ばない者とはならず、わたしたちの主イエス・キリストを知ることになるでしょう」〔Ⅱペテ一・五―八〕。君はここで救済にいたる階梯を明確に知ることができる。それらの階梯にあって信仰はあらゆる良きことの第一にして母として徳を生み、徳は知識を生み、等々である。ベリーはしたがって、上述のことがらの知識が信仰による救済を獲得するために必要であることを否定している。すなわち彼はひとを救済に導くものである信仰のために、こうした知識が必要であることを否定しているのである。なぜなら、ちょうど青年期と壮年期が幼年期に必要なのではなく、ぎゃくに幼年期が青年期や壮年期に必要であるように、徳や知識、忍耐や信心、その他のものは信仰に必

要なのではない。そうではなく反対に、信仰をつうじてこれらの徳に到達することから判断しても、信仰がこれらの功徳に必要なのである。いまやベリーの例証は明解である。そうしたことの知識がなくても、徴税請負人や売春婦は救われた、と彼は言っている。なぜなら徴税請負人であった聖マタイは、キリストが彼にお呼びかけになるとすぐ、キリストに就き従ったが、そのとき、三位一体とか、キリストの状態とかお勤めとかその他のこのような知識を持っていたであろうか。ずっと以前から神を信じていた使徒たちでさえ、そうしたことを知らなかったのに、どのようにして彼はそれほどはやくそれらの知識をうることができたのだろうか。キリストのお勤めとは死の苦痛に耐え、三日目に復活されることであったが、たとえどれほどキリストがそのことを彼らにお教えになったとしても、彼らはそうしたことどもを無視した。そのような次第で、ご復活ののちにあっても、キリストが復活されたのを目の当たりにした人々の言葉を信じようとしなかった。キリストのお勤めとは異教徒を救済へと招くことであり、そのために弟子たちに、ご自分には他の羊がある〔ヨハ一〇・一六〕ことを教えられ、告げられた。にもかかわらず、彼らが聖霊を受け入れたあと、このことについて彼らのあいだで議論になった。それほど信仰のあとで知識がおとずれるということは大変な骨の折れることなのである。信仰の父アブラハムについてはどういえばよいのだろう。息子を生贄にせよと命じられたとき、事情が分っていなかったにもかかわらず、彼は信じなかったろうか。すなわち、彼は息子を生贄にせねばならなかったが、その息子はまったく生贄にならずともよかったのだ。聖パウロについてはどういえばよいのだろう。彼は「主よ、私がなにをするよう望まれているのですか」と言ったとき、もちろん彼は信じていたのだが、信者としてアナニヤから学ぶように命ぜられたのだ。彼やそのほかの人々が、信者となったのち、上述のことがらを知るにいたるまえに死んでしまったとしたら、彼らは地獄に落ちたと私たちは言うだろうか。断じてそうではない。なぜなら信仰によって彼らはあたかも、キリストとの結婚を認められた婚約者のようなものである。そして新婦が、婚礼のまえであってさえ、彼女が婚約者の妻、と呼ばれるのとおなじく、信者となった者は、信ずるやいなや、キリストと結ばれ、これらのことがらの知識に到達していなくとも、どのような信仰の階梯で死のうとも、救済されるのである（その者が信仰を持ち続ければ）。事実、私たちの救済の真の母である信仰は、およそ未知の、そして私たちがこうあって欲しいと思うことどもを信じることなのである。それは私たちが信じているものについての知識を生み出すのであって、知識が信仰を生み出すのではない。そのせいで、完璧な知識が存在するであろうような、さち多き生活において、信仰は存在することをやめるのである。なぜならどうしてひとは、自分が見ているものを望むだろうか。換言すれば既知のことを信じることに、いかなる讃辞があるのであろうか。邪な者たちもまたそれを信じるのであるから。そして主は、まったく見ずして信じた者たちはさいわいであるとおっしゃっているのだから。私たちにはこの件について「エレミヤ記」に明白な例がある。エレミヤはハナメルの畑を買うよう神に命じられ、信じて従った。そののち神に、なぜ畑を買うよう命じられたか、理由を尋ねたのである。

最後に、もし（ベーズの望むように）神なりキリストなりを信じる前にまず神なりキリストなりを知らなければならないとしたら、信仰を持たずして、人間は救済され、神のみ心にかなうところとなっていたことであろう。それは「永遠の命とは、唯一の、まことの神であられるあなたと、あなたのお遣わしになったイエス・キリストとを知ることです」〔ヨハ一七・三〕と書いてあるからである。だが、カルヴァン自身、私たちは信仰をつうじて、私たちの知性では理解できない、見えない教会を認識し、畏怖する、と書いているのだから、君はなんというだろう。もし誰かが私に、これらのことがらは、しかしながら、信仰のあとで知られなければならないと言うなら、私はそれを是認するだろうし、ベーズが中傷しているように、それらのことがらを棄却したりはしない。なぜならベリーが「まったく見当違いの懸念」と述べているところから判断すると、彼はこれらのことがらを気に掛けるのを論外としているわけではなく、抑制のきかない懸念だけをそうしているのだということを十分に示しているのだ。こうしたことは、信仰と悔悛によって清められた清浄な眼をもってしか知り得ないと彼は考えているからである。そして実際、この世界には信仰の成果があらわれておらず、見たところ信仰がまだ存在していないように見える。ベーズそのひとも、キリストがお見えになったとしたら、この世に信仰のひとかけらも見いだせないだろう、と書いたではないか。それでは信仰がまだいささかも存在しないとしたら、一体なぜ、人々はこうしたことがらについて論争するのだろうか。私たちは信仰から始めなければならない。さもなければあらゆる論争はただ無益であるばかりでなく、害をもたらすことになるだろう。

真の信仰

ところで私たちは信仰を、私たちの救済の無償の約束のような、ひとが信ぜねばならないある種のことどもにのみ係るとしているのではなく、預言者と使徒たちによって神のご意志で私たちに明かされた全真実に関連付けているのである。その真実があかるい将来を予見させるものであれ、恐れさせ怯えさせるものであれ。かかる真理を私たちの主なるイエス・キリストのうちに把握しようではないか。このお方はもちろん天上の良きことすべての宝庫をお持ちであるし、神性さえもが受肉されて宿っているが、これらの宝のすべてが福音書の形で私たちに示されていて、私たちは信仰によって、その良きことを実際に用い、享受することができるのである。なぜなら、福音をつうじて、信仰により信仰のうちに死なれたキリストの死によって獲得された、罪の許しと神の裁きが、神を信じ過去の生活を悔いている者みなの上にあることが啓示されているのとまったく同様に、キリストや福音に従おうとしない者たちのあらゆる不信仰と不正の上に神の怒りが天井から表明されるからである。さらにキリストの御霊も、この世を義と裁きによって論ぜられるに、勝るとも劣らず、罪によって論じておられる。このことをつうじて、私たちは信仰が、過去、現在、未来の出来事を素朴に信ずる、かの無防備で単純な盲信ではなく（なぜなら邪な者も悪魔もまたそうしたことを信じているから）、それによって私たちが神を信じ、私たちが信じるように提示されたことどもにおいて従うよう、心を動かし、生まれ変わらせることであると思っている。それというのもキリストのみ名を信ずる者は神の子とされるのであって、キリストを受け入れたすべての人々に対し、すなわちキリストのみ名を信じる人々に神の子となる力を与えるのである。そして神の子であるひとは神を愛する。もし私が父親だったら、愛情はどこにあるだろう。そして神を愛するひとは、神のいましめを守る。私を愛する者は、私が命じたことを実行する。神を知っているといいながら、神のいましめに従わない者は、嘘つきであり、真理はこの者のうちにはない。以上がかくもひたぶるに私たちが追求する信仰であり、聖ペテロとともに、この信仰から知識だけではなく、義や節度、忍耐、神への畏怖、その他あらゆる徳がうまれるのだ、と告げることにしよう。

したがってベーズが考えていること、すなわち人間がかくも大きな好奇心と頑固さをもって論争するのを慣習としてきた、これらのことがらの知識によって、より良くなるということ、この件について私は彼とたいそう異なっていて、まったく対立する立場に立っており、人間が慈愛をもたない限り、それらの知識によって、むしろより邪悪になると思っている。このことは真実きわまりないので、ベーズ自身（どれほど彼がすべてを反駁しようと努めているにせよ）ベリーが引用した聖パウロの一節、すなわち「私があらゆる奥義とあらゆる知識に通じていても、もし愛がなければ、私は無に等しい」に、私が知る限り、なにも答えていない。なぜなら知識はうぬぼれさせ、そのためにそのことは聖パウロの肉体に刺をあたえたが、それは彼が、啓示の大きさゆえに、うぬぼれないためにである〔Ⅱコリ一二・七〕。

キリストの真の認識

「イザヤ書」で「義なるわがしもべはその知識によって、多くのひとを義とし」〔イザ五三・一一〕と書かれている点については、ここではキリストに関する真の知識が語られており、その知識は、ひとがキリストのことを、すなわちそのご意志、徳と本性を学び、キリストのうちにとどまり、キリストが生きられたのと同じように生きるとき、存在するのである。しかしこの知識は、それをもたず、欲しない者をベリーは咎めているが、信仰をもたらすものではなく、その他の良きことのように、信仰から生まれるものであって、先に記した聖ペテロの階梯で明らかなとおりである。そして以上が、ベリーが人々に勧めている生活の悔い改めであり、これに成功した者ははっきりと目が見えるようになり、神と神の秘密とを見ることができる。以上が新しい誕生と新しい被造物であり、それなくして、神とその秘密を見ようと欲するのは、あたかも盲人が太陽を見たいと願うようなものである。しかしベーズは、神を見ることとは神を知ることではなく、天国を我が物にすることである、と言っている。この点で明らかに彼はキリストの言葉と食い違っている。なぜなら神を見るとは、すなわち神を心の眼でとらえることであるが、これは神を知ることに他ならない。肉体で見ることは、心のうちに理解することであることを考えて見るがよい。さらに、天国〔天の相続分〕とは神の知識とは別物であると考えることで、彼は大きな誤りをしている。「永遠の命とは、（とキリストはおっしゃった）唯一のまことの神であられるあなたと、また、あなたのお遣わしになったイエス・キリストとを知ることです」〔ヨハ一七・三〕。したがって神の完璧な知識とは完璧な至福と天国とであろう。

生活を改めることがキリストに向う道である

ベーズが、生活の悔い改めがキリストにいたる道であることを否定している件についていえば、彼は聖書がはっきりと述べていることを否定しているのだ。「悔い改めよ。（と洗礼者ヨハネとキリストはおっしゃった）天の国は近づいた」〔マタ三・二〕。それからまた、「悔い改めて福音を信じなさい」〔マコ一・一五〕。それからまた、「心を入れ替えて子供のようにならなければ、決して天の国に入ることはできない」〔マタ一八・三〕。それからまた、「『私たちは、どうしたらよいのですか』と言った。するとペテロは彼らに言った。『悔い改めなさい。めいめい、イエス・キリストの名によって洗礼を受け、罪を赦していただきなさい。そうすれば、賜物として聖霊を受けます』」〔使二・三七―三八〕。それからまた、「わたしに向かって『主よ、主よ』という者が皆、天の国に入るわけではない。わたしの天の父の御心を行う者だけが入るのである」〔マタ七・二一〕。ベーズがこの生活の悔い改めが、信仰より出でていると言うなら、誰がそのことを疑うだろうか。しかし生活の悔い改めがまったくないところに、信仰があることを私たちは否定する。聖書のいたるところにある優れた言葉のように、見事な言葉でベリーは語り終えた。

確かに、私がこれらのひとたちの書いたものとか暮らしぶりを考察するとき、彼らは再生の前半を非常に賞讃し、常にここにこだわっているので、彼らはその後半を忘れるか、（よりよく言えば）心にとめていないように見える。

キリストの恩恵は二重である

それというのも、キリストの恩恵は二重であり、すなわち一方は死の、他方は復活の、であるので（聖パウロは言われた。「イエスは、わたしたちの罪のために死に渡され、わたしたちを義とされるために、復活させられたのです」〔ロマ四・二五〕）、彼らはというと、彼らはしっかりと罪の許しを手にし、――そして喜んで受け入れる。私たちが十字架を背負うことなしに、私たちに罪の許しが与えられるからである。しかし彼らは暮らしぶりの悔い改めや再生を逃げ、放り出す。そしてもし彼らが（なぜなら真理が彼らを強制するので）ときとして口先だけでそれを受け入れたとして、しかしながら、もし人々が当然のことながら彼らをうながしても、彼らは怒り、それは不可能なことだというのである。それというのも、ダビデが「いかに幸いなことでしょう、背きを赦され、罪を覆っていただいた者は」〔詩三二・一〕と歌っているところは、それにつづく「〔いかに幸いでしょう〕心に欺きのない人は」〔同二〕の箇所よりも安易で、耳によく響くからである。ひとは喜んで聖パウロの教えるところ、「従って、今や、キリスト・イエスに結ばれている者は、罪に定められることはありません」〔ロマ八・一〕を、そのあとで付言されるところ、「わたしたちには一つの義務がありますが、それは、肉に従って生きなければならないという、肉に対する義務ではありません。肉に従って生きるなら、あなたがたは死にます。しかし霊によって体の仕業を絶つならば、あなたがたは生きます」〔同八・一二―一三〕よりも喜んで受け入れる。要するに、「ローマの信徒への手紙」第九章は、第八章や第一二章よりも肉にとって快いものである。とはいえ第九章によって君は、救済が選ばれた者への恩寵であることを学び、第八章と第一二章では選ばれた人々の勤めを学べるように互いに結びついているはずであるのだが。

生ぬるいキリスト教徒と熱心なキリスト教徒の区別

したがって私たちはこの徴によってラオディキアびと〔黙三・一四〕とフィラデルフィアびと〔黙三・七〕の

違いを認識できるのである。ラオディキアびと、すなわち不熱心なキリスト教徒はつねにキリストのお勤めを眺め、救霊予定説や神の選び、罪の許しの上にすっかりあぐらをかいて、キリストの恩寵で富んでいるので、自分たちは十分に豊かだと言い、何ひとつ不足はないと告げる。そしてこのようにして自分たちが不幸であり、みじめであり、苦しめられ、貧しく、盲目で、はだかであることをすこしも知らずに、また火よりも輝く黄金を買おうと心を砕くことをまったくしない。キリストがご自身この黄金をお持ちであれば、彼らには十分だからである。そして白衣のこととなると、ベーズ自身、彼らを敵視して嘲弄し、白くなった狼と呼んでいることから見て、彼らはもっと無頓着である。そして目薬や眼の治療についても気にかけない。彼らは、はっきりと見える心の眼がなくとも神の秘密が見えると考えているからである。したがって、彼らがもっと熱心にならなければ、彼らが毛嫌いされても不思議はない。しかしフィラデルフィアびと、すなわち熱狂派の方では、キリストのお勤めをそれほど気にかけることはしない。それというのもキリストが約束をたがえないことを確信しているので、自分たちの義務と勤行をするのにすっかり専念しているからである。彼らの力は弱いにもかかわらず、彼らはキリストのみ言葉にしたがい、十字架の苦痛と苦悩をつうじて（十字架はこの世の愛着を捨てるためにある）、キリストのあとを追い、このために、間違いなく、彼らは約束されたものを得るであろう。

ベリーの言葉

さてベーズのそのほかの解釈に戻るとしよう。彼はそうした解釈で以下のベリーの言葉を追及しているのだ。「かつては、多くの神々が存在するという考えがすべての民の間に広まっていましたが、キリストが来られた時、このような誤りは取り除かれ、トルコ人であろうと他の民であろうと、神が唯一であることが疑われなくなりました。この点では彼らもすべてキリスト教徒と同じ考えです。もし誰かが神を否認するならば、その者は不敬であり無神論者であって、万人の判断するところによっても忌み嫌われるべきです。トルコ人がそう考えるのは、彼らもモーセが書き記したと同じ神を信じているからです。この神を信ずる点では、トルコ人はユダヤ人やキリスト教徒と合致するので、何の論争も生じません」〔セバスチャン・カステリョ、前掲書、五一ページ〕。

これらの言葉からベーズは、ベリーが、キリスト教徒に求めている知識は、その一部をトルコ人と共有し、また一部はユダヤ人と、一部は悪魔とさえ共有している知識であって、他の知識は要求されていない、と結論している。この解釈において、ベーズの仕方には二つの誤りがある。第一に、ベリーが見解と信心について話しているのに、ベーズは知識について、あたかも見解や信心をもつことが、知識を持つことと同等であるかのように、あるいはまたひとがしばしば知りもしないことについて、見解を抱くことなどないかのように、結論を引き出している。もうひとつの過ちは、たとえ見解と知識が同一のものだとしても、だからといってベリーがそれ以外の見解や知識を求めていないという結論にはならないことだ。もし仮に、ひとと動物の呼吸が同じだと誰かが言うとしても、そのほかに何かあることを、彼は否定しないであろうというのと、同じことだ。ベーズはこうした奸計や欺瞞、ソフィスト的な詭弁にたいへん通じており、弁論家がそれらを何と称しているかということも、十分に心得ている。だがなんだって、彼は真実を攻撃し、真実と戦う鍛錬を積んできている。以下に掲げることがらは同じ巣窟に由来する。それというのもベリーが「帰《き》す」ことについて述べているのに、ベーズはそれを「知っている」ことと解釈する。それはあたかも「帰す」と「知っている」が同じことであるかのことであり、あるいはあたかも往々にして私たちが知らないひとに多くを帰すことなどないかのようにである。ちょうど子供たちが、彼らのまだ知りもしないキケロが多くのことの出所《でどころ》だとしているのに。

神とキリストに関する知識について

彼らが、ベリーは神を知ることとキリストを知ることを邪にも分けてしまった、と述べている点にかんしては、異教徒についてこう言って話している聖パウロに答えるがよい。「なぜなら神を知りながら、神として崇め（ることもしない。なぜなら彼らはキリストを知らなかったからである）」（ロマ一・二一）。もしベーズが異教徒において、神の知識は小さかった、と考えているなら、なぜ彼はベリーがトルコ人たちのとぼしい知識について話していると思わないのかね。ベーズは次の一節を提示する。「あなたたちはあなたたちが知らないものを崇めている」。さらに、「もしあなたがたがモーセを信じたのだったら、あなたがたは私をも信ずべきだったのだ」。そして別の箇所で、「子たる神を否認する者は父なる神をもつことはまったくない」。しかしこれらはベリーに反対しているのではない。なぜなら彼はこのトルコ人の信仰、もしくは知識が、それだけで、救済を獲得するに十分な真の信仰だとは言っていないからだ。そうではなく、彼は、トルコ人がキリスト教徒と齟齬なく意見が一致していることがらについて話しているのである。もし君がトルコ人に、モーセが書いているかの神のことを信じているかどうか尋ねたとしたら、トルコ人は疑念も異論もなく、信仰告白するだろう。そして彼に信じさせる努力を払う必要もなく、子なる神を受けいれない者には真摯に父なる神を信じていないことを示しながら、真摯に正しく神を信ずるようにさせれば良い。同様に聖パウロは、ひと柱の神が存在することをアテナイの人々に理解させるために、いささかも苦労しなかった。なぜなら彼らはこの件に関してすでに聖パウロと同意しており、このために「未知の神に」ささげられた祭壇を建立していたからである。だが、彼らがひと柱の神に有しているかかる見解を利用しながら、アテナイの人々が間違った仕方で、無知のままに崇拝しているものを真摯に正しく崇めるよう、彼らを教えられたのである。「私はあなたがたが（と彼は言った）、知らずに拝んでいるもの、それをわたしはお知らせしましょう」〔使一七・二三〕。

これにつづく議論を、ベーズはこれと同じ狡猾さと欺瞞をもって続ける。それというのも彼はつぎのような態度でベリーに話しかけているからである。「だが、君がいかなる知識をキリスト教徒固有の知識としているのかは、一部は、君の美しい金貨の刻印(3)によって明らかであり、一部はすぐあとに続くことがらによって明らかである。なぜなら君はつぎのように言っているのだから。『キリスト教徒は、イエス・キリストが、この世の主《しゅ》にして裁き手である、神の子であると信じている点で、ほかの者たちを凌いでいる。そしてこの点はあらゆるキリスト教徒に共通している』」。以上がベーズの発言であり、彼はつねに知識から、信仰について語られていることを結論している。知識は信仰とは別物であって、信仰から生まれるものであるのだが。ところでその金貨について、ベリーはこう語っている。「父なる神と子なる神と聖霊を信ずること、そして聖書に記されている敬虔さの（すなわち神の愛と畏怖の）いましめをよしとすること、これは金貨であって、純金よりももっとよしとされる確かなものです」。これが、ベーズによって悪魔の信ずるところと共通であると糾弾されている、ベリーの信仰である。このことで彼は、使徒信経にふくまれている教会の信仰を断罪している。ベリーは使徒信経を念頭に置いていたのだが、よく知られているので、そのすべてを記載しようとは思わなかったのである。つぎのように述べるだけで彼には十分だったのだ。「父なる神と子なる神と聖霊を信ずること」。それというのもそれらは、この使徒信経に主としてふくまれている三つのものだからである。「あなたは生ける神の子キリストです〔マタ一六・一六〕と彼が口にしたとき、彼は聖ペテロの信仰も同じく悪しきものであることを明らかにし、聖ペテロの信仰も彼にとって悪魔の信ずるところと共通であると言っていることになる。なぜならベーズは、悪魔も同じことを言うと述べるだろうからだ。しかしキリストは、この信仰ゆえに、聖ペテロはさいわいであると宣言され、自分の教会を彼の信仰のうえに建立することを約束された。

悪魔

しかしベーズには、ほかの者たちを悪魔と呼びながら、自分自身が悪魔であることを示していることが、分かっていない。なぜなら彼は中傷しており、「悪魔」とはギリシア伝来の言葉で、「中傷家」というのに等しいからだ。そのために聖書では、「中傷する」こと以上に悪魔にふさわしいものを見つけられなかったほどなのだ。

宗教のさまざまな形態

さて、貨幣のさまざまな図柄と刻印に関してだが、ベーズが、かくも明快で明白なことがらにおいて、理性に頼ろうとはせず、それを認めようとしないのは驚いたことだ。それというのも、その他の異端説や諸党派に口をつぐむとしても、二つは（それらをベーズは容認しているようだが）宗教のもろもろの形式をとっておらず、その点については誰にも疑うことはできない。私が言っているのはツウィングリ派とルター派である。この両者は互いに非難しあい、破門しあっている。そんなわけでルターは、ベーズが私たちを断罪するのと同じくらい恐ろしげに、ツウィングリとツウィングリ派を断罪したが、それは、彼らが聖餐にさいしてルターと同じ形の貨幣を有していないからだ。そして最近では、ドイツの海辺の都市において、そしてデンマーク王国全土においてさえ、誰もその住まいに聖餐形式論者を受け入れてはならないと、固く禁じられている。君たちの都市から、若干の名士たちが、聖餐に関するルターの文章を弁護したために、追放されたことについては口をつぐんでいよう。彼らはこの貨幣を憎んでいないその他の都市によって受け入れられた。そしてルター派は最近、デンマーク王国から、英国からの亡命者、ジョン・ラスコ〔一四九九—一五五〇　ポーランドの名門貴族〕を、同じ理由で追放した。（これに加えて、ベルン市民は、ルターの見解に賛同しているという理由で、シモン・シュルツェール〔一五〇八—一五八八。改革派神学者〕を、彼らの教会から追放した。彼はその貨幣が気に入っている人々により、バーゼルに受け入れられた）。私は名前を出さないが、こうした人々や、また他の人々も（もし君の宣告が、実行されたなら）、死罪に処せられてしまったであろう。このようなひとたちやそのほかのひとたちを私は名指さずにおくが、（もし君の判決が下された場合には）死罪に処せられるであろう。私はさらに、そうした二人の人間を思い起こすことができる。ひとりはニコル〔不詳〕という名前、もうひとりはジャン〔不詳〕であって、彼らは聖餐についての同じ見解のせいで、ローザンヌから追放された。医師のジェローム〔一五八四年歿。姓はボルセック。カルヴァンを攻撃した文書で名高い〕は、救霊予定説についてカルヴァンと同意見でなかったため、ジュネーヴから追放された。この地では、同じ理由から、少なからぬ者が異端者として扱われているが、その名前をあげるだけで長文になり過ぎるだろう。カルヴァン自身、判事の立場に立って聖餐について執筆した小論で、ルターとツウィングリを非難している。しかしこれ以上長い説明が必要だろうか。すべてにおいて、しっかりと意見が一致している者三人を見つけるには、大変な労苦が必要であろう。

したがって、ベリーの序文について私が論述しようと欲した話題にかんしては、これで十分だろう。これらの話題をつうじて、私はベーズのかくも多くの中傷を暴露したから、残っているその他のことがらにおいて、どこまで、彼を信じればよいか、容易に結論づけられる。

カステリヨンは中傷から守られている

残った問題について続けていこうと思うが、まず手始めに、わたしは彼がどのような点で、ことのついでにセバスティアン・カステリヨンを中傷しようとしたかを明らかにしよう。カステリヨンを非難して、ベーズはこう述べている。「しかし、この世を離れてからの霊魂の状態を知ることが、君たちによって、ほとんど必要ないとして棄却されても、私は少しも驚かない。なぜならこのお人好しは、彼の能弁な註解で、自分が将来の世について何も知らないと、恥ずかしげもなく断言しているからだ」。ところが、この世でも、来たるべき世においても許されない、聖霊に対する罪についての、「マタイによる福音書」第一二章〔三一―三二〕に関するカステリヨンの言葉はつぎのようなものである。「しかしこの方が『この世でも、きたるべき世でも』おっしゃっているところに関しては、ある人たちはこれを説明して、マルコによる福音書で、同じことがらをめぐって「永遠に」〔マコ三・二九〕と記されていること以外のなにものでもないと考えている。しかしこの箇所において聖マタイは聖マルコによって解釈されるべきではない。そうではなく逆に、より簡略に執筆した聖マルコが、より長く執筆した聖マタイによって解釈されるべきなのである。そのような次第で、聖マルコが述べた『永遠に』は、この来たるべき世がいかなるものか、私は知らない、ということを意味しているのである」。

以上がカステリヨンの言葉である。ベーズの中傷は上述のカステリヨンの言葉からラテン語のこのちいさな小辞「カノ」を除いた点に明らかである[4]。私はこの小辞をフランス語における小辞「この」で表現した。なぜならカステリヨンそれが将来の世、もしくは来たるべき世がいかなるものか知らない、と言ったのではなく、聖霊を汚す罪がいささかも許されるものではない、この当の将来の世がいかなるものであるか、もしくはどのようであるか知らない、と言ったのである。なぜなら「この当の世」は、あるいはひとの子〔イエス〕が彼の伝令を遣わせて四方八方から選ばれた者を集められる世についてなのか、あるいはこの伝令と派遣ののちになるであろう永遠の生についてなのか、二つのやり方で理解されるからだ。ところがカステリヨンはこの二つのうちどちらなのか、知っていない。この種の中傷はソフィストたちに、はなはだ共通していて、彼らは他人の話の一部を取り除いて、当人の意図と逆にその話を解釈するのである。

聖書の曖昧さについて

さて、二つめの議論に移ろう。ベリーとその仲間は、こんにち人々が言い争っているさまざまな問題は不明瞭である、と言っている。さらに彼らは、聖書がもう十分に理解されているということを否定する。しかし君には聖書は明晰で明白であるように見えるのだね、ベーズよ。もしそうなら、私はまず君に尋ねる。なぜ君たちの模範であり指揮官であるツウィングリが、聖書は不明瞭であると言い、この件で聖書は明白であると言ったルターを叱ったのだろうか。それからなぜ君たちは聖書についてかくも多くの――そして長大な――釈義を綴ったのかね。明晰なことがらに明晰さを与え、明白なことがらを解き明かすためかね。第三に、なぜ君たちの釈義の解釈は、ひとまとまりにごちゃごちゃに集められた、曲がって捩じれたたくさんの木々よりも、全体としてより良く合わさったり、当てはまったりしないのかね。加えて、君たちが聖書を解釈する、君たちの教会の会合で、しばしば、ひとつの章句について多くの見解が持ち出され、しかもそれがひどく頑に主張されるので、君たちは非常にしばしば君たちの行政官にたいへんたくさんの厄介ごとを押し付け、説教師たちの不和を王令や勅令と調整しなければならないほどなのだ。確かに、もし聖書がそれほど明晰で明白ならば、そんなにはっきりしたものごとについてあれほど頑に議論する君たちは、盲目であるか、心が捻じ曲がっているかのどちらかであることが明らかである。君はここでなにかしら答えなければならない、ベーズよ、言わせていただくが、奸計やソフィスト的な欺瞞でなく、捻じ曲がってもいないし錯綜してもいない、単純で統一のとれた、明晰で明白な、なにかしらである。私たちは明晰で明白なことについて話しているのだから。

私たちが無知の咎で使徒たちを責めていると、君が述べていることに関しては、君はカステリヨンの言葉を歪曲している。なぜなら彼は、使徒たちがもっていた神についての知識が小さかった、と言っているのではなく、使徒の時代の、神についての知識は小さかった、と言っているのだ。したがってこのことは使徒についてではなく、彼らの時代に属していた人々についてであると理解されるべきなのだ。

使徒たちの時代において神にかんする知識はどのようなものであったか

君が読んでいないカステリヨンの『聖書』の序文を、別の視点から読む者はそのことを容易に知ることができるだろう。それというのも使徒たちは神についての卓越した知識をもっていたが、彼らはこの知識を完成された人々のあいだで話し、素朴な民衆には、ミルクを糧《かて》として与えていた。彼らにはかくも高度な知識は、呑み込み得ないからである。なるほど聖パウロは、ご自身の時代、すでにこの方がみなから顧みられず、各人が自分の用事に一生懸命になり、神のことには熱心でないとおっしゃっているが、けれどもこのことをすべての人々に関することであると一般的に理解してはならない。そうではなく俗衆のキリスト教徒についてのみのことであると理解すべきであって、キリスト教徒のごくわずかは逆境にあって確固たる意志をもっていたのである。

神についての真の知識

ところで、神の真の知識とは「エレミヤ記」に明らかなように義と服従である。そこでは主がエホヤキムにこうおっしゃっている。「あなたの父は、質素な生活をし、正義と恵みの業を行ったではないか。そのころ、彼には幸いがあった。彼は貧しい人、乏しい人の訴えを裁き、そのころ、人々は幸いであった。こうすることこそ、わたしを知ることではないか、と主は言われる」〔エレ二二・一五―一六〕。さらに「列王記上」には、エリヤの子供たちが邪で、主の知識をもっていない、と書いてある。一方神についての真の知識が義であり、聖パウロがみなから顧みられなかったのは、当時の人々の神に関する知識は海の砂よりも豊富であると約束しているお告げや預言と君が比較するなら、大変乏しいものであったからである。当時の人々の神についての知識は、当時の俗衆キリスト教徒のものであり、もちろん使徒たちの持っていた知識とは別物（なぜなら使徒たちは、常に断固として自分たちの聖務を少人数で続けていたから）であった。それというのも神の知識は、使徒たちがそうであったような、何人かの少数者に約束されたものではなく、もっとも大いなる者からもっとも小さな者まで、世界の全民衆に約束されたものだったからだ。

さてカステリヨンが予言者《プロフェット》たちを「予言者《プロペタス》」と呼ばず、「占い師《ウァテス》」と呼んだがために、君がまたもやカステリヨンを非難していることについては、中傷はあまりにも浅薄で、「非難したい」という過度の欲求に由来している。というのも、その君の「偶像《イドール》」という語で、そうであったように、外国語の呼び方によって、人々がよりたやすく騙されるということ以外に、君が彼らをギリシア語やラテン語で呼ぶ必要がどこにあるのかね。なぜなら人々は、偶像も聖像も同じ言葉であるのに、「偶像《イドール》」は唾棄すべきもので「聖像《イマージュ》」は聖なるものだと考えていたからだ。カステリヨンが聖なる預言者と俗なる預言者を同一の名前で呼んでいるからといって、彼が俗なる預言者に勝るところは何もないとしていると、君はいうだろうか。あたかも真の預言者と偽の預言者が、ヘブライ語にしろギリシア語にしろ、聖書で同一の名で呼ばれていないかのように。

同じ軽率さをもって君は、また別の箇所で、「守り神《ゲニウス》」と「洗浄《ロティオ》」という二つの名詞について彼を中傷している。そしてそのことをもって、カステリヨンは洗礼をそれ以外の洗浄と同等にみなしていると結論している。カステリヨンが洗礼をその他の洗浄と同じ名前で呼んでいるからだ。しかし君は、これと同様のやり方で、杯や鉢の洗浄を——「洗うこと《バテーム》（＝洗礼）」と呼んでいる聖マルコ〔マコ七・四〕を中傷することもできるだろうに。そして聖パウロは再生の洗浄をそれ以外の洗浄と同じ名詞で呼んでいる。ベーズよ、見たところ君はキリストからではなく、あらゆるものごとを反駁する技術を教える師匠たちから学んだらしく思える。

さらに、君はこう言いながら、大声で叫んでいる。「いったいなんだというのだ。真理はいまでも、また将来でも、つねに少なからぬひとたちに隠されているから、それは存在しないと言うのか」。君は君の夢想と闘っている。それというのも、私たちは真理がまったく存在しないなどとは言っていない。そうではなく真理が君たちに知られている、ということを否定しているのだ。憎悪や羨望でいっぱいになって、君の本を無数の、明らかな中傷ですっかり満たした君が、聖書のなかでなにかを理解していると、どのように私に信じられようか。この叡智の聖霊がかくも邪悪な霊魂に入ることができると、私は考えるべきなのだろうか。君たちは悪しき人間なのに、どのようにして正しくを話せるのだろうか。あるいは君たちが私たちに向かって互いに賞讃を受け取りあっていることをかんがみても、どのようにして君たちは信ずることが（理解することは無論のこと）できるのだろうか。君は私がほかの者たちよりもむしろ君たちのことだけを信ずることを欲するのか。君たちが剣を持っていたからか。ほかのひとたちもまた剣をもっている。説得しようとするには、剣はあまりにも強引すぎる。あるいはもしや君たちのがわに神の言葉があるからか。あたかも同じことを誇っている他の党派がまったく存在しないかのようだ。それは閉ざされ、七つの印璽で封をされた本だ。ダビデの鍵を示したまえ。さもなければ、君たちがこのように邪悪であるかぎりは、私たちは君たちが鍵をもっているなどと信じないだろう。

世界を創造してそれを統べ給うような、永遠にして全能の神がおられることを、私たちがどこから証明できようかと君は尋ねる。まるで私たちがその存在を疑っているかのように、うまい言い方をするものだ。私たちは議論の的となっていることについて語っているだけだ。その戒律に従うべき神がおられ、聖書が真であることを、私たちが疑ったりするものか。しかし、聖書の理解をめぐっては、諸々の問題が君たちの間にある。というのも、私が救霊予定説についてカルヴァンに賛成するなら、先人たちの大部分やメランヒトン、そして君たちの仲間の幾人もと考えを違えなくてはならなくなるだろうから。さらに、義化についてカルヴァンに同意しようとするなら、オジアンダー〔一四九八―一五五二〕

〔ドイツのルター派の神学者〕や古の学者たちの大部分の意見が私を引きとめるし、君たちの仲間の多くや、さらに今日カトリックと呼ばれる教会全体もまたそうだ。そして、いま目の前にあるこの議論、すなわち、異端を殺すべきか否かについて、君たちの仲間の大部分は君たちに賛成していない。誰が反対しているのか名指しするつもりはないが、それは同じ理由で君たちが彼らを処刑しようとしないか恐れるからだ。

理解することとは逆の関心

そして、これら難解な問題のせいで他人を非難するのにかまけている間に、君たちは神への愛や畏れの戒律をおろそかにしている。誰もその掟を疑わず、あらゆる宗派が次のような点で同意しているというのに。すなわち、神の怒りが私たちの罪に対して燃え上がるのを知っておびえること。赦しを得たいと焦《こが》れること。キリストの愛のため、生きる希望を抱くこと。キリストによって約束された神の赦しを信じること。繁栄に感謝すること。逆境にあって祈ること。絶えず神を称えること。心の底から神を愛すること。おのれ自身のごとく隣人を愛すること。敵にも親切にすること。悪に悪をもって返さないこと。嘘をつかないこと。うらやまないこと。そしらないこと。争わず、欲張らず、ふざけず、偽証せず、高利貸しをしないこと。以上のこうしたことは全くもって明らかで、聖書を認める人たちの間で議論の余地はない。なぜ君たちは救済のかかっているこれらの事がらを論じないのか。疑わしくて論争を呼ぶ問題ではなくて。なぜ君たちはこうした掟に注意を払わないのか。なぜこうした掟に専心しないのか。なぜ実行できるようなことに専念しなのか。なぜ問題をあべこべに論じて、こんなに世間を騒がせるのか。そのせいで、今ではたいていの人たちが何を信ずるべきか疑っているではないか。

それから君はすべての民が神の存在を信じているわけではないと言い、この点でベリーを咎めているが、しかし、彼は「すべての民」などとは言わなかった。ただ、トルコ人とか他の民が疑っていないと言っただけだ。ベリーは「すべての民」などとはちっとも言っていないのに、なぜ君はこの「すべての」という言葉を付け加えるのか。彼の言葉に小細工をして、中傷しようとするためでないとすれば。先にカステリヨンの言葉をおとしめて、中傷したのと同じだな。たとえベリーが「すべての」と言ったとしても、ペルシアの王キュロスと同じく、咎められるべきではなかろう。キュロスは彼のことなど一度も耳にしたことのない国がたくさんあるのに、「主は、地上のすべての国をわたしに賜った」〔代下三六・二三〕と言った。あるいは、キリストも同じだ。「古いぶどう酒を飲めば、だれも新しいものを欲しがらない。『古いものの方がよい』と言うのである」〔ルカ五・三九〕。また、「だれも折りたての布から布切れを取って、古い服に継ぎを当てたりはしない」〔マタ九・一六〕。それでも、逆のことが起こるのを私たちは時に目にすることがあるのだ。しかし、聖書はベーズのような者たちの屁理屈を避けられるほど、正確には語っていないものだ。ベリーがあたかもエピクロス派を排除しなかったかのように、君は彼らを引き合いに出してこう言ったりしている。「もし誰かが神を否定するなら、その人は危険な無神論者だ。実を言えば、エピクロス派は言われているような国ではないけれども、そうでなければ、君たちの教会はこの国をも含むことになる。そして、逍遥学派にしてもストア派にしても、同じことが言える。幾つもの学校《アカデミーやエコール》で、これらの名がキリストの名と同じく称えられ敬われていなければ、とっくに消滅していたことだろう」。

それから、聖書の言葉や証言が明白だということに、君は異議を唱えるにいたっている。一体なぜ君たちは明白な事がらについて、多くの註釈や解説をするのか。註釈が明らかな事がらの表示になるとでもいうのか。一体君は何を言いたいのか。綾もなく明らかに書かれていることさえも、明らかでないと拒むのだから。聖パウロは明快に書いた。「神は、すべての人々が救われることを望んでおられます」〔Ⅰテモ二・四〕。そして、「すべての」というこの言葉を、君たちはあらゆる種類の人々と解釈して、聖パウロの言葉を拒んでいる。もし君たちの解釈のほうが明らだとすると、なるほど聖パウロは明らかには語らなかったのだな。彼は君たちの流儀で語るべきだったから。主は「一人も滅びないで皆が悔い改めるようにと」望んでおられる〔Ⅱペテ三・九〕と、聖パウロは明快に書いたが、君たちはそれをはっきり拒んでいる。「わたしは罪人の死を望まない」と神は明快に言われ、同じことを悪人についてさえ言われたのだ〔エゼ一八・二三〕。それなのに、君たちはあべこべに言って、神が地獄へ落とすために幾らかの者たちを創られ、神は彼らの死を望まれるので決して救われないなどと言う。神は罪を喜ばないと明快に書かれている〔詩五・五〕のに、神のご意志が働かないような盗みも淫蕩も殺人も生じないと、カルヴァンははっきり書いている。教えてくれ。もし神がカルヴァンと同じお考えであったなら、なぜカルヴァンと同じように語られなかったのか。神は三語でこのことを言い表し、これほど多くの解釈の迷路から私たちを救い出すことがおできにならなかったのか。特に神ならば、こうした解釈が生じるはずなのをよくご存じなのに。もし神が、「わたしは地獄へ落とすために幾らかの者たちを創ったのだ」とか、「わたしは罪人の死を望む」などと、（それが神のご意志だと君たちが主張するように）明快に言われたなら、いかなる違いもなくなるだろう。しかし、君たちが神のお望みでないことをお望みであると論ずる一方で、君たちの仲間の一部が「わたしは望む」を「わたしは望まない」へと変えるために立ち上がるのは、偶然ではなかった。もしキリストが、幼子もまた洗礼を受けなくてはならず、カトリックとして洗礼を受ける者は再洗礼されてはならないと明快に言われていたなら、今は誰もそれについて議論していないだろう。聖書の難解さのほか、一体どこから議論が生じようか。

しかし、自分たちは聖パウロの権威に従ってキリストの意思を継いでいる、と君は言う。そんなことは偽りだ。というのも、聖パウロは自分やその仲間たち、つまり求道者たちについて語っているが、私たちは君たちの中の求道的なものをその活動を通して認めることができないからだ。

数少ない信者たち

さらに君は、滅び行く者たちを除けば、福音は隠されていない、と言うが、それは本当だ。しかし、多くの者たちが滅び行く。真の信者は（君が先に書いたように）ごく少数だからだ。ところで、異端が裁かれる時は、声や票の多さによって行われる。そして、（信仰を真に裁くことのできる）真の信者の数は不信心者の方より少ないにもかかわらず、ほとんどいつも多数派が勝利を得ることになる。というのも、人は情に流されて裁くからだ。このため、神はいかなる吝嗇や不正からも遠い判事が選ばれるようお命じになった。彼らが吝嗇であるなら、例え法が明記されていても、自分の吝嗇の求めによって裁くであろうから。今日こうしたことが同じように行われている。成文化された法があっても、不正な判事たちは不正な裁きを下すのだ。いかなる野心からも遠い少数の信者たちには、ヘロデやピラトの宮廷の権威の他にはふつう何もないのだ。馬鹿にされたり非難されたりする権威の他は。

君はクランベールを嘲笑する。ある確かなことを否定するために死を耐え忍ぼうとすることほど狂っているか分別を欠いたことはないと、彼が言ったために。そして、君は例を引くが、それによって、彼の言葉が反論されるわけではない。というのも、いかなる利益も喜びも名誉も望んだわけではないのに、聖書の言葉を理解していたがゆえに処刑された人々について、彼は（その言葉が示すように）

語っているからだ。もし君が彼らを非難するなら、自分の兄弟を非難しているのは確かだ。なぜなら、毎日キリスト教国のあちこちで信仰ゆえに処刑される多くの善良な人々が、自分たちが過っていると知りながら、すすんで死を耐え忍ぼうとするなどと思うのか。ある再洗礼派の信徒が、再洗礼を信仰しているというだけで処刑場に引き出される時（こんなことがフランドルでは皇帝の勅令によって日常的に行われている）、もし自分が誤っていると知っているなら、すすんで自分の命を救おうとしないなどと思うのか。彼やその身内に対する残酷な苦痛や恥辱という刑罰のほか何も、彼には示されないのに。反対に、再洗礼を否認する場合には、自分も妻も子供たちにも平穏な生活が提案されるのに。彼らは、人の心ばかりか石までも動揺して張り裂かれかねないほど、涙を流してうめきながら、しばしば拷問にかけられるのだ。

セルベトの死

セルベトについては、何と言えばよいのか。つまり、君たちに彼の話をするのが許されるとするなら。というのも、誰かがセルベトについて語ろうと口を開いただけで、君たちはセルベトの一味と呼ぶからだ。しかし、彼の教義ではなく、ただその死と、彼の受けた刑罰についてだけ語るとしよう。さて、彼は火刑を宣告された時、火炎による激しい苦痛から絶望に陥ることを恐れ、斬首としてくれるようジュネーヴの行政官に慎ましく要求し、自分が何かで誤ったり間違ったりしたなら、それは無知ゆえであり、神の栄光を増そうとしたがためであったと言った。何と、彼がそう求めたのに、かくも寛大で情け深いあの長老会は認めず、それどころか彼は、生きたまま焼かれるという、いかなる慈悲からもほど遠い、恐るべきあの判決を聞かされた。それから、処刑場へ引き出され、杭に縛られ、処刑人が杭の下に柴の束を置き、頭の上に硫黄を振りかけた冠をかぶせるのを目の当たりにし、その他の器具を見つめながら、火刑の恐ろしさにひどく取り乱して、ズボンの中に脱糞してしまった(5)。ああ、セルベトはこれほどの苦悶のうちにあって、利益や喜びや名誉を期待するどころか恐ろしい苦痛と全くの恥辱を示されたのだから、もし自分の罪と過ちを知っていたなら、進んでその命を救わなかったであろうか。ベーズよ、どうか答えてくれ。もし君が同じ状態にいるなら、答えるであろうように、答えてくれ。

教会の対立

君の言い分では、カトリック教会は（唯一の同じ精神によって導かれているため）、これら主要問題については、常に同じように同意し、一致してきたそうだ。では、この教会とは誰のことか、教えてくれ。君たちは幾つもの事がらにおいて、カトリックと呼ばれる者たちとも君たちの仲間たちとも違っていて、君たちがそれを否定できないのは全く周知のことなのだから。手足が互いに食い合いする肉体とはどんなものか、ちょっと教えてくれないか。

君の言い分では、主のご意志をよく知りながら、それを行わない僕《しもべ》もいるのだから〔ルカ一二・四七〕、悪人も時には知性の偉大な輝きを備えていることがあるそうだ。確かに君の言うとおりだ。議論の余地ない明白な事柄においては、悪人だって主のお望みのことをよく知っているのだから。つまり、「殺してはならない。姦淫してはならない。他人のものを欲してはならない」〔出二〇・一三、一四、一七〕、など。しかし、悪人が人を非難できるほど、神や三位一体説や救霊予定説などのことをよく知っているとは思わない。なぜなら、「知恵は悪を行う魂には入らず」〔知恵一・四〕、「主を畏れる人に、主は契約の奥義を悟らせてくださる」のだから〔詩二五・一四〕。

君がキリストの王国から導き出すことについて、私はあれこれ言おうとは思わない。君たちは、言葉ではなく結果として生じることによって反論され、打ち負かされるだろう。「あなたは自分の目でそれを見る。だが、それを食べることはない」〔王下七・二〕。

聖書の明瞭・不明瞭

しかし、最後にこの議論を締めくくるにあたり、聖書には分かりやすいところもあれば、分かりづらいところもあると言っておこう。戒律は分かりやすい。殺してはならない。盗んではならない。偽証してはならない、など〔出二〇・一三―一六〕。さらには、悪に対しては善を返しなさい。悪口を言う者を祝福しなさい。信仰を通してキリストに従いなさい。十字架を身に着けなさい。肉体の喜びを捨てなさい。裸の者に衣服を着せなさい。また、先に示した神への愛や畏れの戒律などは、言葉の分かりづらさもなく、十分に言われている。だから、私たちは言うのだが、信仰から始めて、神への愛や畏れを実践しなければならないのだ。こうしたやり方で、より大きな事がらを知るようになるために。別の道をたどる者たちはあべこべに活動しているのだ。彼らが、方法やら理由やら、理由の違いやら、他の幾つもの問題やらについて、大いに議論していようとも、これら戒律については全キリスト教徒の間にいかなる相違もないのだから、それらは確かに明白なのだ。難解さは比較の問題だが、分かりづらい事がらが議論の的となっている。さらに、供え物が様々であるように、ある事はこっちの人にとって分かりづらく、またある事はあっちの人にとって難解だ。事が入り乱れているためだ。神の言葉や神託が分かりづらいと言うからといって、神をののしっているなどと思われては困る。なぜなら、神の栄光はむしろ、信者にしか分からないように話すことにあるからだ。キリストについて、喩によってしか、つまり、喩や謎によってしか、外の人々には何も語らなかったと書かれているように〔マコ四・一一〕。しかし、「御自分の弟子たちにはひそかにすべてを説明された」〔マコ四・三四〕。戒律については、外の人々に対しても喩なしで語りかけたが、キリストの王国の秘密については、そうではなかった。なぜなら、それを聞くのは、親しい人たちのみだったからだ。ところで、キリストに親しい人たちとは、真の信仰と慈愛を通して彼の教えを実践し、彼の愛の中に留まる人々のことだ。こうした人々に対してのみ、神の精神――それなしでは（ベーズよ、君が書いたように）聖書に含まれている神の秘密が理解されえない神の精神――が与えられる。だから、こうした精神を待ち望んで尊重せねばならず、慈愛の精神なしでこれらの論争を裁くことはできないと、私たちは言うのだ。君たちがこうした精神を持ち、それで動かされていることを、活動によって示してくれ。そうすれば、私たちは君たちの話に耳を傾けよう。

ユダ・マカベの例

さあ、例に移るとしよう。手始めはユダ・マカベ〔旧約聖書続編マカバイ記二に記されているユダヤの英雄〕の例だが、その書物の権威が疑わしいせいで、君はこの人物に触れようとしない。しかし、その権威については議論に値しない。この例は歴史ではなく比喩にすぎないが、聖書なしで神への務めを始めたり、企てたりしてはならないことを示すのに、いつも有効だからだ。このことは君も否定していないが、君は冒瀆を罰せよという神の厳しいご命令があると言う。まるで、私たちが異端ではなく、冒瀆の話をしているかのようだ。君は異端とは冒瀆であると言うだろうが、一部の異端については君に譲歩するが、全ての異端をそう断言することはできまい。特に今日そのために人々が処刑されている異端については。しかし、こうしたことや、最初の石板に逆らった罪人を罰することについて、神のご加護によって、順番に語ることにしよう。

モーセの例

もう一つの例はモーセのもので、彼は、律法に故意に背く者を死刑にせよというご命令を前もって受けていながら、安息日に薪を拾い集めた男を、この件で神の示しが与えられるまでは、処刑しようとは望まなかったというものだ〔民一五・三二―三六〕。べーズよ、君の言い分によると、カステリヨンはこのくだりについて二通りの過ちを犯しているそうだな。まず、カステリヨンはヘブライ語を、軽率にかつ厚かましく、乱してしまったそうだが、君自身がそのことを、軽率にかつ厚かましく、言っていないかどうか見るがよい。「手を上げて何かを為す」とは、無理やりに人の意思に逆らって、為すことだ。例えば、ある軍隊がある領主の国をその意思に逆らって通過する時のように。この時、兵士たちは手を上げて、つまり、軍旗をはためかせて進んでいるのだ。だから、イスラエルの民は手を上げてエジプトから脱出したと書かれている。つまり、無理やりに、果敢に、エジプト人の意思に逆らって、ということだ〔出一四〕。同様に、神は手を上げてイスラエルの民をエジプトから導き出したと言われている。このヘブライ語がどのような意味か、知るがよい。驕り高ぶって為すことを必ずしも意味するのではなく、考えた上で為すことだ。だから、その場その場で必要に応じて、訳し分けなくてはならないのだ。ところで、もし君がモーセのこの場面を「驕り高ぶって」と解釈するなら、二つの不都合が生じることになる。その第一は、驕り高ぶるとは無知によって行われることの中に含まれうるということだ。例えば、聖パウロがキリスト教徒を根絶しようとした時のように。確かにパウロは驕り高ぶって、胸のうずきに逆らいながらキリストを迫害しようとしたのだが、そんなことをしたのも無知ゆえなのだ。だから、モーセの例の分け方は、すでに無知に属しているものを別に分類することになり、適当ではないだろう。それからもう一点は、必要に迫られたとしてもモーセは、故意に罪を犯す人々をこうした分類には入れないだろうということだ。加えて、モーセは同じ書の中で率直さについて語りながら、ここと同じ問題を論じて、二種類の殺人をはっきり分けている。故意に為されるものと、無知によるものとである〔民三五〕。そして、彼がここで「手を上げて」と言っているのは、もっと強い意味でそれを言っているのであって、「もし憎しみから、あるいは、故意に、あるいは、敵意を持って、誰かが他人をたたくなら」という意味なのだ〔民三五・二〇―二一〕。これらの言葉において、彼自身がヘブライ語の解釈を教えている。だから、「手を上げて」罪を犯すとは、「故意に」、あるいは、「考えた上で」罪を犯すことなのだ。あたかも、君が神に逆らって手を上げたり、神の禁じられたことをしてしまうようなものだ。この意味が、もしこの二語《dedita opera》、すなわち「故意に」でもって十分に言い表されていないとしても、この三語《dedita opera peccare》、すなわち「故意に罪を犯す」によって十分に言いつくされているのだ。

非難

しかし、ベーズが反論して言っているのは、故意に罪を犯す者たちは全て、こうした理屈から、死刑に処されるということだ。だが、そうではあるまい。

反論

なぜなら、モーセは特にこのくだりにおいて、罪が死刑にふさわしいかどうかではなく、罪を罰するべきかどうかを扱っているのだから。彼が教えているのは、無知によって犯された罪は、たとえそれ自体が死に値するものであっても、罰せられるべきではなく、捧げ物によって償われ、贖われるべきだということだ。無知からなされた殺人のように。そして、故意に犯された罪が罰せられるべきだとされる。しかし、罪人がそれぞれどんな刑罰で罰せられるべきか、それについては、彼が罰や報いの法を示している他の所から学ぶべきであって、捧げ物を論じているここからではない。故意に罪を犯す者は死刑に処すべきだと彼がここで言っていることについては、他の点において死に値する罪のことだとだけ解釈されるべきだ。「故意に犯されたことは、完全に罰せられるべきだ」と言っているようなものだ。つまり、死刑にふさわしいようなことが故意に犯されるなら、刑罰のいかなる点も容赦してはならないということだ。どんな捧げ物も悪意を償うことはできず、人殺しは神の祭壇からさえ引き離されるべきなのだから。

だから、ベーズよ、君が自分の臆見を守ろうとして、あるいは、他人の意見に反論しようとして考えていること、つまり、たとえごく些細なことであっても、驕り高ぶって罪を犯した者は死刑に処されるべきだ、という考えに対して、私は大いに反対だ。なぜなら、誰かが驕り高ぶって（モーセの言葉が触れていないので、神を軽んじたり憎んだりして、とは言わない）、召使いの歯をへし折っても、彼を同じ仕打ち以上に重く罰することなどできないからだ。確かに、君が他の所で説いているように、行政官は内側の考えではなく、ただ外側の事実だけを裁くのだから、心のうちに隠れている神への憎しみや侮りを罰することはできない。だが、安息日を破った男がこうした法では咎められないことになったかもしれないと考えていることについては、君は間違っている。なぜなら、故意に罪を犯したか、無知によるかで、違ってくるからだ。もし無知によるなら、死刑に処されるべきではなかった。しかし、故意になら、君も認めるように、死をもって罰せられなくてはならなかった。別の点で、安息日の違反は死刑に値するからだ。しかし、どんな法によって、彼は死刑に処されなくてはならなかったのか。安息日の違反者は死をもって罰せられると命じる法によってか。そうなのだが、その法には一つ例外がある。すなわち、もし無知によって安息日を破ったのなら、死刑に処されるべきではなかったのだ。その結果として必然的に認めなくてはならないのは、安息日を破ったためではなく、故意に破ったために、死刑に処されなくてはならなかったということだ。投獄もされなかったのは、モーセが〔君の考えるように〕死刑のことで迷ったのではなくて、どんな種類の苦しみで死なせるべきか迷ったからだ。明らかに、神は石で打つだけでなく、処刑せよとはっきり命ぜられているのだから。またそれゆえにモーセは、この件で新たにお伺いを立てたりして、神の威厳を傷つけたりはしなかった。彼は君たちとはまるで反対で違っている、つまり、穏やかで寛大なのだから、新たな公開処刑で血を流すにあたって、君たちが性急で軽率なのと同じくらいゆっくりしていたとしても、驚くにはあたらない。モーセはまた、神の厳命を受けていたにもかかわらず、ギデオンがミディアン人を攻撃した時のように〔士六―八〕、エジプトへ行くのにゆっくりしていた。だからといって、彼らは神の威厳を傷つけたわけではなかった。

ガマリエルの例

第三の例はガマリエル〔使五・三三―三九〕のものだが、彼のことを、ベーズよ、君やカルヴァンは盲目だったと述べている。ここで、私は君たち二人に二つのことをたずねよう。その第一は、なぜ君たちが彼を盲目と呼ぶのか、だ。君たちの仲間のブーリンガーは『使徒言行録』の註釈の中で、ガマリエルの教えのうちには神の英知があるとしている。君たちときたら、同じ精神に導かれているなどと言っているのだから、君たちの不一致について、軽率以外の理由が何かあるなら、ここで示してくれ。それからもう一点、君たちにたずねよう。もし君たち二人がガマリエルの立場だったら、君たちはどうしたか。どんな教えをユダヤ人たちに説いたか。

偽教師は行政官によって処罰されるべからざること

ティアティラの教会〔黙二・一八―二九〕について君が主張していることは、君たちを説得するのに強力で十分な論拠を(他の論拠がないような場合)ちょうどよく私に与えてくれる。そこでは霊がティアティラの教会の天使に書き送っているからだが、君はその天使を行政官と見なすことなどできない。私の知る限り、聖書はどこでもそんな風に語っていないし、教会には当時いかなる行政官もいなかったからだ。そして、この天使は、(自ら預言者と称す)イゼベルが教えるのを大目に見ていたため、霊によって咎められている。したがって、偽の預言者を阻止するのは、天使の務めであって、行政官ではないことになる。カルヴァンがセルベトにしたように、天使とは偽教師を行政官に告発する役目を負う僕だというなら、君にこうたずねよう。キリストの敵でないような行政官は教会にはいなかったのに、ティアティラの教会の天使はイゼベルをどんな行政官に告発できたのか。もし（君が毒麦の喩で解釈しているように）天使は霊であるというなら、天使が行政官の前で弁論するというのはよりいっそうおかしなことになろう。

だから、他人を咎めてはならないという聖パウロの言葉について、ベリーは（君が中傷するように）厚かましく不正に、ゆがめたりなどしていない。ベリーは、聖パウロが異端者についてそう書いたと言っているのではなく、これほど大きな反目や論争においては、彼が命じることをしなくてはならない、と言っているのだ。もし異端と見なされる人々の訴訟において、聖パウロの教えに従うなら、これほど多くの人々を糾弾することもないだろうから。糾弾が起こるのは、教えや定義のあり方の多様さのせいであり、三位一体説や救霊予定説、自由意思、原罪、義化、聖体拝領などの問題をめぐる意見の幾らかの多様さゆえであり、あるいは、幾つかの儀式や作法などの多様さのためだが、こうした中で罪を犯す人たちは、無知からそうしているのだ。だから、彼らを教育する必要はあっても、殺してはならない。しかし、ここで君は腹を立てているのだから、この点で君たちが罪を犯しているとの疑いが生じる。君の言い分では、君たちは神ご自身が判事として臨席なさる公開裁判を論じているという。しかし、私が思うに、公開裁判でも、君たちに対してさえも、大いに罪が犯されている。デンマークや低地ドイツの他の土地の説教師たちが、君たちや、彼らが「聖餐形式論者」と呼ぶ君たちの仲間を、家に泊めたり迎えたりすることを行政官令によって厳しく禁じたことについて、彼らは罪など犯していないと君が考えるのでない限りは（彼らは君たちについて、聖餐形式論者が吐き出す暴言には、文書よりもむしろ行政官の杖によって反論するのがふさわしいと公然と書いている）。あるいはむしろ、ジュネーヴの市民が近年ファレルやカルヴァンを追放した時がそうだ。この二人はベルン式にパン種なしのパンで聖餐式をやろうとしなかったのだが、しかし、今では彼らは疑いもためらいもなく、それをやっている。さあ、誰もが何も見えず何もわからない愚か者だと考えるのは、もうやめろ。確かに、ベーズよ、日は少しずつ昇り、人は目を開くのだから。君たちの系譜は、君たち以前にあったものほど、永らえることはないだろう。

慈愛について

そして、慈愛についても同様だ。それを君はこの件で用いようとしない。もし兄弟を焼き殺す者たちに慈愛があるのなら、彼らはそれを控えているのであろうが、君たちが慈愛とは何かを知らないか、知ろうとしないのは確かだ。クランベールがキリスト教的寛容に関して言っていることについても同様で、君はキリスト教徒として拒むことができないので、キケロ風にあざ笑っているのだ。クランベールだけでなく、聖ヨハネが泥棒や人殺しの処罰を残酷だと咎めていると言って、彼をありありと馬鹿にしている。次の言葉は彼のものだ。「イエスはキリストであり、肉となって来られたと信じるものは、すべて神から出たものです」〔Iヨハ四・二〕。この言葉に続けて、クランベールは君たちの論法に関する次の結論を付け加えた。「イエスをキリストと信じる人を処刑する者は、すべて神から生まれた人を殺すのだ」。君が、聖ヨハネは真の信仰を語っていると言うなら、私たちも、クランベールが聖ヨハネを引きながら真の信仰を語っていると言おう。君たちの兄弟が信仰ゆえに処刑されているのに、そのうちの誰も真の信仰を持っていないと思うのか。最近君たちが明るみに出した本の中で、君たちは彼らに殉教者の名を冠したのに、そのうちの誰も正義のために迫害をこうむっていないと思うのか。クランベールがこうして擁護することで、彼らの立場が守られるのを、君は許さないというのか。だが、確かに君たちは敵に対するあまりにも激しい憎しみに燃えているので、共存を認める判決を受け入れるよりも、兄弟もろとも敵が処刑されるような判決が下される方がましなのだ。

それから、君は実践された行政官たちの寛容や牧師たちの善意を思い起こしているが、彼らの名によって、君の本が汚されるのを望んでいない。この点で君は、汚れないで過越の子羊を食べるために、官邸に入ろうとしなかった者たちに似ているように思える〔ヨハ一八・二八〕。彼ら自身、偽証によってあの子羊を虐げ、十字架にかけるのをいとわなかったのに。さらに、君は、キリストの血を買い取った銀貨を神殿の収入にするのをためらった者たちにも似ている〔マタ二七・六〕。彼らはその血を流すのをためらわなかったのに。こうして、君は誰であれ、名前を挙げるのはためらうが、虐げて、中傷し侮辱して、行政官が処刑するようそそのかすのは、大いなる名誉とみなしている。あなたたちは不幸だ、「ものの見えない案内人、あなたたちはぶよ一匹さえも濾して除くが、らくだは飲み込んでいる」〔マタ二三・二四〕。あのジェロームという異名の医者はどうしたことか。救霊予定説に関してカルヴァンよりもメランヒトンに賛同したため、ジュネーヴから追放されたが、他の土地で受け入れられ、身分を保証された。つまり、ジュネーヴで異端と見なされた人が、他の土地ではキリスト教徒となるのか。君たちの間でだけ通用する通貨があるというのか。君たちと同じ精神を持ち、信仰問題で一致する者たちがどこにいるのか。君が語っている牧師たちのあの善意については、どうだろうか。もし行政官たちが彼らに耳を貸そうとするなら、十倍の血が流れるだろうに。セルベトを処刑する際のカルヴァンの信じがたく恐るべき熱心さについては、（君たちがあらゆる手段でそれを隠そうと努めても）幼子でさえそれをどう考えるべきかよく知っているが、その熱心さについて私が一言も言わないように、行政官の務めを負う者たちを任命することは可能だろう。だが、君たちときたら、自分たちに異を唱える人々を迫害するよう、機会あるごとにしつこく、そそのかし駆り立てるのだから、彼らは君たちのしつこさに不平を鳴らすのだ。ベーズよ、こうしたことは全く本当なので、私は次のことを疑わないほどだ。この文章を読むに至って、行政官などの職にある者たちの幾人もが、血を流せという命令に従う時、彼らが話を聞こうとしなかった牧師はじめ聖職者たちを思い出せないことを。だから、誹謗中傷していると人に思われることなど、私は恐れない。幾人もがこうしたことを知っているし、ベーズ自身、その著書の中で認めている。彼は私たちを処刑するよう、何度もひどく熱心に、見ず知らずの王侯や行政官を神の名を遣ってそそのかしているが、まだその返事を聞けないでいる。それにしても、ベーズよ、もし行政官が君の意をくんで私たちを処刑し、その後で、私たちの主張の方が君たちのものより優れているとわかったら、どうなるのか。君が行政官に与えた助言や、彼らが君の話を聞いて従ったことについて、神にどんな言い訳をするつもりなのか。君たちだけが過ちを犯すことなどありえない教会であり、他の全ての教会が間違っているというのか。君たちの心も私たちの心も、天からも地からも露わに見えることを、神はお望みだ。それは必ずや君たちが思っているよりも早く、光の到来によって実現するであろう。その実現を君たちは恐れているが、私たちは熱烈に期待し待ち望んでいる。

中傷から守られるカステリヨン

さあ、九番目の論証に移ろう。そこでの君の言い分はこうだ。私たちの意見とは、「異端者くらい恐れる必要のない人たちもいないので、彼らを生かしたままにしておかなくてはならない」となる。しかし、この中傷は他の全てよりも明白なので、それに反論するには多くを語る必要はなく、ただ、君がこの言葉を拾った、聖書冒頭のカステリヨンの序文を読むよう読者に説くだけでよい。あるいは、読者が君の引用する言葉を身を入れて読むなら、カステリヨンが異端者ではなく（彼はそう呼んでさえいない）、世間が異端者とみなし、異端者として処刑するのを習いとしているキリスト教徒のことを語っているのがわかるだろう。さもなければ、ベーズよ、君は（カステリヨンが書いているように）素朴さのうちに神を畏れ、自分の知ることに関して善良さと忠実さを示す人々を、異端者と見なさそうとしているのだ。それなら、君が兄弟たちを糾弾しているのは確かだ。

ところで、カステリヨンはイギリス王エドワード——その父は教皇主義者やルター派、ツウィングリ派、再洗礼派を、信仰を理由に処刑した——に献呈して筆を執り、（王侯相手にはそうするべきであるように）慎ましく、この息子が父にならって残酷に振舞うのを止めようとした。君だったら、カステリヨンにどんな方法をとるよう勧めたか、どうか教えてくれ。「神を信じ畏れる人々を処刑し給うな」と、王に書くことをか。しかし、そうなら奇妙なことだ。むしろ、こう書くことを勧めただろう。「悪人や、神を汚す者、扇動者を処刑し給うな」と。しかし、カステリヨンはこうした者たちを許そうとはしていない。道を踏み外さないよう気をつけ、良心にもとづいて神や王侯に忠実であろうとする人々が安全であるようにと、彼はより慎重ではなかったか。彼が言いたいのは、どんな名で呼ばれようと、危険でない幾つかの臆見で誤っているように見えようとも、善人を処刑してはならないということだ。しかし、君はカステリヨンの言葉を奇妙に解釈している。ベーズよ、君に尋ねるが、君が聖パウロの言葉を解釈する時、彼がわざとあいまいな言葉を使っているのかどうか、ぜひ聞いてみたいと思わないか。カステリヨンなら、君たちのそばにいる。彼は君たちのすぐ隣にいて、教会の一つ――その権威によってセルベトが処刑されたことを君たちが自慢している教会――に属している。カステリヨンの言葉は明瞭で、解釈の必要もない。一体なぜ君はその言葉をそのままにしておかないのか。君に幾らかの思いやりがあるなら、彼の言葉が君に不明瞭な場合、なぜ彼にその意図を尋ねないのか。何か不足があれば指摘してもらいたいと、彼自身が書いているのに。自分の言葉やその意図に全く反する君の解釈に、カステリヨンが賛成するとでも思っているのか。おお、パウロよ、パウロ、あなたの死後に、その言葉がゆがめられるのも驚くべきことではない。生きている人々の言う事さえ、本人の言葉や意図に反して、このように反対の意味にねじ曲げられるのだから。君は私にこう言うだろう。「もしこのくだりにおいてカステリヨンが異端者について語っていないなら、ベリーの撰集では異端者が論じられているのだから、そこでカステリヨンの名を挙げるべきではない」と。ベリーは、「その撰集では二種類の人々について語っているのだ」と君に答えるだろう。第一は異端者のうちに数えられているキリスト教徒で、ベリーは彼らのために撰集を編み、そこで彼らを擁護している。もう一方こそが本当の異端者であるが、ベリーは彼らを擁護しているのではなく、ただ、彼らがあれほどひどい罰を受けなくてはならないのを否定しているに過ぎない。だから、神を畏れる人々に関してこの撰集から引用されることは全て、前者に結び付けられるべきだ。しかし、君ときたら、悪意を持ってこの撰集を後者に結び付け、異端者に役立たせようとしている。もし君がキリスト教徒の目を持ってベリーの序文を読んだのなら、きっと決してそんなことはしなかっただろうに。

中傷から守られるクランベール

さて、君がクランベールに対して言っていることも、中傷したいという同じ欲求に由来している。クランベールは「神が彼らをお赦しにならないであろうか」と言っているが、良心から為されることが全て善く、全て正しいと言っているのではないからだ。彼は過ちの中にも罪があることを認めている。さもなければ、赦しは必要ないだろう。しかし、彼が次のように言う時には――「真実だと思っていることを誠実に擁護するのだから、神は彼らを愛されないであろうか」――この時、彼は意思と過失を区別し、意思の方は称え、過失の方は咎めているのだ。パウロがキリストを迫害しようとした時も同様で、彼には情熱と献身があり、それは善意とか善を為そうとする意思にほかならない。この善意は彼がキリスト教徒となった後も聖パウロのうちに留まったが、過ちは取り除かれた。

さらに、誰もがその良心のままに振舞うことを私たちが望んでいるかのように、君は非難するが、それも中傷というものだ。キリスト教徒はトルコ人やユダヤ人を侮るべきではなく、情けをもって彼らに言い聞かせ、その心をつかむべきだと、ベリーははっきり書いているのだから。言い聞かせることが、良心のままに放任することでないのは確かだ。

それから、君は同じように中傷を続け、カステリヨンがイギリス王に献呈した言葉の中で取り上げている人々を、強情者と呼んでいるが、それによって君は我知らず、自分と同じ信仰を持つ人々を強情と非難しているのだ。君は、カステリヨンがここで民や時代を考慮しながら書いたとして非難し、他方では同じ理由で、カルヴァンが司祭を考慮しながら書いたがゆえに称えている。君の判断は公平だろうか。

その後、君は誇張した大げさなキケロ風表現で、強情者を勝手にこしらえ上げるに至っている。もしその人が君と同じ宗派なら、カトリックやルター派から強情者とか頑固者と見なされるだろうし、もし彼がカトリックかルター派か再洗礼派なら、同様に君たちは強情者と見なすだろう。君たちの言い分では、君たち以外の上記の宗派に属す者たちは、聖書の明白な言葉を通して、君たちに説得されたのだが、それでも、彼らは過ちに固執しているのだそうだ。逆に、彼らも君たちについて同じことを言っている。どちらにも偏らない判断を示してくれ。君たちが自分の主張に偏った裁き手となるのは、筋が通らない。誰もが君たちと同じくらいうぬぼれて、神の言葉を語る。誰もが君たちと同じくらい善人だが、もっとずっと善良な人が幾人もいる。君たちが皆を裁かねばならず、誰も君たちを裁いてはならないとは、一体どういうことか。

キリストの寛大さや優しさについて

次に君はキリストの寛大さや優しさについて幾つも論じているが、ベリーが暴君の残忍さに抗して述べていることを、そんなことはトルコ人や教皇主義者にふさわしいと、鋭く怒りに満ちた言葉で非難している。教えてくれ、ベーズよ、なぜ君はベリーに対して憤慨しているのか。君がいつも同じような事を——それどころかもっとずっとひどい事を——言い放っている者たちに抗して、彼は語っているのに。君たちが他人を責める時に口にするようなことを、君たち自身がやったり考えたりしているではないか、という疑いを読み手に与えていないだろうか。もし言われていることが君たちに当てはまらないなら、君たちに対して言われているのではなく、君たちが名指しされているのでないなら、君たちがこんなに悔しがる理由は見当たらないのだ。さもなければ、自分に罪があると感じる者は、何でも自分について言われていると考えるのだろう。ところで、ベリーの言い分では、キリストの名を呼ぶ人々はキリストの命令ではなく、サタンかモレクの命令によって処刑されるということだが、ベーズよ、教えてくれ、最近君たちの下で火刑に処された五人は、キリストの命令とサタンのと、どちらによって処刑されたのか。もし君がキリストの命令だと言うなら、ベリーは尋ねよう。キリストの名を呼ぶ人々を火刑に処すよりも悪いことを、キリストはサタンにさせることができようか。あるいは、サタンはそれよりも悪いことができようか。しかし、君は自分たちが反論されるのはセルベトのせいだと言い、彼が炎のただ中にあってもキリストを思い起こしたり、キリストへの信仰を叫んだことを君は否定している。もし君が本当にこうしたことを否定するなら、他の人々についても上記のようなことが言われるのを君は信じないということか。余所でも、炎のただ中でキリストを思い起こし告白をする人たちがいるのだ。ベーズよ、きっと君たちは罪深くも、セルベトが炎のただ中でキリストを称えながら思い浮かべたのを、人が疑うよう仕向けているのだろう。彼の死に立ち会った人々から、私は本当に聞いたのだ。炎のただ中の彼の最後の声は、こうだったと。「永遠の神の子イエスよ、私を憐れみたまえ」。彼の友人でなかった者たちでさえそう証言しているのだから、カルヴァンの友人たちも否定できないだろう。ところで、セルベトのこの声については、それが何であれ、神を愛し畏れる人々に判断をお任せしよう。

神の厳格さについて

悪人どもをしばしば手ひどく罰する神の厳格さについて、君は幾つものことを拾い集めている。しかし、敵たちだって、君たちの仲間を処刑する時には同じことが言えるし、ユダヤ人だって、キリストや使徒たちを処刑した時には同様のことを言えただろう。

セルベトを処刑する際のカルヴァンの細心さ

しかし、だからといって、当時の、あるいは我々の時代の善人たちがサタンの命令ではなくキリストの命令で処刑されたと、私たちに信じさせることはできないだろう。また、セルベト事件においてカルヴァンがキリストの寛大さに従ったと、私たちに信じさせることもできないだろう。さもないと、例のセルベトがジュネーヴにいるとカルヴァンが知るや、アルゴス〔百の眼を持つという、ギリシャ神話の巨人〕の全ての眼を使って急いで動静を探るよう手配し、彼と議論するためといって、牢獄に連行するよう説いたことが、キリスト的な寛大さや優しさによるものということになる。それでは、ジュネーヴでは、日曜日であっても議論するために人を投獄するのか。しかし、街の法令によると、死に値する犯罪でない限り、日曜日に誰かを捕まえることは合法でないのだが。何としたことか。誰も告発者が見つからないと、カルヴァン自身が自分の台所から引っ張り出してきた。ニコラとかいう彼の料理人だったが、(誰もが知るように)セルベトの問題については何も知らなかった。その後、カルヴァンはセルベトが処刑されるまで決して安心しなかった。カルヴァンがこの人物を処刑しようと熱心だったのが明らかでないと、君たちは思うのか。ヴィエンヌでセルベトに対して下された判決を持ち帰るため、かの地に使者が送られたこと、それから、スイス〔北東部の一地方〕の諸教会の牧師たちにもセルベトを弾劾するように、使者が送られたことを、私たちが知らないとでも思うのか。皆が知っていることだが、あえて言わせてもらおう。用心深い人々にだけ露見していることについては、黙っていよう。つまり、セルベトの破滅にあたってあちこちに送られた書簡のことで、（血を好まないことがわかっていたので）意見を言う機会を奪われた人々の書簡や、（意見や判断がすでに前もって知られていたので）受け入れられた人々の書簡だ。こうしたことや他の幾つものことを神がご存じであるだけでなく、私たちのうちの幾人もが明らかに確実に知っている。それから、君たちはキリストの寛大さや優しさが語られるのを聞き、自分たちがその模倣者だと言われるのを聞いているのだな。どうして君たちはそれほど厚かましいのか。君たちの民でさえ、カルヴァンやその一党ほど復讐好きな者たちはいないのを知っていて、陰に日向にそう認めているのに（カルヴァンへの恐れのため、民衆がどれほど自由なことか）。君たちはこうしたことを自分たちの権威で覆い隠し、真実を弁舌で葬り去ろうというのか。神が真の英知をそなえた賢者を見破るお方なのを知らないのか。君たち以前にこうした悪知恵を用いた者たちが、今やほとんど全て神の光によって暴かれているのを知らないのか。さあ、山のてっぺんに登り、日が昇るのを妨げるがよい。しかし、日は昇るだろう。君たちが君たちの敵を暴いた以上に、君たちの策略は間もなく真理のあまりにも大きな光によって暴かれるだろう。いかなる中傷も弁舌も用心深さも、要するに、いかなる力も強さも、君たちを守ってくれず、君たちが人を非難したように、間もなく君たちが非難されるだろう。

十一番目の論証においても、君は同じやり方で続けている。異端者が罰せられないことを私たちが求めていると、君は言うからだ。なるほど私たちはそれを求めているが、異端者のためではなく、君の引用する言葉で明らかなように、異端者の名で中傷され、異端者扱いされる善良な人たちのためだ。

君の言い分では、品行よりも教義の点でより重い罪が犯されているとのことだが、私たちはそれがどれほど本当か確認しなければならない。そうすれば、私たちは皆、君たちの悪意と君たちがそんなことを言う目的が分かるだろう。

教義と品行について

主は品行と教義について語られ、こう言われた。「これらの最も小さな掟を一つでも破り、そうするようにと人に教える者は、天の国で最も小さい者と呼ばれる。しかし、それを守り、そうするように教える者は、天の国で大いなる者と呼ばれる」〔マタ五・一九〕。また他の箇所では、こう言われた。「わたしに向かって、『主よ、主よ』と言う者が皆、天の国に入るわけではない。わたしの天の父の御心を行う者だけが入るのである」〔マタ七・二一〕。そしてまた、こう言われた。「幾人もの者がわたしに言うであろう。『御主人様、わたしたちの広場であなたのお教えを受けたのです』しかし、わたしは彼らにこう答えるだろう。『お前たちが誰か知らない。不義を行う者ども、わたしから立ち去れ』」〔ルカ一三・二六―二七〕。こうした言葉や他の同様の言葉を通して明白なことには、品行を伴わない教義は空しいのだ。だから、品行において罪を犯す者たちがいかに重い罪を犯しているかは明らかだ。彼らは救われないのだから。教義において重い罪が犯されることは否定しないが、教義はかりそめのもので、品行のために命じられるのであり、品行は永遠で、キリストが律法の目標であるように品行が教義の目標なのだ。だから、品行において罪を犯す者は教義において罪を犯す者より罪深く、品行正しき人は完全な教義を知る人より偉大なのだ。なぜなら、「割礼を受けていない者が、律法の要求を実行すれば、割礼を受けていなくても、受けた者とみなされるのではないですか。そして、体に割礼を受けていなくても律法を守る者が、あなたを裁くでしょう。あなたは律法の文字を所有し、割礼を受けていながら、律法を破っているのですから」〔ロマ二・二六―二七〕。ここでは、文字をもたない品行、つまり文字で書かれた教義をもたない品行が大したものとされ、品行を伴わない文字が糾弾されているのがわかるだろう。しかし、品行も教義から生まれるのだから、文字によって伝えられようと他の手段によろうと、品行を教える教義なくしては、品行だって存在しえないことは、私もちゃんと認めよう。だが、初めに与えられるべきではない、あの高度な教義——すなわち、救霊予定説や三位一体説などの難解なもの——がなくても、善き品行を知ることはできる。そして、善き品行を生む教義なら全て、正しいものなのだ。なぜなら、悪しき教義の樹木が善き品行の実をつけることはできないだろうし、キリストについて悪しき臆見を持つ者は誰であれ、真に神を愛し畏れることはできないのだから。したがって、偽りなく神を愛し畏れる人々はキリストに導かれており、同様に、悪人は全て逆にサタンに導かれている。息子や弟子は父や師から学んだこと以外はしないものなのだ。君たちや君たちの民の中で神への信仰や愛や畏れが揺らいでいるために（カルヴァンも認めているが、私たちが先に示したように、世界はあらゆる野蛮さのほとんど極みにある）、君たちのよりどころは教義を熱心に尊重しろと教えることだ。教義とはいうものの、信仰、悔悛、信心についてではなく（そうした教義は疑いないほど明白だ）、高度な事柄についてであって、君たちの聴衆でもその教義を君たちの流儀で知ることができるようになっている。品行について議論すると、君たちの民でも認めるように、君たちが異端者と見なす人たちが勝つだろうから（君が何か巧妙な策略を思いつかないよう、私は善良な人たちのことを言っているのであって、全員ではない）、君たちときたら、民の判断力をあざむくことのできるこんな教義を常に主張している。

なぜなら民は、三位一体とか神の選抜とか自由意思などの問題についての、君たちの巧妙さが理解できないからだ。その結果、君たちの民は、一方では君たちの権威にすがったり、一方ではおどしや、追放や処刑という見せしめや、君たちの権威を保つために発布される行政官令におびえたりするけれども、君たちから次のように説得されてしまう——少なくとも説得されるように見える。君たちの教義に賛同しない者は、善人といえども異端なのだと。したがって、ある人々にとっては、キリスト教徒か否かは、正しき生活よりも教義によって量られることになる。だから、もしある者が熱心に説教を聞き、聖餐に足繁く通い、説教師たちを称え擁護し、彼らについて世間で言われていることを報告するなら、そんな人物は、たとえ妬み深くとも、口が悪くとも、中傷好きでも、誹謗好きでも、欲張りでも、けんか好きでも、軽薄でも、危険はないのだ。しかし、もし誰かが救霊予定説などといった問題に関して説教師たちの教義に異を唱えるなら(特に何らかの点で説教師たちに背いた場合には)、その人物は異端者となり、教会から関係を断たれ、地獄落ちを宣告されなくてはならない。たとえ彼が、敵でさえ彼の生活の中に咎めるべきものを認めないほど、善良な人物であるとしても。

こうした言葉を読んで、君たちのうちの幾人もがこう言うのを、私は疑わない。「おお、この男は私たちの説教師や牧師のことを、何と完璧に知っていることか。しかし、彼の言っていることはまだ足りない。私たちは他に多くのことを知っているのだから」。こうしたことがよりいっそうはっきりするように、私はここで一つ二つの例を持ち出して、語りたい。その例によって、とても神の戒律などとは言えないような法——君はそれをあれほど大げさに称えている——を、いかに熱心に君たちが守っているかわかるだろう。君の言い分では、君たちにはとても正しくとても神聖な法が命じられ課せられていて、その手続きにのっとって行政官は悪徳、つまり中傷や(他人の評判を傷つけるような)悪ふざけ、不義などを罰するということだ。それを聞いて、君たちの国がよく治められていると判断しない者がいるだろうか。しかし、そこで法がどのように守られているか、少し考えてみようではないか。

カルヴァン派は自分たちの法に従わない

君たちが最近とても恥知らずにやったように、もし口の悪い者や軽薄な者が他人の評判を傷つけるなら、ベーズよ、教えてくれ、こうした中傷好きは君たちの間で罰せられるのか。教えてくれ、君はどんな刑罰で罰せられたのか。君はこのような悪口を言って、自身が中傷好きなのを示すという罪を犯したではないか。さもなければ、ベリーやその仲間たちが最近とても恥知らずに他人の評判を傷つけたなどと言うことが、悪口ではないと君は思っているのだ。彼らは誰の評判を傷つけたのか。彼らは誰の名声に触れたのか。その罪を示し、その過ちを見せてみろ。そこにあるのは憶測だ。おお、公正な判事たちよ。君たちはただ単に疑いと憶測を抱いているだけのことを確かな犯罪と見なし、そんなやり方でどんな恥も感じず、どこか片隅ではなく世間に刊行される書物を通して、偽りの証言で他人の評判を傷つけている。おお、異端者に対して判決を下すに、何とふさわしい者たちか。人を恥知らずだの破廉恥だのと呼ぶ癖のあるベーズよ、どうか、そんな偽りの証言を恥じるようになってくれ。君の憶測が何であれ、そんなことを彼らはしなかったのだから、間もなく君は神の前で偽りの証言者と見なされることだろう。

カルヴァン派のふざけた書物

軽薄な者たちは君たちの下で罰せられると君は言うが、それこそ全く軽薄な言葉だ。神への愛にかけて、教えてくれ。どんな刑罰で、君とヴィレは罰せられたのか。君たちは、(軽薄者と呼ばれる者たちがいつもしているように)どこか路地の片隅ではなくて、ほぼヨーロッパ中で君たちが出版する本の中で、軽薄な技を弄している。さあ、悪ふざけするがよい。そして、(君たちが不滅であれと望む)君たちの本が永らえる限り、今後も悪ふざけするがよかろう。君たちの本は、軽薄とか享楽的なことや、悪口や笑い話を喜んで読む者たちがいる限り、永らえるだろう。もし君の『通行証(ベネディクトゥス・パサヴァンティウス師の手紙)』や『ヨハネス・コッホレウスの簡潔で有益な生物誌』、『ヴィレとの対話』や『ミサの研究』(6)が冗談や悪ふざけでないなら、冗談や悪ふざけとは何なのか、教えてくれ。今フランスで、ヴィレは神学者たちからパンタグリュエルのような者と呼ばれているくらいだ。そこからわかることは、神学(君たちが悪ふざけや中傷に満ちたこれらの本で卑劣にも汚している神学)は、皮肉屋の列に連なる者たち同様に君たちの心をとらえず、意にかなうものではないということだ。せめて、君たちがただ世俗のことだけで悪ふざけするなら、よいのだが。しかし、あらゆるものの中で最も大きく、最も神聖なことで冗談を言ってふざけることは、神を冒瀆する以外の何だというのか。バアル神〔セム民族の神〕を冒瀆したエリヤなら、君たちを許すかもしれない〔王上一八・二七〕。おお、何という猿真似か。君たちがエリヤの精神を持っているならよかったのだが。自分たちがエリヤよりもむしろバアルの神官たちに似ているのを、よく見るがよい。一体どうしたら、ふざけた軽薄者たちが君たちの下で罰せられるなどと言えるのか。君たちが彼らを高く評価しているのに、どう罰するのか。君たちの弟子は、福音書の代わりに君たちの軽薄な本を懐に抱えていないか。誰もが知っていることを、私たちが知らずにいるとでも思っているのか。ベーズよ、君たちが知っている幾つものことを、私はここで黙っていよう。私だって他の人々と同様に罪びとなのだから、私がここで言っていることを黙っていた方がよかっただろう。しかし、この事件の下劣さ、卑劣さ、残酷さがあまりにも大きいものだから、君たちの正義や公正がどんなものか、世間に知らしめる必要があるのだ。君たちは納得しない人々を攻撃するのにあまりにも性急でいながら、気づかないふりをしては、自分たちの過ちを覆い隠してしまうのだから。すでに幾人もの人々にあさましくも起こったように、君たちの書物の見かけと美しい装飾に今後だまされないよう、警告することは必要だし、時宜を得てもいる。あの人たちは君たちの下へ赴くために、住み慣れた土地を離れ、歌いながら、楽園へ行くのだと言っては旅立つ。それほど、君たちの約束は美辞麗句で粉飾されている。しかし、そんな彼らでさえ、しばらくそこに暮らした後で、フランスで経験しなかったほど悪くなってしまったと嘆くのだ。何と不幸なことだ。君たちは目が見えないのに盲人を導こうとする、偽善者だ。誰かを自分たちの信仰に引きずり込むため、海越え地を渡り、そして即座に君たちの二倍もの苦しみを味わわせてしまう。「大地はそこに流された血をあらわに示し、殺された者をもはや隠そうとはしない」〔イザ二六・二一〕。

誰も信仰を強いられるべきではない

第十二の論証は、誰も信仰を強いられることはない、あるいは、強いられるべきではないというものだ。ここでの君の言い分は、君たちの行政官によって人々が信仰を強制されることはないということだが、しかし、君は最後に聖アウグスティヌスのこの言葉で君の議論を締めくくっている。「心ならずも強いられる者たちも、それを望む者となる」。強いることと強いないこととは反対なのだから、この言葉がふさわしいとは思えない。心ならずも強いられる人たちは、何を強いられるのか。信仰ではないのか。しかし、君は、こうした強制から一つの大いなる善が生じる、つまり、彼らは信じることを望むようしむけられる、と言うのだろう。まずその点では君に同意するけれども、善が生じるために悪が為されなくてはならないという点はお断りだ。誰かに偽りの信仰を強制することは、彼が心から信じるのではないのだから、その罪ゆえに間違っているのだ。それから言っておくが、聖アウグスティヌスよりもむしろ神に従わなくてはならない。神は、何びとも戦を強いられてはならないと命じられた。ここで言う古代の戦は、キリスト教徒の戦を表しており、したがって、誰もキリストの戦を強いられてはならないということだ。しかし、意に反して強制されたあげく、望んでいるように思わされている。一体なぜ神は、臆病者や新婚の者などには戦を強制せよ、と言われなかったのか。そんなことを言えば、意に反して強制し、その気にさせようとするだろうからだ。そう、もし戦場で強いてその気にさせようとするなら、彼らはまだ敵を見ないうちから退却してしまい、むしろ、戦っている他の者を軟弱にし、士気をくじいてしまうのは確かなのだ。だから、三百人の勇敢な戦士しかいない方が、三万人の臆病者よりもましなのだ。たとえ、そんな三百人が三万人の中に混ざっていようとも。他の論点では敵に対して律法を誇る君たちが、（確かにとても重要な）この点では律法に反している。なぜなら、君たちは信者たちにキリストの戦を強いて（もしキリストの戦が強制できるものなら、だが）、キリスト教徒の代わりに偽善者を生み出している。

強いられた信仰の結果

では、見てみようではないか。君が盾に取る聖アウグスティヌスのこの強制の後、それに従った君たちに何が起こったのか。すでに君たちに何が起こり、間もなく君たちに何が起こるのか。聖アウグスティヌスが布教していた地方、さらにほぼ全てのアフリカは、彼がまだ存命だった頃、ヴァンダル族の王ガイゼリック〔五世紀の、ゲルマン民族ヴァンダル族の王〕に支配されていた。この王はアリウス派の教義を信奉していたので、彼が「オムジアン」と呼ぶカトリック教徒全てを、自分の信仰と異なる教義を持ちこんだという理由で追放してしまった。それから、この地方はユスチニアヌス帝〔六世紀の東ローマ皇帝ユスチニアヌス一世〕の治世下でベリサリウス〔ユスチニアヌス一世時代の将軍〕によって再びカトリック教に復帰したが、間もなく再度サラセン人によって占領された。彼らはオムジアンやアリウス派の教義だけでなく、キリスト教全てを追放し、今日なおこの地方を支配している。

もし君たちの国と比較するなら、同様のことが君たちを脅かし、頭上にのしかかっているようなのがわかるだろう。私は王侯の考えや行政官の変わりやすさについては何も言わないが、君たちの民は、この地の一部の者たちと、強制されずに進んでやって来た外国人とを除いて、確かに君たちを憎んでいる。私は彼らの憎しみには全く賛同しないが、君たちの教義が憎しみの大きなきっかけを彼らに与えたのをひどく心配している。なぜなら、君たちが教えたのは、「人は信仰の恩寵によって義とされるけれども、罪でないようないかなる業もなしえない」ということであり、「罪深いこうした性向は最初の父母の罪に由来して子々孫々にまで受け継がれ、誰もが生来とがめを受けるほど大きな罪だ」、などということだからだ（いかなる同意もないというのに）。分別つく年頃の者であれ幼子であれ、私たちのせいでもないのに誰もが、というのだ。さらに、「この罪は消しうるどころか、克服することさえできないので、義とされた人が果たしうるような神の命令は何もない」という。「神を愛し畏れる人の行いであろうと、信仰と神の赦しがそこに加わらなければ、全ての行いが永遠の劫罰をもたらす罪である」という。したがって、「神を愛し、神に身を委ねることさえ、その怒りに値する行いだ」という。反対に、君たちが過去に教え、今も教えているのは、「こうした欠陥や堕落の全てと、そこから生じるあらゆる悪徳や罪は、真の信仰がありさえすれば、人が救済に至るのに少しも支障とならない」ということだ。真の信仰とは、キリストが人の全ての罪を十分に償い、その償いは確かに彼のものであり、彼はキリストとしてすでに神の子だったのであり、父なる神はそうお考えになって彼を憐れまれる、と固く信じることなのだ。

矛盾していて奇妙なこれらの言葉はどこか本当らしくて、説得とか制止によって過ちを誇張したり品行を正したりしているので、もっともらしく聞こえる。だが同時に、こうした言葉は、真理を求める時にとても本当らしい箴言や格言として世に示され発表されるなら、とても危険で有害でもある。使徒は言う。「わたしを強めてくださる方のお陰で、わたしにはすべてが可能です」〔フィリ四・一三〕。さらには、「あなたがたの内に働いて、御心のままに望ませ、行わせておられるのは神であるからです」〔ピリ二・一三〕。また別の箇所では、「罪は、もはや、あなたがたを支配することはないからです。あなたがたは律法の下ではなく、恵みの下にいるのです」〔ロマ六・一四〕。さらには、「肉の弱さのためになしえなかったことを、神はしてくださったのです。つまり、罪を取り除くために御子を罪深い肉と同じ姿でこの世に送り、その肉において罪を罪として処断されたのです。それは、肉ではなく霊に従って歩むわたしたちの内に、律法の要求が満たされるためでした」〔ロマ八・三―四〕。さらには、「キリスト・イエスのものとなった人たちは、肉を欲情や欲望もろとも十字架につけてしまったのです」〔ガラ五・二四〕。これらの言葉やそのたぐいが明らかに示しているのは、「信者たちがキリストを通して獲得する、義の恩寵と恵みのもつ豊かさや力とは、それが信仰を通して与えられる限り、子孫たちに受け継がれる欠点や堕落よりもはるかに大きい」ということだ。また、子孫たちは世代を重ねるうちに幾らかでも前進し進歩しており、神のご意志を望むだけでなく、それを行いもするということだ。そして、彼らが肉体の欲や喜びではなく霊の導きに従うなら、神の法は彼らのうちで始まるだけでなく、成し遂げられもするということだ（その完遂がこの人生のうちで私たちによって求められる限り）。

君たちはこうしたことをほとんど否定し、神のあらゆる掟がキリスト教徒の生涯の間には実現不可能であるとし、神をよく畏れる人々であっても、その全ての配慮、熱意、活動が罪であると言うのだから、君たちは、キリストの贖罪の栄光や更生の恩寵さえもひどくおとしめ、子孫たちの頭上に豊かに降り注ぐ聖霊に背いているようではないか。君たちは、か弱き人々の意をくじき、神の掟に従って骨折って働くのをはばんでいないか。反対に、肉体的なものを堂々とはびこらせていないか。悪人を賛美していないか。要するに君たちは、善き品行を発展させ正しき生活を営もうとする努力や熱意を、無駄か、ほとんど甲斐のないものにしていないか。神を愛し神に身を委ねることがその怒りを受けるに値する行いだと聞いて、たちまち無気力となり、あらゆる勇気を失わない者がいるだろうか。さらに、肉体の禁欲ほど悪い所業はないのでキリストを信じる者を罪に落としかねないと言うのを聞いて、聖パウロがキリスト教徒に求めている、あの確実で継続的な肉体の禁欲を、簡単に投げ捨てない者がいるだろうか。自分がキリストによって神の子となったのであり、そう信じるゆえに神に愛されると信じてやまないのだから。こんな臆見に満たされ感化された心や精神が、世間や肉体や悪魔に打ち勝とうとする幾らかの期待に、励まされ鍛えられるなどということがありえようか。彼らはむしろ軟弱となり、打ちひしがれ、意欲をそがれてしまうのではないか。私は知っているが、君たちは敵に激しくわめき立てている。彼らが君たちにこうしたことを主張するために、君たちは彼らにひどく不満を持ち、激しく力いっぱいあがらおうとしている。彼らは私が望む以上に真実らしい理由を挙げてしばしば君たちに反論するが、より正しい生活と教義の成果が彼らの中には認められないので、私は彼らの怒号に賛同しない。しかし、君たちのうちの幾人もが敵の過ちをそれほど揺さぶりもせず取り除きもしなかったものだから、たいてい敵たちの方が、触れない方がはるかによかったようなやり方で聖書の幾つもの言葉を主張しながら、より善いこと――より悪いこととは言えない――を打ち立てたことは否定できない。そして、品行や生活については、幾つもの場所で何もかもがますます悪くなっていると、君たち自身が認めなくてはならない。君たちは幾つかの無用な習慣を廃したが、それをいかなる習慣にも変えなかった。初めから聖霊が絶えず妥協せずに預言者や使徒を通して戦ってきた主な悪徳については、君たちは見事なうわべや見せかけで時々うまく変化させたが、決して捨て去りはしなかった。君たちはサタンの肥え太った獣どもを生かしたままにしておいた。すなわち、野心、支配欲、憎しみ、強情、知恵や用心深さや弁舌への過信、隆盛にあっての傲慢、悲惨で身分の低い仲間への軽蔑、人への施しの自慢、王侯の寵愛への依存。君たちはこうした怪物や偶像を、自分だけでなく弟子や聴衆の、学業、感情、品行、生活からも破壊し取り除くどころではない。それどころか、それらの怪物や偶像が君たちの中ほど力強く生きて支配している民や人種を、わたしは他に知らないくらいだ。君たちの中に、ほとんど例外が見当たらない。例外として数えられる人がもっと多いとよいのだが。君たちがこれらの供物を神に捧げたのは、全くサウルの助言によるものであって、神のご意志と掟に逆らってのことだ〔サム上一五・九―二二〕。そんなことだから、民は君たちを恐れている。

君たちの説教師について言うと、民の間に流布する共通の評判は、何につけてもカトリックの司祭ほどではないということだ。このため、民はしばしば近隣のあちこちの村で秘かにミサに出て、君たちに逆らって伝統的な祭りや祈りをできる限り守っている。もし民が強いられて時々君たちの説教に出席すると、彼らは君たちの話を聞く代わりに君たちを呪い、素行を改めるどころかますます悪くなってしまう。また、幾人もが（嘆かわしいことに）君たちの絶え間ないいさかいと対立を目の当たりにし、何を信じるべきかわからなくなって、全くの悪人になってしまう。さあ、ベーズよ、見るがよい。この地の人々と、様々な国から君たちの下にやって来た外国人たちの間の、絶え間ない憎しみと恨みを。知るがよい。どれほど君たちの下で喧嘩、いさかい、対立、論争が頻発しているか。どれほど何もかもが日々混乱に満ちているか。一日として平和で穏やかな日が見当たらないくらいだ。こうしたことについて、ジュネーヴの外国人たちは証言しているが、彼らは暴動を恐れる市民たちによって武器を取り上げられてしまっている。

しかし、君たちはバビロン〔イラクのバグダッド南方にあった古代都市〕のようなこんな混乱のうちにありながら、多数派であることを鼻にかけ、常に君たちの聖なる教義を口にしながら、君たちの状況は順調であると言い、世間に向けて書物を出版しては（つまり、「雨を降らさぬ雲」〔ユダ一二〕を誇示している）、信仰という形をとって（君たちはその力を認めていないのに）、哀れな魂を罠にかけている。ベーズよ、こうしたことが世に知られていないと思っているのか。あらゆる恐れを捨てて、民にたずねてみよ。村の説教師たちに、彼らに好意を寄せる者がどれくらいいるのか、聞いてみよ。そうすれば、彼らが頼りにされて喜んでいるのがわかるだろう。ベーズよ、こうしたことが、君たちが兵士の意に逆らって主の戦を推し進め、無理強いした捧げもので聖櫃を打ち立てようとする時に、君たちの人間らしい知恵が生み出す結果なのだ。さあ、異端者どもを殺しに行け。しかし、まずは君たちの民を殺せ。なぜなら、彼らは固執してやまないので、君たちの定義によるとまさしく異端者であって、君たちの教義に逆らい反対するようなことを言ったり行ったりしているのだから。彼らは心の底から君たちに同意するよりも、むしろ死を選ぶだろう。「一つの町から一人、一つの氏族から二人ではあるが、わたしはあなたたちを連れて行こう」〔エレ三・一四〕。もし君たちが主のこの言葉を聞いたなら、君たちはこのように迷うことはなく、国全体が行政官のたった一つの法令や説教師たちのたった一つの命令の力で、これほどたやすくキリストに導かれうるなどとは考えないだろうに。以上は、君の十二番目の論証をめぐる論争について言ったものだ。君が途中のあちこちで、ついでのように言っているその他の問題については、一部は前の方ですでに反論したし、一部は以下でそれぞれふさわしい所で、神のご加護によって反論して行くことにしよう。

異端者は行政官によって処罰されるべきではない

さあ、私たちの主張をめぐる議論に進もう。私たちが示したいのは、異端者が処罰されるべきだとしても、それは世俗の行政官の権限ではないということだ。というのも、私たちの戦の甲冑は精神的なものだからだ。精神の戦は精神の武器によって行われるべきだ。それに、キリストの王国はこの世のものではないのだ。さあ、行政官たちに尋ねるがよい。もし彼らがキリストをこの世の主にして裁き手として認めるなら、彼らはどんな権限で、この世の大きな力、つまり行政官職を、信仰から切り離すのか。同様に、ベーズよ、彼らの代わりに君に尋ねよう。もし君がキリストをこの世の主にして裁き手と信じ、彼が行政官を通して裁判権を行使していると信じるなら、君はどんな権限で彼の全ての王国と領土から彼の裁判権をほとんど奪ってしまうのか。なぜなら、君は他の所で、トルコ人やユダヤ人、教皇主義者、教会の外にいると言える者たちのほぼ全ての処罰は、こと信仰問題については、キリスト教徒の行政官の権限ではないと説いているのだから。裁判官は外の者ではなく身内だけを裁くものという理由でだ。しかし、もしキリストがこの世の王なら、彼はトルコ人や教皇主義者の王でもある。したがって、キリストがキリスト教徒の行政官を通して敵を罰するのが本当なら、彼らは行政官によって罰せられなくてはならないことになる。天でも地でも、あらゆる力がキリストに与えられているのだから、彼らはその支配の外にいるのではないのだ。もし異端者は背教者として罰せられるべきだと言うなら、(それでもやはり)こう答えよう。「カナンの人々はそういう意味では背教者ではなかったが、ユダヤ人の到来によって罰せられなくてはならなかった」と。それから、トルコ人は背教者だと言っておこう。つまり、そこでは福音が説かれたのだから、彼らはキリストに逆らったということだ。そして、ユダヤ人については、特に律法によって罰せられるべきだと言っておこう。律法は、主が遣わされる預言者に従わない者たちを処刑せよと命じているのだから。キリストこそ、その預言者であると、聖エチエンヌは証明しているのだ。したがって、ユダヤ人は聖霊とキリストにかつて逆らい、今なお逆らっている頑固な反逆者として、特に罰せられなくてはならない。教皇主義者もまた、君の意見によれば、トルコ人と同じ条件に当てはまることになる。それから、君たちに尋ねよう。いつ君たちは泥棒の教皇主義者を処刑するのか。どんな剣でそれを行うのか。キリストの剣か、他のものか。もしキリスト以外の剣だというなら、行政官の剣はキリストの剣ではないことになり、それゆえ、キリストの問題ではいかなる力も持たないことになる。もし君たちがキリストの剣で処刑を行うと言うのなら、こうたずねよう。福音を授かる以前、ジュネーヴの人々はどんな剣で泥棒を処刑していたのか。だって、教皇主義者は教会に属していないと君は言ったり教えたりしているのだから、ジュネーヴ市民がまだ教皇主義者だった頃にはキリスト教徒ではなかったわけだ。そうすると、彼らにはキリストの剣がなかったことになる。一般的に、教会の外にいるあらゆる民は、どんな剣で泥棒を処刑しているのかね。キリストの剣でか。彼らはキリストを認めないのだから、君の答えは否だろう。サタンの剣でか。君には、そうだと言う勇気はないだろう。事件が起こった時、君たちは行政官から剣を取り上げないし、聖パウロは行政官——それは確かに当時はキリスト教徒ではなかった——を、罰を下すための神の僕としているのだから。だから、君は必然的に、神の剣とキリストの剣は異なることを認めなくてはならないのだ。キリストが神だと思ってはならず、父の務めと子の務めをしっかり区別しなくてはならない。だから、キリスト教国の外にいる民の行政官は、キリストではなく神から剣を授かったのだと言っておこう。もしキリスト教徒が一本の同じ剣で悪人を罰してるなら（彼らが実際にそうしているように。聖パウロはそうした剣をローマ人の行政官に与えている）、行政官の剣はキリストの命令や支配ではなく（割礼やその他の古い儀式がキリストによって定められたなどと言わないのと同様だ）、キリストの父である神のものだと認めるべきだろう。

ベーズの詭弁

だから、君の詭弁は明らかで、君はキリストの力について語った後で、巧妙に議論を神にそらして、こう言っている。「何と、あたかも行政官の剣が、彼が僕を務める神の剣ではないかのように」。なぜなら、君はこう言うべきであったのだから。「あたかも行政官の剣が、キリストの剣ではないかのように」。しかし、それはばかげているので（キリストの剣は言葉であって、鉄ではないのだから）、君は父と子の務めを混同し、そんな濁った水のような混同の中に身を隠すほうを好んだのだ。

ここで、私がキリストの神性を否定しているかのように、私をそしらないでくれ。私はキリストが神であることを知っているし、認めてもいる。しかし、キリストについて言われることを、父なる神のこととして言ってしまうほど、務めを混同してはいけない。さもないと、君はまた、父なる神が聖マリアからお生まれになっただの、割礼をお受けになっただの、エジプトへお逃げになっただのと言い出し、その他ひどくばかげたことをくどくど言うことになろう。だから、私たちはこうした区別をはっきりさせ、次のように言わなくてはならない。神はその子を遣わし、子は神によって遣わされた。神は子をお作りになり、子が父を作ることはなかった。神は律法を、子は福音をお授けになった。したがって、私たちが律法から受け取ることを、私たちは本来、神から受けているのであって、子であるキリストからではないのだ。そして、行政官というものは、モーセの戒律あるいは自然法によって定められているので、子ではなく父なる神によって定められたのだと言っておこう。行政官はキリストの支配下にあるとは言えないが、キリスト教徒であろうとなかろうと、悪人を罰するために神がお定めになった、一つの職分だと言える。だから、君たちがユダヤ人の泥棒を罰する時には、福音の剣ではなく、律法の剣によってそうしているのだ。

自らに反するカルヴァン派

そして、生涯を通じてキリストの敵であるユダヤ人を君たちが罰しない場合には、君たちは自分の教義に反することになる。なぜなら、神の威厳への冒瀆を他の呪いと区別する必要はないと君たちは教えながら、それはより重く罰せられるべきだとも教えているからだ。それなのに、君たちはその冒瀆をトルコ人やユダヤ人、教皇主義者においては処罰せず、自分の仲間うちでは罰している。こうして、君たちは信仰に反して犯された罪とその他の罪を区別するが、教会の外にいる人々について、その他の罪のほうを罰して、信仰の罪は罰しない。ところが、区別が必要なことを、君たちは否定する。どうか、こうしたことをいかに理解すべきか教えてくれ。そして、もし君たちの策略やごまかしが全世界に暴かれることを望まないなら、光に背を向ける、これらのくだらない詭弁やへ理屈を用いずに、真に明らかに語ってくれ。君たちが人をあざむかないように、光が到来するのだ。ところで、信仰を持たぬ者は横暴や略奪によってしか創造物を享受できず、信仰を持つ者はアダムにおいて失くした力をキリストにおいて取り戻したと君が書いていることについて、ベーズよ、私が君の習慣にならって君の言葉を中傷しようとするなら、こう言うだろう。「君は再洗礼派に対して誤ってとがめていることを、自分がやろうとしている」と。君の言い分では、彼らは盗みや姦通、殺人が悪いことかどうか疑問に思っているそうだな。私に言わせれば、ここで君は信徒の手綱を緩め、信仰を持たぬ者の財産を襲って力ずくで奪うようそそのかしているようなものだ。まるで、彼らが襲って殺すべきでさえある、暴君や強盗だとでもいうかのように。しかし、君が自分で何を言っているのかわかっていないのを私はよく知っているので、中傷は脇に置いて、一点だけ尋ねたい。信仰を持たぬ者が強盗であるなら、なぜ君たちは自分の手に落ちた者を処刑しないのか。君たちは強盗を殺すためのキリストの剣を持っているのを鼻にかけ、その剣で他の強盗をも殺すのを習いとしているのに。

キリストはその教会の王であってこの世の王ではなく——あるいはむしろ天上の王であって地上の王ではなく——、しかし同時に、お望みに応じて、悪人たちがいようとも、外への支配も行うと君が言っていることについては、まるでキリストの支配がこの世に及ばない時もあれば、及ぶ時もあると言っているようなものだな。もしキリストがそのように外を収め支配することで、その教会を美しくし、光栄を授けるのだとすれば、そうした支配と、同様に呼ばれる、この世の外の支配との間にどんな違いがあるのだろうか。では、以下のようにはっきり言っておこう。

キリストの国は、この世には属していない

キリストが「わたしの国（すなわち、治め方）は、この世には属していない」〔ヨハ一八・三六、括弧内の言葉はカステリヨンによる〕と言われる時、その後に続けてこう言うことで、自らの考えを表しておられるのだ。「もし、わたしの国がこの世に属していれば、わたしがユダヤ人に引き渡されないように、部下が戦ったことだろう」。キリストはこう言いたいかの様だ。「わたしはこの世のやり方で、行政官や衛兵に助けられ守られることで、治めているのではない。なぜなら、もしわたしが行政官を使うなら、おまえに引き渡されないようわたしを守ってくれる執達吏や執行官を、わたしは従えているだろうに」。さあ、ベーズよ、分かるだろう。キリストには、この世の流儀で彼のために戦うような乱暴者はいないのだ。

キリストの武器

では、キリストが戦ったり治めたりなさる時の武器とは何か知るために、彼が攻める敵とは誰か考えよう。キリストがこの世から罪を除き、悪魔のわざを打ち砕くため、やって来られたことは周知の

ことだ。さて、病には逆のものが薬となるのだから、罪は正義によって打ち負かされるのは確かだ。そして、正義は言葉によって示されるのだから、キリストの槍は言葉なのだ。このため、キリスト自身、言葉という名で呼ばれている。だから、世俗の王侯が剣や馬や戦車で戦ったり、治めたりするのと同様に、キリストは、黙示録に十分に書かれているように、ただ言葉のみで戦われ、治められるのだ。

神の言葉

黙示録は言う。「わたしは天が開かれているのを見た。すると、見よ、白い馬が現れた。それに乗っている方は、「誠実」および「真実」と呼ばれて、正義をもって裁き、また戦われる。その目は燃え盛る炎のようで、頭には多くの王冠があった。この方には、自分のほかはだれも知らない名が記されていた。また、血に染まった衣を身にまとっており、その名は「神の言葉」と呼ばれた。そして、天の軍勢が白い馬に乗り、白く清い麻の衣をまとってこの方に従っていた。この方の口からは、鋭い剣が出ている。諸国の民をそれで打ち倒すのである。また、自ら鉄の杖で彼らを治める。この方はぶどう酒の搾り桶を踏むが、これには全能者である神の激しい怒りが込められている。この方の衣と腿のあたりには、「王の王、主の主」という名が記されていた」〔黙一九・一一―一六〕。さあ、べーズよ、分かるだろう。キリストの鋭い剣とは、生きた熱い言葉なのだ。つまり、アダムの古い衣を脱いで新たな衣をまとった、生まれ変わった人が、自らのうちに感じ、真に体験したことを語ろうとする時、豊かな心から湧き出る言葉だ。それこそが、あらゆる議論を打ち消し、キリストの敵を打ち倒すことのできる剣なのだ。

死んだ言葉

言い換えれば、君が書かれた言葉を読み、発音し、唱え続けても、もしキリストが君の心に住まず、キリストが君の唇を開かせるのでなければ、神の言葉を鼻にかけたところで無駄となろう。君が口にするそんな言葉は神の言葉ではなく、むしろ笑劇の役者の言葉だからだ。このことはカルヴァンの言葉によっても明らかで、その著作『躓きについて』の中で次のように語っている。「しかし、教会にはまだより痛ましい傷がある。それは、牧師たち、それも説教壇に上がる牧師たちでさえ——そこはイエス・キリストの聖なる玉座なのだから、彼らは他を凌駕する卓越した純粋さをしっかり備えなくてはならないのに——時にあらゆる汚辱のあるじにして鏡であるということだ。だから、彼らの説教には、笑劇が舞台で演じられる時ほどの厳かさも信仰もない」。以上が、ベーズよ、カルヴァンの言葉だ。これによって明らかなのは、君たちの言葉や説教が死んでいるので（生活が教義に応えていないから、そうなるのだ）、大道芸人や笑劇役者の作り話ほどの効き目もないということだ。だから、ただ生きた言葉によってのみ、主は統べ給うだろう。そして、本当を言うと、キリストが行政官によって統べ給うどころか、彼が私たちに近づかれ、私たちの内にお住みになるほど、ますます私たちは行政官と関わらなくなるのだ。

キリストの国では、武器は使われなくなる

だから、行政官は原罪の生じる以前にいなかったし、キリストがこの世から本当に罪を取り除かれた後は、彼らはいなくなるだろう。なぜなら、子供が悪さをするのをやめる時には鞭が使われなくなるように、キリストが永遠の正義をもたらされた後は、行政官は使われなくなるだろうから。こうして、キリストが統べ給う時、行政官の剣や槍は鍬や鋤の刃に鍛え直され、もはや戦いを学ぶことはなくなるだろう。分かるかね。キリストの王国では、武器が全く使われなくなることが。しかし、悪意があり続ける限りは、行政官はあり続ける必要がある。だから、行政官を除こうとする者たちは、神に逆らっている。キリストだけが、つまり正義が、不正を正すために定められたあらゆる力を廃するだろう。しかし、だからといって、行政官が必要な場合、彼がキリストの支配下にあるというわけではない。なぜなら、農耕だって必要だし、多くの他の技も必要だが、それらもキリストの支配下にあ

るわけではないからだ。キリストのうちにいるのは、農民でも鍛冶屋でもなく、父でも子でも、男でも女でも、行政官でも臣民でもなく、信仰によって生まれる赤子であり、信仰は神の言葉を聞くことから生じるのだ。ベーズよ、君のカルヴァンの言葉も（それを私が中傷していると君は言うが）、このことを目指しているように見え、教会は行政官にふさわしいものを何も備えていないと言っている。教会は預言者にふさわしいものを何も備えていないと君が言うみたいなもので、（行政官が教会の一部であるなら）そんな分け方は汚らわしい。分け方が善きものであることを望むなら、行政官を教会の外へ放り出すがよい。

さて、自分の国がこの世に属しているのをキリストが否定なさる時、彼は王としてではなく司教として話しておられるという君の言い分についてだが、キリストの言葉は君と違っている。なぜなら、彼は「私の司教職」とか「教皇職」などとは言わず、はっきりとこう言っているからだ。「わたしの国はこの世には属していない」〔ヨハ一八・三六〕。したがって、彼は司教と名乗ったのを告発されたのではなく、王を名乗ったからだ。しかし、君の詭弁によると、君は王国と教皇位を混同し、キリストがまるで首領や王としてではなく司教として統べ給うかのように、彼が教会の指導者で、永遠に統べる司教だと言っている。キリストは王の支配から何も奪うことはないとの君の言い分については、あべこべだ。なぜなら、もし（君たちが望んでいるように）キリストに行政官がいたなら、彼が王に引き渡されないため、そして、そうすることで彼が王の支配を衰えさせるため、キリストの僕たちは彼のために戦っただろうから。こうして、王や行政官は罪を罰するよう定められているのだから、なるほどキリストは罪を除くことで、彼らの力を廃すのだ（罪が除かれた後、彼らは何を罰するのだろうか。）。彼は人手によらずに切り出された山の石であり、その石は、ネブカドネザルの像とそれが表すあらゆる王国を、剣によってではなく言葉によって、打ち砕き、打ち崩す〔ダニ二・三一―三六〕。このため、自分の王国がこの世のものであるのをキリストが否定するのも当然なのだ。君が付け加えているその他のことについては、寒々しくて、道理とかけ離れているので、放っておこう。

狼と犬の寓話

君は狼と犬の寓話を、むしろ君たちの主張に反するのに、不適切にも引用している。なぜなら、フィリポス〔アレクサンドロスの誤り〕はアテネの雄弁家たちが殺されるのを、そうすることで彼らを除かれたこの都市がより滅ぼされやすくなるために、望んだからだ。しかし、ベリーとその仲間たちは、君たちの教会が君たちの助けで守られうるからといって（君たちのうちに何か助けがあるかどうかわかっているが）、（君たちが異端者であっても）君たちが処刑されることを求めはしない。しかし、君たちの方がフィリポスに似ていて、君たちの暴力に対してわめきたてる人々が処刑されることを望んでいる。もし君たちの意見に幾らかの力があったなら、皇帝はアウクスブルクの暫定取り決め[7]を導入した時、君たちの仲間を全て処刑してしまっただろう。そして、イギリス女王もまた同じことをしただろう。しかし、彼らは異端者と見なす人々全てを処刑したわけではないのだから、確かに君たちよりも穏健だった。それから、君は詭弁を付け加えて、こう言っている。「もし行政官による外からの助けや支えが締め出されるなら、同じ理由で、言葉による外からの教えや、諸々の言語とよき技についての知識は教会から締め出される」と。これではまるで、こう言っているかのようだ。「キリストは行政官による外からの助けを持つがゆえに、王として生まれることを望まなかった。あるいは、彼は使徒たちに剣を携えることを禁じた。そして、こうした放棄ゆえに、彼は言葉によって外からの教えを説くのだ」と。

さて、君が（触れる素振りも見せずに人を非難するため）ついでに付け加えていることだが、キリスト教徒が読むべきは聖書だけだと、私たちの宗派の主要人物の誰かが言っているそうだ。これについては、君がとても頻繁にベリーやその仲間たちに反論して言ったこととどれほど合致してるか、少し見てみるがよい。つまり、論争や議論が神の書かれた言葉によって認められることや、彼らの討議が無垢な宗教をすっかり覆すことなど、彼らは望んでいないのだ。もし私たちが――「私たち」と言うのは、私が彼らの党派に属しているからだ――聖書のみが読まれることを望むなら、それは、私たちが神の書かれた言葉を大いに尊重しており、信仰を滅ぼすのではなく、むしろ復興しようとしている明白な印だ。もし私たちが、真の、確かな、疑う余地のない信仰が含まれるもののみ読まれるよう望むならば、そうだ。もし私たちが害を為そうとするなら、私たちは確かにこの聖書の光を失うだろう。

人間の知識の空しさ

ベーズよ、君たちこそむしろ信仰を覆そうとする者に見えないか、よく考えるがよい。君たちはその学校《アカデミー》でキリスト教に全く反する著者たちを読んだり、教えたり、翻訳したり、暗記したりしているのだから。私が言うのは哲学者や詩人のことで、その中のある者たちは真理に反した幾つものことを教え、またある者たちは罪を犯したり、好色であったり、他人の妻を誘惑したりする方法を示している。例えば、テレンティウス〔前二世紀のローマの喜劇作家〕やオウィディウス〔前一世紀頃のローマの詩人〕、マルティアリス〔一世紀頃のローマのエピグラム詩人〕、寸鉄詩のテオドール・ド・ベーズなどだ。こうしたキリストの敵によって教義が進歩するほど、私たちが思考力を欠いていると思うのか。こうした著者たちを胸に抱き、子供たちに薦めて覚えさせようとする君たちが、心からキリスト教を信じていると思うのか。もし君たちが信仰への真の配慮によって心底から打たれているのが確かなら、聖パウロがこう言うのを聞くであろうに。「人間の言い伝えにすぎない哲学、つまり、むなしいだまし事によって人のとりこにされないように気をつけなさい。それは、世を支配する霊に従っており、キリストに従うものではありません」

〔コロ二・八〕。また、他の箇所では。「テモテ、あなたにゆだねられているものを守り、俗悪な無駄話と、不当にも知識と呼ばれている反対論とを避けなさい。その知識を鼻にかけ、信仰の道を踏み外してしまった者もいます」〔Ⅰテモ六・二〇―二一〕。「神は世の知恵を愚かなものにされたではないか」〔Ⅰコリ一・二〇〕。

学校では

ベーズよ、これらのことは、君たちの学校の愚かな知恵によって世を惑わして信仰を覆す、君たち学校かぶれについて言われているのだ。こうしたことを、近年メランヒトンがしっかり予見していて、初期の『ロキ・コンムネス』〔『パウロの伝える教義の研究の勧め』（一五二〇）の誤り〕の中で次のように書いている。「聖書のあのやり方ほどの、大きな配慮と熱意をもっては、学校は何も教えていないに違いない。粗野で混乱した学説と偽りの名によって、彼らは聖書を哲学などと呼んでいる。同様に、我々の祖先は彼らの公の立場と全く損なわれた神学によって、聖書を変えてしまった。私には大きな精神的苦痛とともに、学校がトフェトの神殿や子供たちの喪に服すベン・ヒノムの谷以外の何ものにも見えない〔エレ七・三一―三二〕。つまり、聖書がそこから追放されているのだ」。ルターもまたその説教の中で、学校で読まれているアリストテレスに反対して語りながら、こう言っている。「確かに、概して学校は灰塵に帰せられるにふさわしいだろう。学校ほど悪臭を放ち、悪魔や地獄に似ているものが、天地創造以来この世に現れたことはなかったし、今後も決して現れないだろう」。また、他の箇所では。「これほど臆面もなく彼らは自らの光としてアリストテレスを打ち立てたのだから、他の証明がない時にはこのことだけでも、学校がとりわけひどく忌わしい姦淫と悪意の場だと知るのに十分だった。彼らはキリストよりもはるかにアリストテレスに従って、より正確に言うなら、まるでキリストに従わず、全くアリストテレスに従って、修行しているくらいだ」。学校について、ルターはこう言っている。また、十分に明らかなことだが、他の幾人もがこれら世俗の著者たちを、ペストのように恐れ嫌ったのだ。今では君たちが彼らを持ち上げ、評価しているので、これら世俗の著者たちを額や手に印す者でなければ、君たちの誰一人として牧師や説教師の任に就けないのだ。もし聖パウロやキリストご自身でさえおいでになっても、君たちの学問や言語に通じていないなら、君たちは決して説教壇に上がるのを許さないだろう。最近、私はある学校かぶれから、つまり君たちの学校の教師から（君がどの証人かわかるように、そして、私がどれほど君たちの活動に通じているか君たちに示すために言うが）、君たちがサウルにとても似ているという話を聞いた。

聖書のサウルとの比較

サウルは初めに主の戦を起こし、敵を打ち破って、イスラエル人を苦しめる者たちの侮辱から彼らを解放した〔サム上一四・四七―四八〕。彼は自分が統治するのを望まない兄弟たちに復讐するのを慎んだ〔サム上一一・一二―一三〕。彼は魔術師の女たちや占い師を追放とし、ユダヤの外へ追い払った〔サム上二八・三〕。だが、それから彼はアマレク人を滅ぼすよう命じられたが、従わなかった〔サム上一五・七―九〕。というのも、彼とその兵士は、アマレク人の王アガグと、家畜全ての中で最上の動物やより肥えたものを赦したからだ。彼らはそれらを殺したくなくて、値打ちの乏しい痩せた家畜を殺した。このため、サウルは命令に背いて神の敵を赦したという理由で、王国を取り上げられた〔サム上一五・二三〕。それから、彼は神の霊を失って、サタンの霊に取りつかれたため、初めのサウルと全く反対になってしまうほど変わってしまった。彼は復讐に燃えるようになり、神の敵に対して使うべきその力を友人たちに振り向けて、ノブの祭司を処刑したり〔サム上二二・一八―一九〕、全兵士を連れてダビデを追いかけ回したりした〔サム上一九〕。それから、神から別に返事がないのを知ると、かつて追放した魔術師の女たちに助言を求めるような状態に陥った〔サム上二八・六―八〕。ついには、敵に打ち負かされて、自ら命を絶った〔サム上三一・四〕。

そうすると、君たちはと言えば、初めに多くの過ちを見つけて克服し、そこからキリスト教徒を解放したわけだな。君たちの教義に反対する兄弟たちに、復讐するのを慎んだわけだな。君たちは、キリスト教に反する、世俗の汚らわしいあの著者たちを拒んだだけでなく、昔の聖職者たちの註釈や註解を非難して、聖書の真理だけを守らなくてはならないと教えたわけだな。しかし、後に、アマレク人を、つまり罪を（それに対して主は和解できない永遠のいくさを仕掛け給うた）滅ぼせと命じられると、君たちは従わなかったわけだな。なぜなら、罪の王である肉体の欲望を君たちは赦し、肥満した獣を殺したがらず、戦利品として生かしたまま飼っておいたからだ。君たちが教えたのは、「罪はこの人生において消え去りえず、ただここでは服従が始まるだけであり、欲望が信者の心からすっかり抜き取られることはありえない」ということだ。君たちはただ、値打ちの乏しい痩せたものを滅ぼしただけだ。つまり、軽微で取るに足りないこと、すなわち、食べ物の違いや衣服の区別などのような、儀礼的なことを修正しただけだ。君たちはサタンのあの肥満した獣たちは生かしたまま飼っておいた。すなわち、欲望、欲求、憎しみ、悪口、中傷、吝嗇、高慢、うぬぼれ、背信、復讐欲、偽装、偽善だ。君たちが教えたのは、これらのものが根絶されえない——また、根絶される必要もない——ということだ。私たちは常にこう言いながら供物を捧げるのだから。「主よ、わたしたちの負い目を赦してください〔マタ六・一二〕。主よ、わたしたちの罪を赦してください」。もし私たちが至る所で全く罪から救われているのなら、こうしたことを言うべきではないであろうに。君たちはすっかりサウルの助言に従い、神のご意志とご命令に逆らって、神にこうした捧げものをしたが、神は「しみやしわやそのたぐいのものは何一つない、聖なる、汚れのない、栄光に輝く教会を御自分の前に立たせるため」〔エフェ五・二七〕、私たちが私たちの「肉を欲情や欲望もろとも十字架につけ」〔ガラ五・二四〕ることをお命じになったのだ。「わたしたちが不信心と現世的な欲望を捨てて、この世で、思慮深く、正しく、信心深く生活するよう」に、「また、祝福に満ちた希望、すなわち偉大なる神」の現れを待ち望むように

〔テト二・一二―一三〕。君たちは神の敵である罪を赦すがゆえに、そうでなければ君たちのものであったはずの国を、そうした不服従によって取り上げられてしまうだろう。君たちは皆、初めのあの霊を失って、以前とは全く別のものに変わってしまっている。なぜなら、君たちは復讐に駆られたものとなり、神にも君たちにとっても敵であるどころか、むしろ君たちの救いに気を配る人々に向かい、罪に対して用いるべき力を振り向けたのだから。もし私たちの意見や考えが君たちを異端者と見なす者たちに受け入れられるなら、彼らは君たちを処刑しないだろう。しかし、君たちは私たちの企てが教会を覆すことを目指していると思っている。ダビデが自分と自分の王国を滅ぼそうとしていると、サウルが信じたように。要するに、君たちは私たちに対する復讐欲にひどく捕らわれているので、私たちが君たちの兄弟とともに救われるよりも、彼らが私たちもろとも滅びる方が、君たちにはよいのだ。それこそ、ベーズとカルヴァンよ、これら君たちの著作が目指していることだな。君たちは（あらゆる野山、あらゆる通りや広場が血にまみれ、溢れている）この時代にあって、血を流せと書いたし、そのために、君たちはセルベトを不当に殺したのではないかと思える。もし君たちの意見がはびこるなら（神はそれをお望みにならないだろうが）、私たちだけでなく、君たちや君たちの兄弟も、君たちを異端と見なすとても強力な者たちによって処刑されるだろう。こうした激しい渇きが君たちにこれほど私たちの血を求めさせるのだから、ベリーやその仲間たちは名前を隠して何らかの逃げ道を探さざるをえなかったし、私は再びそうせざるをえないだろう。それから、君たちは私たちの寝床の中に、ダビデの代わりにおとりの似姿しか見出さないと、怒り狂わんばかりになる〔サム上一九・一一―一七〕。ついには、先に述べた不従順ゆえに、神はもはや君たちにお答えにならないので（君たちの状況はよくなるどころか、毎日ますます悪くなるようだ）、君たちは以前に追放した魔法使いの女たちの下へ赴く。君たちは聖書によって進歩せず何も得られず（聖書は君たちの悪意のせいで、確かに君たちには閉じられている）、自分たちを間近から脅かす害悪に対するどんな教訓も対策もそこには見つけられないとわかると、君たちは人知による学問に教訓を求める。君たちはそれらの学問をとても高く評価するので、もし誰かがそれをよく修めず、それに通じていないなら、彼がキリストの唯一の武器を備えていても、牧師を務めることができようとは、君たちは考えない。実際、君たちはこれら人知による学問を「よき学芸とよき文芸」と呼び、この「よし」という印によって、それらと神の学問を区別している。望むことなら何でも、為そうとするがよい。どんな姿にでも、変装するがよい。盲人となって、夜の間に盲人に助言を求めるがよい。もし君たちがその血まみれの精神や心を捨て去り、今日にも急いで神の声を聞こうとしないなら、国は君たちから取り上げられ、君たちよりも優れた別の者に与えられ、明日にも君たちとその子供たちは死者とともに横たわることになろう。

剣なしで守られるべき学芸

私たちの論証の第二は、他の学芸にもそれができるのだから、神学者は行政官の助けがなくても教義を守ることができるという点だ。ここで君はクランベールの論証における三つの点を咎めている。初めに、彼が取り上げている論点について、君がどんな意図で非難しているのか、私には分からない。神学の教義は行政官の剣によって扱われるべきではないと彼が言っているのを咎めるにあたり、ルターが同じことを言ったため、まず君は愚かにも、クランベールに意見を明言させないようにしている。この点では、君たち自身も、この争点を取り上げたり言い張ったりしているので、意見が一致していないのだが、君はそれを否定する。それに君は、自分が直ちに本当だと認めるようなことを、クランベールには利用させたくないのだ。クランベールの君たちへの中傷は、まるでキリスト教の教義を武力によって論じなくてはならないとの意見を君たちが抱いているみたいだ、と君は言い、その意見を君は否定するのだから。

その他の君の非難の中には君の悪だくみや策略が表れているが、そうすることによって、君たちの巧みな手管を知らない素朴な民衆を君はたやすく惑わしている。君の理屈は次のようだ。もし肉体に対する強盗が処刑されなくてはならないなら、ましてや魂に対する強盗はなおさらだ。しかし、ベーズよ、君自身その後でこう教えていることを思い出すべきだろう。すなわち、行政官は犯罪を罰するのであって、悪徳ではないのだと。だから、君たちの言い方にならって次のように、より強い理屈で論証できるのは確かだ。悪徳は犯罪の源にして根であるので、犯罪よりもひどいのだから、犯罪が処罰されるべきなら、ましてや悪徳はなおさらだ。しかし、これ対しては、こう答えるべきだ。悪徳は犯罪よりも重く処罰されるべきだが、行政官はただ犯罪だけを罰し、神が悪徳をはるかに重く罰するのだと。同様に、ここで次のことも言っておこう。異端者が魂の強盗であるなら、肉体の強盗よりも重く処罰されるべきだが、神によってであって、行政官によってではない。しかし、君は言うだろう。異端者の悪徳は犯罪に向かい、彼らが導く結果は犯罪なのだから、異端者としてではなく、犯罪者や悪人として罰しなくてはならないと。それは結果的に、次のように言って教えるようなものだ。食いしん坊やけちん坊、淫蕩者が、大食や吝嗇、淫蕩によって他人に害をなしたなら、その者は食いしん坊やけちん坊、淫蕩者としてではなく、犯罪と呼応させて、盗人、泥棒、不義の者として処罰されるべきだと。これに対しては、もしそんなことになるなら、『異端者は世俗権によって裁かるべきこと』〔一五五四年にラテン語で出版。一五六〇年にフランス語版『行政官の権威を論ず』(本書に抄訳を収録)を刊行〕と君たちが名付ける書物の問題全体が汚らわしい、と答えよう。なぜなら、異端とは犯罪の名称ではなく、食いしん坊、異教徒、学校かぶれ、逍遥学派のように、悪徳の名称だからだ。もし悪徳が行政官によって処罰されるべきでないなら、異端者もまた、異教徒や逍遥学派と同様に、罰せられるべきではない。だから、もし誰かが行政官に処罰されるべき食いしん坊や大食漢の本を書いたなら、浪費や美食で他人の財産を食いつぶすのだから、食いしん坊は処罰されるべきだとその本の中で説くだろうが、それと同じく君の方は本の題名を咎めて、食いしん坊ではなくて、他人の財産の盗人とか破壊者などと題すべきだと言うのだろう。君たちは異端者が処罰されるべきだと教えることを勧め、異端者は魂の強盗であり涜神者だから処罰されるべきだと教えているが、君たちもまた咎められるべきなのだ。だから、君たちの書物はこう名付けられるべきだった。『処罰されるべき盗人、または涜神者について』。

魂の強盗は剣によって処罰されるべきかどうか

しかし、君たちがあんな題名を付け、異端は魂の強盗なのだから処罰しなくてはならないと論じる場合を取り上げよう。ここでは、異端者も含めて、魂を奪って堕落させる者たちを罰するという、一般的な問題を取り上げることが必要だ。もしこうした問題に取りかからなくてはならないなら、君たちの考えでは、他人の魂を堕落させて奪う者は全て処罰される必要があることになろう。そうすると、ソロモンが教えるように、淫蕩者は人の魂を追い求めて殺すのだから、処刑しなくてはならなくなる〔箴六・二六〕。けちん坊も食いしん坊も、淫蕩者と同様だ。なぜなら、彼らは悪しき品行と言葉によって（吝嗇や食欲や淫蕩にあふれた心で語ることで）、他人の善き品行を堕落させてしまうからだ。さらには、悪しき父親も悪しき隣人も、悪しき見本によって家族や隣近所を堕落させるのだから、同罪だ。ついには、あらゆる悪徳が伝染して魂を傷つけるのだから、全ての放蕩者が行政官によって処罰されなくてはならなくなろう。「群れ全体を損なうので、病んだ雌羊は一頭もいてはいけない」と、格言に言うように。(8) あちらこちら、海越え地を越え、人を自分たちの信仰に引き入れて、自分たちの二倍も堕落させ損なってしまう者たちについては、何を言えばよいのか。人を信仰から遠ざけて、不信心でその人の魂を滅ぼしてしまう不信心者たちについては、何を言えばよいのか。カナンの土地を偵察した者たちがしたことと同様だ。彼らは民に恐怖を与えることで、その土地を襲うことを思いとどまらせたが、それは民全体の滅亡を招いた〔民一三・三一―三三〕。こうした者たちは、魂の強盗として処罰されるべきではないのか。ベーズよ、確かにそうなのだが、唯一魂を罰する権限を持つ神によってであって、行政官によってではない。行政官の剣が魂にまで届くには、あまりになまくらで、役に立たないのだ。ところで、異端者も同じ状態なのだから、彼らの肉体は行政官によって処罰されるべきではないことになる。

クランベールに対するベーズの中傷

それで、ついでに言うが、君のクランベールに対する中傷は知られており、君はこう言っている。

「しかし、もし私たちがクランベールを信じるなら、異端者は善き人々を侮辱しているのではないことになる」。だが、ベーズよ、クランベールの言うところによると、異端者はむしろ侮辱しているのだ。彼は言っている。「善き人々の体を、形ある剣によって守るがよい。その剣は魂に達することはできないが」。こうした言葉でクランベールが教えているのは、肉体に与えられる侮辱は形ある剣によって処罰されるべきだということだ。そして、魂に与えられる侮辱は霊の剣によって罰せられるということを、言外に隠している。

カルヴァン派は剣によって信仰を扱っている

さて、君たちが剣によって信仰を扱っていることを君が否定しているのは、クランベールの言葉を咎めていることからして、君も君の仲間たちも皆、怪しくなってくる。彼の言葉は、君たちの敵に対して言われたのかもしれないのに。まさに私が右で言ったのと同じ言葉だ。自分に罪があると感じる者は、あらゆることが自分に対して言われていると考えるものだ。ベーズよ、君はどう言うのか。君たちが剣によって信仰を扱っているのを、君は否定するのか。一体なぜセルベトは、見つかるやいなや、あれほど大急ぎで発言する機会を奪われたのか。カルヴァンが書いているように、彼と論争できるようにするためだったのか。しかし、セルベトが自らすすんで現れたのに、論争するための牢獄がどうして必要だったのか。それから、なぜ彼は日曜日に捕まったのか。ジュネーヴではかの地の法によって、死に値する犯罪でない限り、日曜日には誰も捕まえることができないのに。その日に彼を捕まえて投獄することを命じた者は、論争するためではなく、処刑するためにそう求めたのだとしか、私には思えない。しかし、セルベトには異議を申し立てる権利が与えられたと君は言うだろうし、私もそう思う。だが、それは、もし彼が君たちの教義のあり方を認めず、自説を撤回しないなら、見苦しく死ななくてはならないという条件付きだった。しかし、君の言い分は、君たちがセルベトに対して行政官の正当な力を求めたのは、彼を処刑するのが目的ではなく、(君が聖アウグスティヌスを引用しているように) 神の正当な救いを行使するためだったということだ。どうか、ベーズよ、そんなキケロ趣味を私に向けないでくれ。キケロがウェルレス〔前一世紀頃のローマの政治家〕を告発しながら自分は共和国を守るのだと言ったのと同様に、君たちはセルベトを処刑することで教会を守るのだと言っている。君たちが正当で真実の主張を欠いたままでこんな詭弁に満ちた言い逃れに頼っているのが、よく見えないほど目の悪い者がいるとでも思うのかね。もし君たちがセルベトに対抗して教会を守ったなら、それは肉体を守ったのかね、それとも魂かね。肉体であるとしても、君たちはそうは言わないだろう。魂については、セルベトからどんな危険があったのか。まず、君たちは町から彼を追放することもできたし、彼とその著書を締め出すこともできた。それから、カルヴァンは彼の著作を、うっとうしい夢想で空しく軽薄な絵空事に過ぎないと書いている。何だと。君たちの教会は砂上の楼閣なので、無用な絵空事にしてうっとうしい夢想に対して、剣なくしては、しっかり立っていられないというのか。何だと。カルヴァンがトロワイエと争った訴訟において、(9)彼の『キリスト教綱要』は正しく神聖であると、誰もあえて反論できないような擁護とともに行政官令によって命じられたなんて、どう言えばいいのか。さらに、君たちが何を教えるべきかを、（私たちが示したように）行政官が君たちにすでに命じているとは、君たちはどう言うであろうか。最後に、人々が意に反して強制的に君たちの説教に出席させられ、君たちの教義を認めさせられ、さもなければ追放される時、どう考えればよいのか。こうしたことこそ、剣によって信仰を扱うことではないのか。いいかね、もし二人の文法家が議論しているとして、行政官が彼らの裁き手になれるだろうか。それが、君たちは神学のことで、厚かましくも行政官を裁き手にしているのだ。しかし、彼は神学者たちの判断に従うだろう（と君は言うのだろう）。何だって。もし文法家たちがある別の文法家を糾弾したら、その糾弾された文法家は、文法家たちの判決に従って、判決を下せない行政官によって処罰されるべきなのか。確かにそれも同じくらいおかしな話だ。二人の神学者、すなわちカルヴァンとセルベトは論争中だった。カルヴァンとその一党はセルベトが異端者だと宣告し、その宣告に従って、ジュネーヴの行政官は、文法以上に神学に通じているわけでもないのに、セルベトに火刑の判決を下した。もし訴訟が余所で行われ、ジュネーヴでカルヴァンがセルベトに対して持っていたような優位を、そこではセルベトがカルヴァンに対して持っていたなら、カルヴァンが同様の判決を下されたのを私は疑わない。どこに公平があろうか。

救霊予定説をめぐって、ベルンのある人はジュネーヴで糾弾され、ジュネーヴの人はベルンで同じ目に遭うだろう。さらには、聖体拝領をめぐって、ルター派はツウィングリ派を、ツウィングリ派はルター派を糾弾するだろう。要するに、皆が行政官へ告発する権限があるのだから、他者から糾弾されてしまうのを誰も逃れられないだろう。だから、こうしたやり方は、むしろ強盗に対する裁きに向いているのではなかろうか。

しかし、君は、その力と権限によって宗教を世話し保護する王たちの例を持ち出している。なぜ君はむしろ、狼の中の雌羊のように、鞭も杖も持たずに行政官の中に送られた使徒たちの例を示さないのか。私たちは、私たちの王たるキリストよりもむしろ、あんな王たちに倣って生きなくてはならないのだろうか。しかし、事情が違っているのに、あんな例が何の役に立つのか。なぜなら、あの王たちは、論争の的にはならないことを、つまり、律法の確かな命令に従って、民は外側の奉仕で神に仕えることを、定めたのだから。しかし、私たちにとって、神への奉仕とは、霊と真実によって命じられることだ。あの王たちが文字によって命じたことを、霊によって命じられるのだ。君たちは、心の底から神に仕えず、神を求めない者は誰であれ、死刑に処せられるという法を作るがよい（アサ〔前一一世紀頃のユダ三代目の王。偶像崇拝をやめ、不信者を死刑にした〕がしたように）〔代下一五・一〇—一三〕。私たちはそんな法は守らないが、むしろ君たちこそはそれを守っている。人がこの人生において心の底から神に仕えることができるのを、君たちは否定しておきながら。だが、カルヴァン派の流儀で神に仕えなくてはならないか、それともルター派の流儀でか、あるいはむしろ霊と真実によってか、そこにはアサの時代にはなかった違いがある。今や君は行政官に助けを求め、私たちにルター主義よりもむしろカルヴァン主義に誓いを立てさせようと、つまりルターよりもむしろカルヴァンの教義に従うよう私たちに強制している。まるで、かつてある王が律法学士やファリサイびとの言葉に誓いを立てるようユダヤ人に強制しようとしたのと同様だ。しかし、君は私に、自分たちが真の信仰を持っていると言うだろう。律法学士やファリサイびとも言っていたように、他の人も同じように言うだろう。裁き手を引き渡せ。さもなければ、君たちが皆の中で最も正しき者だとわかるような、真の信仰の何らかのしるしを示せ。

第三の論証は、キリストや使徒たちの例についてだ。ここで君は、キリストや使徒たちの時代にも教会は世俗の権力の助けを受けなかったわけではないと言い、そのことでキリストや聖ペテロ、聖パウロの例を挙げている。キリストは鞭でもって商人を神殿の外に追い出したし〔ヨ八二・一四―一六〕、聖ペテロはアナニヤとサファイラを殺したし〔使五・三―一〇〕、聖パウロは魔術師バルイエスの目を見えなくした〔使一三・九―一二〕。そして、君の言い分によると、彼らは世俗の行政官の権限でこれらを行い、その力は絶大だったという。君は何を言っているのかね、ベーズよ。君は自分自身の剣で自分をあやめてしまうほど、目が悪いのかね。

キリストの鞭について

キリストは、世俗の行政官の権限によって商人たちを神殿の外へ追い出しただけで、彼らを殺さなかったのだから、異端者（以前に君は彼らを、魂の商人にして神の言葉を損なう者と呼んだ）を殺してはいけないが、ただ神殿たる教会の外へ彼らを追い出す必要はある、ということになる。それに加えて、律法が殺せと命じている強盗をただ鞭打っただけなのだから、キリストは行政官の権限を弱めたことになる。彼はこう言いながら、あの商人たちを強盗と呼んだのだから。「あなたたちはわたしの父の家を、強盗の巣にしてしまった」〔マタ二一・一三〕。白昼の光の中で、君たちは目がくらんでいるのだ、ベーズよ。鞭よりも言葉によって、キリストがより多くの商人を追い出したことは明らかだ。なぜなら、彼一人でとても多くの商人を追い出したからで、そんなことは人間の力によってはできないことだ。あれほど熱意ある言葉は、彼らには耐えられなかったのだ。彼が「だれを捜しているのか」と言われた時、彼らが地に倒れたのと同様に〔ヨハ一八・四―六〕。彼が仕事に着手したために、手を使ったという点で君の言い分を認めるとしても、それは彼が行政官の務めを行使したことにはならない。彼が生まれつき目の見えない人の目にこねた土をお塗りになった時、医者の務めを行使したわけではないのと同じだ〔ヨハ九・六〕。キリストは、医者のやり方でこの事をなされたのではないし、行政官のやり方であの事をなされたのではないのだから。さもなければ、教会の中に医者の職分を設けるがよい。それに加えて、目に見える主の神殿とは、次の言葉が示すように、目に見えない神殿の喩であった。「この神殿を壊してみよ」。この言葉を、福音史家はイエスの体のことだと解釈している〔ヨ八二・一九―二一〕。それから、教会はキリストの体から作られてもいるが、聖パウロはキリストの体そのものを教会と解釈している。したがって、キリストの体という神殿（その冒瀆にもまた肉体的な罰が下った）は消滅し、精神の神殿、すなわち教会がそれを引き継いだのだから、教会への冒瀆には精神的な罰が下るようにしなければならない。精神的なことは精神的なことに対応させながら、神の教義をはっきりと正しく語るために。

使徒たちの力について

さて、聖ペテロについては、ドルカス（タビタ）を生き返らせた〔使九・四〇〕のと同じ力で、彼がアナニヤを殺さなかったかどうか（だが、殺したのが神ではなく彼だとすればだが）、君に尋ねよう。彼はその力を確かにキリストから授かったのであって、キリストは彼にこう言っている。「あなたが地上でつなぐこと」、あるいは、「あなたが地上で解くこと」〔マタ一六・一九〕などと。もし君がこれを否定するなら、なぜつなぐ力と解く力を分けるのか、君にたずねよう。キリストはこの力を一緒にし、天の王国の鍵と呼び、一つの同じ鍵で門を開けたり閉めたりするように、神の言葉の持つ一つの同じ力で、人はつながれたり解かれたりするのだ教えている。もし君がそれを認めるなら、行政官の権限でドルカスは生き返ったのか、行政官の権限でアナニヤは殺されたのか否か、君は必然的に認めなくてはならないだろう。それは一つの同じ鍵であり力であるのだから。しかし、こうしたことや、キリストが使徒たちに与えた力については、以下で――神のご加護の下に――君が特にモンフォールに対する反論を扱っているところで、もっとたっぷり語ることにしよう。

第四の論証は、次のように言うエレウテール（セバスティアン・フランク）の言葉に関するものだ。「世間は異端説を裁くことはできない」。ここでの君の答えは、異端説ではなく異端者を知っている者こそ、世間ではなくキリスト教徒の行政官だ、というものだ。では、キリスト教徒の行政官を教えてくれるよう、君に求めよう。すると君は、ジュネーヴの行政官がそうだし、彼らに賛同する他の者たち、つまりスイスの行政官がそうだ、と答えるだろう。なぜなら、君は正当に処刑された異端者の例として、セルベトの死を持ち出すのだから。

判決の矛盾について

そこで私がまず君に尋ねるのは、なぜ医師ジェロームが異端者として糾弾され、ジュネーヴから追放されながら、ベルンの人々には赦され、受け入れられたのかということだ。それから、なぜシモン・シュルツェールは糾弾され、ベルンから追放されながら、バーゼルの人々には受け入れられて、彼らの司教になったのか。ここでぜひ君に尋ねたいが、これらの行政官のうちの誰をキリスト教徒と見なすべきなのか。

ジュネーヴの行政官の党派

ジュネーヴの行政官であっても、さらに二つの党派があるのだから。その一つはカルヴァン派で、今その頭目はアンブラル・コルヌ〔一五一四―一五七二。ジュネーヴの最も富裕な市民の一人で、断固としたカルヴァン派。評議官や財務官を務めた〕であり、他方は反カルヴァン派で、その中心は町の守備隊長アミ・ペラン〔かつてはカルヴァンの最も献身的な味方の一人だったが、リベルタン（自由派）と呼ばれる反カルヴァン派の頭目となった。評定官や評議官を歴任し、守備隊長も務めた〕だ。この二つの党派のどちらがキリスト教徒と見なされるべきか、君にたずねよう。なぜなら、彼らの間には、火と水に劣らないくらいの不調和があるからだ。このため、論争中の問題でも、一方が赦すことを他方が糾弾し、セルベト事件でもそんなことが行われ、その判決の時にはアミ・ペランやピエール・ヴァンデル〔ペランの義兄弟。評定官や評議官を歴任〕は立ち会おうとしなかった。もしカルヴァン派の方がキリスト教徒と見なされるべきだと言うなら、君の行動に気を付けるがよい。たまたまアンブラルが信用を失って転落することになれば、天秤で彼の側にぶら下がっている錘を除くように、状況は反対側に傾き、意見を変えなくてはならなくなろう。なぜなら、近年起きたように、カルヴァン派を糾弾する者たちを、反カルヴァン派は赦すだろうから。ジャン・フィリップ〔カルヴァンやファレルの教義体系の公然たる敵。一五四〇年六月六日に起こした騒動のため、同年六月一〇日に処刑された〕が存命中に反カルヴァン派の頭目だった時、ファレルとカルヴァンは追放された。彼が処刑され、カルヴァン派の頭目ミシェル・バルタザール〔ジャン・フィリップの敵。アミ・ペランのおじで、評定官。カルヴァンをジュネーヴに呼び戻す最初の試みは一五四〇年九月二一日にさかのぼるが、翌年九月一三日まで帰還しなかった〕が力と信用を得ると、彼らは呼び戻された。だから、もしこうした何らかの変化が起こるなら、その時には、反カルヴァン派がキリスト教徒と見なされるようになったり、ジュネーヴの行政官がそう見なされるべきではなくなったりして、カルヴァン派が信用と尊敬を得ているのでない限り、行政官はその裁きにこだわってはならなくなるだろう。

異端説と異端者を知ること

さて、教会は異端説を知り、行政官は異端者を知る、という君の言い分については（つまり高位聖職者と長老たちが共謀しているということだ）、詭弁が使われている。まるで、医者は病気を知り、病人を知るのは他の者だと言うようなものだ。なぜ結びついているものを、自然に反して切り離すのか。異端者とは、異端説を抱く人物でなくて何だというのか。行政官が異端説を知らずして、一体どのように異端者を知るのだろうか。

結びついているものの性質はこうなのだから、（君たち議論好きが話すとき）同じ一つのことについて言い合っていることになる。では、牧師なら、「この男は異端者だ」とは言わないで、「この男は異端状態にある」とか、「彼の中には異端説がある」と言うわけだ。そして、行政官なら、「この男は異端状態にある」とは言わないで、こう言うわけだ。「この男は異端者だ。私たちは異端説を知ることはできないけれども、異端者なら知ることができる。なぜなら、私たちは神学者ではないが、神学者カルヴァンのことなら信じているのだから」。キリストやキリスト教徒が、これほど間抜けで愚鈍な嘘が宿る者たちによって十字架にかけられるとは、驚くべきことではないか。では、神学者が異端説を裁いても、異端者を処刑しない場合を考えよう（私たちは手ではなく心に剣を持つので、誰かを殺すことは許されない）。行政官は何を裁くのだろうか。疑いなく、その異端説が神学者によって糾弾されることになる異端者だ。だから、神学者たちの間で貨幣の形と同じように意見が分かれているのだから、もし赴く土地の貨幣を持って行かないなら、君はお仕舞いなのだ。つまり、ジュネーヴではカルヴァンに、ザクセンではルターに、要するに、赴く全ての土地の神学者に賛同しなくてはならない。おお、バビロンよ。おお、バビロンの混乱よ。おまえの没落の日を前にして、急いでおまえから離れる者は幸いなるかな。

カルヴァン派とソルボンヌの比較

さて、君はソルボンヌの裁きを非難したりつついたりしているが、そうすることで、聖パウロの警告に耳を貸していない。「すべて人を裁く者よ、弁解の余地はない。あなたは、他人を裁きながら、実は自分自身を罪に定めている。あなたも人を裁いて、同じことをしているからです」〔ロマ二・一〕。ソルボンヌの者たちは、自分たちの権威か利益か名誉を損なう者たちを、宗教という口実の下に裁いている。そして、君たちの民の大部分がすでに目にしているように、君たちが同じことをしているのは確かだ。しかし、このことで違っているのは、君たちはより大きな問題で真実を知りつつ、悪意に満ちているのだから、君たちの方が人を糾弾するのにより大きな悪意を行使している点だ。

セルベトに対する判決

ベーズよ、どんな悪知恵やでっち上げでセルベトが虐げられたか、私たちは知っているのだ。しかし、君たちは彼がスイスの全教会の裁きによって有罪となったと言う。そうであっても、彼が正当に裁かれたことにはならないだろう。ルター派に糾弾されるスイスの教会と同じことだ。いまだに、君たちがセルベトについて言うことは、本当ではない。というのも、私が知ることには、あの訴訟は少数の中心的牧師たちの間で扱われ認められ、彼らはカルヴァンの信奉者だったからだ。血を流す気のなかった他の人々は、迎えられもせず呼ばれもせず意見を言えなかったか、あるいは、不意にセルベト一味と断じられるのを恐れて、敢えて口を開いて意見を語ろうとはしなかった。そして、ごくわずかな者たちが全員の名の下に署名した。行政官に関しては、彼らは一度も助言を求められなかった。しかし、君たちの全ての牧師や教師が賛同したという君の言い分を認めるとしても、それで教会全体が賛同したことになるのかね。それとも、君たちが非難する者たちに倣って教会を言い表し、学問ある人々だけが教会で、民は俗人だということか。おお、極めて不自由な学芸よ。おお、侮辱的な悪知恵よ。おお、下劣で破廉恥な仕業よ。君たちが権勢の初めですでにこんなことをするなら、もし教皇と同じくらい長く治める場合、君たちは何をするだろうか。ファレルの後ほんの二代目の後継者カルヴァンがあえてこんなことをし、まだ存命中のそのファレルも尻馬に乗るくらいなら、彼の後十代目になったら、何をしでかすだろうか。

詭弁家たちの悪意

第五の論証は、幾人もの王侯がその権力を濫用している、という点だ。ここで君は、大きな害悪がそれに伴うにもかかわらず、その意見を変えるべきではないと言っている。そこには、どっちを向いても論争をしかける、抜け目なくて悪意ある技を見てとることができる。他の箇所で君が説いたのは、過ちだけでなく、過ちに伴うことも考慮すべきだということであり、だから、罪がずっと軽く見えても、そこから生じるかもしれない害悪ゆえに、もっと重く処罰されるべきだということだ。ベーズよ、そうすると、害悪が君たちの弁舌によって常に拡大され、将来大きくなるように見えれば見えるほど、君たち神学者が異端者と宣告する者は、ますます重く罰せられなくてはならないことになる。もしたまたま君たちが（君たちの技が習いとしているように）小蝿を象にしてしまうなら、小蝿に罪を為す者は、象を攻撃したかのように、死ななくてはならないことになるわけだ。こうしたことを、君のその摂理は目指している。しかし、ここでは逆に、君は将来のことを考慮するべきではないと言っており、それはつまり、真理ではなくて、相変わらず君の主張に役立てるためなのだ。

残酷さ

君は結果を考慮して、刑罰が犯罪よりも重いことを望んでいるのだから、次には君の残酷さも考えなくてはならない。ところが君はここで、刑罰が除かれも和らげられもしないように、結果が考慮されないよう望んでいる。だから、自分が神の穏やかさや優しさに全く反していることを、君は示しているのだ。なぜなら、神は慈悲を垂れるに素早く、それを千世代にまで広げ給うが、怒りはわずか四世代までだからだ。さらに、もしソドムに十人の正しき者がいるなら、神は町とともにその十人を滅ぼすよりも、町全体をお赦しになることをお選びになった〔創一八・三二〕。いや、十人どころか。たった一人のロトのために、神は処罰を猶予なさり、ロトが町を出るまで、天使たちが町を滅ぼすのを許されなかった〔創一九・一六〕。それが君たちときたら、全ての正しき者たち――さらに自分の兄弟まで――が処刑される方が、敵が彼らとともに救われるよりもきっとよいのだろう。私たちの生きている時代は（カルヴァンが『ミゲル・セルベトの誤謬に抗して』の序文で書いているように）あらゆる悪意と害意の極みに達し、そのせいで悪しき行政官がはびこっている（世界が行政官にそうあるよう定めている）。だから、異端者を殺すために行政官に剣を与える君たちは、（もし彼が君たちの助言を信じようとするなら）彼が異端者と見なしたり神学者たちがそう断じたりする人々を、彼が常に処刑してしまう原因となっているのだ。ところで、行政官は異端者だけでなく、憎しみを生むような真実を口にするキリスト教徒をも異端と見なすだろう。だから、君たちにとって、ソドムの民を赦そうとする方が、彼らと一緒にロトを焼き殺して滅ぼそうとするよりも、より大きな慎重さと優しさを行使することになるのに。しかし、こうしたことについては、神のご加護の下に、毒麦論のところでもっとたっぷり語ることにしよう。

世俗問題と信仰問題の違い

それから君ときたら、圧制とか裁判の腐敗とか剣をふるう自由とかについて、つまり、争点にならない周知の事がらについて、似ても似つかぬ例を引いている。フランスでもイタリアでも、ドイツでも他の国でも、咎められる原因が明白なのだから、暴君は暴君と見なされ、不正な裁判官は不正と、殺人は殺人と見なされる。しかし、宗教には別の道理がある。神を畏れる正しき人が、咎められる原因が分かっている人よりも、いっそう悪人扱いされてしまう。したがって、キリストは二人の強盗の間で、強盗として十字架にかけられることになるが、強盗がキリストと見なされることはない。確かに他の問題では、もし誰かが中傷や過ちから不正に処刑されるようなことが起これば、不正に裁かれたと判断されるだろう。しかし、宗教においては、あべこべになる。不正に処刑されるほど、ますます正しく裁かれたと判断される。それほど、他の事がらではずっと健全で完全な、人々の判断力が、宗教をめぐる裁判では損なわれている。

教会は剣なしで存続しうる

さて、教会の聖職が行政官の助けなしでは存続しえないとの君の言い分については、君たちの教会の話であって、それは慈悲の王でありながら、剣を支えとしている。確かにキリストの教会は、真の使徒たちがいた間は、行政官のこんな助けを持たなかったばかりか、行政官と真っ向から対立しながら、設立され、発展し、そのように維持された。そして、キリストの使徒たちが眠りにつかれると、即座に剣に助けを求めるようになってしまった。

古代の教会の権威

第六の論証は古代の教会の権威についてだが、君の言い分はベリーを中傷しようとした時と同様で、前にそうした中傷には反論したので、繰り返すまいと思う。ところで、この教会に関しては、聖パウロがこう書いている。自分が去った後に、突然残忍な狼どもが入り込んで来て、使徒たちがまだ存命だった頃すでに起こっていたように、真理への反逆が起こるはずだ、と〔使二〇・二九〕。キリストは、エルサレムの苦難の日々の後、たちまち太陽は暗くなり、月は光を放たなくなるだろう、などと言われた〔マタ二四・二九〕。こうしたことから、使徒たちの去った後の教会の状態や状況がどうだったはずか、はっきりわかる。これに加えて、あの時代について書き遺した人々を通して、教会の中に打ち続く大論争があり、どれほど様々な宗派があったかがわかる。だから、今日の諸々の臆見は互いに大きく相反しているけれども、そのほとんど全てがこの古代の教会の権威によって擁護されうる。したがって、君が言ったり引いたりするほとんど全てのことに対して、君の敵は同じ権威を通して反論できることになる。こんな事情だから、私はこの教会の権威によっても、私たちの教会の権威によっても、この裁判を擁護しようとは思わない。こんなやり方では、決して論争が決着することはないだろう。あまねく真実であることには、あの古代の教会がこの最近の退廃から遠ければ遠いほど、私たちの教会ほど抑圧的でなかったのだ。しかし、この論争では、聖書の道理と権威をもって戦いたい。この戦いでは、はね返されかねないどんな槍も投げられないように。

以下に続くのは、示された問題の第三の部分だ。第一に、私たちは異端が処罰されるべきかどうか論じた。第二に、彼らが行政官によって処罰されるべきかどうか論じた。ここで最後に、彼らが死刑に処されるべきかどうか論じよう。

さて、私たちの論証の第一は毒麦の喩に関するもので、それについてベーズは幾つものことを扱い論じているので、私もまたそうしなくてはならない。なぜなら、この喩の中に、私たちの問題全体が表れているからだ。

毒麦の喩についてのベーズの解釈への反論

そのため、友たる読者よ、君にはベーズの言葉と私の言葉を熱心に考えることを求める。もし一度読んだ後で、私の言葉をよく吟味し、熱心に考えたなら、もう一度読み返し、もっとよく考える労をいとわないでほしい。というのも、繰返し読むことは長い文章を読む代わりとなるだろうから。幾人もの魂と肉体の救済が扱われていることなので、とても大切なことで、正しい判断と深い考察に値する。ではまず、ベーズに反論し、それから、神のご加護の下に、毒麦について説明しよう。ベーズの議論の中で、この喩に関する先人の解釈に彼が反論している部分については、私も彼に賛成しよう。論争にはまだ明らかにされていない点が付きものであるから、先人たちがこの喩を十分に解釈しておらず、その解釈をめぐって一致していないことは、私も認めよう。しかし、誰もがこの喩を異端者に結び付けたことでは、彼らは確かに一致していたのであり、雲を透かして見るように、その点に喩の目的を見ていた。

だが、ベーズへの反論に戻ると、まず私が咎めるのは次の点だ。彼は先人のうち、僕や刈り取る者たちを人間の僕とし、彼らを通してキリストがこの世の王国を統べ給うと解釈した人々を非難している。

毒麦の喩の天使は聖霊ではない

ベーズの方では、それは天使・聖霊であって、人間ではないと考えている。なぜなら、全世界に散らばった教会の十分で完全な再浄化は、人間の力で為すには大き過ぎる仕事だからだ。ここでまず、ベーズよ、君は師であるカルヴァンと異なっている。私が彼の言葉から理解できるところでは、彼はこの喩を説明しながら、僕とは、あまりに激しい熱意とあまりに偉大な精神や知性を備えた、人間と考えている。それから、君は思い違いをしているが、人間によって為されるからといって、人間の力で為されるのではない。使徒たちは人間でありながら、死者をよみがえらせたが、それを人間の力で行ったのではなく、彼らのうちに宿るキリストの力で行ったのだ。もしキリストの力が彼の業を完成させうるには小さいと思っているなら、君がキリストの力を軽んじているのは確かだ。

君はもう一つの理由を付け加えて、こう言っている。「もし僕というのが忠実な人間という意味だと思うなら、僕と麦を分けることになる。私が思うに、それはありえないことで、なぜなら、彼らもまた家の父によって畑に蒔かれたのであるから」。これに対する私の答えは、預言者や使徒もまたそこに蒔かれたが、前者は種蒔く人、後者は刈り入れる人と呼ばれる、ということだ。キリストは言われた。「そこで、『一人が種を蒔き、別の人が刈り入れる』ということわざのとおりになる。あなたがたが自分では労苦しなかったものを刈り入れるために、わたしはあなたがたを遣わした」〔ヨ八四・三七―三八〕。確かに、彼らが種蒔く人とか刈り入れる人と呼ばれるのは、彼らが蒔かれたからではなく、他人を蒔いたり刈り入れたりするからだ。学校の教師が、彼自身かつては生徒だったからといって、教師という名を失わないのと同様だ。

しかし、属と種、部分と全体のように、僕は刈り入れる人とは異なる、との君の言い分については（君は全体と部分と言いたかったのだと思うが、君が他のことで私の意思に関してするのとは逆に、君の言葉ではなくその意を汲んでおく）、君がベリーをからかいながら理屈に合わないと否定したのと同じ分け方を使っている。そして、部分と全体のように僕は麦と区別されると言えるものだから、前のページで、君はこの分け方をまたもや取り上げて、僕と麦について語っている。ベーズよ、ここには、自分たちには他人の言い分を認めないことが許されていると考えたがる時の、君たちの技の秘訣が露わになっている。それこそ、どっちを向いても論争をしかけることを教える、詭弁という腹黒い学問だ。しかし、そんなものは、わかりやすい明快な真理の到来によって白日の下にさらされる時、ついに何びとにも知られることになるのだ。

だから、僕が刈り入れる人から区別されるべきだと私は認める。（彼らは皆キリストの僕なのだから）種と属のように、しかしまた、最初の人たちと最後の人たちとして、区別されるべきだ。なぜなら、最後に遣わされる人々によってこの世の最後の全体的な刈り入れが行われるのだから、厳密には彼らこそ、刈り入れる人と呼ばれるからだ。

毒麦の喩の天使は人間である

もし君が全くの魂である内的な人間として霊《エスプリ》という言葉を使うなら、これらの僕や刈り入れる人は霊であると私も認めよう。しかし、それが人間であるということを、私は幾つもの理由から弁護し、証明したい。まず、キリストは聖霊でありながら、「天使たちを助けず、アブラハムの子孫を助けられる」〔ヘブ二・一六〕という理由が挙げられる。それで、キリストは、「神の御前において憐れみ深い、忠実な大祭司となって、民の罪を償うために、すべての点で兄弟たちと同じようにならねばならなかった」〔ヘブ二・一七〕。「この大祭司は、あらゆる点において、試練に遭われた」ので、「私たちの弱さに同情できない方ではなく」〔ヘブ四・一五〕、「試練を受けている人たちを助けることがおできになる」〔ヘブ二・一八〕が、「多くの苦しみによって従順を学ばれ」た〔ヘブ五・八〕。ところで、人間たちが教会を建てられるように、そして、彼らに救いをもたらすために、キリストが人として生まれなくてはならなかったなら、その建立の後に主がお用いになるのは、必然的に人間である。彼らが全ての点でキリストに似ていて、彼に従うことができるからだが、天使ではそうはいかないのは確かだ。このため、キリストが高く昇られた時、「ある人を使徒、ある人を預言者、ある人を福音宣教者、ある人を牧者、教師とされ」、「こうして、聖なる者たちは奉仕の業に適した者とされ、キリストの体を造り上げてゆき、ついには、わたしたちは皆、神の子に対する信仰と知識において一つのものとなり、成熟した人間になり、キリストの満ちあふれる豊かさになるまで成長する」〔エフェ四・一一〇―一三〕。ここで、天使ではなく人間によって、キリストの体がキリストの満ちあふれる完全な豊かさになるまで造り上げられるのを見るがよい。預言者や使徒、教師などは確かに人間であって、ここでは全く天使ではないのだ。そして、あの僕たちの奉仕と刈り入れは、キリストの体を造り上げることに含まれている。刈り入れは諸々の業の最後のものとなるのだから。したがって、僕は人間なのだ。

この点に関して、聖書の幾つもの証言をここで集めることができる。例えば、「あなたがたが地上でつなぐこと」〔マタ一八・一八〕。確かに、つなぐことは人間の務めだ。さらには、「人の子は、その天使たちを遣わし、天使たちは、彼によって選ばれた人たちを四方から呼び集める」〔マタ二四・三一〕。しかし、どこに集めるのか。シオンに、つまり天の正義の町、エルサレムに。だが、人間の言葉を使ってでなければ、どうやって集めるのか。確かにこんなことは人間に属することであって、天使ではない。さらには、「あなたがたも、十二の座に座ってイスラエルの十二部族を治めることになる」〔マタ十九・二八〕。確かに彼は人間に向かって話している。それから、預言者オバデヤいわく。「ヤコブの家は火となり、ヨセフの家は炎となり、エサウの家はわらとなる。火と炎はわらに燃え移り、これを焼き尽くす」〔オバ一八〕。

しかし、とりわけ詩編の証言は明らかで、こう書かれている。「主の慈しみに生きる人は栄光に輝き、喜び勇み、伏していても喜びの声をあげる。口には神をあがめる歌があり、手には両刃の剣を持つ。国々に報復し、諸国の民を懲らしめ、王たちを鎖につなぎ、君侯に鉄の枷をはめ、定められた裁きをする。これは、主の慈しみに生きる人の光栄」〔詩一四九・五—九〕。ここで、神の民、つまり、人間である正しき人々によって、悪人が鎖につながれ処罰されるのを、はっきり見るがよい。それは、毒麦が永遠の業火に投げ込まれる以外の何事でもない。したがって、この刈り入れは人間の手と労苦によって成し遂げられると、必然的に認めなくてはならない。ベーズよ、聖書はとても明快だと叫ぶ君たちが、どれほどひどく間違っているか、知るがよい。君たち自身、神の言葉の僕であることを誇りながら、しかも、ためらいなく他人を火刑に処すほど誇りながら、神に仕える僕たる人間の務めがどんなものか知らないでいる。それなら、君たちが自分の務めを果たしていなくても、驚くにはあたらないな。

宗教裁判では誤り易い

この書物全体を通して私は君の重大な過ちを指摘しているのに、君は自分が落ち度のない善人だと思って、人が他の問題以上に宗教をめぐる裁判において誤り易いことを、まだ敢えて否定しようというのかね。しかし、カステリヨンの序文の言葉を非難するにあたり、君が間違っているだけでなく、意地悪でもあることについては、どう言えばよいのだろう。君は彼の言葉に「お人よし」という二語bon homme を付け足しているが、なるほど君は、お人「よし」ではないな。ここで私は、お人よし、あるいは善人が、信仰において誤り易いかどうか君にたずねはしない。だが、この言葉をカステリヨンの言葉に付け足さなくてはならなかったのは、君の言葉に付け足されたくなかったからなのかどうか、たずねよう。ところで、(君が悪意からそうしたのでなければ)そこでの君の誤りは、次のような彼の言葉を非難していることだ。「殺人や殺人者を擁護した者は誰もいない」。君は、殺人や不義を擁護する、訳のわからぬ放蕩者や再洗礼派に対して、その矛先を向けるがよい。こんなことは誤りだと思うが、仮にそれが本当であっても、そのために、カステリヨンの言葉が非難されるべきではない。さもないと、聖パウロは、「いったいだれが自費で戦争に行きますか」〔Iコリ九・七〕と言ったがために、同じように咎められかねない。それから、彼は、「ぶどう畑を作って、その実を食べない者がいますか」と言ったが、私たちは幾人もの人がそうするのを目にする。さらには、キリストが「自分自身を憎め」〔ヨハ一二・二五〕と命じられたのに、聖パウロは、「わが身を憎んだ者は一人もおらず」〔エフェ五・二九〕と言った。さらには、聖マタイは、「ユダヤ中が洗礼者ヨハネの下にやって来た」〔マタ三・五〕と言ったが、全てのユダヤ人が来たわけではないのは確かだ。同じように、カステリヨンが、「殺人を擁護した者は誰もいない」と言う時、彼は正しい判断力を備えた人々について、良心的に話しているのであって、怒り狂った者や熱狂に駆られた者、怪物じみた者について話しているわけではないのだ。

また、君の言い分によると、裁判では、しばしば無実の人が偽りの証言によって告発されて罪を認めさせられたり、拷問の苦しみで自白を強制されたりして、それで有罪となる。しかし、異端をめぐる公正で正当な裁判では、誰もが口頭で糾弾されるので、同じことは起こりえないとのことだ。おお、ベーズよ、君は何と悪賢く、腹黒く、何とひどく真実をごまかすことか。まず、君は、世俗の犯罪をめぐる偽りの裁判を異端をめぐる正当な裁判と結び付け、偽りの裁判で起こることは正当な裁判では起こりえないと言うけれど、偽りのものどうし、あるいは、正当のものどうしを結び付けるべきだ。さもないと、君なら同じ理屈を使って、一人の身体不自由な男性よりも誰か強い丈夫な女性が存在するからといって、女性というものは男性よりも強いものだ、などと言い出すだろう。それに、カステリヨンはそこで法によって裁くのに伴う危険を論じているのに、君は事実によって裁くのに伴う危険を持ち出しているのだから、意図がまるでずれている。一般的な二つの法が規定されており、その一つは世俗のもので、正しく確かに罪の認められた殺人は処刑されるべし。もう一つは信仰についてで、正しく確かに罪の認められた異端者は処刑されるべし。では、リヨンで捕えられた二人の事例を考えよう。その一人は人を殺した罪で、もう一人は金曜日に肉を食べた罪で告発される。二人とも偽りの証人によって偽りの罪を着せられ有罪と認めさせられるかもしれないし、あるいは、拷問の苦しみで偽りを白状することを強いられたかして、挙句の果てに処刑されるかもしれない。しかし、偽りの証言という危険は、法に則っていない。法は正しく罪を認めさせられる者が処刑されるよう命じているのに、二人のどちらもそうではないのだから。もし法に則して処理されるなら、どちらも処刑されはしないだろう。偽りの証言によって、罪が認められることなどないのだ。拷問や責め苦が正しい法によって推奨されたことなどなく、むしろ悪魔のなせる業だ。だから、こうした裁きは法に則しておらず、むしろ一つの略奪行為であって、他の略奪同様に法によって避けることができる。しかし、二人とも正しく確かに罪を認めさせられた、つまり一人は殺人を犯し、もう一人は肉を食べたと仮定しよう。ここで、ベーズよ、君に尋ねるのは、この二つの犯罪のうちどちらを、リヨンの行政官は法に従ってより上手く裁くのだろうかということだ。彼は異端ではなく殺人の方を上手く裁くだろうと、君が答えるのは分かっている。なぜなら、肉を食べた者は異端者であると──そんなことは異端ではないのに──彼は判断するだろうから。それは、ユダヤ人が上手く強盗を裁くことはできても、キリストは裁けなかったのと同様だ。しかし、この行政官が罪のうち一方は上手く裁けるのに、他方は裁けない原因は何なのか。疑いなく、彼は世俗の裁判には通じているが、宗教裁判にはそうではないからだ。ここで、ベーズよ、両者に相違があり、世俗の事がらよりも宗教問題の方が誤り易いことを知るがよい。さて、もし君が、異端者は殺人者と同じように行政官によって処刑されると法に定めるなら、リヨンの民もジュネーヴの民と同じようにその法に従うだろう。君はまだリヨンの民や行政官たちに──強盗の裁きを許しておきながら──ジュネーヴの民と同じくらい権限があると納得させていないのだ。その上、彼らはジュネーヴの民と同じくらい宗教問題に通じていて、君たちの判断よりも彼らの判断に基づく法で裁くことができるとも、納得させていない。それで、君が法を定める場合には、無実の人が処刑される事態が起こるのだが、もしそんな法が制定されなければ、こうしたことは起こらないだろう。以上が、カステリヨンの判断によると、避けるべき危険だ。しかし、君たちは安全に暮らしているので、他人の危険についてはほとんど気にかけていないな。以下では、君の解釈に反論した後で、こうしたことについてもっとたっぷり語りたい。

毒麦の喩についての誤った解釈への反論

さて、君の言い分では、この喩の天使たちは聖霊だそうだが、私たちはそれが誤りなのを先に論証した。したがって、君の解釈全体が崩れることになる。それから、君は喩の全ての言葉にこだわるべきではないと言うが、それは、君の解釈から重苦しくばかげたことが幾つも生じるので、逃げを打つためなのだ。そして、君は、言葉に精彩を加えるため、三サトンの粉の喩を持ち出すが、この女は誰か、粉とは何か、なぜ三サトンと言われているのか、好奇心を持って探るべきではないと言う〔マタ一三・三三〕。しかし、もし誰かが君には見えない何かをそこに見るなら、君はどう言うのだろうか。キリストが詩人を真似てその言葉で私たちを惑わしたり、無駄なことを出まかせに言ったりすると思うのかね。私の目には、これらの下に隠された偉大な秘密が確かに見えるのだが、君もそれらを見るには、素朴な目を持たなくてはならないだろう。同じく、喩の目的についての君の考察では、君はすっかり盲目になっている。なぜなら、君は僕が天使であると言ってしまったので、麦が毒麦とともに抜かれない危険を主張しながら、可能な限りあっちを向いたりこっちを向いたりしているからだ。君の言い分では、もし神の教えに背く者が教会のこうした完全なる再浄化を始めるなら、教会に大きな損害をもたらすだろうということだ。しかし、ベーズよ、どうか教えてくれ、もしあの僕たちが天使であるなら、この世の悪人全てを処刑してくれるというのに、彼らがどんな損害をもたらすというのか。悪人を殺しながら、同時に天使が善人をも殺してしまうような危険があるだろうか。天使たちがソドムで為したように、世界をそっくり滅ぼそうとするなら、確かにその通りだ。しかし、エジプトのあの王が第一子に対して為したように〔出一・二二〕悪人たちを殺そうとするなら、善人を危険にさらすことなく、善人の中から悪人を容易く選ぶことができるだろう。これを天使たちは個別の問題でしばしば行い、高慢なヘロデやアグリッパ〔使一二・二三。アグリッパ一世。ヘロデ大王の孫。使徒言行録ではヘロデ王と呼ばれる〕などという者たちを殺したりしている。普遍的な問題において、どうして天使に同じことができないであろうか。なぜ聖パウロはガラテヤ人をかき乱す者たちが除かれることを望んだのか〔ガラ五・一二〕。

毒麦とはなにか

ベーズを説得し、論破した今、私たちは喩を用いなければならない。私たちは、誰が僕《しもべ》で、誰が刈り取り人なのかを語った。残るのは、誰が毒麦かを語ることだ。主は、毒麦のことを悪の、すなわち悪魔の子供たち、少し後で、躓きの石、罪びとと呼び、彼らは火のついた大窯の中に投げ入れられるであろうと語った。けれども、永遠の業火の中に投げ込まれるのは、聖霊に対して罪を犯したものたちであろう。というのも、この言葉は真実だからである。「人が犯す罪や冒瀆は、どんなものでも赦されるが、『聖霊』に対する冒瀆は赦されない」〔マタ一二・三一〕。

聖霊に対する罪とはなにか

さて、聖霊に対する罪とは、聖霊に抗うこと、つまり、人間の心の外側ではなく、本心において語る真実のはっきりとした確かな証言を受け入れず、この証言に対して眼をふさぐことだ。身近な事柄を例にとることにしよう。私はマタイの福音書を手に持っている。そしてそれを示して誰かの手に渡す。しかし、夜なので、文字が読めず、彼は私の言うことを信じない。この人は、その本心において語っているので、真実の精神に抗っているわけではまったくない。というのも、この真実は、彼の外側、つまり、それが聖マタイであることを知る私のなかにおいて語っているからである。しかる後に、日が昇り始めて、文字が見えてくる。しかし、ぼんやりとであって、その文字をはっきりと認識できない。もし彼が、それが聖マタイであることを否定しても、彼は真実の精神に対する罪を犯すことにはならない。しかし、だんだんと日の光が増し、彼は文字を認識し、それが聖マタイであることを知る。しかし、野心家であるならばなおのこと、彼は恥を恐れて、説得されまい、論破されまいとし、また、（それが聖マタイであることに金が賭けられているとすれば）金を支払うまいとして、それが聖マタイでないと主張する。私の真理は、すでに彼の本心において語っているのであるから（というのも、彼は不本意ながらもそれが聖マタイであることを知り、かつ信じているのだから）、彼は頑迷者たちのやり方に従うことになる。すなわち、彼はそれが聖マタイであることをはっきりと見ないように眼をそらし、次にそれが聖マタイであることを否定する。あるいは、私の手からその本を奪って泥の中に投げ入れるか火にくべて燃やし、それが聖マタイであることを否定する。あるいはとうとう、自分の本心においてではなく（というのもそれは不可能だから）、もしできるなら他人の心の中でこの真理を打ち砕こうとして、彼は翻って罵詈雑言に転じ、ほかの議論を私に吹っかけ、あるいは私を何らかの罪状でもって告発する。こうした手段によって、真理がかすんで、雲の中に隠れてしまうようにするためだ。この時点で彼は、本心において語っているのだから真理の精神に背いている。これが聖霊に対する罪である。モーセは心の包皮に割礼を施さなければならないと語るが〔申一〇・一六〕、ユダヤの民は無知の夜の中に住んでいて、その言葉を考慮せず、意に介さない。ユダヤの民は、父に対する罪は犯しているが、なお精神に対して罪を犯してはいない。というのも、この真理はモーセの言葉の中で語っているのであって彼らの心の中で語っているのではないからだ。この後に続いてキリストは、このように語る。「わたしについて来たい者は、自分を捨て、自分の十字架を背負って、わたしに従いなさい」〔マタ一六・二四〕。しかし、この言葉はなお聞き手にとって分かりにくく厳しいものであり、この真理は彼らのうちにおいてまったく明瞭に語ってはいない。それは彼らの内ではなくキリストの内にあるのだ。それゆえに、彼らは従わない。彼らは、子に対しては罪を犯しているが、いまだ聖霊に対して罪を犯してはいない。その後、火のようなこの精神が使徒たちの間に広がり、それはキリスト、聖パウロ、あるいはそれ以外の誰かの、新しい情熱的な舌、すなわち、本心からの知恵にあふれた舌によって語り、それは古い人間、つまり、吝嗇、思い上がり、豪奢などすべての罪を断ち切り、キリストという新しい被造物を身にまとうことを提案し、はっきりと示す。そうやってこの精神は、そのことを、君の良心が内面において（君がそう望むまいと）日の光と同様に真であることを認めさせる。この君の良心の証に背かぬように気をつけよ。野心家、吝嗇家、豪奢を好む者どもは、それに背くのだ。というのも、彼らは、説得されることを好まず、快楽を捨てることを拒み、この真理が消滅することを望むからだ。しかし、この真理は彼らの本心において語っているのだから、彼らはそれをそこから消してしまうことは出来ない。彼らはそれを見ることを恐れて、眼を背けたり、わざと眼をつぶったりする。彼らはそれを避け、それについての自分たちの考えを拒絶したり、捻じ曲げたりする。彼らはそのことを語る本を軽蔑する。神に対する畏敬の念にあふれた、神を恐れる人々の話を、彼らは避けたり、話題を変えるとか、新しい出来事について質問するとかして、それを遮ったりする。結局のところ、彼らは学ぼうとしないのだ。他の人びとは、（もし可能なら）自分たちの精神において、あるいはほかの人々の精神において真理を消去しようとして、議論を仕掛け、ソフィストたちの難解な精妙さを振り回して、それはありえない、あるいはそれは必要ないということを示そうと努力する。何人かのものは（彼らは全員のうちで確かに最悪だ）誹謗中傷に頼って、こうした教えを行う人々は異端者であり、だから死罪にふさわしいと叫ぶ。人々が興奮して真理のことをあまり考えないようにするためである。

私はこの罪の特異な例を引くことにしよう。ありふれた出来事については理解を示さない人々も、（もし可能であれば）特異な出来事によって心が動かされるように。カルヴァンはセルベトを、セルベト自身が望まないやり方で批判した上で死刑にした。その後、彼はこの処分の仕方が方々から非難を受けるのを見るに及んで、自分が良いことをしたのだということを分からせようとした。これは自分たちがしたことはすべて良いと思われたいという気持ちを捨てきれないすべての人びとの本性である。そこで彼は『剣で異端者たちを罰する』という書物を書いたのだ。

ところがそのとき、ベリーの撰集《せんじゅう》が現れた。カルヴァンとその共犯者たちは、博学で雄弁、口達者で狡猾、変節漢のテオドール・ド・ベーズを知恵袋に起用した。それは、自分たちの主張を論ずるにあたって、ソフィストたちのあらゆる悪知恵と狡猾さ、曖昧さと曲解と横領とともに、キケロのあらゆる粗悪品をそこに持ち込むためだ。こうしたことは頑迷さのより大きなしるしである。けれども、彼らの意気込みは、ベリーの撰集によってやり込められるどころか、ベーズの雄弁によってますます確かなものになったかに見える。確かに、私は、この毒麦の喩えにおいて（ベーズの偽りと、異端者を殺害するという彼らの一般的な掟のおかげで、私は神のご加護を受けつつそれについて注意深くまた熱心に検討考察を加えた）、神の力を得ながら、非常にはっきりと彼らの誤りを見出すことになろう。そして、いずれにせよ明らかな真理が、自ずと彼らの本心において語り、証することになろう。好きなようにそっぽを向くが良い、ベーズよ、真理から眼を背けよ、思い上がりに身を任せろ、そして、この論争に終止符を打つために、私たちの一族を、あらゆるやり方で排除してみろ（君がいくらがんばったところでそれは処置なしの頑固さの証明にしかならないだろうが）。それでも私は君を説得するだろう。私は何を言っているのだろうか。私が、か。いや、語っているのはむしろ真理だ。真理はその無敵で不可避の証によって君の良心と心と熱意を責めさいなみ、この件《くだり》を読みながら歯軋りして私を生きたまま噛み砕きたくなるほど、君を説き伏せるだろう。あるいはまた、（それはむしろ私が願い神にそうあれとお願いすることだが）、君は意見を変えるべきだ。本当のところを言えば、それは私にとって実現可能な願いというよりは願望であるにしても。

だから、本題に戻れば、最後に永遠の業火に投げ入れられるのは、聖霊に対して罪を犯したものたち、すなわち、行動と思考において、頑迷さから明らかな真理に背き、そのことに最後まで固執するものたちだ。人殺し、姦通の罪を犯したもの、猥雑な輩や追従者は一人も永遠の業火の罰を受けることはないだろう、というのも、子に対するこうした罪のすべては、悔悛をすれば人間には許されるのだから。しかし、こうした罪を犯し続け、真理によって癒されることを望まず、さらに頑迷に真理に背こうとするものは永遠の業火の罰を受けるだろう。どんなに性悪な人間であっても、早くからキリストを信じ、キリストに従えば、永遠の業火の罰を受けることはない。というのも、キリストは、キリストによる癒しを拒まないすべての人びとにおいて、アダムの不服従によってこの世にもたらされたあらゆる罪をお許しになるからだ。何故なら、たくさんの罪がはびこる場所にはそれ以上の恩寵が注がれるからだ。しかし、この頑固さ、この明らかな真理に対する拒絶と頑なな異議は（それは絶対にアダムに起源を持つものではない、というのも、彼はそのような罪をまったく犯さなかったのだから）キリストの癒しを拒み、聖霊を悲しませてそれを拒む。これは永遠に治すことができない。こうしたことから、こうしたものたちだけが聖霊に対して罪を犯すキリストの毒麦と呼ばれるのは明らかである。

異端者についての過てる定義

異端者が死刑になることを望むものたちは、異端者たちを私たちに語るのではなく、異端の罪を桁外れに拡大解釈して、異端の代わりに、聖霊に対して罪を犯すものたちを語るのだ。そのことは、ほかのものたちの言葉によっても、ベーズよ、次のような君の言葉からも明らかだ。「誰にせよ迷うものは、たとえば宗教的な信条において頑迷に道を誤るものは、すでに示したように、異端ではない。しかし、神の言葉によって正しくかつしばしば注意を促されているにもかかわらず、故意に真理を無視し、しっかりした主張をするのではなく、頑迷かつ煽動的に、教会の権威よりも自分の判断にしがみつく者のみが異端である。最終的にこの者は異端なのだ。私たちは、その罪の重さから、神に対して恐れ多くも、また悪意に駆られて罪を犯すものたち同様、彼らを世俗の行政官が裁いたり、ひいては死罪に処したりすることが正当ではないかと思う。というのも、故意の無知は最悪の悪意の表れだからだ。そういうわけで、悪い信仰は、如何に異端であることを否認していようとも、常に異端と結びついており、またひどく頑迷であるから、異端を死罪に処したところで、麦そのものを引き抜いてしまう危険などどこにあるというのか」。これが君の言葉だ、ベーズよ、この中で君は私たちに異端者ではなく聖霊に対して罪を犯すものを語っている。なぜなら、おまえ自身も、そしてギリシア語の専門家たち同様に、「異端」という言葉は頑固さや故意の無知を意味しないことを知っている。君はこの言葉がこんな意味で使われるのを、聖書の中にも世俗の言葉の中にも見出すことは絶対ないだろう。ここから君が、君の本の中で、異端者たちを殺す問題を提起したことで、如何に世の中を欺いているかを見ることが出来よう。君はそこで異端者について書いているのではなく、聖霊に対して罪を犯すものたちを書いているのだ。それにもかかわらず、そうした人々を君は異端者と呼んでいるのだ。確かに、ベーズよ、ベリーも私も、聖霊に対して罪を犯した人々が死罪に値することを否定するわけではまったくない。しかし、私たちは、危険のため、そうした人々を死罪に処する法律を作らなければならないとは思わない——この危険についてはこの件について決着がついたとき語ろう——私たちが異端者たちを死罪に処してはならないと論じるとき、私たちは単に異端者のことだけを語っているのだ。しかし、君は、異端に故意の無知、冒瀆、要するに聖霊に対する罪を付け加えている。このことについて、ベリーは彼の文書の中で論じてはない。君は自分が論じていることを分かっていないか、あるいはそれを知らない振りをしているのだ。だから、私が君の言葉から判断するところでは、君は、異端者という言葉の意味と、聖パウロにおける用法をなおざりにして（確かに、君はその用法に従っていないのだ）、聖霊に対して罪を犯す者たちを異端者と呼び、彼らが世俗の行政官によって死罪に処せられることが正当かどうかを問うているのだ。君の問題はここにあるのだ、ベーズよ、私は答えよう、彼らは、（ベリーは、彼の文書においてこのものたちのことを論じてはいない、というのも、彼は異端者について語っているのであって、君が異端者と呼ぶところの者たちを語っているのではないから）死罪に値すると。しかしながら、私は彼らを死罪に処するためになんらの法律も作るべきではないと思う。彼らと一緒に、良い種子も同時に抜き取られてしまうのを恐れるからだ。こうした危険がどんな点に存しているかを、私たちはたとえ話によって知らねばならない。

毒麦の喩の解釈

「天の国は、（とキリストは言う）次のようにたとえられる。ある人が良い種を畑に蒔いた。人々が眠っている間に、敵が来て、麦の中に毒麦を蒔いて行った」〔マタ一三・二四―二五〕。「人々が眠っている間に」というくだりで、彼は無知の夜のことを語っている。それは真の男たち、すなわち使徒たちが眠ってしまった後にやってくる。この夜について、主は別のところでこう語っている。「誰も働くことができない夜がくる」〔ヨハ九・四〕。そして、「その苦難の日々の後、たちまち（すなわち、エルサレムの破壊の後に）、太陽は暗くなり、等々」〔マタ二四・二九〕、すなわち、真理の光は消えてしまうだろう。しかし聖パウロが言うように、それは一時にはやってこない。なぜなら、乙女たちははじめのうち眠っていたのではなくうとうととしていたから。しかし、結局全員が眠ってしまった。だから、この無知の夜に、サタンが悪意の種をまいた。しかしそれは種まき、すなわち、キリストの教義が蒔かれた後である。

いったい誰を咎ありとするのか

そこからわかるように、すべての悪人が毒麦と雑草といわれているのではなく、ただキリストの教義を聞いた後に悪魔に従うものだけがそう呼ばれるのだ。換言すれば、すべての悪人が毒麦と呼ばれるのではないのだ、そうであればキリストをまったく拒まなかったものすらも永遠の業火に投げ入れられてしまうだろう。そんなことは起こらない。なぜかといえば、キリストを受け入れない限り何びとも救われることがないように、もしキリストを不義によって拒むことがなければ何びとも永遠に罪を受けることはないからだ。さて、キリストがその前に現れることなくキリストを拒むものは誰か。キリストはこのことについてこう語っている。「私が来て、彼らに話さなかったら、彼らに罪はなかったであろう」〔ヨハ一五・二二〕。さらに、「光が世に来たのに、人々は、その行いが悪いので、光よりも闇を好んだ。それがもう裁きになっている」〔ヨハ三・一九〕。こうした理由から、キリストは、裁きの日に、自分を拒むもの以外に罪を課すことはない。「君たちは（と彼は言う）わたしが飢えていたときに食べさせなかった」〔マタ二五・四二〕。どうして彼らは、食べ物をまったく与えなかったのか、彼らはキリストと使徒たちを見なかったのか。だが、ここでは律法に罪を犯すものは、律法なしに亡びるであろうとする聖パウロの言葉を問題にしよう。私はこう答える。彼らは自然的に自分たちの心に刻まれた律法（これは真理である）の働きを持つのだから、もし彼らがこの真理を拒むなら、同様に、そしてなんらかのやり方でまさに真理であるところのキリストをも拒む。しかし、この自然の律法は、キリスト無しに人間を救うためには難解であるから、不義によってこの知識に対して犯される罪は、もしキリストに対する拒みがともにあるのでなければ、人間に永遠の罪を負わせるほど深いものではない。なぜなら、もし、この真理に対する拒みが人間を罪に問うことが出来、真理の受け入れが彼を救うことが出来ないとすれば、それは神の寛大さに反する不正なものだろうから。というのも、神は峻厳である以上に寛大なのだから。こうしたことからキリストは、霊的に死者たち対して説かれたのである。ノアの時代にまったく信仰を持たなかった彼らが、キリストを（キリストは、ノアよりずっと大きな光をもたらし、ノアが信仰を与えることが出来なかった人びとにも信仰を与えることができた）信じることで救われるように、あるいは、キリストを拒むことで罪を課されるようにである。キリストを真に拒む者以外は、罪を課される事はなく、キリストを真に受け入れるものでなければ救われない。だが、だからと言ってキリストを受け入れることに遅くなったり、なおざりにしたりしてはいけない。というのも、これらのことは生前キリストが現れることがなかった人びとに対して言われていることだからだ。キリストは、私たちに現れているのだから、もし救われたいと望むのであればキリストを選ばなければならない。そうではなく、故意に無知を装うものは、キリスト、すなわち真理を完全に拒んでいるのであって、この者は重く罰せられるであろう。

「芽が出て、実ってみると、毒麦も現れた。僕《しもべ》たちが主人のところに来て言った。『だんなさま、畑には良い種をお蒔きになったではありませんか。どこから毒麦が入ったのでしょう』。主人は『敵の仕業だ』と言った」〔マタ一三・二六―二八〕。

神学者と教会の長は驚いた。キリストの教えは良いものであったのに、キリスト教徒の中に悪人が混ざっていたのは、どういうわけだろうか。そのことは彼らの行いから明らかに分かる。彼らに真理が答える。その悪意は、正義のみを説くキリストの教えから生まれたのではなく、悪魔の教えから生まれている。悪人たちと異端が生まれるのは悪魔からだと。

「そこで、僕たちが、『では、行って抜き集めておきましょうか』というと、主人は言った。『いや、毒麦を集めるとき、麦まで抜くかもしれない』」〔マタ一三・二八―二九〕。

ここに獲物が隠れている。ここが私たちの問題の難所である。ツウィングリ、ブーリンガー、カルヴァンとベーズ、そして教会の神学者と長たちは――彼らが良いものたちだろうと悪いものたちだろうと、（というのも、同僚を殴る悪い使用人のような悪人たちもまた使用人と呼ばれるのだから）――行政官が、自分たちが異端者と呼ぶところの悪人やキリストに対する執拗な冒瀆者を罰するべきではないかと問う。彼らは聖書を引いているがそれは何の役にも立っていない。君は私たちが自分自身で毒麦を引き抜くことを望むのか。なぜなら、彼らの手は直接人をあやめることはなくとも、実際彼らは人を殺す法を使って同じことをするのだ。神は律法によって死罪に処すべきとする者たちを殺すべきであるという。ちょうど、ユダヤ人たちがキリストを処刑したように。だが、彼らがキリストの処刑を命ずる律法を引き合いに出したのは、キリストが神の子であると語ったからだ。しかし、ベーズの言葉を吟味しなければならない。彼は不注意にも、また良く考えることもなく、たとえ話のこの件《くだり》を捻じ曲げている。彼は次のように書いている。「しかし、ここでは完全で普遍的な浄化が語られている。主はそれを最後の審判のときまで延期している。なぜなら、使用人たちはこう尋ねてはいないからだ、『あなたは私たちがこちらの、あるいはあちらのはっきりした毒麦を摘み取ることを望むのですか』と。彼はこう尋ねている。『あなたは私たちが毒麦を摘み取りに行くのを望むのですか』すなわち、『私たちが、あなたが世界中に蒔いたこの良い種からこれらの障害を取り除きにいくことを望むのですか』と」。すなわち、ベーズよ、つまり君はセルベトとゼベデ、そしてそれ以外の君が冒瀆者、神に見放されたものと呼ぶすべての者どもが死刑に処されるべきかどうかを問わず、セルベトの特殊な事例から一般的な規則にいたっているのだ、つまり、こうした者どもは普遍的に死刑に処せられるべきであると。こうやって君は、教会の完全で普遍的な浄化を始めている。なぜなら、君の死刑の法は一般的であり、永劫の業火に投げ入れられるべきすべての神に見放されたもの、悪人たちが行政官の手によって死刑に処せられるかどうかは君とは関係ないことだからだ。

何故に毒麦は引き抜かれてはならないか

したがってこの質問に対して真実はこう答える。「いや、毒麦を集めるとき、麦まで一緒に抜くかもしれない」。なぜなら、もし君たちがこの法律を作れば、悪い行政官たちがそれに従うだろう。彼らは、キリスト教徒たちを神に見放されたものと考えているから、彼らを悪人たちと一緒に死刑にしてしまうだろう、つまり、キリストとごろつきを一緒にして。それを良い行政官たちだけに認めようとしても無駄だ、というのも、法は一般的で、全員に適用されるからだ。神が殺人者を死刑にする法を作ったとき、神はこの法律を悪い行政官たちが悪用することを良く見越していた。しかし、神はこの自然の光が悪人たちにも残るだろうことを知っていたので、神は悪い行政官たちにも、彼らにとってはっきりしている事柄の判断を任せたのだ。もし神が、悪い行政官たちが殺人者を裁けないのを見たのであれば、神はこの法を一般化することはなかっただろう。

例　外

誰かがこういうかもしれない。しかし、もし音楽家についての律法を作るのなら、つまり、賞賛されたり貶められたりする人たちについて、その判断を音楽家たちだけに許すのであれば、法は危険ではないだろうと、なぜなら、判断はただ技能に秀でた専門家たちだけに任されているのだから、と。このことは宗教についても当てはまるように見える。というのも、もし良い行政官にだけ悪人を裁くことが許されるのであれば、ことは何の危険もないように見えるから。

反論

これについて私は答えよう。もし善人たちだけが、自分が善人で神を恐れるというのなら、そして音楽家たちだけが自分たちを音楽家と呼ぶのであれば、同じことが起こるであろう。ちがいは、自分が善であると言い張る悪い行政官がいることだ。だから、君が善人たちに認めたことは、悪人たちはすぐさま自分のものとしてしまうだろう。その結果、この法律を作るときに、判断を善人たちだけに託そうと、あるいはすべての人に託そうと、それは結局同じことになってしまうのだ。私は君にもう一つの別な例を話そう。もし、君が、女性と一緒にいて、一緒にいる女性が優美で均整が取れた体つきをしており、このような服を着ているといえば、その場合、貧弱な女がその服を真似て着る危険はないはずだ。というのも、貧弱さがそれはいけないと彼女をすぐさま説得するだろうから。しかし、君と一緒にいる女性がすばらしく貞淑であり、彼女たちがこの服を着ていると君が言うのなら、誰よりも早くもっとも不貞の女性がその服を真似て着るに違いないだろう、というのも、外観からは、眼に見えない純潔さは判断できないだろうから。裁判について、もし君が、殺人を裁くのは誰であれ行政官である、というのなら、危険はないだろう。しかし、異端を裁くものは誰であれすべて良い行政官である、というのなら、すべての行政官が異端を裁こうとするだろう、というのも、すべての人間が、自分のことを善良と思うか、善良と思われたいと願うものだから。ベーズよ、ここに危険があるのだ。この危険のために、主は雑草、すなわち悪人が良い種、すなわち善人と共に残されるように命じたのだ、それは、君の法によれば、実際には悪人ではないが悪人とみなされるものは、この方法によって死刑に処されてしまうから。

もし君が、ではどうしてごろつきや悪党が、悪い行政官によって死刑に処されることが認められているのか、と問うなら、私は、すでに述べたことだがこう答える。ごろつきを外的な事柄で、善悪についての生来の知識の光によって裁くのは、そうした光は悪人の心から完全に消えることはないからだ。そのために、彼らは、犯罪、重罪をキリストの信仰なしに裁くことができるのだ。その上、彼らがごろつきを死刑にするときには、毒麦を抜き取ることはしない。というのも、彼らはごろつきたちを、神から見放されたもの、永遠の業火にふさわしいものとは見做さず、しばしば彼らの救済を願うからである。しかし、君たちが異端者を死刑にするときは、その異端者を、神に見放されたもの、頑迷で手の施しようのない神と真理の敵として、永遠の業火の刑に処すのだ。それは、力ずくで毒麦を引き抜くことだ。

判断を誤らない限り、彼らが犯罪、重罪を裁くのは合法的なことだ。なぜなら、もし君が彼らに捕らえられても、もし君が娘の誘拐を犯していなければ、彼らが君をその廉で罪に問うことはしないだろうから。しかし、異端については、たとえ君が異端でなくとも彼らは君を有罪とするだろう。なぜなら、宗教的な排斥と世俗の犯罪とは同じ理屈ではないからだ。だから、宗教的な訴訟については、信仰なしに裁くことは出来ない。君自身が言っているように、人の子はこの世で信仰を持つことはない。君の師であるカルヴァンは、あたかも信仰など存在しないぐらい、私たちの時代は堕落の極みにあると書いている。主が賢明にも、信仰のない時代は、信仰についての判断と、信仰無しには裁くことが出来ないことがらについての判断を認めないとしても驚くことはない。このことについて、私はすでに従順な人びとには十分かってもらえるような例を引いた。だが、何人かはおろかにも自分たちがかつて犯した間違いを改めることが出来ず、数え切れないほどの証言からほとんど明らかであるような真理を認めることが出来ないし、もっとひどいのは、太陽よりも明白な真実の事柄から眼を背け、それを完全に否定する。だから、私はもっと明白な例をさらに引くことにしよう。愚か者が教えを理解し、悪意のあるものが説得されるように。もし彼らが頑固なままであればどうなるのか。立ち去ってひっくり返るがよい、網に絡めとられ、わなに嵌って骨を折ればよいのだ。

さて、ベーズよ、神に見放されたものどもを死刑に処するための法律ができるようにと君は望んでいるが、新しい法律を作る必要はない、というのも、毒麦を引き抜こうとしてよい麦、すなわちキリストと使徒たちを殺めた書記とファリサイびとたちがすでにそれをしているのだから。ベーズよ、私に言ってくれ、彼らは君の意見と同じなのか、私の意見と同じなのかを。もし君がすべてを否定しないのなら、確かに彼らは君の意見と同じだった。なぜなら、彼らが私たちの意見と同じであったなら、こうした殺人の罪は絶対に犯さなかったであろうから。この不都合に対して、私の知る限り君は何も答えていない。ベリーの序文ではこの点がはっきりと指摘されているのだが。君がいつも激しく食って掛かる教会の人びとについては何をかいわんやだ。彼らが、君の兄弟を死刑にするとき、彼らは君の判決に従うのか、それとも私たちの判決に従うのか。それは君たちの判決だ。彼らはどちらの本をより評価するか。君のかそれともベリーのか。それは君のだ。だが、宗教のために迫害されている君の兄弟は、どの判決を選ぶだろうか。君のものか、それとも私たちのものか。それは私たちのものだ、ベーズよ、そうなのだ。彼らに尋ねてみればよい、そうすれば、拷問の苦しみを知る彼らが感じていることが分かるだろう。鞭と拷問を知らない君は、自分のことの安寧と繁栄に有頂天になり、しゃかりきになって兄弟たちを叩きのめす。本当は君が養わねばならない兄弟を。これはいったいどういうことか。私たちはどちらの判決をより信じるか。キリストとともに十字架に磔にされたものの判決か、それともファリサイ人たちのように、他人に十字架を課すものの判決か。ベーズよ、何か答えよ。さて、この点について、もし敵たちが君の兄弟を裁かなければならないとして、彼らにベリーの撰集とベーズの書物を渡せば、彼らはベリーを捨ててベーズを受け入れはしないか。ベーズを引き合いに出しはしないか、そして彼の意見に従うだろう、ちょうど何人かがすでにそうしたように。そうやって、君は彼らに武力をゆだねたのだ。君の兄弟を死刑にするために。だが、彼らはそれを濫用しているのだ、と君は言うだろう。私もそう思う。これから私が示すように、君たちもそうしている。だけれども、この濫用に備えて、主は毒麦を引き抜く掟を定めることを禁じたのだ。もし君たちや、彼らがその禁止に従えば、君の掟によって引き抜かれるべき幾つかの雑草がはびこることになろうが、同時に、幾つかの敬虔な者たちも生き残ることになろう。畑に種が蒔かれたのは彼らのためであり、主は（あなた方とは違って）、ロト一人がそれと　共に非業の死を遂げることがないようにと、ソドム全体をお認めになるのである。

主の日がおとずれる前に心の隠れた秘密について評価することは不可能であること

さて君たちの話に戻るとしよう、ベーズよ。君たちはいま裁き手の座につき、最後の審判以前に、聖パウロの言葉に反し、心の秘密を裁いている。なぜなら君は、異端者たちが頑に命つきるまで否定しているにもかかわらず、悪しき意識というものは常に異端と結びついていると記しているからだ。

けれども彼らがこのことを、死ぬまで隠しているとしたら、誰がこの心の秘密を君に明かしたのかね。君がそれほど固く隠されたことを分かるまで。最後の審判〔神の光〕が君を強く照らしているのかね。君がそう述べるなんらかの理由を、挙げてみたまえ。君にはそんなものはないのだ。少なくとも推測ならどうかね。もっとないだろう。だが君は、それを神のようにただ言い放っている。しかしながらダビデが、悪しき者どもが神などいささかも存在しないと心のうちで言っていると告げるとき、彼は自分が彼らのいかなる行動からそのことを悟ったか示している。彼は神の精神を持っていたにもかかわらず。だが君は、神の精神もないのに（なぜなら、かくも悪しき霊魂のうちに神の精神が宿っていると誰が考えるであろう）、理由も、それらしき何の徴もなく、君たちが異端者と判断している者たちが常に悪しき意識を有しており、意図的に真理を無視していると敢えて確言する。おお、カルヴァンの徒の慈愛よ！　カルヴァン自身（私の望むに、彼が常に自分の見解を固持して欲しいものだ）、彼は選ばれた者を見放された者から識別するのは、唯一の神のなすべきことであって、私たちのすべきことではないと、教えている。神のそのお務めを君はいま、大胆にも侵害しようとしている。なるほど、思慮にとんだ農夫にして一家の父〔神のこと〕が君の判断を遠くから予見して、毒麦の一掃や根こそぎを君に許そうとしなかったとしても、驚くことではない。

さてところで、ベーズよ、思うに君は、人間がなんの理由もなしにはなにごともなし得ないと認めるだろう。なぜなら君は「誰に利益がもたらされるか」という表現を知っているからだ。それでは君が異端者と呼んでいる人々が死に至るまで頑に彼らの見解に従っている何らかの理由を示すがよい。なぜならその者たちは、あるいは利益のために、あるいは悦楽のためも、またあるいは名誉のために、そうしているからだ。彼らは誤っており、自分たちの良心に反して語りたくないと思っているのか、さもなければ彼らの考えは正しく、自分たちの血で真理を封印しようと望んでいるかである。彼にはそのことで何の実益もない。悦楽などなおさらのことである。名誉はまったくないか、あってもたいしたことはない。多くの者たちはまた、セルベトのように、みなから名誉を傷つけられている。百歩譲って、なん人かは名誉のために拷問を耐えているとしても、だからといって全員がそうであると君は言うことができない。もし君のうちに何かしら慈愛といわないまでも、慈愛の影があったとしたら、彼らが無知によって誤っていると君は判断するのではないだろうか。しかし邪な君たちがどのようにしてただしく語れようか。さてそれでは、セルベトについて、君はどう判断したのかね。故意に道を誤り、悪しき意識をいだいた。なぜならこの男の死後（私が仄聞しているところでは）、ファレルは説教をおこない、その説教の中で彼を地獄に埋めた。もしその男が悪しき心を持っていたのなら、その良からぬ心によって、いのちの無事を得るのではないだろうか。これは（カルヴァンがそう書いているように）ただ恭順の姿勢ひとつですむことだ。だが私は、ベーズよ、私がセルベトの死を耳にし、それもその敵から聞かされ、その著書を読んだが、いかなる悪しき心の徴候も耳にしたり、眼にしたりしうることはなかった。人々が彼の死を語り、彼の書物を保持することを許したまえ。それから人々はそれについて判断するだろう。しかし君たちは彼の書物の出版を何よりも恐れている。その点において君たちは訴訟も罪人と一緒に燃やしてしまう輩にそっくりだ。真実が知られないため、そして人々がただ君たちの指導者のひとりの権威だけに信をおくようにさせるためである。「あの方は言われた」と述べられたことを信ずるように、そうしているのだ。

ベーズよ、ゼベデアやそのほかの人々について私は何を語ったらよかろうか。メランヒトンについては何を語ったら良かろうか。君たちが彼の権威ゆえにひた隠しにしてはいても、異端者とみなしているメランヒトンについては。なるほど君は医師ジェローム〔・ボルセック〕やその他の、メランヒトンの見解に与する異端の徒を裁いた。オジアンダーについてはどう語ればよいだろう。君たちはこのひとを、義認の唯一の点だけが君たちと不同意だという理由で、劫火の中に投げ込んでいる。ザクセンの教会については何を語ったらよいだろう。ザクセン中の教会を、聖餐の点で君たちと一致せず、君たちの教会に対抗して執筆し、教化することをやめないという理由で、君たちはひとしなみに同じ立場に置いているのだ。それでは私たちはこれらの者たちをみな、意図的に、行為から考え方にいたるまで、真実を目につぶっていると考えるべきなのだろうか。このように、ベーズよ、君と君の一党はむしろ意図的にわざと、こうしたことを無視していた。それというのもほかの人々にあっては頑さのいかなる理由も見当たらないのに、君たちにあってはそれが明らかだからだ。なぜかというと君たちは支配を確立し、追風を帆に受けて、安楽と繁栄に酔いしれ、放蕩にふけり、盾をついて他人を足蹴にするので、人々が君たちについて「ただしくあるべき者はしかし、肥えると足でけった。あなたは肥え太ると、頑になり、造り主なる神を捨てた」〔申三二・一五〕と言うのももっともなのだ。ベーズよ、君から目の敵にされ、いの一番に非難される私たち、すなわちベリーと、私たちの仲間を支持する人たちについて、私は何を述べようか。いかなる方策を用いて、君は、私たちが故意に真実を無視しており、悪しき心を持っているということを、私たちに納得させるというのだろうか。なにしろ私たちは自分たちが、そのような頑さを持つという罪を感じていないのだから。私たちはむしろ自分たちが君たちの救いを願っているというはっきりとした自覚を持っており、君たちの救いのために（君たちのこうした並外れた中傷と誤った非難のすべてに反駁しながら）、神に祈っている。しかし君たちはこのことを信じてくれないのだから、神が私たちの心と良心の裁き手となってくれるだろう。さしあたり、ベーズよ、君たちがセルベトやその他の者を公平に正しく裁いたとしてみよう。ジュネーヴの行政官と司祭たちが来年も当時と変わらない人々である、と私たちに誰が約束するのだろう。もし誰か、救霊予定説に関するメランヒトンの見解と、聖餐に関するルターの見解に肩入れする者が、教会において、あるいは元老院において、支配と統治を手に入れるとしたら、どうなるだろうか。その者は君たちの法によって、あらゆるカルヴァン派の徒を死に処さないだろうか。なぜなら、カルヴァンがまだ統治しているのに、こんにちすでに君たちの教会の幾人かの者たちは、彼を異端者と見なしているのだから、カルヴァンの死後はどうなるのだろうか。おお、モグラよりも盲しいたる者たちよ、君たちは自分の危険にさえ気づいていないのだ。だがこうしたことはこれで十分だろう。わずかばかりの言葉でこのことを理解するために、私たちは、神がお見捨てになるのは毒麦であり、盗賊も人殺しも、その他の悪漢も死刑に処せられる時、この者たちが神に見捨てられた存在であるとは見なされないことを明らかにした。だが異端者は、というと、彼らはカルヴァンの法によって神に見捨てられた者であると宣告され永遠の劫火を言いわたされるのであるが、これは最後の審判の日までなされるべきではない。さらに私たちはその中で、同じカルヴァンの法によって、善人も悪漢も死刑に処せられる危険が存在することを証明した。そしてこうしたことがどんな所でも起こり得ることなので、君たちに対しても起こり得ることを、君たちは否定できない。したがってもし君たちがこの危険を好んで追い求めるのなら、君たちもこの危険で身を滅ぼし、他人のために掘った穴に落ちることになるだろう。

収穫人たち

収穫人について言えば、彼らはひとの子から遣わされた人々で、剣によってではなく、彼らの心臓(キリストはそこに十全に宿っておられるだろう)から出てくる、生き生きとした、効果的で熱烈な言葉によって、頑に真理に逆らうすべての頑な輩を燃やすであろう。しかも彼らはこうしたことを善人にとって何の危険もなくおこなうであろう。なぜなら善人は少しも嫌がらずにこの真理に服するだろうからである。しかしここはこれらのことがらをこれ以上長々と論ずる場ではない。

霊魂を殺さないという、第二の論証に関していえば、私たちはすでに十分に答えてきた。なぜなら悪人を処刑する法を制定する場合、彼らの霊魂のことは斟酌しないからだ。外に顕れた大罪のみが（これについては容易に裁くことができる）、外的因子たる剣によって罰せられ、異端者についての論理は別物だからだ。それというのも、まず第一に、カルヴァン派の法を（ベーズはこの法の代弁者である）によって、人々は彼らの霊魂まで裁いている。その彼らの霊魂は、聖霊に対して罪を犯したので（カルヴァンの権力が及ぶかぎり）永遠の責め苦に定められている。さらに、この法全体には私たちが示した危険がある。すなわちこの条件下で怒り猛った人々に剣をわたせば、麦が掻き取られないかという危険である。この危険は、ベーズよ、いかに遺憾であるにしても、君はそれを知っていた。なぜなら君はこう書いているからである。「幾人かの人々が、私たちが怒り猛った人間たちに剣を渡すのではないかと懸念していると叫び、この問題はこの災厄に満ちた時節にほとんど必要ないと判断しているのは、まさしく本当だ。すなわち、幾人《たり》かの人々の権力を、大きくするよりもむしろ抑制すべきであるように思えるこの時節である」。ここで、ベーズよ、もし君が頑な心なくして事態を考察していたら、君は前言を撤回し，覆し、かの種まくひとにしてもろもろの家族の父が避けたいと念じておられるこの危険を恐れていたろうし、君自身の言葉でそれを表明していたことになろう。しかし君は心のうちで頑になってしまった。なぜなら君は続けてこんな風に書いているからだ。「そして今や誰もが、その権力を濫用するかも知れないが、しかしながら真実を隠蔽し、神の定めたもうた言葉を消し去ることは自分たちの意図するところではない」。これは次のように述べるのと同じことだ、ベーズよ、君はあたかも次のように言っているかのようだ。自分たちのこの法を皆が濫用して、この法によって神を畏敬する人々を殺すに違いないのではあるが、そうは言ってもそれらの人たちの命は自分たちにとってそう大切でもないので、自分たちは、彼らへの愛を代償に、この法が制定されるがままにしておこうと思っていた。聖パウロが、ベーズよ、誰かしら欠陥のある者の害になるのを懸念して、完全無欠なひとの間でしか叡智を語らなかった。しかし君、君はこの君の叡智を黙らせるよりも、神を畏れる者をみな危険にさらすほうを好んでいる。そうすることによって、ベーズよ、君は神が定められた境界と限界を取り除いているのだ。なぜなら神は麦が毒麦とともに引き抜かれるよりも毒麦がそのままであることを欲せられたからである。そして君がその境界を踏み越えているのはかくの如くであるが、私たちはさらにそれ以上、君が次のように書いていると聞いていた。「さて、特にかくも放縦なこの時代において、自分たちは、これ以上の入念さ、これ以上の多大な努力をもってすべきことは何もないほど、教会のことに力を注いできたので、福音の真正なる教義が宣言されたのちは、俗世の行政官や教会の規律を保つ任務を負った人々は、彼らの司法と権力の限度をただしく完璧に知悉している」。君はなにを言っているのだ、ベーズよ。君は私たちのこの放縦な時代を、好き勝手と放埓に満ちた時代と呼ぶのか。そしてそれにもかかわらず、君は剣を与えている。君はむしろ剣を奪うべきであろうに。ちょうど、幾人かの善人が混じっている盗賊の大群のなかに、剣と棍棒を投げ入れ、それらを与えるのは善人に対してだけであって、盗賊にではないと叫んでいるようなものであるからだ。だがしかし、それらが全員の手に渡るよりもどちらの側にも渡らない方がどれほどよいだろう。君は行政官に彼らの権力、すなわち異端者を罰する権力がどのようなものか、教えたいのかね。なぜむしろすべての行政官に（君の律法を濫用するであろう者たちだ）誰が異端者か、理解させないのかね。ちょうど、悪漢を処刑する法が定められる以前に、悪漢とは誰かみなに知らされていたようなものだ。キケロは（上述したとおり）、善人でも賢人でもない人々が弁論術を教えられたら、猛り狂った者の手に武器を渡すようなものだ、と記している。ベーズよ、もし君がこのことをキリストから学ぶことを望んでいなかったとしても、なぜ少なくとも君の師匠であるキケロからそれを学ばなかったのかね。なぜ君は、邪な行政官の手にそれらの武器を渡したのかね。君が善人に、すなわち君の仲間にしか剣を渡さなかったと主張するなら、なぜ君たちは自分たちの書物をみなにではなく、彼らのためにだけ書き、彼らにだけ与えなかったのかね。なぜ君たちは、かくも勇敢に、そして焼けつくような心をもって、世界中でそうした炎を燃え上がらせたのか。それから君は、教会の腐敗は王侯たちの無関心と怠慢から発生しているのであって、それは王侯たちが教会の真の司祭としっかり結びついていなかったからだ、と証言している。しかし私は君よりも聖パウロを信ずる者だ。聖パウロはその原因は人々が真理への愛を受け入れなかったからだと述べているのである。なぜなら王侯と司祭とのこの調和と結びつきはなくとも、使徒たちの教会は花開いた。そして剣が鎌に鍛え直されるであろう〔イザ二・一―四〕。その時には最後の教会が、再び花開くであろう。しかし君たちの教会は（君たちの教会は君たちが大声で非難している者から、この同盟と結合を教えられたのだ）、誤りを自ら正すどころか、最初は王侯たちの意に反してかかる連合なくして地位を高めてきたのとは程遠く、いまではまさにその教会が王侯たちの助力のもとに支えられ、徐々に頽廃の途をたどっている。なぜなら私は、君たちがどのような状況にあるか、君たちの説教師が往々にして説教壇で、君たちの行政官の邪意と不正に対して何を叫んでいるか知っているし、カルヴァンが、この世の間近にせまった極端な野蛮状態が見て取れる、と書いたとき、何を考えていたか、分かっているからだ。しかし王侯や行政官があまりにも司祭たちの意のままに動きませんように。間違いなく、私たちはかくもおおくの流された血のために呻くことはなくなるであろう。宗教のために流されたすべての血は、君たちと君たちの兄弟である律法学者やファリサイびとの残虐さのなせる業であるのは、間違いのないことである。そしてその律法学者とファリサイびとたちは相変わらず、今も、キリストをピラトの手に委ねているのだ。

宗教は自由であるべきである

そしてモンフォールの言葉、すなわち「われわれの時代にあって見出され、啓蒙された者は、王侯たちの権力を備えた者の行いを君が認めているように思われない限り、もし宗教を自由にまかせたなら、だんじて暴政には陥らないであろう。しかし君が言うには、人間から裁きの権利を奪うことが可能だった点で、その者は暴君だったのである。それゆえに私は告白するところだが、こうしたことは暴政に属しており、しかしその暴政はまだ始まったばかりで、確立されてはいない」。カルヴァンの暴政とはこのようなものであり、その模倣者は、彼の言葉が託宣として受け入れられる前に、すでに暴政に手を初めており、自分に敢えて反論しようとする者たちが罰せられるような許しを、術数や狡猾さによって、行政官から得ていなければ、かくも素早く暴政に到達しはしなかったろう。それというのもこの方法によって、この者は信頼を非常に勝ち得たので、彼の司教区と帝国の中で、彼に対して大胆にも唸り声をあげたり、口笛でやじったりするひとは誰もいないほどなのだ。そしてこの暴政を嘆くのは私ひとりでなく、君たちのルターもまた、詩篇一八編講解の少し前で、つぎのように嘆いている。「みなから教義を裁く権利をうばう者たちは、背教者のみならず、（キリストがおっしゃったように）泥棒であり、狼であり、山賊であることを自ら明らかにしている。彼らは神のみ言葉を否認するばかりか、神のみ言葉を敵対的な心をもって迫害し、「テモテ後書」第二章での聖パウロの預言、『博士たちと司祭たちは教義と判断と聴衆の検閲をもって、従われるべきであり、服されなければならないし、さらには拘束されるべきである』によれば、反キリストとその治世にふさわしく、できる限り多くの言葉を殺すのである」としている。さらにこの箇所の少し前で、「裁くべ勤めるのみならず、もし私たちが隠さなくなってしまったら、私たちは私たちの兄弟であるキリストを否認してしまうだろう」と告げている。同じルターはその「講解」で、横暴なやり方でプラトン派的な風習が、いまでは「彼は言った」と言わなければならないほどに。根強く受け入れられてしまったことをなげいている。君たちのツウィングリも同じことを「真と贋の教義についての講解」の教会の章で、「コリントの信徒への第一の手紙」第一四章にかんして証言している。「私たちは（と彼は言っている）神のみ言葉がかつては、こんにちとははるかに違った風に論じられたことを明らかに目の当たりにする。なぜなら順序から述べると、預言者に対してばかりでなく、教会の階段に座していた者たちにも同様に、等しく、聖霊が明らかにしたことがらを言葉にして話すことが許されていたのだ。こうした風習がまったく姿を消してしまわなかったら、キリストの教会にかくも多くの誤謬が導きいれられることはなかったろう。なぜならいつの世にも聖霊をつうじて、教化している者の欺瞞的な愛情を不意に襲い、その欺瞞的な愛情はのちに露見して、み言葉は激しい逸脱から解放されることがあるからだ。しかしそこからかかる損失が生じたということは（と彼は言っている）信者全員に属している。このことは私たちに正当に隠されていた……〔ママ〕しかし徐々に、邪なお喋りが——それが誰であろうと——説教壇で垂れ流すものすべてが、すなわち預言者の代わりに、託宣として見なされるまでになって、それを託宣として見なさない者は誰でも、こっぴどくぶちのめされている」。こうしたことをツウィングリは言っている。これらの風習を、ベーズよ、君たちはかの者たちから授受し、徐々に導入し、いまやそれを堅持して、君たちの気に入ることを自由に述べ、しかしながらほかの人々は敢えて口を開く勇気がないほどになっているのだ。こうしたことのために、君たちが私たちを非難するのに同じことをしている君たちがどれほど術数に長けているかが見て取れる。なぜなら私たちの方では、キリスト教徒は感じていることを述べる自由を持つのが望ましいと思っているのに対し、君たちは怪物を導きいれようと望んでいるからだ。けれどもどちらが怪物を飼育することをいっそう欲しているだろうか。言葉が自由であることを望んでいる者か、それとも話すことがその者だけに許されているよう望む者だろうか。もし誰かが律法学者やファリサイびとに対して自由に話せなかったとすれば、いったい誰が私たちの世代の誤謬を見つけただろう。君たちの振る舞いが露見しないようにでなければ、なんのために君たちは人々の舌を切除したりするのだろうか。どのような師匠から君たちはこれらのことを学んだか、教えてみよ。聖パウロ以外の何者かであったかは確かだ。なぜなら彼は耳を傾ける者が裁くことを望んでいるし、なんらかの秘密が啓示される何者かに語ることが許されているのを望んでいられる。君たちがこの教訓を学んだ者〔教皇のこと〕の名前を黙ったことで、君が私たちの仲間を鞭打っていることに関しては、君は君の仲間の中でも手厳しいというものだ。使徒たち自身もローマについて預言したおり、ローマ帝国の治世下にいた人々の生活について（私はそう思っているのだが）斟酌し、曖昧に述べたのであった。もしかかる意図が君たちを不快がらせるとしても、君たちは迫害を拡大しようとしたばかりか、ことさら彼らを動揺させようと、書物を出版したのだから、驚いてはならない。私が思うに、この世が穢れのないものであった時からこの方、行われなかったことである。だが何だって、君たちはこれらの危険から離れた場所に、統治する立場で、繁栄し、順風満帆の身でいる。そのために、君たちは安楽に、気分を良くしているのだから、考えなしにこのようにお喋りをしているとしても、驚くべきことではない。

毒麦の第三の論証に関しては、十二分な答えを得られたと思う。

第四の論証は人間の最大多数を処刑しなければならないだろうというものである。ここで君は申し開きをしようとして、外教徒と道を踏み外した者を異端者から判別すると言っている。

誰が異端説に陥りやすいか

君は好きなことを言うだろう、ベーズよ。私は確かに知っているが——事情はありふれている——、君たちは自分と宗教の問題で意見が一致しない者をみな、異端者と見なしている。私は君たちに対して人々みなにあまりに良く知られていることには口を噤んで、外国で君たちの書籍によって広められたことがらについて話をすることにしよう。そこで答えてもらいたい、なぜ君たちはオジアンダーを異端者と判断するのかね。義認について君たちと一致しないからではないかね。医師ジェローム〔・ボルセック〕についてはなぜかね。救霊予定説で君たちと一致しないからではないかね。ケラリウス

〔マルティヌス・ケラリウス。一四九九―一五六四。再洗礼派〕についてはなぜかね。君たちと幾つかの点で異なっているからではないかね。カエリウス〔不詳〕とカステリヨンはなぜかね。彼らが聖書は今でもなお曖昧で、自分たちは聖書の約束には別の時代を待つと述べ、迫害の点で君たちと正反対の立場にいるからではないかね。君たちの説教師についてはどう言おう。この者たちの大部分は救霊予定説とか、聖餐とか、迫害とかにおいて君たちと意見が一致せず、幾つものその他の点で君たちと反対の立場にいるのだ。結局処刑するにはどのような手筈と手段があるのだろうか。君たちがこれほど強く望んでいる権力をひとたび握ったら、だれが君たちの剣を避けられるだろう。だが君は、異端者のなかにもまた大きな差異と様々な状況があると私に言うだろう。私には君のいうことが良く分かる、べーズよ。とはいえ、君たちと一致しない者は異端者とみなされるべきであるという一定の条項を、君は起草したり、決定したりしてはならないし、このことは人間の生命が問われる限り、なにはさて措きなされるべきであろう。したがって、法律の文言にではなく、判事たちの公正さに、判決を委ねるべきであろう。ところで君たち、あらゆる党派を断罪する君たちが判事になるのだろうか。――さもなくば、私に君たちが断罪しない党派をひとつでも挙げてみよ。そうなれば君たち以外の党派はすべて滅びるに相違ない。君たちに対する人々みなを迫害している、その憎悪に、かのギリシアの技術を付け加えるがよい。すなわち浅はかにして虚偽にみちた技術で、君たちの罪を軽くし、ほかの者の罪を重くするためのものであり、一般に蠅から象を作り出すためのものだ。そして、君は自分たちが君たちの学校《アカデミー》でこの技術を鍛えていたということを否定できまい。この手段によれば、だれかれを問わず、各人の罪は、その内容も、重大さも、君たちの言葉によってでっち上げられるものとなるであろう。それは丁度サルストゥスがアテナイの著述家たちについて、彼らによって賞讃されている人々の徳は、それがどのような徳でどれほどの徳か、優れた精神よって、賞賛されている、その賛美のままにみなされると、書いているごとくである。ベーズよ、君たちは異端者を殺す方法を作っているのだから、法律の、文言を明らかにするとともに君たちと意見を異にする人々が異端と見なされる一定の最悪を定める必要が君たちにはある。そうではなく、もし君たちの公平さと解釈に依存しなければならないとしたら、君たちの憎悪をかった者たちは何と不幸なことか。なぜなら、もし私たちが、先ほどの、ベーズによるベリーの中傷の箇所で、いかにベーズがこの技術の使用に長けているか、十分に論証しているなら、彼の雄弁をもってして、死罪にならないほどの微罪など存在しないであろうからだ。

ここで、彼らがあれほどまでに手に入れようと血眼になっている権力が、彼らに与えられたとしたら、ものごとがどこに至るか理解できるよう、彼らの公正さと解釈のひとつの例を引き合いに出すことで満足するとしよう。

異端者と呼ばれるカルヴァン

私はさきに、モルジュの紛争について言及した〔上記五七ページ参照〕。その紛争が原因でベルンの元老院が、ある判決と決議をおこなったが、その内容は同じく先に著したとおりである。ところで論争は以下のようなものであった。かの地でおこなわれたモルジュのグループの説教師の会合において、「ヘブル書」第五章の章句が採りあげられた。すなわち、ご自身の畏敬もしくは敬虔さゆえに願いをかなえたキリストについてであった。この箇所をカルヴァンは釈義して、キリストが畏れていたことがらゆえに願いをかなえられたとし、この畏れは、ひどい苦しみを課されていたキリストが、ついに苦しみに押しつぶされ、死に呑み込まれてしまうのではないかという危惧のようなものであったと書いている。この解釈を幾人かの説教師は誇張し、それが異端であり、キリストの神性を否定した古代の異端者たちと合致しているとしたのである。

くわえて、数日後、ゼベデはニオンの町で通常の説教をおこなったが、その中で、神の許しと意志を論じ、これらのことを判別しなければならないことを示した。別様に言えば、もし私たちが神の許しとご意志と命令が同じものだと述べ、定めたいと思うなら、この混乱はミサにも、教皇制の全機関をつうじてもけっして存在しなかったような非常に大きな誤謬を生み出すであろう。これらのことによって、ゼベデは民衆にこれらの混濁し悪魔的な教義に注意を促した。そしてこれらの教義は、神のみ心に添わない悪を、神はお赦しにならないことを説くのに用いられている。ゼベデは、キリストは悪霊が豚のなかに入ることをお赦しになったのであって、悪霊にお命じになったのではないことを明らかにしたのだ。

これらのことがらを警告されたカルヴァンとジュネーヴの彼の仲間の説教師たちは、以下のように、ベルンの行政に携わる人々に要望と懇願をした。

ジュネーヴ宗務会のベルン評議会への懇願

「鷹揚にして強い力をお持ちの、いと畏れられたる方々へ。あなた方のお役に立てるよう、私どものつつましい忠告を披瀝させていただいたあとで、私どもに対してあなた方のお国でなされている、単に私どもの人格を貶めるためのみならず、福音と全キリスト教国家を汚辱と嘲弄に曝す、あまりにも度をこえて侮蔑的で法外な話について、あなた方におすがりし訴えさせていただくことをお許しいただきたいと懇願いたします。あなた方もご存じのように、こんにちまでは、私どもは決して私どもの争いであなた方のお手を煩わせたことも、ご迷惑をおかけしたこともございません。それは私どもに損害を与えるべく不当にばらまかれた罵詈雑言をあなた方にご報告する好機がしばしばではなかったからということではございません。そうではなく私どもが、あなた方のお国になんらかの面倒やご心労をおかけするよりも私どもが沈黙している方が、どれほど好もしいかと思ったからでございます。今や私たちは口を開かねばならぬ必要にせまられており、より人間的で、容易な道をとることにより、あなた方がご厚意から、ただ私たちに耳を貸すのみでなく、私たちがあなた方にお知らせするのが順当であると考えた悪を正して下さることを私たちは望む者であります。ここで私どもの尊厳を問題にしているわけではございません。なぜならもし私どもが不当に譴責されたとしても、あなた方のお国では全土で、ちょうど万人に司法への扉が開かれているように、私どもにも司法への扉が開かれているであろうからであります。そうではなく私どもがその者たちについて苦情を述べねばならない当の者たちが、私たちが奉じている教義に対してことさらいきり立っているからであります。これは訴訟にも弁論にも引き出されるべきではないことがらであります。以上が私どもがあなた方のもとに避難所をもとめようと考えた次第であります。

「寛仁なるみなさま、ベルンの国の説教師たちやそのほかの家臣がジュネーヴの異端者の説教師を招聘するとき、聖なる福音書にどのような非難や中傷が向けられているか、あなた方にお示しする必要はございません。なぜならみなさまのご良識をもって、それを見抜いておいでなのですから。教義に関して何らかの諍いが生じる場合には、私どもが信仰の敵たちからかくも機会をうかがわれ、吠えたてられているのを見れば、この者たちの口を封ずるためには、しかしながら、深慮と節度が必要となるでしょう。けれども神が私たち双方に恩寵を賜わり、和合し、しっかりと協調するようにして下さったのですから、私どもを指弾して、大声をあげる者たちを見れば彼らが混乱と騒動しか求めていないことが分かります。しかしそれとともに、彼らが、神が私たちの間に定められた聖なる同盟を壊すための煽動者のような者であることもまた分かります。あなた方の説教師たちは、神のご加護のおかげで、しっかりと意見を一致しておられますが、その方たちが私たちといかに一致しているか、その方たちにお確かめください。もしその方々が、真の友好関係があり、これ以上は望むべくもないほど穏やかな合意にあると明言しないなら、私どもはあなた様方に、特別のごはからいを求めたりはいたしませんから。けれどもその者たちが何らの不和も諍いもないとあなた方に断言するなら（彼らがそうすることを私どもは確信しておりますが）、それは、私どもを中傷する者たちがあなた方のご名誉も、ご利益も、ご休息も求めてはいないということのあなた方のための確かな論拠であるに相違ございません。私どもとしましては、神の真理にもとづき、常にあなた方の司祭とともにあるように努めてきたことを間違いなく証言することが出来ます。このような次第でございますがから、私どもの件をどうか快くお引き受け下さいますよう、お願い申し上げるのでありますが、私どもが求めておりますのは、ただひとえに神の名誉もあなた方のご名誉も維持されることのみなのです。

「ところであなた方にご準備いただきたい事案とはつぎのようなものでございます。モルジュの身分の衆会で、大勢のひとたちをまえにして、ある者が私どもの兄弟であるジャン・カルヴァン師を手ひどく非難したので、彼が異端者として断罪されたという噂が国中にひろく広まりました。異端者という言葉がしばしば繰り返されたためであります。その後、ニオンの説教師ゼベデが、クラン殿のご子息とご息女の婚礼にさいして、私どもが奉じ、私どもの血で署名する用意がある教義について話した折り、説教の最中に、それは教皇制そのものよりもひどい異端説であり、その教義を説く者は悪魔で、ミサを維持する方がましだ、と述べました。その間に、ジェロームと名乗る、あなた方もご存じのように、その誤りゆえにジュネーヴの都市から追放された者が、何のためらいもなく、上記の私どもの兄弟カルヴァンを異端者にして反キリストと呼びました。お考えください、寛仁なるみなさま、私どもが、神の裏切者とならずにこのようなことがらを隠しおおせることができるでしょうか。神は私たちに、聖パウロがおっしゃったように、従順になる人々を教化するためばかりでなく、好んで異を立てる者たちみなに抗するためにも、任を与えられたのです。したがって信仰篤くキリスト教的な君主として、あなた方はこのような事案において私どもに手を差し延ばされ、あなた方の庇護のもと神の教会が打ち砕かれてしまうのを、そしてまた福音が恥辱にまみれるのをお許しにならないことを、強く希望するものであります。なんといっても騒乱も動乱もあえて起こさず、穏やかにあなた方におすがりしているのでありますから。この配慮が、あなた方に、この災厄に対する非常に素晴らしい治療法を実行するよう促す一助となるでありましょうから、その結果、神に栄誉がもたらされ、躓きが一掃され、万事を混乱させる以外のことを要求しない者たちの大胆さが鎮められることでしょう。あなた方の公正さとただしい裁きによっていっそう慰められた私どもは、あなた方に繁栄がおとずれますよう神にお祈りせねばならないでしょう。事実、私どもは神に、あなた方を聖なるご加護のうちに抱いてくださるよう、請い願い、神があなた方にお授けになった権威を、ご自身の栄光のために用いさせて、聖霊とまったき正しさと義によって、あなた方を導いてくださるように、懇願しておりますが、ちょうどそのようにでございます。ジュネーヴにて。一五五四年一〇月四日。

「寛仁なるみなさま、事実をもっとはっきりと知らせるようご命令なさることをご希望ならもし事情が十二分に確たるものになるようご命令されるのがお気に召しましたら、ここで文書にしたためましたように、すべてを立証する用意ができております。うわさが至るところで飛び交っておりますので、このことに関して詳しい取り調べの必要はないではありましょうが。

あなた方のいやしい僕、ジュネーヴの教会における神の言葉の司祭」

ジャン・カルヴァン
アベル・プーポン
フランソワ・ブルゴワン
レイモン・ショーヴェ
ミシェル・コープ

J・ド・H・アンドレ
ジャン・ファブリ

これらの福音主義者たちの請願が、ここ、君の目の前にある。その請願においてまず第一に非難されてしかるべきは、ほかのひとたちが自分たちを誹謗しているのを愁訴していることだ。なぜなら彼らはキリストと使徒たちに倣うべきであって、この方たちはあらゆる侮辱を我慢され、義のために苦しむ者はさいわいであるとおっしゃったのである。しかしこの者たちはぎゃくに、自分たちがよく言われないと不幸であると考えている。そしてそのあと、行政官に対して苦情を申し立てるのだが、これはなはだ不合理なことであって、それというのも行政官は、神学者の意見をつうじてしか、この種の諍いを知るべくもないからである。最後に、対立者たちに前もって告知することなく、すぐさま行政官のもとに赴いたのである。これは確かにキリストが信条となさっていることと、異質であり、かつ反している。

さて、彼らが、ここで自分たちの尊厳を問題にしているのではないと言うとき、彼らの言葉のうちにある偽善と見せかけについて考察するのは、必要なことでもあり、有益でもある。なぜなら彼らが復讐を望んでいるとき、自分たちの尊厳のためにこれをおこなうのではなく、福音の名誉が傷つけられないようにする、自分たちの勤めゆえである、というのが彼らに共通の、日常的なことだからである。なるほど、彼らの職務の方が、なんと使徒たちの職務にまさるかも知れないというのか。使徒の方々は決してこのような手段で、自分たちに加えられた恥辱と中傷に抗したことはなかったし、抗するようお教えにもならなかった。そうではなくこの方たちはむしろ、十字架にかけられ屈辱を受けていることに、誇りをもって歓喜し、打ちのめされたあと宗務会のまえを楽しげに去って行かれたのだ。それというのもこの方たちは、キリストのみ名のために恥辱を耐え忍ぶという名誉に浴されたからだ。しかしこの点にカルヴァンの徒党の悪計があり、ゼベデは単に神の許しについて話しただけだったのに、この者たちはこの問題にはいささかも触れず、あたかも彼らの教義全般を弾劾しているかのごとく、ゼベデを全般的に非難するのだ。私はしばしばこうした中傷を彼らのもとに見出した。もし誰かがどこかの段落の解釈で彼らに異を唱えると、すぐにこの者は聖書全体を断罪していると言い、自分たちの聴衆の脳裏にこのことをたいそう染み込ませてしまうので、彼らと対立している者たちは、もはや聖書を信じてはいないと、少なからぬ者たちがしばしば思い込んでしまうのである。たとえそれが信仰の問題ではなく、単にちょっとした解釈の問題であって、これらの者たちも彼ら自身に劣らず聖書を信じているにしても。さらに、もし誰かが何か彼らに不利なことを述べるとすぐに、自分たちの尊厳に関することは、容易に許すけれども、ここでは神の名誉にかかわる問題であって、背反や不実なくして、それを放っておくことは出来ない、と口にする。そして最終的に万事を自分たちの野心や復讐欲にかられておこなっているにもかかわらず、彼らはすべてキリストのために行っていると主張し、キリストの外套の下にあらゆる自分たちの悪事を隠そうとしているのだ。だが、教えていただきたいのだが、カルヴァンよ、君の調書で言及している君のあれらの敵対者たちが福音と、あらゆるキリスト教圏を屈辱と嘲弄にさらすべく努めている、という君の主張を誰が信ずるだろうか。私たちがそうした蛇のように邪悪な誇張を十分判断できないほど盲目だと思っているのかね。君の慈愛はどこにあるのかね。君たちの「教会」の定義に君たちが慈愛をふくめていなくても、今や驚くべきではない。なぜなら君たちは、君たちの行為と、その結果とによって、君たちの教会から慈愛を追放してしまったことを知らしめているからだ。

欲することと許容することとの相違

だが君自身、ゼベデを中傷する中で真理から遠く離れたところをさまよっていることを、どう思っているのか。なぜなら君の考えでは、自然な感情にも反し、すべての聖と俗の書物における全用法、すべての言葉と、まさに君たちの嘆願での言葉の用法に反して、「欲する」と「許す」が同じことだと信じるに違いない者とは、（君の同類でもなければ）いったいどこの誰であるのか。そしてどうか神が自分の欲されないことを、ご許可なさいませんように。今、君があえて自分にゼベデを中傷する許しを与えているようには。

神のご意志には表と裏があるのであろうか

もうひとつの点に関して言えば、カルヴァンよ、あの人々はその点ゆえに君を異端者と呼んでいるのだが、それは取りも直さず君が「ヘブル書註解」の中でキリストが恐れていたことゆえに神によって聞き届けられた、すなわち苦痛と逆境に埋もれてそのことに押しつぶされるのではないか、あるいは死に呑みこまれるのではないかという恐れによって訴えを聞き届けられた、と書いたためである。間違いない。君はセルベトを生きながら火炙りにしたが、その時の理由と同一の、キリストに関する理由によって、君が異端と呼ばれているのは、神がそうするようお赦しになった、もしくはむしろ神の摂理によってなされたことであった、君が君の法によって罰せられるようにするためであると、私は考えている。なぜなら君は、キリストのこの恐れが選ばれた民の頭上に降りかかることがあるとは思わないと記し、君の『キリスト教綱要』で「確かにこの方は、私たちを驚愕とともに動揺させる、かの恐れを求められているのではない」等々と言っている。しかしながら君はここでキリストをして、重みに負け、死に呑みこまれることを恐れるまでに動揺させているからだ。こうしたことがらが君によってどこまで真摯に語られているのかは、目下のところ議論しないでおこう。ただ君が君自身と矛盾していることを示しただけで十分であろう。

カルヴァンよ、とても苦い胆汁が君を駆り立てているのは分かる。ほとんど抗し難いたいそう頑な怒りが君を苦しめているのが、私には分かる。地の中からアベルの血が君に対し叫んでいる。急いで君自身に眼を転じて、つつましく神に許しを請え。さもなければいかなる救霊予定説も、いかなる選びも君、そう君と君たちの仲間を救うことにならないであろうし、神の怒りが間もなくひどく燃えさかるにまかせ、君たちのうちに枝も根も残ることはないだろう。

カルヴァン派が説く慈愛

本題に戻れば、読者よ、お考えいただきたい、これらの者たちの慈愛とは何か、そして彼らがどこまで宗教の公正かつ忠実な解釈者であるか、もし彼らがあれほど熱望しているものが王侯から与えられたら何が起こるか、すなわち自分たちが異端者だと主張し、判断しているひとたちがそのような者だと見なされたら何が起こるかを。なぜならこの者たちは誰かが自分たちの見解について論議するのを全く望まないし、その見解が誤っていることが明らかになっても、決して譲ろうとはしないからだ。それどころかその見解を託宣として主張し、他人の見解を異端説として断罪して、自分たちに同意しない人々が死罪になるよう行政官に働きかけるのである。しかし神はいささかも罪を欲せられないと主張しているひとたちも処刑されるとなると、誰が逃れられようか。もしこの言葉が異端であるなら、いかなる言葉が（彼らと異なるものである限り、）異端でなくなるのだろうか。

カルヴァン派が説く一致

いまや、彼らが誇り、自分たちのもとには存在するのだと言っている一致とは、彼らは対立者がいる時以外、決して一致しないことが明々白々なのだから、敵対者に対する結託でなくて何であるだろう。さらにこの者たちが一致しているとしても、だからどうだと言うのか。彼らの対立者たちもまた一致しているのではないか。人間は時として互いに合意し、結託してともに真理に逆らうのではないか。お願いだから、読者よ、私がこの者たちの行いを暴いたとしても怒らないでいただきたい。なぜなら偽善者は、それ以上人々を欺かないように、露わにされなければならないからだ。これらの者たちは、間違いなしに、彼らによって暴かれた他の者たちよりも、少しも優れてはいない。

ひとりびとりが何者であるかを明らかにする光は、表に出る必要がある。なぜならこの隠れ場にあっては、何も良いことはないからだ。福音に従って生活していない者たちが見いだされるとしても、だからと言って、福音が打ち捨てられているということを意味してはいない。偽善が人々の間で権力と権威を有しているかぎり、福音は決して白日のもとに君臨することはないであろう。

冒瀆について

君に話をもどそう、ベーズよ、君は冒瀆について議論する過程で、セルベトは冒瀆家であり、しかも故意に（なぜなら君はここで、彼の冒瀆と、無知に由来する冒瀆とを区別しているからだ）冒瀆している、と述べている。健全な判断力を持つ者なら、誰一人として簡単には君のこの言い分を認めないであろう。それというのも君が告発屋だからだ。さらに、君は、君がアカデメイア派と呼んでいる私たちについても同じことを言っているが、その舌の根の乾かぬうちに私たちが確言していること（これはしかしながら、何も確言しないアカデメイア派とは正反対なのだが）を持ち出してくる。すなわち三位一体の知識はひとを全くより良くなどしないという断言である。ところで私は君たちにもう一度繰り返すが、君たちはこの三位一体についての知識によって、確かに、いささかもより優れた人間になどなりはしなかったが、より傲慢になり、その結果より残酷な人間となった。なぜならもし君たちがその知識を知っていなければ決して生きたままひとを焚殺などしなかったろうし、この君たちのかくも恐ろしい事件の掩護射撃のために、君たちが刊行した書物によって欧州全土にこれほどの物議の嵐をひきおこすこともしなかったろう。

自由意志について

さらに君たちは私たちが故意に冒瀆をしている、なぜなら私たちが自由意志を策定して神の恩寵を少なくしているからだ、と言っている。しかしもしこうしたことが冒瀆ならば、君たちがしかしながらその権威をよりどころにしている、古代の教会博士たちは、ほとんどみな冒瀆家であった。私たちについていえば、確かに私たちは、従う者たちを解放され、自由にされるキリストを崇拝している。なぜならそのみ子が私たちを解放され、自由になされれば、私たちは本当に、あらゆる悪から自由になり、解放されるであろうからである。そしてこの点において、私たちは神の恩寵を減じてなど全くないし、むしろ大きくしているのだ。なぜなら自分の子供たちを自由になさるのは神にとって栄誉なことだからである。それゆえに君たちは君たちの本の中でたびたびこれと同じことを教えているのである。

そのうえ、君は私たちが、神の言葉は曖昧で謎めいている、すなわち裏の意味を隠した、難解な文章に満ちている、と嘆いているという。この点では確実に君は中傷しているのだ、ベーズよ、そしてもし私たちが君と同じようになろうと欲していたら、私たちは同じように君が、神の言葉は明晰で明白であることに満足している、と言うことだろう。なぜなら私たちが神の言葉は曖昧であるというのと同様に、君は明断だというし、君が明断であることを嘆かないのと同様私たちも曖昧であることを嘆かないからだ。しかし私たちはまた、(信者たちの祖アブラハムが、神の如何なるご意図でそうせねばならないか知らなかったにもかかわらず、息子を供犠に捧げなければならないことを信じたように) 信者たちが、自分たちの理解するのを待たず、全く理解できないことを信じることで、信仰によって救われるようにと、そしてまた外教徒や邪悪な者たちが躓いて、結果、聖書の内に隠されている真珠や飾り玉の上を素通りしてしまうに至るようにと、神が難解な語り方をされたことは、神の栄光であるとも考えている。

こうした術数や巧妙さによって、ベーズよ、君は誰にせよ異端者と言い、逮捕することができるかもしれない。私たちは他の裁判官に上訴しよう。なぜなら君たちは告発屋であり、キリスト教徒であるよりも、犯罪でないことを犯罪と、小さなものを大きいと表現することを学んだ、キケロ派の徒であることは確かだからだ。

行政官に他国人を罰することがゆるされるのか

しかし偶像崇拝の議論のところで、どんな権利によって行政官が異国の、あるいは他国人の臣民を捕らえたり、襲ったりするのか、と君が尋ねていることに関しては、ベーズよ、君がどこに眼をつけているのか、驚いてしまう。なぜならどんな権利によって、先ごろ、君たちの行政官がかのフランス人の人殺しを攻撃し、捕まえたのだろうか。君はこの男が他国人の臣民であるにもかかわらず、ローザンヌで逮捕するよう命じたではないか。なぜ、同じ権利によって、君たちは、他国人の偶像崇拝者を捕らえる力を持たないのだろうか。君自身ここで、世俗事案の告発と、宗教事案の告発の間に差異を立てているのではないかね。くわえて、セルベトが他国人の臣民であり、君たちの宗教に一度たりとも賛成したことがないことを考えると、どんな権利によってジュネーヴの行政官は彼に襲いかかったのかね。このことは幾人もの再洗礼派についても同様に言うことができるだろう。

宗教の武器

君が行政官の任務は剣によって宗教を守ることであるが、しかしながら行政官は宗教を、武器を用いて拡張させることも伸長させることもすべきではないし、またすることも出来ない、と述べている点については、君は矛盾することを語っている。なぜなら宗教はつねにそれが守られてきたのと同じ武器によって伸長してきたからだ。それが自然にも合致しているのだ。そのあとで、君は自家撞着に陥る。なぜなら君はその前のところで、行政官は異端者の裁判権を持つが異端説のそれは持たないと言った。君はここでも自分のその報告を遵守すべきで、行政官は宗教を守るのではなく、信徒を守るのだというべきである。これなら私は君に譲歩したろう。それというのもクランベールが次の言葉で表明したものと同じ趣旨であろうからである。「あなたたちの肉体の剣によって義なる人々の肉体を守りなさい。しかしその剣は霊魂にまで達しないであろう」。これに加えて、キリストが「あらゆる被造物に福音を説きなさい」とおっしゃっているのを考慮すると、もし宗教が剣によって守られなければならないとしたら、あらゆる被造物をその剣のもと、従わせなければなくなるのである。

教皇派たちは教会に由来しているのか

だが君が、教皇主義者は外部の者たちであるから、つまり彼らが教会の者ではないから、君たちは彼らを我慢し、辛抱すると述べている点については、まず第一に、キリストのみ名を奉じている者たちを教会の外部に追放してしまうほど大胆な君たちの厚かましさに、私は驚いてしまう。だが彼らは偶像崇拝主義者だ、と君は言う。ユダヤ人たちも、偶像崇拝主義者で神の家を盗賊の巣窟にしてしまった。にもかかわらずキリストはかれらを王国の息子たちと呼ばれた。本当のことを言わなければならないとしたら、教皇主義者にとってよりも君たちにとって、偶像崇拝が危険であるとしても、にもかかわらず私は生ぬるい者よりも冷え切った者の方に希望をもつ。さらに、もし教皇主義者が教会の外部にいるなら、君たちはどこで洗礼に与ったのかね。疑いもなく、教会の外でだろう。そうするとなぜ再び洗礼をしないのかね。あるいは君たちはなぜ、このことで、再洗礼派を処刑するのかね。もしや洗礼以外の教皇のその他の業《わざ》をことごとく排斥しながら、再洗礼派を処刑できるように、教皇の洗礼は是認するのではあるまいね。あるいはなぜ、教皇を反キリストと呼びながら、君たちは教皇が神聖な場所にすわっているというのかね。なぜならもし教皇主義者たちが「教会」の外部にいるなら、彼らの指導者は神聖な場所に座していないわけだからだ。

仲間を鞭打つ奴隷は邪である

さらに、自分の仲間の僕を打ちのめす悪しき僕とは誰のことかね。それというのも君には、これが最後の秋《とき》の迫害について述べられたものだということを否定できないだろうからだ。そこで述べられていることによって、主のおいでになるのが長期にわたって遅れる時、その迫害がなされるであろうことは明らかなのだ。ところで、いまや最後の秋《とき》だとしよう。ほとんどみながそう告白しているし、君のカルヴァンも私たちの時代が不法の極みにいたったと書きとめて、それを明示している。もし邪悪が極みにいたって最終段階に達したなら、邪悪は罰せられ、かくして世界の終りが訪れるであろう。ちょうどかつてカナンの民が邪悪の極みにいたって、罰せられたようにだ。したがってもし教皇が教会の外部にいるとしたら、彼は自分の同僚である奉公人を打ち据える、かの悪しき僕ではない。

同じく、トルコ人もユダヤの民もそうではない。彼らは教会に属していないし、宗教を理由にしてキリスト教徒を迫害しているのではないからだ。従って私には、ほかの奉公人に打ってかかり、打ち据えられるにあたいする、この悪しき、放蕩者の奉公人が誰であるのか、君たち以外に思いつくことができないのである。そうでないというなら、私に一人、示してみるがよい。

君が、犯罪が行政官によって罰せられるので、悪徳が行政官によって罰せられるのではないと述べている件については、私は君に、どんな悪徳のことを言っているのか、尋ねよう。なぜならもし君が、人殺しとか姦通、偽証、それに類することの意味で言っているなら、私たちはそれらは行政官によって罰せられなければならないことを認めるが、これは異端者に係わることではない。もし君が、異端者が自分たちの考えていることを教えるのを異端者の罪だと呼ぶのなら、誰もが同じことをしている。なぜなら吝嗇家はおこないと言葉で幾人ものひとたちに吝嗇を教えている。酔いどれは往々にして近隣一帯を堕落させている。そして『通行証（ベネディクトゥス・パサヴァンティウス師の手紙）』を執筆した嘲弄家〔ベーズのこと〕は、君たちの仲間が君たちの小冊子を携行し、宿屋や酒場で、楽しんだり笑いころげたくなって、その小冊子を読み、多くのひとたちに害を与えているのだ。なぜなら悪しき話題は、善き風俗を腐敗させるからだ。そしてこれらの罪はこのようなものであり、とてもはっきりしているので、それを議論することもないほどだ。けれども君たちはそれらの罪を（驚いたことに）眼に入らないふりをしてごまかすが、君たちが異端者と呼ぶ人々の不確かな罪については、君たちはひどく細かいのである。

再洗礼派に対する中傷

修道士と再洗礼派との比較においても君は、相変わらず君らしさを捨てようとしない。つまり中傷家なのだ。君は再洗礼派がものに対するはっきりした所有権〔私的独占所有権のこと〕を排除している、と言う。しかし私の方では、私は彼らがはっきりした占有権を持っていると思う。もし可能ならば彼らはあらゆるものを共有していた（「使徒行伝」に書かれているように）キリスト教徒に倣いたいのである。彼らが君たちの不興をかったとしても驚くべきことではない。君たちはこの種の慈愛を軽蔑しており、そうした慈愛とは無縁のところにあるからだ。彼らが女たちを共有すべく命じていると君が言っていることについては、それは重要な中傷であり、このことは私たちが上記にあるように反駁した。教会の外に世俗の行政官を放逐したと君が言っている点に関しては、彼らは行政官は悪人のためのものであると言っておりそれは真実である。なぜなら行政官も律法も正しいひとに適用されるものではないからである。しかし彼らは邪な人間がいるところでは、行政官を排除などしない。ミュンスターの再洗礼派は行政官を用いたのである。とはいえ、彼らのうちの何人かは、行政官を排除しており、私たちもあなた方におとらず彼らと異なっている。宣誓しなければならないということを彼らが認めない件では、決して誓ってはならないというキリストのみ言葉を彼らが固持しているのであるから、これは悪意よりもむしろ無知に帰すべきである。このみ言葉を彼らがよく分かっていないと君が言うなら、君はその件が曖昧であると認め（たとえ君が、聖書が明晰であることを望んでいようと）、またそのことのために彼らを罰してはならないと認容することになるだろう。聖書の権威についてではなく、その解釈について議論しているのだから。

彼らが訴訟と論争を排除している点については、彼らは、これなくしては暮らしていけない君たちに、このことで大きく優っている。彼らが右手で罪を犯しているとすれば、君たちは左手でより重要な罪を犯しているのだ。再洗礼派はこれに関して聖パウロを師としていて、この方はコリントびとを、彼らが、その兄弟たち相手に訴訟や論争をするぐらいならと、罵倒や損害を甘んじて受けることをしない〔コリ一・六〕ということで、叱っている。同じ聖パウロは君たちを、その腹を神と崇める〔フィリ三・一九〕偶像崇拝者と呼び、そのような者たちは主イエス・キリストにではなく、自分たちの腹に仕えているのだ、とおっしゃっている。ところで、君たちが常に争い、訴訟、論争のうちにいることを、君は否定できないだろう。事態があまりにも明白だからだ。君が、彼らはもう罪をおかさないし、罪びとの赦免を撤廃していると述べている件は、偽りである。なぜなら、神から生まれた人はみな、罪を犯しません〔Iヨハ一・三〕という者は、この者が罪を犯さなかったとは言っていないからである。従って私たちが仕合せに生きるようになれば（君も同様に告白するだろうが）、私たちは罪を犯すことはないであろう。そしてまた私たちはもう「私たちの負債を取り除きたまえ。そしてあなたの王国が参りますように」とも言わないであろう。

しかしながら私たちはこうしたことで罪の赦免を消し去るものではないし、聖パウロが律法を、律法には終わりがあると言って、抹殺するものでもない。なぜなら私たちが来たるべきものとして求めるものはすべて、時として現在のものであったり、過去のものであったりすることになるからである。このようなことであるから、私たちはもう神に何も求めず、それどころかすべてを得て、神に永遠の感謝をささげるであろう。

余　談

君の中傷は、ベーズよ、望んでいたよりも私の足を長く止めさせ、饒舌にさせている。だが君は分の悪い訴訟を弁護しているし、万事に難癖をつけようと欲しているので、非難すべきところのない君の言葉など、一言もないと言ってよいほどだ。君の巧みな語り口と雄弁術は君に思い違いをさせている。君が外教徒から学んだその語り口を、君は不誠実に、真実に反して用いている。しかしもし君が真実に席を譲り、与えられてしかるべきものを与えることをしないなら、近いうちに真実は君を罰するだろう。実際、かくも多くの君の中傷と過誤を反駁しながら、私は、かくも立派な精神がこれほど幾度も、そしてかくも醜悪な失敗をすることがありうるものか、ほとんど信じられない想いで、物思いにふけり、内省していた。しかし再び、入念に事態を考察し、君が不当な訴訟を指揮する弁護人であること、君が憎悪ないしは羨望に魅入られているのを見て、一度真実に背を向けた人間がどのような無分別、どれほど多くの誤りに陥るか、分かった。はじめの些細な誤りが最後にはとても大きな誤りとなるということが真実なら、はじめからたいそう大きかった誤りは最後にはどうなるのだろう。

ユダヤびとの異端者たち

第五の論証に関して言えば、君はモンフォールの意図をまったく理解していないように思える。なぜならモンフォールは、聖パウロがセルギウス・パウルス〔使一三・七〕にキリストの敵であり異端者であるユダヤびとを、みな絞首刑にせよと書き送ったなどということを信じてはならないと書いているからだ。そんなことがあれば彼は、キリスト教にすでに改宗した人々をのぞいて、すべてのユダヤの民をおしなべて処刑しなければならなかったはずであるが、パウロがそのようなことを願ったとは信じがたい。しかし君はモンフォールの言葉を逆転させ、モンフォールはこの使徒がおしなべてとして述べたことを、個別に、ひとりひとりの邪悪な異端者に対することだとしているが、これは本当のことではない。なぜなら彼は名指しで全てのユダヤの民について語っているが、君に言っておくが、この民は（キリスト教になった者たちをのぞいて）おしなべて異端者であったのだ。もし聖パウロが異端者が処刑されることを望まれたとしたら、ご自身キリストとは距離をおこうとされた原因となった、彼らユダヤびとが滅びることをもまた望まれたことであろう。なぜなら彼らは間違いなく異端者、すなわち自分たちの党派や見解に凝り固まった者たちであったからである。

そのあとで君が聖パウロに言及して、この方がガラテア諸州を混乱させていた者たちが根絶やしになるのを望んでおられたと述べているということについて言えば、君は聖パウロと同じ気持ちと考え方で、彼と同一のことを望めるようにするがよい。そうすればいかなる行政官もその思いの内に存在しなかった聖パウロ同様、君がその願望の中で行政官のことを考えたりすることは、必ずやなくなるであろう。したがって私はモーセについて同様のことを言います。願わくは、君たちがモーセの慈愛に倣ってくれますように。しかし彼の内なる精神を持たずして、表面的な行為を真似ようと望んでいるため、君たちのしていることには、律法への熱意ゆえキリストを十字架に掛けたユダヤの民が行ったこと以上のことは何もない。なぜなら人間の真似をする猿がいたとしても、それは猿以外の何ものでもないからである。

時が満ちるまえに告訴すべきではないこと

裁いてはならないという聖パウロの一節を、君は冷ややかに退ける。聖パウロはコリントびとを、ひとりの使徒を他の使徒たちよりも厚遇したことで叱っている。そしてそれは彼らの間で、それぞれにある者が、別の一人に肩入れして買い被り、高慢になって他の者とぶつかっていたからに他ならない。それは秋《とき》が至るまえに内に秘められた心に評価を下すこと以外の何ものでもない。あたかも彼らは「私はパウロの仲間である。パウロは他の人々よりも優れている」と言ったかのようなものだ。このようではないかね。だがパウロの卓越性はどこに存するのだろう。いささかの疑いもなく、心においてである。しかしいつひとの心は知られるのだろう。最後の審判にあたってだ。それではなぜおまえたちは、審判の日のまえに、こころを判断するのかね。このようにパウロの良い面について、最後の審判以前に評価を下すことが、不適切であるとすれば、聖パウロ以外のひとびとを彼に劣るとして、その悪しき面について評価を下すことは、どれほどつつしまねばならないことか。そこでいま、私は以下のような議論をしてみたい。もし、傷つけることも害することもなしに、あるひとりの人間にただ評価を下しただけでコリントびとが咎められるのであれば、ひとりの人間を排斥すべきだとし、それから処刑し、最後には（君たちのもとにある以上）地獄の劫罰に罰する君たちの方がどれほどひどく咎められるべきであろうか。最後の審判のまえに秘められた内心について、誰が君たちに教えたのか。君たちがひとりの異端者を処刑したいと望むとき、ベーズよ、私がさきほど君の言葉で論証したように、時を待たずにその者に有罪の判決を下している。だが果たして君たちは、「セルベトは有罪だ。そして意図的に、承知のうえで、頑に真理に背いているではないか」と、言いうるほど、すでに最後の審判（神の強い光）に照らされたのか。それというのもセルベト自身が自らその良心に基づいて、考えるところにより証言し、この点において死にいたるまで固執していたのだから、一体誰が君にセルベトの心を明らかにしたので、彼が良心に反し罪を犯していると敢えて言いうるのかね。どのような眼で君たちは彼の心と心の秘密を見たのかね。おお、曙の息子、リュシファーよ、彼は神の座にすわりたいと願い、最後の審判のまえに人々の心を裁こうと欲しているが、君は高く登れば登るほど、高きから低きへ、地獄の底に投げ落とされるだろう。

第七の論拠は、なぜなら死の恐怖は偽善者を作るからと、いうことである。しかしモンフォールは異端者を処刑すべきでないというこの論証を、ベーズよ、君が言及しているようには書かなかった。そうではなく人々を信仰に強制すべきでないという論証をしたのだ。そして彼がこの問題について展開している論理に君は反論を加えていないが、私はそれらの論理をここで再び述べようとは思わない。ベリーの撰集で参照できるからだ。

行政官は霊魂について取り調べうるか

さらに、行政官は心を忖度することができないし、外に表れた行為だけを判断するものだと、君が述べている件については、君は自家撞着に陥っている。なぜなら君はさきに、宗教に関わる問題で素朴に、もしくは頑に過っている者は異端者ではなく、故意に真理を無視し無知に走る者だけが異端者なのだ、なぜなら如何に異端者が頑に命の限りそれを否定しても、邪念はいつも異端説とともにあるからだ、と述べていたからだ。君に尋ねよう、ベーズよ、果たして彼は、その頑さゆえにではなく、無知に走り、邪念を求めるがゆえに考えを改めないのだろうか。しかしながら「そのどれに拠るものか彼らは決して明かさないし、いかなる証人もそれを実証できない。彼らを断罪する行政官、あるいは彼らを糾弾する説教師は、どのような証人も持たず、彼らの告白もなしに、彼らの心と良心を裁かなければならないのだろうか。このことはゆいいつ神のみがお知りになる心の秘密を裁くことではないだろうか。二人、ないし三人の証人が立証するのでなければ、何ものかを断罪することを禁ずる法に反して、君たちは行動しているのではないかね。

ツウィングリの死

第八の議論で、君はクランベールに対して声を張り上げている。彼が、幾人ものただしい人たちが、ツウィングリが（しかしながらクランベールは名前を出してはいない）、彼が再洗礼派に対する残酷な行為の罰に、幾人かのほかの者たちとともに戦死するはめになった、と信じていると述べたというのだ。ここで、ベーズよ、君はキケロ風に明言し、ツウィングリをキリストの使徒と呼んでいる。ところがこの男は、君のもうひとりの使徒、ルターが悪魔と呼び、君たちがツウィングリらしさを見せれば、もしこの相互の虐殺者のあいだで何らかの合致点を求めるつもりでいるなら、君たちを同じ数のうちに入れるのだ。君はツウィングリについて、神が私たちから隠そうとお思いのことがらを私たちが探さないように、その死後、裁きをつけなければならないことを否定している。そしていま、君は、神のみがご存じの異端者の心を裁いてしまった。そしていかなる論証にもいかなる証人にも導かれず、彼らを、無知を装い、己自身の良心に背いて罪を犯している者と宣告してしまったのである。ここにこそ君たちの暴力があり、その暴力によって、君たちも君たちの仲間もみなを評価することが許されると望んでおり、君や君たちの評価を他人が下すことは許されていないとしているのだ。確かに私はそれがどのようなものか分かる。肉体に神々しく加えられたどのような例示も、君たちを動揺させることはないほど、君たちは頑固になっている。しかし結局のところ、天が触れた霊魂が君たちの心を動かすであろう。

英国の迫害について

しかし英国に関していえば、君はモンフォールに対して、あたかも彼が義人の災難を喜んでいるかのように、鬼の首でも取ったように雀躍する。これは間違っているのだ、ベーズよ、彼の言葉を君の雄弁術でねじ曲げでもしない限り、そんなことは彼の言葉の内には見いだせないだろう。なるほどモンフォールとともに私たちは、宗教のために苦しめられている人々の災難を痛ましく思っている。そのために彼は宗教を理由に人々を迫害してはならない、と書きとめた――そして私もいま再び、同様に書きとめている――。もし君たちが同じ苦悩と同情に心を動かされていたのなら、間違いなく君たちも同じことを書きとめているだろうに。そう、私たちは、人々を苦しめている災厄に胸のつぶれる思いなのだ。とはいえ私は、彼らが、そして君たちもまた、この例に心を動かされて、今後はもう、他人の良心を縛らないようにして欲しいと思っている。しかし君は彼らが強制したり、束縛していないと言っている。私は君に尋ねたい、ベーズよ、もし誰かが君たちの意志に反してミサを導入したとしたら、それは横暴ではないかね。そしてもしその男が、これに加えて、君たちをミサに列席し、ミサを聞くよう強制したら、その男は君たちの良心を縛っているのではないかね。ところが君は、民衆の意志に反し福音を導入することで、同じことを行なっている。それというのも民衆は、君たちが彼らの宗教を忌まわしく思うのに劣らず、君たちの宗教を忌まわしく思っているからだ。君は、自分たちの宗教は正しく、彼らの宗教は悪しきものだからまったく話が違う、と言うだろう。そこから何が言えるだろう。嫌いな者には何もおいしくない。ワインはおいしい。肉もおいしい。けれども、もし君がワインを漏斗を使って、ワインをまったくたしなまない者の咽喉に流し込んだら、もしくは肉をまったく食さない男の喉の中に棒切れで肉を無理やり押し込んだとしたら、君は質の悪い飲み物や質の悪い肉を与えるのと同じくらいその男を無理強いし、同じくらい悩ませているのだ。汝の口をあけよ（と神は言われる）、そうすれば私は君を満たしてやろう。民衆を教化しようと思う者は、民衆を正義に飢え、渇いた状態に導き、彼らに食欲を起こさせるべきで、嫌悪感をかきおこさせるべきではない。さもなければ、その者は、兵士たちの意志に反して戦いを遂行しようとしたと同様、良い結果を出せないであろう。だが何だって、君たちはキリスト教徒の数をかぞえるのであって、重さを量っているのではない、というのかね。それならば、君たちに頭数はいても、重みがないことに驚く必要はないのだ。間もなく、君たちのこの迫害の教義が何をもたらすか、見えてくるであろう。もし神がその優しさとお慈悲によってそれを正して下さらなければ。

［カンタベリーの司教〔トマス・クラマー。一四八九―一五五六〕が、宗教を事由にウィンチェスターの司教〔スティーブン・ガーディナー。

一四九一—一五五六）を投獄していたが、いまでは後者は解放され、カンタベリー司教の方が幾人かの仲間とともにみずからそこに閉じ込められるはめになった。これがお返しというものだ。こうしたことはすこしも君たちの心を動かさない。英国女王は宗教の事由で幾人もの人々を追放し、迫害したが、けれどもまだ一人として単に宗教のためだけで、死罪にはしていない。このように英国から渡ってきた英国人たちでさえ私に話してくれたし、その他の幾人ものひともそう語ってくれた。私は君よりもこの人たちに信をおく。もし彼女が君たちの考えや見解を信じたとしたら、君たちの仲間をみな処刑させていただろう。でも悲しまないように、ベーズよ、もし君たちの本がかの地に辿りつきえたなら、彼女は、その題材にすでにかなりの関心を持っているうえ、夫もそうするよう促すので、君たちの考えに賛同するよう彼女を説得するのは容易であろう。なぜなら迫害に関する君たちのこの教義はすべての悪しき僕と酔いどれにとって、自分たちの朋輩を打ちのめすための大きな力と権威を有しているからだ。」〔訳者註：以上の「」中の文章はカステリヨンによる第一草稿への加筆〕

英国王エドワード

ところで、君が英国王エドワードをいと聖なる王と呼んでいるのは、実にご立派なことだが、君はこのことで、この聖王の考えとはまったく相容れないところにある自分たちが、毫も聖人ではないことをはっきりと示している。

英国における迫害についての討論

それというのもこの聖王は、死ぬ少し前、三日間にわたって迫害について討論するよう命じたからだ。その討論には王の家庭教師のひとり、ジョン・チェックがいた。このチェックは討論の初めには（君たちの権威に惑わされたのかも知れないが）君たちの党派を迫害することを禁じていた。しかしこの男は、謙虚な人物で、自分自身よりは真実を愛する者だったので、最後には譲歩した。かくして何者も宗教を事由に迫害されないことが命ぜられた。それがこの聖王の王令であって、彼はこの王令を遺言として後継者たちに残した。彼をいと聖なる王と呼びながら、君たちはその後継者たちに、彼らが、この王のかくも聖なる命に従うべきであると言いもし、考えもしているというそれだけの理由で、邪悪で神聖冒瀆者の宣告を下しているのを、少しも恥ずかしく思っていない。君たちの望んでいるこの同盟と結合がなければ、彼らはきっとこんなことをしてはいないだろうに。

古代の教会の権威からとった九番目の論証において、君の言い分によると、昔はいなかった行政官がいるのだから、今では教会を守る別のやり方があるということだ。余所で君はこれらの行政官を、キリストが教会にお与えになった力と呼び、行政官とはこうした力を常に司る者としている。君の精神があまりに活発なのは確かなので、ここで君が悪意よりもむしろ無知によって誤ったなどと、私に思わせることはできない。

デュナメイス δυνάμεις とは何か

デュナメイスとは、（ご存じのように）聖パウロでも他の聖なる書き手でも、「行政官の力」などと呼ばれることはなく、奇跡や不思議な業のもつ「力」とか「効き目」、あるいはまた、「奇跡」や「不思議な業」そのものと呼ばれるからだ。聖書の中でも、それを普通に見ることができる。「『御名によって奇跡をいろいろ行ったではありませんか』と言うであろう」〔マタ七・二二〕。さらには、「お前たちのところで行われた奇跡が、ティルスやシドンで行われていれば」〔マタ一一・二一〕。さらには、「人々が不信仰だったので、そこではあまり奇跡をなさらなかった」〔マタ一三・五八〕。さらには、「そこでは、何も奇跡を行うことがおできにならなかった」〔マコ六・五〕。そして、使徒言行録では、「ナザレの人イエスこそ、神から遣わされた方です。神は、イエスを通してあなたがたの間で行われた奇跡と、不思議な業と、しるしとによって、そのことをあなたがたに証明なさいました」〔使二・二二〕。これらの文章や他の幾つもの箇所でも、デュナメイス（普通は「力」vertus と訳される）とは不思議な業のことであるのを、ベーズよ、君は知らないのだ。聖パウロもいつもこうした意味で使っていて、例えば、自分についてこう言っている。「わたしは使徒であることを、しるしや、不思議な業や、奇跡によって、忍耐強くあなたがたの間で実証しています」〔Ⅱコリ一二・一二〕。さらには、「あなたがたに〝霊〟を授け、また、あなたがたの間で奇跡を行われる方は（……）」〔ガラ三・五〕。確かに、ベーズよ、もし君がこうした奇跡を行政官のことだと思っているなら、君は寝ぼけているか、たわ言を言っているのだ。そして、もし君がこうした言葉を不思議な業や奇跡のことだと（私が思うように）知っていながら、君たちの主張に役立つように、行政官のことだとねじ曲げているなら、君には悪意があり、真理を不正にゆがめている。私が思うに、ここで君は自分の判断よりも、（君の前でそんなことを言った）カルヴァンの判断を利用したのだ。しかし、彼の権威も君の権威も、真理を押しつぶすことはできないだろう。君も知るように、行政官の権威は、聖書においてデュナメイスではなくエクスシア ἐξουσία と呼ばれており、キリストから授かったわけではない。そのことは、聖パウロが、「人は皆、上に立つ権威に従うべきです」〔ロマ一三・一〕と説いていることから明らかだ。キリストは当時の行政官を任命したことなどなく、この世にお生まれになって、それを見い出された。確かに君たちは厚かましく振舞い、力づくで敵を打ち負かそうとして、判決だけでなく、言葉もまた堕落させている。

行政官なき教会

しかし、ベーズよ、もしキリストが高い所に昇るときに人に分け与えられた、あの賜物の一つが行政官なら、霊的な他の賜物が人のうちに分け与えられながら〔Iコリ一二・八―一〇〕、この賜物の方は居場所を持たなかったとはどういうことかね。使徒たちの時代には、言葉とか病気をいやす力とか預言する力とかは、大いに効き目があった。それでは、なぜ行政官もそうではなかったのか。キリストはまだこの賜物をお与えになっていなかったのか、あるいは、お与えになるはずだったのか。しかし、聖パウロは、キリストが「人々に賜物を分け与えられた」〔エフェ四・八〕と言った。では、なぜこの賜物は他の賜物が廃れてからしか、栄え始めなかったのか。「(聖パウロが言うには)預言は廃れ、知識は廃れよう」〔Iコリ一三・八〕。そして、私たちはそれが起こったのを知っている。では、なぜ行政官だけが栄え始めるのか。教会が大いに栄えていた頃にこそ、それは栄えるべきではなかったか。なぜ使徒たちの教会はこの力を欠いていたのか。この力によってこそ、彼らはとても無垢な者として守られるべきだったし、この力なしでは、君たちの教会は存続していられないと君たちは考えているのに。それは、使徒たちの教会が君たちの教会とは異なる備えと守りを持っていたからではないのか。行政官や王侯は剣によって教会を守るべしと告げているような、言葉や証しが何か書かれているなら見せてくれ。イエスは言われた。「わたしはあなたがたを遣わす。それは、狼の群れに羊を送り込むようなものだ」〔マタ一〇・一六〕。なぜ、そこに行政官の救いがないのか。黙示録には、獣を拝み、子羊と戦って決して守ろうとしない、王侯や行政官に対する強い脅しが書かれている〔黙一三・四、一七・一四〕。「幼子、乳飲み子の口によって、主は王たちを鎖につなぐ」〔詩八・三、一四九・八〕。王侯たちの剣による救いについて、何か書かれた言葉があるなら、見せてみるがよい。君は言うだろう。「私が思うに、王侯や行政官はいつか教会の養父のようになるだろう」〔イザ四九・二三〕。それは確かだが、また次のようにも書かれている。「他国の人々が立ってあなたたちのために羊を飼い、異邦の人々があなたたちの畑を耕し、ぶどう畑の手入れをする」〔イザ六一・五〕。その時には、「剣を打ち直して鋤とし、槍を打ち直して鎌とする」〔イザ二・四〕。その頃には、しかし、教会は火に囲まれ、それで危険を免れ安全だろうから、教会を守る剣などなくなっているだろう。教会は役人の代わりに平和を、行政官の代わりに正義を持つだろう〔イザ六〇・一七〕。だが、この世でなければ行政官を使わない君たちときたら、こうした時がこの世に到来するはずだとは考えないのだ。

君はアレイオス(10)を処刑しなかったことで、コンスタンティヌス帝をとがめている。あらゆる点で、聖アウグスティヌスの寛容を非難している。君はコンスタンティヌス帝の死刑令を思い出させるが、古代の教会において信仰ゆえに処刑された者がいたと示すことはできない。この最後の栄誉は、最近の時代に生きる君たちに取っておかれたのだ。主の到来が待ち遠しい中、君たちはやりたい放題で隆盛に酔い（この隆盛以前には、そんなことはなかった）、ついには偽善者に味方しようとして、僕仲間を弾圧しているのだから。どうか神の聖なる恩寵によって、君たちがこうしたことをよく心に刻み、そうすることで悔い改めに至り、来るべき怒りを避けられますように。

ベーズは何に反論しなかったか

これまでベーズはベリーの撰集全体に反論したと考えているが、本当のところ、何も適切に反論していない。真理に基づいてあらゆる事に反駁するようクランベールによって説かれているのに、主要な事がらにまるで触れていない。第一に、ベリーの序文に書かれている危険や危機について、私の知る限り何も言っていない。つまり、異端でない人がそう見なされないかということで、実際それはキリストや使徒たちに起こったことだ。しかし、この危険は、それを避けるために毒麦を育つままにするよう主が命じられたほど、重要なものだ。さらに、ベーズはカステリヨンの議論に何も答えていない。すなわち、同一人物が告発者と判事であってはならないという点だ。告発者となるのは拒めないのだから、別の判事を探さなくてはならないのだ。

さらに、彼はクランベールの幾つもの議論に何も答えていない。だが、キケロ風の嘲りを弄して、嘲笑が反論であるかのように、それらを嘲笑している。

さらに、ベーズは、たった一人で不敬を働いたのに家族みんなとともに石を投げつけられたアカンについて、何も答えていない〔ヨシュ七・二四―二五〕。こうした掟にもし私たちが従おうとするなら、半分ではだめで全面的に従うべきであり、だから、異端者の家族みんなを死刑にしなくてはならないだろう。しかし、自分たちの主張に利用しようとする者たちは、この掟の一部しか選んでいない。

さらに、ベーズは、論証全体が含まれるモンフォールの人物像に、何も答えていない。行政官が異端を裁くことはできないと説くルターの主張にも、何も答えていない。最後に、ベーズはベリーの撰集の最後の部分に、何も答えていない。この部分は霊の子らを迫害する肉の子らに関するもので、この部分によってのみ、問題全体を終わりにし、明らかにし、解くことができるというのに。

この撰集には、ベーズが触れなかったり、跳び越えるようにして軽々しく通り過ぎてしまった点が、他に幾つもある。まるで、畑を耕す農民が砂利や石を耕すことができないので、跳び越えたり、回り道をしてやり過ごしたりするように。実は、そんなこともあろうかと、クランベールは予見していたのだ。

さて、著作の大部分を完成させたベーズは、その主張を唱えて明るみに出し、ベリーが迫害に反対してルターやカルヴァンを敢えて引いたことに真っ先に食ってかかっている。カルヴァンの無節操ぶりや、ましてや残忍さを擁護することができないので、主にベリーを相手に突っついたり噛みついたりしている。カルヴァンときたら、不遇の時期には迫害者を嫌っていたのに、機会が巡って来ると、心変わりをしたのだ。やりたい放題で隆盛に酔い、僕仲間を打ったり叩いたりし始めたのだから。ベーズはカルヴァンのあの不誠実を隠すことのできるどんな口実も見つからないので（他のことなら、弁舌を駆使した嘘ではかなり達者なのに）、できる限りベリーを追求して、カルヴァンは弁護せずにほったらかしている。その点で、道理では自分の立場を弁護できないので、見事な罵詈雑言で敵を追及する放蕩者みたいなものだ。しかし、ベーズよ、骨折り損というものだ。真実を悪口で虐げることなどできないのだから。私たちの裁き手となるのは、キケロが雄弁の光で目をくらますことのできるような、あの敬うべき元老院議員たちではなく、全てをご覧になり、その判断力は正しく完全で、何事も見逃さない神なのだ。

異端者は罰せられるべきかどうか

さて、ベーズから攻撃され責められた私たちの主張を固めた後で、今や順を追って彼の主張と戦い、反論しなくてはならない。では、まず始めに、彼は異端者を罰するべきだと論じ、私たちが逆のことを言ったかのように中傷しているが、ベリーはその序文で、異端者が頑固な場合は徴税人とみなすべきだとはっきり述べている。確かに、ある者が教会内から破門され排除されるのは、一つの刑罰であり、しかもとても重いものだ。しかし、ここで私たちは異端者について論じているのだから、その議論は言葉と実態から成っている。私たちが先に明らかにしたように、常軌を逸したベーズは全く問題の外へ踏み出して、冒瀆者や聖霊に背く者たちについて論じ、それほどにも意地悪く「異端者」という言葉をねじ曲げてしまっている。もし彼が言葉の力や習慣に従って「異端者」を定義していたら、彼のように問題にこだわることが、法でも道理でもかなわないことがわかっただろう。ここに至って異端者という言葉を使いながら、異端者ではなく冒瀆者について論じるなら、そこには無学な人たちを欺く何らかの嘘がある。

異端者ではなく頑固者が破門されるべきこと

さて、使徒が異端者のフィレトやヒメナイをサタンに引き渡して、異教徒や徴税人とみなした時、彼らのために手に入れた破門の法を、ベーズが引き合いに出すのは、使徒に逆らうことになる〔Iテモ一・二〇〕。使徒は異端説ゆえに彼らをサタンに引き渡したのではなく、異端説に固執するがゆえだったのだから、異端者ではなく頑固者が破門されなくてはならないということだ。聖パウロは異端者を避けよとは命じず、「一、二度訓戒し、従わなければ、かかわりを持たないようにしなさい」と命じた〔テト三・一〇〕。つまり、異端説に固執する者のことだ。したがって、そこから異端者を破門にする法を導き出すべきではなく、破門にすべきは、その執拗さがあらゆる罪に通じる頑固者だ。同じことが酔っ払いについても言えて、しかるべく訓戒しても、従わなければ、避けるべきだが、そこから酔っぱらいを破門にする法を導き出すべきではなく、破門にすべきは頑固者だ。

異端者は行政官によって罰せられるべきではない

同様に、ベーズよ、君はこの破門の法を引くことで、問題の他の二つの部分に至る道を自らふさいでしまっている。君自身が説くように、フィレトやヒメナイは破門されて、キリスト教国に属す権利を失い、異教徒や徴税人とみなされた。ところで、君は、異教徒は行政官によって罰せられるべきではないと説いた。だから、破門された異端者は、もはや異教徒によってしか罰せられるべきではないことになる。そして、君の説でも異端者は破門されるべきなのだから、行政官は異端者を罰することができないということだ。したがって、カルヴァンに排除され異教徒とみなされたセルベトをジュネーヴの行政官が罰したのは、異教徒を罰するのと同様の過ちを犯したことになる。セルベトが君たちの教会に一度も属したことがなかったとは言わないとしても。さあ、ベーズよ、真実を告白するか、こうした冷酷な区別を捨てて、本当で確固としたことを何か答えてみよ。さもないと、私か、誰か他の人が（神はそういう人にこと欠かないのだから）、君に反論し論破して、君が頑固者なのが知れ渡ることになるだろう。

私たちは第二の部分にすでに答えていることになる、つまり、世俗の行政官は異端者を罰することができないのだ。しかし、そこから裁判権の混乱が起こるという君の言い分については、君は自分の言葉がわかっていない。もし世俗の行政官がある異端者を罰するなら、彼は教会が破門で罰する者を罰することで、教会裁判権を脅かすことになる。同じように、君たち学校かぶれ《アカデミック》が校則違反をした生徒を校則に従って罰する場合、行政官もその生徒をまた罰しようとするなら、君たちは自分の権利と裁判権が侵されると告発し、他人の領分を軽率にも侵害しようとする行政官を裁判にかけさせるだろう。職人の組合や団体だって同じだ。仕立屋は仕立屋を罰し、床屋は床屋を罰し、靴屋も漁師も医者も、同様に他の全ての職業人が仲間内や仕事上で違反を犯す者を罰するが、行政官は彼らの裁判権を一切おびやかさない。しかし、そこからいかなる混乱も、すなわち（こう言ってよければ）権威の空白も、生じることはない。各々の職業がその権威に基づいて、同業者に掟を定めているからだ。同様に、聖パウロはフィレトやヒメナイやアレクサンドロのような者たちを、誤った意見に固執したため処罰したのであって、大罪を犯したのを考慮したわけではない〔Ⅱテモ二・一七、一テモ一・二〇〕。あらゆる悪意にまみれていても、素行を改めようとするなら、聖パウロは破門にしていない。だが、行政官はバラバを、大罪を犯したがゆえに処罰し、異端説や臆見は気にも留めなかった〔マコ一五・七、ルカ二三・一八〕。アカイア総督のガリオンは、こうした裁判権の区別を君たちよりもよく知っていて、彼のところへパウロを連れてきたユダヤ人たちにこう答えた。「ユダヤ人諸君、これが不正な行為とか悪質な犯罪とかであるならば、当然諸君の訴えを受理するが、問題が教えとか名称とか諸君の律法に関するものならば、自分たちで解決するがよい。わたしは、そんなことの審判者になるつもりはない」〔使一八・一四―一五〕。このように、ジュネーヴの行政官はカルヴァンに言うべきであった。「もしセルベトが何らかの大罪で告発されているなら、耳を貸そう。しかし、言葉の使い方だの意味だのといった問題なら、文法の問題同様、私たちが裁くことはできない。自分たちで彼を捕え、自分たちの法に従って裁くがよい」。もしカルヴァンが、キリスト教徒の行政官はこうした問題を裁くことができるのだから、話は異なると言うなら、神の前で、私は彼にこうたずねよう。カルヴァンは、信仰をめぐる論争の中で、ジュネーヴの長老会の気ままで唯一の裁きに固執したがり、それが何を裁くべきかを予め示すことをしないのか。

何という傲慢さをもって、ベーズよ、君は例を引っ張ってくることか。あたかも神の座に座っているかのように、再洗礼派、セルベト派、シュヴェンクフェルト派、オジアンダー派やアカデメイア派を異端みたいに言うが、君は彼ら全てを永遠の業火の地獄へ送っていることになるのだ。何たることか、ベーズよ、君が地上でつながりをもつ全てのものが天にもつながっているなら、神を畏れながら救われることのできる人がいるだろうか。誰が君に他人の裁判官たれと命じたのか。どうして他人が君を責めるよりも、むしろ君が他人を責めるのか。君たち同様に君たちに裁きを下し、君たちと同じ物差しで君たちを測れる人が、誰かいるのだろうか。

ベーズ流の堂々巡り

例えば、一人のツウィングリ派（君の言い回しを使おう）がいて、ルター派教会の長老たちを招き、彼らの前で、「聖餐式ではツウィングリとともにいるように感じる」と言うとしよう。その時、この教会はどうするか。神の言葉に従って、もう冒瀆しないことを学ぶよう、（他のやり方で改めようとしなければ）彼をサタンに引き渡すのは確かだろう。彼の方は反対に、自ら進んで教会から離れ、幾らかの他の狂信者たちが彼に続くようになり、こうして、反逆が生まれることになる。それから、誰かカルヴァンの弟子が出てきて、カルヴァンが呼ばれてやって来るが、それは教会を裁くためなのだ。彼はルターとツウィングリが聖餐式において誤ちを犯していると言い、手ひどい判決を言い渡す。同じように教会から追われた者がまた、弟子たちを見い出し、こうして別の急進的分派が生まれることになる。ついに、メランヒトンのような人、すなわち有徳で謙虚な人がこうした対立の中で現れ、これらのおぞましい論争とか予定説におけるカルヴァンの忌わしい妄想とかが、まるで必要ないと説くことになる。そして、ルターやカルヴァンによってあまりにも鋭く論じられる諸問題が、素朴な信仰によって和らげられるべきであり、立派な品行に役立つような形で書かれるべきだと説くことになる。義認という言葉については、聖なる許しとともに何かを認めなければならないと説くだろう。さらには、服装だの何だのどうでもよいことで、あまりにしつこく論議するべきではなく、ましてやそのために教会を捨てたり、分裂させたりするべきではなく、何もないよりは幾つか教会がある方がずっとよいのだと説くことだろう。要するに、次のような区別を守れと言うだろう。必要なことでは、確固として揺るがないように。しかし、その他のことについては、教会の求めに応じて、確かな穏健さと公平さをもって、私たちの意見や助言を控えめにするように。こうした忠告がとても気にさわったり、さらにはメランヒトンや教会の他の要人たちにひどく憤慨する人もいるだろう。彼らは、教義であれ儀式であれ、特にこの時代にはいかなる変更も受け入れたり、認めたりしてはならないと叫ぶだろう。彼らは、自分たちに逆らうこと全てを軽蔑し、馬鹿にし、さらには過ちとして咎めたりするだろう。結局、君が何を為そうとも、わざわざ理性をつかって苦悶する以上のことは何もできないのだ。それから、教会を追われた者たちは、隠れ家を探すことになる。逃亡し、右往左往し、何人かの行政官を自分たちの意見に引き込むまで、救いの手や安全な場所を探すことになる。機会をとらえて、彼らの狂信を教える学校を開設することだろう。そして、彼らの唯一のもくろみは、あらゆる穏健な助言や平和な道理をかき乱し、反対しようとすることだろう。そこで、教会は何をするか。彼らの異端説や平和と協調のかく乱に対して行政官の支援を頼む以外に、何を。彼らを罰して、他のかく乱者の見せしめにするよう、行政官に説く以外に、何を。

おお、ベーズよ、他人に死刑判決を下すことのできるような真の教会があるなら、見せてくれ。さもないと、王たちが習わしとするように、教会は領分をめぐって互いに言い争いをすることになろう。君が持ちだすその他の事がらは、いつも似たり寄ったりだ。君の言い分では、教会が悪意ある王侯をもつ時は、常にそれを耐え忍ばねばならないということだ。愛徳の冷めきった近年なら、そうした王侯がいることだろう。では、近年そんな王侯に、自分たちに向けられる剣を渡す君たちは、実に狂っていないか。王侯の不敬虔によって善人が悪人とともに滅んでしまわないよう、用心する方がよいのではないか。神を畏れる一人が処刑されるよりも、千の悪人が生き延びる方がよいのではないか。

どのくらい行政官に従うべきなのか

「人は皆、上に立つ権威に従うべきです」〔ロマ一三・一〕と君が言うことについてだが、なぜ君はこの一節についてのルターの解釈を拒むのか。彼のことを、君は少し前で神の卓越した僕と呼んでいるのに。ルターが説くのは、信仰では人よりもむしろ神に従うべきなのだから、この一節は信仰の外で理解されるべきだということだ。なぜ、この言葉を書いた聖パウロ自身、信仰の件で人に従わなかっただけでなく、ユダヤや異国のあらゆる上に立つ権威に背きながら、信仰を説いたのか。彼が行政官に従うよう書いても、それは信仰とは関係ないということを、彼はこの事実によって十分に示していないか。もしキリスト教徒が信仰において行政官に従おうとするなら、彼らは信仰を捨てるべきだろう。

ベーズは第二の論証において、異端者が行政官によって罰せられるべきだと、神の言葉の権威を通して示そうとし、そこで行政官の務めについて幾つもの事がらを論じている。この点はとても重要で、この問題に大いに役立って助けとなるので、もう少し先まで追求し、より大胆に考察しなければならない。こうした論考は示された問題だけでなく、他の幾つもの事がらにも有益だろう。

法と権力の起源

まず、法や権力や行政官がこの世の罪ゆえに定められているのは、あまりにも明白なので、長ったらしい証明など必要ないくらいだ。もし悪人がいなかったなら、悪人を罰することを論じてもしかたなかっただろう。ところで、法の命じるところは、全て一様というわけではない。ある法は善人に命じられたもので、彼らが世界について抱く自然な知識に基づいている。またある法は神によって定められたもので、幾つもの点で自然の法と合致するが（公正とは、どこでも、誰にも、いつでも、公正なのだから）、しかし、固有なものを幾つも持っている。神がその子を地上に遣わされ、その子に神と霊の法を人の心に刻ませ、人をして真に心から父を崇めるまことの崇拝者にさせようとお考えになった時、神は、霊の正義を暗示する形式をもつ幾つかの習わしと儀式とともにその子を迎えるよう、人に用意させることを望まれた。幼年期が青年期の訪れとともに消え去るように、こうした儀式は神の子の到来とともに全て消えてなくなるべきだった。そして、神は、儀式や神聖な習わしによるのみならず、裁判や世俗の命令によっても、霊への信仰を表現することを望まれた。神が、「脱穀している牛に口籠を掛けてはならない」〔申二五・四〕とお命じになったり、誤って人を殺した者が大祭司が死ぬまでとどまらなければならない、逃れの町を幾つか選ぶようお命じになったり〔民三五・一一、二五〕、奴隷も家畜も休むような安息日をお命じになったり〔出二〇・一〇〕、それ自体で世俗の役に立つその他のことをお命じになったりする時、神は、部分的に新約聖書で私たちに説かれている、霊的なことを求めておられるのだ。そこで説かれていないことだって、同じだ。

キリストによって変更される律法

聖パウロが「キリストは律法の目標であります」〔ロマ一〇・四〕と言った時、青年期が幼年期を完成させるようにキリストが完成させた、法全体について語ったのだ。ここから明らかなのは、キリストの到来によって律法が取り除かれたことだ。キリストが完成をもたらしたのだから、「何一つ完全なものにしなかった」〔ヘブ七・一九〕律法はキリストの登場によって廃止される必要があった。あるいは、〔君がそう言いたいなら）変更される必要があった。「祭司制度に変更があれば、律法にも必ず変更があるはずです」〔ヘブ七・一二〕。（祭司制度の変更はキリストにおいてなされ、彼はアロンではなく、メルキゼデクの命によって祭司となった）〔ヘブ七・一一〕。律法の変更とはすなわち、モーセからキリストへ、文字や肉体から魂《エスプリ》へ、象徴から実体へ、見えるものから見えないものへ、かりそめから永遠へ。ここで誰もキリストを引き裂いてはならない。もしキリストが完全な正義をもたらすなら、彼は律法全体を変更している。そして、もし彼が祭司にして永遠の王、シオンの祝福された者であるなら、祭司や王の務めについて書かれた全てが彼において変更されていなくてはならず、モーセではなく彼に、祭司職やシオンの王国の法をたずねなくてはならない。モーセの律法はキリストの法の象徴だったが、実体が象徴に合うように、キリストの精神はモーセの言葉にかなっている。だから、モーセが目に見える、無分別な犠牲を神に捧げるよう教えたように、キリストは目に見えない、道理にかなうものを捧げるよう教えたのだ。モーセの律法で刑罰が肉体的であったように、キリストの法ではそれは霊的なのだ。そして、モーセでは、神を冒瀆した者が肉体の死によって肉体的に罰せられたように、キリストでは、聖霊を冒瀆した者は魂の死によって霊的に罰せられる。祭司職と統治の、キリストにおけるこの変更は、聖書の中で予言されていた。祭司職については、詩編でこう言われている。「メルキゼデクの命に従って、あなたはとこしえの祭司」〔詩一一〇・四〕。王国については、ヤコブの遺言でこう言われている。「救い主が現れるまで、王笏はユダから離れない」〔創四九・一〇〕。救い主とはキリストのことだ。このため、キリストがお生まれになった時、エドム人ヘロデが王だったが、この時代以後、イスラエルの民はいかなる王も持たなかった。理解されているところでは、イスラエルの民、すなわちキリスト教徒の間には、キリストと、彼が聖油を塗った人たち、つまり真のキリスト教徒の他には、王も祭司もいない。キリストはこれら真のキリスト教徒を皆、祭司や王になされたのだ。これこそ、祭司職とイスラエルの王国の、キリストにおける変更ということだ。

キリストは世俗の国々を滅ぼす

その他の民の統治については、ネブカドネザルが夢に見た像によって明らかなように〔ダニ二・三一―三六〕、キリストが跡形もなく打ち砕いてしまった。その像は石の落下で砕かれたが、その石がキリストなのだ。この像は世界の国々であり、その第四がローマ帝国であることは、ダニエル自身が示している。だから、キリストが世俗の力の境界を取り除いたり、変更したかどうか、ベーズがたずねているのは、とても愚かでくだらないことなのだ。まるで、キリストが使徒の務めを変更したかどうか、たずねるようなものだ。なぜなら、先に彼は、行政官の力が使徒や教会の他の職分と同様にキリストによって定められたと言い、今では、キリストが世俗の行政官の境界を変更したかどうか、たずねているからだ。それはつまり、キリストが自分の設けた職分を変えたかどうか、たずねるのと同じだ。こうした問いかけが愚鈍で無意味なこと、この上ないのは確かだ。しかし、何も無意味なことなどないかのように、ベーズに答えるとしよう。キリストはこの世の罪を取り去ったのであり、罪ゆえに世俗の力は設けられたのだから、罪が取り去られれば、世俗の力も律法もまた取り去られなくてはならないのだ、と。なぜなら、「律法は、正しい者のために与えられているのでは」〔Ⅰテモ一・九〕ないからだ。もしベーズが、「しかし、パウロはローマの行政官を放っておいた」などと言うなら、私は、「ローマの力は、キリストが受け入れられる場所でなければ、キリストによって取り除かれなかった」と答えよう。病気がキリストによっていやされたと書かれていることが〔マタ四・二三〕、キリストの治療を受けた人々によってのみ理解されるはずであるのと同じだ。その治療を拒んだり、信じようとしなかった者たちはいやされなかったのだから。魂の病は悪徳であり、キリストを受け入れる人々においては彼がそれをいやすので、彼らは行政官を必要としない。キリストに属す人々、すなわち、霊《エスプリ》に従って歩み、いかなる大罪も犯さない人々に対して、行政官がどんな権限を持つのか。しかし、肉に従って歩む者たち、つまり、殺人、不義、偽証などを犯す者たちには法が適用され、キリストがすでに到来しようとも、彼らゆえに行政官は必要となる。キリストは、彼を受け入れない者たちのために到来したのではないのだから。暗い牢獄の中に留まろうとする者には、日が昇ろうとも、ろうそくが必要になるのと同じだ。受け入れようとしないのだから、彼にとって、日は昇っていないのだ。しかし、次の真実は変わらない。日が昇れば、ろうそくは必要ないのと同様に、キリストが受け入れられれば、律法は必要ない。聖パウロは次のように言って、このことを説いている。「割礼を受ける人は律法全体を行う義務があるのです」〔ガラ五・三〕。「しかし、善を行う者は力を恐れてはなりません。それは悪を行う者に対して定められているからです」〔ロマ一三・三〕。

行政官は教会の職分ではない

だから、行政官はキリスト教徒に固有のものではなく、耕作と同じくらいあらゆる民に共通する、一つの世俗の職分なのは確かだ。キリストがこの職分を定められたのではなく、この世にいらした時に、それが定められているのを見い出されたのだ。もしキリストがそれを定めたのなら、ピラトに引き渡されないよう守ってもらうために、真っ先に僕として利用したはずだ。その後は、使徒たちにこの助けと支えを持たせたことであろう。使徒たちは純粋無垢な人たちだったのに、キリストはどんな目的で、彼らの後に行政官を残して行かれたのだろうか。彼らは特に、こうした力によって守られるべきではなかったのではないか。キリストは使徒たちに言われた。「あなたがたはわたしのために総督や王の前に引き出される」〔マタ一〇・一八、マコ一三・九〕。だから、明らかにキリストは、人が信仰において行政官に従うよう、望んだのではない。ただ、「皇帝のものは皇帝に、神のものは神に返しなさい」〔マタ二二・二一〕と、つまり、世俗のことでは行政官に、神のことにでは神に従うよう、望んだだけだ。

だから、行政官というこの職分は、キリストの教えに逆らって生きる者たちを罰するために、私たちの教会に確かに必要なのだが、だからといって、教会の職分ではない。耕作が、必要ではあっても教会の職分ではないのと同じだ。この行政官の職分はキリストの教会の設立以前にもあり、使徒たちの教会は、それを必要とせずに、使徒という職分のうちに完成されたのだから。そして、後にキリスト教徒となった王侯たちについては、だからといって、ダビデがイスラエルの民の王だったような意味では、キリスト教徒の王だったわけではない。ベルンの第一行政官がローザンヌの学校《アカデミー》に迎えられても、だからといって、身分のより低いテオドール・ド・ベーズよりも大きな権威を持つわけではないのと同様だ。教師《アカデミック》であることとベルンの第一行政官であることは、同じ人物が二つの役割を引き受けて兼職できるけれど、本来は別々のことなのだ。だから、ベルンの第一行政官がエウリピデス〔前五世紀ギリシアの悲劇詩人〕を論じる権限を持たないのと同様、キリスト教徒の王侯たちは信仰を裁く権限を持たないことになる。彼らもキリスト教徒なのだから、信仰においてはせいぜい他の各信者と同じくらいの権限を持つだけだ。私が確かに思うに、今日ほぼ全ての行政官がキリストではなくローマ帝国の権威にその起源を持つことになったのは、神慮によるものだ。そのため、彼らは頻繁にローマの法か、彼ら独自の法を行使している。聖パウロが（ローマの力が公正に裁くことのできる事がらでは）「人は皆、上に立つ権威に従うべきです」〔ロマ一三・一〕と説いた、上に立つその人々と同様に、行政官は信仰に介入してはならないのがわかっているためだ。さもなければ、もし当時も今も信仰問題で行政官の裁きにこだわらなければならないなら、それは信仰にもとづいてなされるべきだろう。どんな人々が、そしてどれほどの信仰の専門家が、行政官の務めを追い求めるか、私たちは知っている。真のキリスト教徒がどれほど少なく、彼らがどれほど稀であるか、私たちは知っている。神は、一つの町から一人、一つの氏族から五人を集めようと言われたのだから〔エレ三・一四、聖書では「一つの氏族から二人」〕。だから、真のキリスト教徒が悪人を裁くことができると考える人は、まるで狼の群れの中に散らばる羊に対して、狼を制する剣を与えるのと同じようなことを考えているのだ。

ユダヤ教国とキリスト教国の違い

また、キリスト教国の状況は、ユダヤ教国の状況と同じではない。ユダヤ教徒の権勢は、ただ一つの国において顕著であり、殺人同様に、明らかな冒瀆とか、バアル神や偶像に示される敬意について、裁くことができた。そして、有害な行政官でも、律法の明らかな言葉によって、殺人同様、それらの事がらについても判決を下すことができた。しかし、その当時だって、一人のユダヤ教徒以外は誰もユダヤ教について裁くことができなかったように、信仰については、聖職者以外は誰も裁くことができないのだ。もしベーズが、「自分の教会はほとんど全て、あるいは大部分が信仰篤い」などと自慢しようものなら、私は、「そこで真のキリスト教徒は誰で、何人いるか、十分知られている」と答えよう。

私は君自身を証人として召喚しよう。ベーズよ、聖パウロ書簡のカルヴァンの注解について、君は次のように書く、「いったい今の私たちは何者なのか。なんと神に対して恩知らずで、なんと残酷で、なんと多くの悪行を覆い隠すのか。私たちが晒された最大の危険を前にして（君もほとんど例外ではないが）、真実を裏切り落胆しているとは、なんと卑劣なことなのか」と。

ベーズよ、恩知らずに対して、残忍な人に対して、そして真実を裏切る卑劣さと悪意を持つ人々に対しての極刑と同じ判決を、信仰と真理についても下すつもりなのか。君はある人たちを除外する。君たちの間では意見というものが声の大きさや投票で形成されるから、少数の人たちによる判決では裁かない。君たちは少人数の善き部分を認めず、最悪の部分である多人数を是とする。（真実を裏切る卑怯者の間に身を置く）君自身がその証拠である。おお、真実を裏切る卑怯者よ、盲人を導く盲人よ、おお闇の王国よ。光が、君を明るい所に晒し苦しませ、王侯たちの目を開くことだろう。私たちは君が説く行政官の務めに反対する。以下、順々に返答していこう。

キリスト教と王

ベーズよ、君は掟に基づくイスラエル王の職務を力説する。これに対して私の返答は次の通り。神は怒りによってイスラエル人に一人の王を与えた、これがキリストである。キリストを通して神は怒りを静めた。現在、キリスト教徒がキリスト以外のいかなる主人もいかなる王も持たないならば、キリストの公国で（カルヴァンが教えるように）私たちは彼が命じた法と体制に従い皆が結びつく。別の王を求める人々はユダヤ人の模倣者であり、カエサルだけを王とする。正当なやり方で今日までカエサルに仕えるようにしむけられてきた。これに類したことが君たちに起こる可能性がある。王である者は家臣の王であってもキリスト教徒の王ではない。もしキリスト教徒たちがその王の帝国に従うならば、それはキリストの行為にキリスト教徒として従うことではなく、人間として人間の営みに従うのである。文法家たちは王に従うが、それは文法家としてそうするのではない。人間として人間のことがらに従うのである。

ダビデ

次いで君がダビデについて力説していることに対しても、同様である。私たちの王キリストはダビデの後継者となった。しかし、いかなる現世の王もキリストの後継者とはならなかった。なぜならキリストの王国には終わりがないからである。その上、ダビデは神から教唆を受ける「預言者」だった。法律に基づかない幾つものことがらを掟のように自由に行使した。悪い王たちには、そんなことは許されていない。ダビデは神の箱を運び、文書を秩序づけ、寺院の建設資材を調達した。彼の後継者たちに同じようなことが許されたならば、大罪への道が開かれたであろう。同じことだが、今日の君たちは、このダビデの地位に王侯と行政官を、君たちの普通の法律で位置づける。君たちはそれを後悔することになるだろう。他人のために掘った穴に、自分が落ちるはずだ。なぜなら彼らは君たちに命令を下すはずだ。君たちが彼らの手に置いたはずの剣が、君たち自身に向けられることになる。

君が示すソロモン、アサ、そして他の王たちについても、同じことが言える。彼らは「肉」からすればイスラエル人で、法律の明白な言葉、つまり「肉」によって、判決することができた。今日、行政官はローマ人の後継者であり、市民の掟から出た言葉によって市民のものごとを裁くことができる。宗教に関わるものに関してキリストは、異邦人に、つまり悪人に、すぐには分からないような比喩をもってしか話しかけない。こうした時代には、イスラエル人の間には宗教上の諍いがなかった。ところが、誰かを宗教上の理由で罰するような君たちの間には、極めて不快で悲痛な諍いがある。私にはまるでミディアン人の戦争〔民二五〕に見える。

ベーズはモロク〔イスラエル人が人身犠牲を捧げた異教の神〕の弟子

もし万が一、人間が生贄として捧げられて生きたまま焼かれることをキリストが望んでいるならば、キリストはモロクであるように見えることだろう、と言うベリーの言葉を、君は取り上げている。君こそ、モロクの弟子にふさわしい。ベーズよ、君の神を守るためキリストを冒瀆して君はモロクを作り上げる。命令により、堂々と神に懺悔し炎の只中で神を求める人間たちが、生贄として焼かれます、と君は言っているのだ。ベリーがこうしたことを明白に語っている。この件に関しては、エリヤでもヨシヤでもイエフでも、君を弁護することはできないだろう。彼らだって、神を恐れる人間を死刑にはしなかった（ベリーも言っているが）。キリストの命令でそうしなかったのだ。キリストが来たのは、消滅よりも救済のため、そして父なる主の怒りを静めるためである。エリヤの例〔王上下〕のように弟子たちが天の火を降らせることは許されない。

教会の帝国

教会の養育者でなければならない王たちからイザヤの件〔イザヤ四九〕を君は引用する。それは二重に君たちの意見に反する。まず、イザヤが問題にするのは教会と帝国の未来の至福であり、帝国は言葉という力でのみ統治されることになる。よって王たちは王座を奪われ、慎ましい民に仕えることになる――民は立ちが上がる――死刑にするのではなく（というのは、彼らは彼らの剣から鎌を鋳造することになるので）、謙虚にキリストを受け入れる。こうして彼らは教会の養育者、擁護者となる。だが君は、教会支配のこうした時代が人の世に来るはずであることを願う人々を否定し、ここではその人たちを異端とみなしている（真実のためではなく自分の利益のためだ）。君たちはあたかもすでにこうした時代が来ており、そうした王たちがセルベトを死刑にした行政官であるかのように論証する。だが彼らは自分の剣から鎌を鋳造しないではないか。なぜ戦争を導く術を学ぶのか。こうした時代がもう到来したなら、なぜ君たちは農具の鋤から刃や槍を鋳造するのか。

聖霊に教唆されているので命令ではない

さて、行政官は、ピネハス、ヨヤダ、エリヤ、マタティア〔ユダヤ反乱軍の指導者。宗教的迫害、侵略に抗して蜂起を組織〕の手本に従わなければならない、と君は言う。君は行政官に血を撒き散らす道を広く開いている。私たちの行政官を古のように神々しくさせることを君は考えているのか。行政官たちがキリスト教のことがらをどう解釈するのか、君は分かっていない。こうした手本は奇跡を作り出しただけで後世に続くようにとは意図されていない。命令されたのではなく、聖霊に教唆された出来事である。

最初の律法に抗してつくられた死罪に関わる法律について、以下で話題にする。

古の教会について私たちはすでに答えた。無政府状態つまりギリシア語の「無政府」であるが、それを私たちが望んでいる、と君は言う。私がすでに証明したように、君は不当に非難する。なぜなら行政官（私たちは少しも排除していないが）がいる所で、無政府状態が起こるはずがない。君が「無政府」と呼んでいるものでしかないとしても、行政官は民の事件だけを扱うのである。王侯たちは教会に対抗したがそれでも教会は栄えたのだから、使徒たちの教会は王侯なしでも存在できたのかもしれない。君たちの教会は王侯たちを味方につけていて、君たち自身も（完全に常識に外れてしまっていないならば）王侯が公国をもたないことに、公国を持つよりも慣れているのかもしれない。

暴君を欲すること

だがどうだろう、君は私に別のやり方を思わせる。君が望んでいるのは、使徒のための教会の王キリスト以外にいかなる王侯も手に入れないというよりは、むしろ教会から暴君を、それもとても残忍な暴君を手に入れることだ（なぜなら君は教会の無政府状態を問題にするから）。君たちは使徒の教会よりも王の教会を手に入れることを好む。ああ君たちにふさわしいのは、残忍な暴君に仕えることだ。ああ君たちはイスラエル人の狂気の模倣者そして彼らの罪の後継者となって、王である神を棄却し「異国の民」のやり方で勝手に作り出した人物を選ぶ。この論証に結論を付ける。行政官に、宗教、とりわけ異端を裁く任務と権限を与える人々は、明らかに神のことばを軽蔑し使徒のための教会の手本と権威を考慮せず、王であるキリストを棄却し、教会を完全な廃墟に向わせるのである。

三番目の論証。「異国の民」の習慣と王侯の手本について。君が導き出せるものは何もない。第一、私たちの王にして至高の行政官はキリストである。その命令には従わなければならない。キリストは人が宗教に結びつかないことを望んではいない。

ネブカドネザルの命令

さらに、ネブカドネザルの命令は、総じてイスラエル人の神から発していたので、誰もそれを無視しなかった。もしも私たちの行政官が誰も無視しない命令を、キリスト教から発するならば、それは別の問題となる。異端に関わることがらは、聖書の権威とは関係がない。君たちの判断で異端となった人たちは、君たちと同様に信仰を語り、私以上に語る。解釈に関しては、古の王も、君たちの王も限定することはできないのだ。もっと分かりやすい例を出そう。ベルンの行政官が、ローザンヌに弁証法の教授を置くようにと命令を下すことは、原則的に自由である。だが弁証法の事例を判断すること、つまりそれが三段論法であるとか、厳密な演繹法であるとか、二次論法であるとか、その他の弁証法の論法であるとかを判断するのは、行政官の仕事ではない。別の言い方をすれば、行政官の任務ではなく、弁証法家の任務である。それと同じことだ。この国でキリスト教が公になり自由になるように、と命じることは行政官の仕事に適っている。だが宗教の事例を、三位一体の区別とか、キリストの二本性の結びつきだとか、イエスの天性と聖霊の序列の区別を判断するのは、行政官ではない。むしろ教会の中でこうした術語に頭を悩ますべきで、三つの本質、三つの絶対的神、しかしながら一つの内包的で集合的な本質しかないとか、こうしたことが単に神を恐れる耳を持った人に冒瀆や醜聞とみなされる言葉かどうかの判断、そして他の似たようなことがらは、とても行政官が神学者以上に解決できるものではない。行政官が神学者の判断に従って誰かを死刑にするならば、他人の目でものごとを見ることになる。

君の最後の論証は教会の近代の学者たちの合意、いやもっと上手く言えば「非合意」から取られたものである。君はルターとカルヴァンから引用しているが、他者のみならず彼らの間にも大きな違いがある。ベリーの撰集について君が論証していることだ。私たちは彼らの権威ではなく彼らの論理に感動する。すでに返答したので私はそれについて反駁することをここでは避ける。

ベーズの軽率な断定

さて、主題に戻る。君は異端が時には死刑になるべきだと、躍起になって示唆しようとする。まず、君が「誰かは知らぬが、モンフォールという名の下に無為に時を過ごしている輩である」と言ってモンフォールを怪しむことを、私は厳しく非難する。君は以前言った、この人は、牧師の信心、碩学、謙虚さを昔から身をもって体験した人だと。だが君はこの名の下に隠れている人が誰であるのか疑う。君たちの説教師の謙虚さを経験したということを君が知っているのに、どうしたことか。推測したり、断定したり、疑ったり、とはどういうことなのか。逍遥学派的につまり軽率に断定するよりも、彼とベリーを学派的に疑うことの方が君にはよほどふさわしいのではないか。

意見を異にする全ての人に死刑を望むのか

いったい誰が、同意しない全ての人が死刑になることを欲しているのか、と君はモンフォールに尋ねた。彼をペテン師と呼ぶだけでなぜ彼の答えを待たなかったのか。彼に代わって君に答える。もし君の宗教の何人かの説教師たちが、キリスト教徒になりたくないユダヤ人とトルコ人も同じように死刑にすべきだ（可能ならば）、と言っていることを私が知っているなら、君はなんと言うだろうか。神は罪を望まず全ての人の救済を望んでいる、と発言する人々をなぜ異端であると見なすのか。裁判で正義が認められ処罰されないことを私たちは希望していたのに、君たちはオジアンダーに異端の有罪を言い渡した。どう答えるのか。君たちに同意しないだけで、すぐに異端と判決を出すことに道理はあるのか。君は説教者として、キケロ的技術で小さな罪を大げさにすることができるのだ。君たちの民にそして君たちの説教師に尋ねてくれ。彼らは君に言うだろう（危惧を感じないで話せる自由が彼らにあればだが）、君たちに同意しない人は誰であれすぐに異端にされる、と。

そういうことが、ローザンヌであった。私はローザンヌで、と言っているのだ。ベーズよ、ある人が懐かしさから、君たちの憎悪する人物に挨拶を送るならば、君たちはそのある人を嫌い、あたかもその人が教会から生まれていないかのように言う。なんということなのか。君たちは水もないのに溺れている、君たちは著作の中で立派な公平性、聖なる外観を約束しながら、異国の民を騙す。君たちの内には、不安と悪意しかないからである。ああ、これを読んだ人たちは、次のように書くことだろう、「これは正しい、これは真実より過剰に真実である」と。ベーズよ、全国民に知れ渡っているものごとに私だけが無知である、と君は考えるのか。

なぜ異邦人の懲罰を慎むのか

君たちは異邦人を処刑することは慎み、大した危険を冒さない狼である。ライオンは襲わずに子羊を襲う腹黒い狼だ。だが君はそれを否定する。それどころか再洗礼派とセルベトを狼と呼ぶ。君に問う、彼らを肉体の狼と呼ぶのかそれとも魂の狼と呼ぶのか。もし肉体の狼と呼んでいるなら、私たちは、剣をもって彼らの事を否定する人たちが、どんなミュンスターの暴徒だったとしても、問題としない。つまりセルベトはその仲間ではなかった。剣をもってジュネーヴの町に襲い掛かったりしなかった。だが、もし魂の狼と呼ぶなら、どうして精神の戦争において、精神の矢によって応戦しないのか。なぜ言葉を言葉で、教義を教義で、理念を理念で押し返さないのか。宗教が理由で、カトリックから死刑にされることを君たちは少しも恐れないと言う。再洗礼派も同じことを言う。しかし再洗礼派は、カトリックからも君たちからも死刑を言い渡されることになる。もし、君が彼らを死刑にすると言うならば、それは彼らがかつて強いと思われて武器を振り回しても、今は脆弱過ぎると見抜いたからである。同じ事が君たちについても言えるだろう。知っての通り、君たちの武器はカトリック教徒から力ずくで囚人を何度か解放した。宗教を守るために君たちは行政官に剣を与えて、力があるならば君たちが遂行していることを簡単に示唆する。私たちに激しく死を要求する君たちの魂胆は十分に分かっている。私たちは何の権力ももたず、カトリック教徒と同様に教会にも属していない、いや、それ以下だ、というのが君たちの判断である。君たちは私たちを学派かぶれと捉える、つまり何も断言せず、何も信じず、さらに不信心であると。君たちが私たちを不信者と捉えるならば、なぜ私たちを君たちの教会に属する前提で迫害するのか。なぜ、君たちは異邦人同様に私たちの審判を神に委ねないのか。

剣による闘争

君たちが剣によって闘争していたことを君が否定している点について。君はユダヤ人に似ている。ユダヤ人はキリストが悪魔的であると言っていた。なぜならキリストから、キリストを死なせるように努めていると非難された〔ヨハ七〕ユダヤ人は、キリストを捕まえる算段を直ぐに始めた。君も、君の本で、私たちを死刑にするようにと行政官に勧めている。我々の咎を語ることもなく、我々の弁護は未だ聞いてもらえない。君はセルベトのことを記す。彼はジュネーヴで見咎められた最初の日から、説教時に見張られ、そして拉致され、牢獄に繋がれた。告発者であるカルヴァンの料理人。この料理人は（彼自身が事後に別の人間に語ったことだが）、セルベトから自分の本を読んだのか、咎の理由を知っているのか、と尋ねられて、「いいえ」と答えている。それが日曜日に行われたことさえ、法律に違反している。こうしたことはすでにのべたが、全ての人が知っていることで、君が剣をもって闘争したことを否定できない。君は私たちに反論するのか、私たちが自分の名を漏らさないからと非難するが、もし知れば君たちはセルベトの遺骸を私たちから奪う術を知ることになる。君たちから討伐されることを案ずるなら、当然、名前を隠す理由が私たちに無いなどと言えるだろうか。（寓話が語るように）キツネの応答は私たちを賢くする。ライオンから、なぜライオンの方へ行かないのかと尋ねられたら、そちらに向かった幾つも足跡が見えるが、そのどれもが戻ってきていないので、と答える。かくして君たちから死刑にされるよりは、(神がそう望むなら)卑怯者と呼ばれる方が幸いである。君がモンファールを再洗礼派でありセルベト派であると呼ぶ件に関して。君は嘘ばかり言う。彼を学派かぶれの信仰者と呼んだが、正反対の学派は、同じものにはなりえない。

偽善者は他人による殺人しか行わず

セルベトであれ、再洗礼派であれ誰かを有罪にするために君たちの聖職者が裁判官の席に座ったことを、君が否定する点について。君は私たちに、ユダヤの律法学士やファリサイびとの性格を繊細に描写して説明する。彼ら自身は法廷に入らなかったばかりか死刑を科す合法性を有することも否定していた。だがそれでも彼らは声高々に叫んだ、「もし、お前が彼を解放するならば、お前はカエサルの友人ではない」と。カルヴァンはその台所で告発者を選んだ。カルヴァンは彼に書面で告発文を与えた。カルヴァンは罠をしかけ、彼が話すべきことを命令する。カルヴァンはセルベトが助からないように迅速な処理を行った。自分自身の命令を注釈するために長老会から離れなかったし、毎日、人民に向けて、セルベトに敵対する熱心な説教をし、書簡を至る所に送った。つまり彼はセルベトが殺されることを望んだ。遺灰になった後も、もっと上手く自分の手腕を飾るために非常に熱心に、世界中のセルベトとそれに類した者たちを死刑にするための本を出版した。カルヴァンは、セルベトを有罪とするために裁判官の席に登らなかったことをどうして言い訳にできるのだろうか。同じやり方をすれば、君たちの敵は全て許されないことになるのか。ヘロデ王の例もある。王は自分の手では聖ヨハネを死刑にしなかったのと同様、極めて冷徹で勝手な言い訳が行われる。私は神に対して言うのではなく、何らかの判断力と理性のある人間に対してそれを言う、と君たちは考えるのか。確かに、君たちの民の間で少しも理解されないとは思わない。だが君たちの脅威、君たちの手に落ちるという恐怖心が民の口を閉じさせる。

異端は罪ではない

さて、それでは君の「証明の三分類」に戻ってみよう。まず、君は異端の罪の重さを力説する。それぞれの罪の重さに応じて重く処罰する必要がでる。異端の罪が極めて重ければ重いほど、その罪も極めて重く処罰されなければならない。ベーズよ、ここで君が罪と呼ぶのは何か、と君に問う。君が悪行（この言葉の意味の通り）を罪と呼ぶならば、私たちが今まで証明し、ギリシア語を操るあらゆる識者が私に教えてくれるが、異端はもはや罪ではない。行政官は、（君自身が示唆するような）罪だけを罰するのだから、異端を罰することができない。君の議論は無駄になる、なぜなら悪徳を問題としているからである。罪の観点から冒瀆と宗教蔑視を話題にすることも非常に不適当である。なぜなら冒瀆と異端は同じものではない。聖書はファリサイ派、サドカイ派あるいはナザレ派の異端を名指しするが、それは冒瀆と同じではない。その後で君は諸悪徳を罪に稚拙に結びつける。冒瀆が悪徳である、と君のキケロが君に教えたかもしれないけれど、キケロだって次のように書く「冒瀆が何かを企てようとしたとしても、少なくとも秘密におこなわれるなら、常に秘密裡であるだけで安全だろう」。それでも君は、冒瀆（確かに冒瀆は悪徳であって神だけしか罰しえない）が行政官によって罰せられることを望む。悪徳が行政官から罰せられないということを何度も説いた君の教義に反することだ。ベーズよ、きっと君は憤慨している。だから自分の言葉を隠すために、冒瀆から出た言葉と行為を冒瀆と見なす、と言うのだろう。ちょうど君の指導者カルヴァンが、セルベトに対抗する著書の最初でそのように語るからね。だが、ベーズよ、ベリーのことを、言葉を知らないと非難する君は、カルヴァン派よりもむしろキケロ派の難解な言葉を話すべきだ（君ならそうできたはずだ）。私の言うことを信じてくれ、ベーズよ、君に試練を与えるため、君の言葉の弱点が暴かれて、その結果、君がやがて抱く悔しさによって、君は自分が他人からされて恨みに思ったことを他者にはしないことを学ぶだろう、それは君のためだ（赴くままに綴る君の言葉よりも、むしろ君の意図を他者が考慮しているかどうか君は知りたいのだから）。君には「罪」という言葉の濫用が目立つ。「異端が冒瀆的な言葉と冒瀆とに繋がるならば、神と教会規則への蔑視となって他の者たちを腐敗させる嵐のような猛威が突然おこる」と君は言うが、ベーズよ、君は自分の言っていることが分かっていない、こんな蔑視は異端と呼べない。むしろ傲慢なだけである。こんな猛威も異端とは呼べない。悪しき教義か腐敗である。私たちは傲慢や悪しき教義についてではなく、異端について議論している。異端者が罪を犯しているだから罰するべきだ、と君は言う。異端者たちの刑罰について議論すると約束したのに、傲慢な者、偏屈者、堕落者への刑罰を議論している。この種の罪は異端からというよりも、偽善や別の悪徳から生じているのだから、君の著書は全く無駄で嘘ばかりだ。

ベーズよ、お願いだ、自制心を持ってくれ、少なくとも半時間程度で私たちに向けた憎悪と自己撞着から抜け出てくれ。そうすれば自分の言っていることが自分で全く分かっていない、と知るだろう。

さらに良く分かるように、残りの問題をもう少し考えていこう。

刑罰は、冒瀆者や悪人に対抗するためだけではなく、宗教上の罪を周到に犯すものたちに対抗するためにも科せられる、と君は言う。心の中を判断するのは難しい。キリストの教会（なぜならば神の言葉の神聖な灯りを持っているから）だけが、宗教上の罪を誰が作為的に犯すのかを判断できる、と君は断言する。その全てを私は君に対し「諾」とする。だがベーズよ、キリストの教会を説明する仕事が残っている。私たちはその判断、神に属するはずの判断の前に立ち止まりたい。

教会について

さて君たちによるキリストの教会の問題に注意を向けよう。「(君は言う) 私がキリストの教会と呼ぶものは、その教会の内に確かな特別な印しが現れている教会である。つまり人間のいかなる伝統によっても曇ることのない神の響き渡る声、純粋で正当な秘蹟の遂行。それによって神を恐れる人々の心に教義は封印されている」。自分の言葉を知るベーズよ、君の指導者カルヴァンの言葉も知っているはずだ。カルヴァンは『キリスト教綱要』の中で教会について次のように書いている、「聖書は教会について二つに分けて語る。一つは、教会と名づけて呼ぶことで、いかなる信仰も神の御前にだけに存在するものと解せる。教会においては宗教への帰依の恩寵にある神の御子たち以外のものは内包されない。二つ目は、教会という名によって人間の全き集団をしばしば意味する。地上の様々な地方に広がり、神を敬うという同じ責務を果たしている。こうした教会には善き人に混ざって何人もの偽善者がおり、彼らは肩書や外見以外にはイエス・キリストから何も受け継いではいない。ある者は野心に溢れ、またある者は貪欲であり、さらにある者は中傷好きで、いかなる者も腐敗した生活を送るが、それとても、つかの間に許されているだけ——それを理由に法的に彼らを打ち負かすことはできないし、それを理由に規則が常に有効に働くわけでもない。しかしながら我々に必要なのは、我々に見えない教会そして神だけにしか見えない教会を信じることである。これと同様に、誉高い目に見える教会をもち、聖典礼において自分を維持していくように我々は要請されているのである」〔『キリスト教綱要』第四篇第一章七〕。

ベーズよ、以上を通して明白になることは、神の前の真実ではなく偽善者や悪意ある者たちがいる教会、もっと上手く言えば、真理に不誠実で背信者が少なくない教会を君たちは敬っているということである。君の文章を通して私たちはすでにそれを証明してきた。しかも君たちは使徒の教会しかもっていない（積極的に来なかった人は受け入れなかった）、むしろそれはユダヤ人の教会に似てあらゆる人間が混ざっており、その最大多数は、ちょうど君たちが教える通りに、意地悪である必要がある。実務と理性がそれを示す。全ての国民が——大部分の国民のことだが——教会に束縛された。ジュネーヴの例である。その土地では、行政官や有力者が福音を認めた後に、国民は追随を強制された。その結果、何人もの偽善者がそこに紛れ込んだ。彼らは宗教を変えること以外には何も期待せず何も望まない。それこそが君たちの教会である。その教会を知るためには、カルヴァンが示唆する信仰の確固さは必要ではない。外的な目印、ユダヤ人と共通する目印だけで十分である。なぜならユダヤ人は君たちと同じぐらいにしか神の言葉や秘蹟をもたいないからである。そして彼らの教会にも君たちの教会と同様、神を畏敬する少数の人がいたが、教義に基づく教会では、もし誰かが唱和しないならば、その人は宗教に対し故意に悪意をもって罪を犯す人であるとみなされる。さあ、ベーズよ、こうした教会の中には肉にとらわれた沢山の人間がいることを白状したら良い。肉に囚われた人間は、代書人と同じくらいしか霊的なものごとを判断できないと白状しなさい。異端であると裁決するのは霊的なものごとに裁決を下すことになるのに、最大多数（それこそ現世的・肉的だが）の意見や投票結果が、君たちの間では勝利となる。必要とされるのは現世的・肉的な判断であり、霊的なものごとに対しては不適当である。

もし君が、一般の人々ではなく牧師たちの裁きに留める（あたかも真理に留まるかのように）、と言うならば、牧師の会議の中に教会は成り立たない、と私は君に答えよう。カルヴァンも次のように書いている、「会議への召喚は厳粛に行われる。偉大な牧師がそこでは議事進行を務め、完全な聖職者がそこにいる。それでも、イエス・キリストはそこで糾弾され、彼の教義は貶められた。その討論自体が、教会自体が、宗教会議の内に少しも閉じ込められないことを我々に教えてくれる」。

それだからといって、私たちに起こりうることを恐れるべきではないと言うだろう。だがいったい誰が、そこから信仰を私たちのために作り出してくれるのか。極めて重要なものごとに無頓着でいるとは、あまりに愚かすぎる。さらに言えば、聖霊が聖パウロの口を通して、反乱がおこるとはっきり予言〔Ⅱテサ二〕し、牧師たちが神の道から最初に外れないとは予言していない。この預言を考慮にいれ、この世の荒廃を見ないためにも、なぜ毅然とした言葉に目をつぶるのか。教会が高位聖職者の会議においてならば成立すると主張すべきではない。神は高位聖職者たちが永遠に善良であるなどと約束なさらず、むしろ彼らは時に悪人になる、とはっきり言われた。

神が危険を私たちに知らせるのは、私たちをさらに賢く、さらに思慮深くするためである。いいかねベーズよ、教会の牧師たちの裁決に留まり続ければ、如何なる大災厄があるのか考えてみるように。反乱では、牧師たちが神の道から最初に外れる、と語る君の師匠、その師匠と反対の立場を望まないならば、悪い人民から出た牧師が善良である、と言わないように。だが良い牧師もいる（人民の中には何人かの善き人たちがいるように）と君が言うならば、カルヴァンの言葉で君に答えよう。アハブ〔イスラエルの王（紀元前九世紀）。殖産興業には実績。宗教的なふしだらさ（王妃イゼベルの異教神信仰に加担）が聖書では厳しく否定されている〕が招集した宗教会議で、真理が全ての人から糾弾された、その結果、全員一致で神の忠実な奉仕者であるミカは異端とみなされ、鞭で打たれ、牢獄に入れられた。同じようなことがエレミヤにも起こった。また別の予言者たちにも起こった。

さあ今度は君の番だ、ベーズよ、目に見える教会に、目に見えない物事、人間の良心と心の内の秘密についての判決権を委ねるのか。口では神への信仰を告白しながら行動では神を否定する者たちは教会の肢体ではない、とカルヴァンは『キリスト教綱要』で言っている。教会の肢体つまり構成員でない人たちが、肢体である人たちを裁決するとはなんたることか、と。

カルヴァンの教会とユダヤ人の教会

さて今度は君たちの教会をユダヤ人の教会と比較する。君たちの教会がユダヤ教会に完全に合致しないのかを検討しよう。ユダヤ人はアブラハムの血筋である家系を特に自慢していたのに、少しもその力を示さなかった。君たちもキリストの名で洗礼を受け、キリストの内にあると信じて血肉を通してキリストを自慢しているが、その力を示していない。ユダヤ人は教会をいかがわしい場所に化し、これみよがしに頻繁に「主の寺院」と口に出す。本当に意味のある物など実際には何も置いていない。君たちも教会の目に見える印し以外ことは口に出さない。ユダヤ人はブヨを濾して取り除き、ラクダを飲み込んだ〔マタ二三：二四〕。彼らは躊躇しながら法廷の場に入り、キリストの袂から寺院の宝物にまでお金を置き、神の子の血を撒いた。君たちは躊躇しながら、異端と呼んでいる者たちに話しかけ、彼らを助け、善を施す。説教や秘蹟が執り行われ、熱心に繰り返されているかを気に掛ける。喧嘩をしかけ、口論し、汚いふざけた言葉で他人を馬鹿にする——手紙、書簡や本で、悪口を言ったり、中傷したり、他者の名誉を汚す——なんだかんだとしつこく皆で迫害する——熱心に王侯と人民を叱責し、彼らが守るべき人をむしろ死に追いやる——君たちの敵の逃げ道を塞ぎ、彼らから生きる逃げ道を奪う。こうしたことを語ると長く時間がかかりそうだが、他の似たようなことにおいて、その手の事には君たちは躊躇がない。ユダヤ人はキリストへの服従を馬鹿にし、素晴らしい言葉と文字を引きずり下ろし、次のように言う「彼を信じた人が権力者やファリサイびとにいるだろうか。〔ヨハ七〕法を知らない民衆は最低である」と。君たちも似たり寄ったりで、すっかり教義を貶めた。もし、ある人が物も知らず字も読めなければ、君たちは君たちの説教に受け入れない。万が一、キリストが自分自身でやってきても、ラテン語を知らず、君たちから派遣された者でもなければ、キリスト自身でさえ説教を行う理由がないことになるのだろう。ユダヤ人たちは、彼らがキリストへ向けた憎しみゆえに、彼を虐げるのが目的でカエサルへの永遠の支配下に隷属した。「我々にはカエサル以外の王はいない」と言って、自分たちの自由を自慢していた。君たちも同じだ。敵たちに向ける憎しみゆえに、彼らを潰す目的で宗教に関わることの裁決を君たちは世俗の行政官に与える。後にユダヤ人がローマ人に耐えたように、間もなく君たちは、行政官に耐えなければならないだろう。ユダヤ人たちは、カエサルの鷲を街中に飾ったり、ヘロデ王の作った金の鷲を寺院の入口に置くことには躊躇があったが、寺院から盗みをしたり、彼らの強欲に仕えることには躊躇がなかった。

寺院の図像画は君たちにとって異端的で忌まわしいものだったと思われる。だが、貪欲、妬み、これに類する偶像は君たちを不快にしない。書斎や個室に新使徒の図像を飾ったり置いたりしている人たちの間で、カルヴァン派たちも、小さな羊メダルや神の子羊メダルを襟から吊るすように、ごく日常的に彼らのカルヴァンの図像を身に付けている。これを君たちはどう説明するのか。本当の子羊メダルやキリスト図像を身に付けることは彼らにとってなんと重大な冒瀆になることか。しかしその始まりが発見できなければ、これはどうでも良いのか。偶像の起源や発端が何であるのか人には良く分からない。最終的に君たち皆が比較検討しなければ、君たちにとって一つの卵は別の卵に似ていない、ということになる。こうした理由から君たちの本性がユダヤ人の本性に等しいと考えられる。故に宗教的な事項を彼らよりも上手く裁決できるなどと君たちは思ってはいけない。

その危険は、ベーズよ、ベリーの序文で明言されている。君は応答すべきだったのだ。しかし君はそれに一言も（私は知っているが）答えなかった。君は何も言えなかったのだと推測される。それではこの論証を次のように結論する。肉である者は霊的なことがらを裁決することはできない。君たちの教会の大部分は（異端を裁く慣例はあるが）「肉」である。肉の教会は霊的なことがらである異端を裁くことができないという結論である。君たちが定義している教会を君たちがあたかも所有しているかのように、私は話しているが、そんなことは思っていない。

カルヴァン派教会は定義に適っていない

さて、君たちが語り君たちが定義するような教会を君たちが所有しているのかどうか、疑わしいことである。なぜならこの数年間、君たちによって決められたことがらを省みても、それは神の明晰な言葉を曇らせているようにしか私には見えないからである。私が言いたいのは、教義以外が少しも明白に出来上っていないということだ。さらに、明白に語るほど、誰も言葉が言えなくなり、何かを暴くようになる。名を連ねて確定し、君たちはそれを熱心に見守るので、誰も君たちに反対のことは言えなくなる。君たちはそれを命令と見なす。君たちはさらにカルヴァンの法、カルヴァンがジュネーヴの教会を立ち上げた法と結びつける。詳細に吟味する人ならば、神の言葉に反したことがらを見つけ出すかもしれない。主の日が全てを明るみに出すはずである。私たちが言えるのは、こうした教会、君たちが唯一真実の教会であると評価している教会は、最後の晩餐と予定説の教会とは一致しない、ということである。つまりジュネーヴ、チューリッヒ、ベルン、バーゼル、シャッフハウゼン〔ドイツとの国境ぞいのスイスの町〕、クール〔約五〇〇〇年の歴史を誇るスイス最古の町。司教領として栄える〕、サンクトガレン〔七世紀に作られたスイスの都市〕、ヴィエンヌ〔スイス、ベルン州の都市〕、ミュルーズ〔現在はフランス国内、バーゼル近郊のスイス国境ぞいオー＝ラン県の都市〕の教会のことである。

しかし、君たちの教会が君たちの語る通りのものである、という場合を取り上げてみよう。完璧に語る通りのものであっても、聖霊に対して罪を犯している者つまり排斥されている者に、その教会は判決を下すことが決してできない。こうした判決権は（カルヴァンも書いているように）ただ神だけに属するという理由である。君たちが言うようには異端は罰せられない。君たちの偉大な信仰心と、神的なものごとに対しの君たちの完璧な知識によって、こうした裁決ができるという振りをする。今日、カルヴァンが主張する危険を理由に、他の人たちや君たちの後継者に同じことを許すべきではない。教会に破門の権利を許与すると、迷妄した教会が不当に誰かを破門するかもしれないから、破門の危険もある、と君は言う。それに対して私は、不当な破門の危険は小さい、と返答する。なぜなら、もし教皇が君たちを破門すれば、君たちはそれを嘲ればすむ。しかし教皇が君たちを死刑にすれば、戯言ではすまない深刻な事態である。君が、悪意があった者を言葉の死刑にすることを皆に許可しても、こうした許可には何の危険もないだろう。エリヤが衛士たちに〔王下一・一〇―一二〕、また聖ペテロがアナニヤとサフィラ〔使五・五―一〇〕を死に至らしめた例があるが、不当な言葉は実害の効力をもたない。だが、もし君が剣を持って同じことを許すならば、不当な剣でも人を殺す同じ力を持つ。

牧人の声に耳を傾ける

さて君が言うところの教会、子羊が牧人の声に耳を傾ける教会では、「牧人の声に耳を傾ける」ことによって、君は説教をただ聞くだけで説教に従わない（まさに君の言葉が証明しているように）。キリストは音だけの話などしない。「牧人の声に耳を傾ける」のが、牧人に従い、子羊に生命を分かち与えるキリストとその模倣者と解すのは、それは君たちとは別の教会である。こうした教会は単に異端を裁決するだけでなく、全てを、それこそ天使さえも裁決できると認められる。君たちの教会以外の教会は別の印しで区別できる。その話を続けよう。

それこそが本当の教会である。牧人の声に本当に耳を傾けつまり牧人に従い、そして秘蹟を本当に使用しつまり再生の洗水で清拭いされ、火と霊によって洗礼された新しい被造物になることである。本当の意味でキリストの肉を食べてキリストの血を飲むのである。罪ある古い人間を払いきって、新しい人間を纏う。そして神に対して正義の甲冑となるために手足を捨てるのだ。あたかも贖罪に対して不正の甲冑となる手足を破棄するように。

この教会はカルヴァン派には未知である。カルヴァン自身も書いていることである。なぜなら、彼らに見える肉的なもので妨げられ、その目に見える印しに留まっているから、この教会を見たり考えたりできないのである。例えば彼らの祖先であるユダヤ人は、律法の闇で妨げられ、典礼で頻繁に足止めされたので、彼らは光を見ることもできず、その先にいるキリストを見ることもできなかった。しかし聖なる教会にいる子供たちは、それを知覚している。子供と同様その母親も。もしその父親が同じように知覚するならば、肉的なものが彼に知覚されるであろう。

彼らだけが互いに知覚されるのではなく、さらに慈悲と機知の果実を通してよそ者たち（神を畏敬する人々のことを言っているのだが）さえもキリストの規律を知る。それは外的な罪を通してではなく秘蹟、善にも悪にも共通する秘蹟を通してである。キリストは言う、「そこで、もしあなた方が互いに愛し合うなら、あなた方が私の弟子であることをすべての人々が知ることになるだろう」〔ヨハ一三・三五〕。さらに「一緒に同じ破棄と解体を冒さないことで、人々には奇妙に映り、あなた方を非難する」〔Iペテ四・四〕。違いはある。この教会にいる人々はそれを分かっている、あたかも音楽家が音楽を知り、それにそって歌うように。しかしよそ者たちも、ちょうど音楽に無知な人がそれを別のやり方で音楽にそって歌うことができなくとも知っているように、知っている。

二つの教会の争い

二つの教会、つまり肉的（現世）な教会と霊的な教会はまさに相反する。だから肉的な教会（年長で権力がある）が、霊的な教会を迫害する。あたかもカインがアベルを、イシュマエル〔アブラハムと女奴隷の子〕がイサク〔アブラハムと妻サラの子〕を、エサウがヤコブ〔エサウはイサクとリベカの長子。その双子の弟がヤコブ。兄は激情家でエドム人の祖先とされる。弟は策士〕を、ファリサイびとがキリストを、そして肉が霊を迫害したように。とりわけこうした戦いが見事に再現されているのがエサウとヤコブの例である。この赤毛のエサウは、エドム人の父で四〇〇人の男たち共にヤコブに襲いかかるが、反対にヤコブは召使、家畜そして子女たちからなる三集団と共に慎ましくエサウの方に歩み寄り、エウサの気持ちを静める以外のことはせずに、互いにとってそれが功をなすように図った。今日、肉的な教会では、慈善は空で、説教や秘蹟といった外的な印しで一杯、行政官の剣で武装し、霊的な教会を攻撃している。片や霊的な教会は貧しく慎ましくあちこちに点在して、肉的な教会に対しては慎ましさ以外のものは何も表に出さず、ただただ互いの救済のために肉の教会をなだめようとする。

こうした二つの教会のうち、どちらに判決権が属しているのかを知ることは難しくない。確かに肉の教会は霊的なものごとを判決できない、というのも霊的なものごとをむしろ狂気と捉える〔Iコリン二〕からである。霊的な教会はあらゆるものを裁決でき、誰からも裁決されることはありえない。それゆえ、異端を裁くことが問題となるなら、霊的な教会が神の前での本来の教会である。カルヴァンも言っているが、カルヴァン派（ちょうど彼自身が書いている）は霊的な教会に無知であったのだ。しかし霊的な教会は本当に貧しく、弱く、散り散りであるので（彼は言う「私はあなた方を集めよう、各町の一つに」〔エレミヤ三〕）、幾つもの説話や裁決において、キリストやその弟子たちが持っていた権威はもはやない。

現状は以上である。結論に向かう。

異端を裁くことは唯一、霊的な教会に属することである。霊的な教会はカルヴァン派のあずかり知らぬところである。ゆえにカルヴァン派は異端を裁くべき者たちを知らない。さらに肉的な教会と霊的な教会の諸判断は、それ自体が正反対である。霊的教会の判断が本当である。その結果、肉の教会の判断は真理に反するものとなる。

ベーズよ、いいかね、以上で私は教会について話をしたと思う。さあ、君たちの教会が霊的であることを私たちに示してくれ。霊の果実、つまり慈善、聖霊の喜び、平和、寛大さ、忍耐、善良さ、信仰、甘美さ、優美さ、温和さを私たちに示してくれ。〔ガラ五〕見せてくれ、そうすれば君たちの教会の裁決に私たちはちゃんと従うと約束する。だが不貞、淫蕩、穢れ、退廃　敵意、喧嘩、闘争、激怒、格闘、蜂起、邪悪なセクト、妬みそしてさらに肉的なものの結実が、君たちの間に起こっているのが見られるうちは、肉的なものが君臨して、君たちの教会は肉的であると考えることにする。そんな教会では、小賢しい狂気程度でしか霊的なものごとを判断することはできない。

神の言葉の権威によって

さて君の二番目の論証、神の言葉の権威を取り上げている箇所だが、君は君自身に反対している。ベーズよ、君自身が見事に空回りしている。というのもキリスト教徒の前に、モーセの統治を紹介したり見せたりしてはいけないと広言する。それは良い。私たちはユダヤ人の本性には属さないのだから、万が一、キリストが我々を律法の下に拘束すれば、それは馬鹿げたことだし、適切ではないと私は断言する、キリストだって彼を信じるユダヤ人は解放する。神自身がこうした律法の創り主であり、まさに正義と均衡の律法学者である。君は、行政官は自分たちの律法を作る際に、モーセの戒律を完全な手本とみなし、そしてそれを法律にする、と言う。しかしその法律自体がモーセから人民に命じられたものではない。一般的で公平の精神を含んで、至る所で行われているに違いないことなのである。こうして、法律は、イスラエル民にだけ対してモーセが拵えたのではなく、あらゆる国の民の自然的本性からできたように思われる。ベーズよ、ここで思い出しておくれ、君が広言したことを。一貫したことを言ってくれ。そうすれば私たちはすぐに同意するだろう。

行政官は異端を裁くことができない

ベーズよ、君は言った、モーセの戒律が書かれたその公平の精神に従って、行政官は自然の法律にそって判断すべきであると。聖パウロも、異邦人たちが心に刻まれた法を持っていることを教えてくれて、自然の法について語っている〔ロマ二〕。その点については、私たちもベーズよ、君と同意見だ。さて、人は自然の法でキリスト教を判定できない、と君は認めることになる。君はすでに外国人たちや世俗の人たちの宗教を忌避した（しかしながら彼らも自然の法はもっていた）。というのは彼らが自然の法では宗教を裁けなかったからである。今日でも似たようなものである。君は幾つかの宗教上の判決から、トルコ人、ユダヤ人、教皇主義者を締め出している。彼らは確かに君たちと同様に自然の法を有しているし、彼らに大罪を裁く権利を許してもいる。もし、行政官がモーセの戒律（主題でないが）によってではなく、またキリストの法（異端の民事的な刑についていかなる法も作らなかった）によってでもなく、ただ単に自然の法によって異端を裁くべきであるとするならば、君は二つの内の一つを認めることが必要である。つまり自然の法でもって異端を裁けるのか、それとも行政官はそれを裁けないかだ。もし、君が自然の法によってそれが裁けると言うなら、異邦人は（自然の法はもっているのだから）異端を裁くことができ、結果的に宗教を裁けることになるだろう。しかしそんなことは君たちが否定する、確かに奇妙である。だから行政官は異端を裁けないと結論すべきである。まとめれば、行政官は、自然の法ではっきり分かる事項と、全ての民と全ての時代に共通する事柄だけを裁くことができるのである。

行政官が判断できること

宗教について、私たちがそれを行政官が裁けるとは思わないのは、キリスト教が問題となる時である。全ての者の心に生まれながらに刻まれた宗教、と聖パウロがローマ人たちに話している〔ロマ二〕が、もし神を否定したり、全能でも善でもないと言ったり、神を讃えるべきではないと言ったり、あからさまに神を侮辱するならば、行政官がこうした冒瀆者たちに罰を与えるのを私たちは妨げない。

自然の法は、あらゆる異邦人を、目にみえるものを通して、神の神聖と永遠の力によって教育するのだから、自然の法に対して罪を犯している人、そういう人たちは罰せられるべきである。宗教的な理由ではなく（というのも彼らはそれがない）、彼らの無宗教ゆえである。

しかし三位一体、洗礼、予定説、さらにキリスト教の諸問題についてのことがらを、自然の法は人間に教えてくれない。だから自然の判断に従って裁く者たちは、こうしたことがらを裁くことはできないのである。

さてここで少し君の言葉の問題を考えてみよう、ベーズ。諸律法について議論した後で、君は次のような結論を出した。君は言う「私はこうした律法から二つのことを結論する。一つが、宗教からの蜂起、それは神の言葉によって構成される。そしてもう一つは聖パウロが『誤った教えを広める』と呼んでいるが、蜂起を助長すること。この二つは、律法に繋がり、行政官を通して神から罰せられる。また私は、同じ大罪が、ある所有地では同じ行政官によって、市会領地では同じ法律によって、罰せられるべきだと確信する。なぜならば、今日まで、こうした法律はモーセの十戒に関わり、不滅の世界的な自然の公平の精神を基にしているからである」。

さて最初に、ベーズよ、君はこうした法律が、「不滅の世界的な自然の公平な精神を基にしている」と言った。神が一人でもいれば、それはヘブライ人のエホバ、ユピテル、オケアノス、そして異邦人の他の神々でもかまわないのだが、自然はそうしたことを教えてくれる。

なぜ、神は全く存在しないと言う人間が、自然からではなく聖霊から出たモーセの戒律に抗して罪を犯すのだろうか。安息日について（モーセの十戒で要請されているが）も同じことを言わなければならない。もし誰かが、今日、神を否定し、神の力と善性を否定し、あるいは神は罪を望んでいると言うならば、おそらくその人は「不滅の自然の公平の精神」に反する罪を犯しているのである。自然の公平の精神は、神が存在し善良でいかなる罪をも望んでいないことを教えてくれるからである。しかし誰かが、神の三つの実体、現に識別される三位一体を否定したり、あるいは小さい子供たちに洗礼をするべきであることを否定したり、煉獄が存在することを否定したり、その他、一般に君たちと他の人たちが人々を異端であると判決する場合のことであるが、その誰かは、全ての民や全ての時代に共通する「不滅の自然の公平の精神」に対して罪を犯しているのではない。なぜなら、自然は、こうしたものごとを異邦人に教えることはないからである。その結果、行政官は自然の律法に従って裁くだけであって、この種のことがらを裁くことができない。

窃盗に対する処罰

しかし、ベーズよ、自分たちの規則を維持するために、「不滅の自然の公平の精神」（君は自慢していたが）に反しているのは、むしろ君たちだ。君たちは行政官に、モーセの掟より重い刑を盗人に与える、つまり盗人を死刑にすることを行政官に認めている。いかなる「自然の公平の精神」が、金銭ごとで人間を死刑にしなければならないなどと君たちに教えたのか、言ってくれ。こんな法律は自然の公平の精神からは生まれないのではない。目には目を、歯には歯を、足には足を、金銭には金銭を。いかなる法律をもって君たちは盗人を死刑にするのか。確かにそれは自然の法ではない。君は何らかの善き理由でそれが作られたのだと言うつもりだね。ならば君に尋ねる、「不滅の自然の公平の精神」に反する善き理由など存在しうるのかね。それ自体が極めて不正であるのに、公平でいられるのか。なぜ、君たちはこんなことを維持するのか、ベーズ。自分たちの行政官に対して文句をつけるべきではないのか。とはいっても、これはキリスト教徒の問題に属さない。ひょっとしてむしろ君たちはこの手の問題に無知なのか。いや、他者の良心をあえて裁こうとする者たちの中に、ひどい無知が存在するとは、考え難い。君は私が真理を言うことを望んでいるか、ベーズ。――君たちは強欲な人間だ。二陣営に対抗して議論する技術が、君たちを二面的にし、ずる賢くする。もし君たちがトルコ人の間にいるならば、同じやり方でトルコ人のなすこと全てを擁護できるだろう。君たちは、閉じこもって、提案されたあらゆるものに反対して遊び半分で議論する習慣があるのだ、君たちは真面目なものごとに、君たちの遊びを使っているのだ。

君の言葉でさらに私がさらに取り上げたいのは、君たちが異端であるとみなした人々、君たちは彼らに蜂起の罪と誤った教えを広めた罪があると告発する。聖餐式のルター派、迫害の意見も同様、さらにメランヒトンと予定説の者たちは、君たちにとって異端である。ベーズよ、彼らは神の言葉で蜂起していない。彼らは君たちと同じように神の言葉を使っているだけである。

間違った教えを説くこと〔テモ一・三―六・三〕

君が彼らを「誤った教えを広める人」と呼ぶことに関して、君は聖パウロの意図を解していない。彼は、慈善と信仰の命令に従わず、キリストの聖なる教義に同意しない人々について語っている。〔Iテモ一・六〕その教義を、聖パウロ自身が悪行を保護する教義であると解釈する。反逆、不信仰、悪意、非宗教、嘘、偏見、さらにも諸々の悪行である。ベーズよ、私たちがそんな悪行に従い、それを教えるならば、私たちは誤った教えを広める指導者であると言われるだけである。神は罪の創り主ではないし、神は罪も、また人間が宗教を理由に死刑にされることも、少しも望んでいない。私たちは神の教義とは違う教義を教えている、と君が言うのならば、私たちをただ侮辱し、それ以前に神も侮辱していることである。私たちは、神の教義に逆らったり、違えたりしないからだ。ただカルヴァンやベーズの注解をしているだけだ。確かに、神の力を無理に利用しているカルヴァンやベーズは神ではない。確かに、君たちは誤った教えを広める者を異端とみなしているが、例えば妬む人、貪欲な人、喧嘩好き、愚弄する人、悪口を言う人、中傷家、そしてそれに類する人々が、足繁く説教と秘蹟に通い説教師を敬うならば、君たちの間では歓迎される。君たちがキリスト教国に至ると考える道がここにある。もし自制心があって、悪行から身を遠ざけて、秘蹟に対してあるいは聖書の解釈について君たちと唱和せず、また君たちを牧師だと称揚しない人がいるならば、その人は異端とされて教会という組織体から切り離さなければならない腐敗した肢体である、という結論になる。上記で言ったことだけで十分かも知れないと私は考える。それでも、君が何か忘れていると私を非難できないように、君の中傷と反駁の残りを論駁して終わりたい。

身を捧げる

君の無知ゆえにモンフォールを咎めて、「身を捧げる」という言葉は一般に、あらゆる奉仕を意味し、この意味ではモンフォールはこの言葉を使わなかったかのように言う。暴力や残忍な行為に「身を捧げる」人々を話題にする。また彼が、トルコ人はモーセの神に身を捧げる、と言ったりした時は、つまりトルコ人はモーセを崇拝するという意味で使ったのである。

異端者

君は、普通の言葉として、本当の宗教に蜂起したり、他の人々に蜂起を促す者たちを異端者、と呼んでいる。最初に、君は「異端者」という言葉をその起源や派生に違え、さらに聖書の使い方にも違えて意味を捏造している。そのうえで君は矛盾したことを言う。偽預言者ハナニヤは異端の数に入れるべきであることを以前、否定した。付け加えて、君はトルコ人、ユダヤ人、さらなる異邦人についても同じことを言った。むろん彼らにとってはこうした事は都合が良い。なぜならすでに言ったが、トルコ人は福音を説くキリストに顔を背けた。ユダヤ人の所に来ると、ユダヤ人はキリストを拒絶し、神との絆を破棄し、他の者たちにもそうするように説き勧めた。他の者たちにも同じことだった。だから私は君たちに尋ねたい、異端者たちが何らかの異なる神を崇拝しているのならば、ルター派たち、オジアンダー派、シュヴェンクフェルト派、そして諸々の他派さらに君たちが異端であるとみなしている私たちが、いったいどんな神を崇拝しているのか。本当の神がイエス・キリストの父であるとどんなに私たちが認めても、本当に解していないので私たちは偶像を崇拝しているのだと、君は言い張った。同様のことが、守銭奴、大食漢等についても言えることになるのだろう。もし、こういう人たちが、本当に神を分かっているならば、彼らは自分の腹に奉仕はしないだろう。同じ理由で、偶像崇拝が旧約聖書での偶像崇拝でないので、そこから、偶像崇拝は私たちの間では守銭奴以上に罰せられるべきではない、と君は認めることになる。

寓意について

君は儀式や歴史書では寓意を受け入れるが、司法的な律法や偶像崇拝では寓意を拒絶する。ヘブライ人の手紙の著者はどう言っているのか、彼は律法にはやがて来る良いことの影があると語る〔ヘブ一〇・一〕。彼は律法の一部を語るのか、むしろ全般を語っているのか。彼は後段で次のように言う、「モーセの律法を破る者は、二、三人の証言に基づいて、情け容赦なく死刑に処せられる。まして、神の子を足蹴にし、自分が聖なる者とされた契約の血を汚れたものとみなす者は、どれほど重い刑罰に値するか」〔ヘブ一〇・二八〕。確かに、著者は一般的にモーセの律法に反して犯されることがら（ここには偶像崇拝もはいる）と、司法について語っていて、新約聖書の血脈を足蹴にするような人が受ける体刑罰を、永劫の刑として示している。だが、もし君が、この永劫の刑を、肉体への剣でもって与えなければならないと考えているならば、君は間違っている。それに君たち自身が、現在、偶像崇拝をモーセの律法で罰してはいない。キリスト教徒を名乗る何らかの偶像崇拝者が君たちの所に来ても、君たちは罰していない。ベーズよ、偶像崇拝は今日、肉体への剣で罰するべきではないと君たちが決めているのだ。それ以外に違いはない。それとも君は、彼らが外国人、つまり教会外だから、とでも言うのかい。外国のならず者たちだって、教会の外にいるさ。なぜ君たちの剣は、偶像崇拝者よりも、ならず者や盗人の上にあるのか。——人の威厳よりも神の威厳を損ねた人々にもっと重罪を課さなければならない、と君はかつて教えたのに。なぜ君たちの国内の偶像崇拝者を死罪にしないのか。知っての通り大人数だ。——君たちには、三枚の金貨で人を死刑にする慣習があることを省みると、君たちは、神の威厳よりも三枚の金貨をより評価しているのか。さて今では、君たちの判決によってさえ（君たちが裁判で処理しているならばの話だが）、肉体への剣で偶像崇拝者が罰せられるべきではない、とは考えないのか。

さらに、次のようにモーセの律法に書かれていることに、君は何と応えるのか。「木にかけられた者は、神に呪われた」〔申二一・二三〕。それは確かに司法に属することであり、聖パウロはキリストからその例を引いている〔ガラ三〕。私たちのためにキリストは十字架にかけられた。このようなキリストへの肉体的な磔刑を、聖パウロは寓意的に古い人間の磔刑と関係づけている〔ガラ五・六、コロ二〕。不注意から人を殺してしまった人は、大祭司の死後に国へ戻ることができたと書かれているのはどういうことか〔民三五・二九〕。それが明言される前に、それでも私たちこの大祭司がキリストであると、寓意的に解さないでいられるだろうか。その死後、天の国に戻るための道は私たちに開かれている。いいかね、ベーズよ、司法的な律法は神的なことがらの喩でもあったのが分かる。まとめれば、聖パウロがモーセの律法は諸要素あるいは基礎であると教えていて、今、私たちは新しい精神で神に仕えなければならないと教えてくれる。それは書簡集の古い精神ではない、それゆえ、書簡集は生き生きとした精神を殺す。聖パウロが証明する〔ガラ四、ロマ七、二コリ三〕のは、モーセの律法が神的なものごとの喩であるということだ。

旧約聖書と新約聖書の偶像崇拝

旧約聖書には肉体的な偶像崇拝の特徴があり、新約には霊的な偶像崇拝の特徴があると私が記したのはなぜか、と君が尋ねている点について。両者とも有効であったし、現在も有効である。今度は私の方から君に尋ねよう、なぜ、聖パウロは精神の新しさと純粋さと真実という、パン種のないパンを、新約聖書の特徴とし昔の預言者たちは聖霊によって神に仕え、パン種はなしで、純粋で真実だったのか。いいかねベーズよ、私は君が新約と旧約の違いに完全な無知であると思う。なぜなら未だにユダヤ人と一緒に旧約聖書に留まったままでいるから、君は石頭だ。肉のように柔らかい頭を持つ人々は、こうしたものごとが分かるだろう。そして正しい者はさらに正しくなり、汚辱にいる人間はもっと汚くなる。

霊的な罰

霊的な刑罰について、私はすでに詩編から引出したと思う。その刑罰は（神の言葉として、慎ましい者たちと乳飲み子の口を通して）悪人らに与えられることだろう。その時、彼らは告げられる「どうしようもなく不幸な者たちよ、永劫の火で焼かれてしまえ」〔マタ二五・四一〕。だが君たちはこうしたことがらが理解できない、なぜならば君たちが自分たちを可愛がり過ぎているからである。

偽預言者の刑罰に関する法律は常に有効である、と君が言っていることについても、私は同じように君に答えよう、安息日は常に有効であると命じられたものであり、つまり召使や家畜たちに休みを与えるためである。君たちはそれでも安息日を取り去った。この違反は刑罰ものだ。

君が寓意を非難していることについて、私たちは偽の寓意を認めないが、真実で神の言葉に基づいている寓意は取り去るべきではない。ちょうどモーセの律法が、物事の向かうべき影をまとい、ものごとの再現ではないことは明らかであるように。

法律を作る時、君は、人々を神から遠ざける者が全員死刑にされることを望んでいる。そうすると、守銭奴も死刑にされなければならないだろう。なぜなら心の無頓着が問題となり、守銭奴は言葉と素行で他人を堕落させて、信仰、つまり神への奉仕から遠ざけるからである。

聖書への誤った解釈

聖書を解釈する者たちが、間違って違う神々への奉仕を説いている、と君が言っていることについて。もしそれが本当ならば、君たちがその当事者だ。なぜなら君たちの注解と会合では、同じ文章が七通りに解釈されているのを頻繁に目にする――そうしたやり方の全てが間違っている訳ではないが、七つのうち六つが間違っていることが大半である――その結果（君の発言が正しいとして）、君たちの教義の最大部分が神への本当の奉仕から遠ざかり、悪魔を承諾する。

焼き鏝を押された良心

君が引用した聖パウロの文章、肉の防御と結婚について。聖パウロが「良心に焼き印」〔一テモ四・二〕を持つ人々と聖書の書簡集に反したことを好き勝手に教える人々とについて、語っていることに君は配慮すべきだった。ベーズよ、そうした事については、私たちだって、君たちと同じくらいに非難する。しかし、オジアンダー、シュヴェンクフェルト、メランヒトン等々、君たちとは違った聖書解釈している者が、焼き印を押された良心を持っていると君は思っているなら、解釈を良心の焼き印でつくらないように用心したまえ。君たちは、余りにも横柄に彼らの良心を非難しながら、彼らの生活は（教義と良心の結実であるので）、君たちの生活よりも悪いと証言することができない。何人もの人々が彼らの生活が静謐であると語り証明するはずだ。彼らが聖書の明白な証言に反対していると考えるなら、君たちは間違っている、ベーズよ。もし小さい子供たちに洗礼をしなければいけないと勝手に記されても、再洗礼派は再洗礼説ゆえに死刑になることはないだろう。神は効果的に罪を欲する、と勝手に記されたならば、私たちは君たちと不和にはならないだろう。だが、神は罪を望まず、罪人の死も望んでいない、さらに罪人が改宗し生きながらえるようにと、記されたのをみると、神の意志が介在する不貞や殺人は行われないことを君たちは大らかに教示した。この点で君たちに異を唱える人々を、異教徒と見なすなら、君たちは何度も矛盾したことを言い、さらに良心に焼き印をもっていると考えられる。

信仰の結実

私たちが基礎の上に建物を築くことを君は否定するが、ベーズよ、もし君が私たちの品行が悪いと勝手に考えるならば、そういう信仰の結実を持っているのかもしれない。しかしこの基礎が、私たちの内にかつては作ることができなかった物を作り出し、私たちが悪魔の意志に仕えるような時には、神の指に属することをベルゼブル〔旧約聖書の「ハエの王」。新約聖書では「悪魔の王」。もとは異教の神〕のおかげにしないように注意してくれ。なぜならサタンはサタンを駆り出すことはできないからである。

冒瀆者

君が、異端とされた者を冒瀆者や悪人と呼ぶことについて。ベーズよ、こうした君の判断をもって、神の審判の前で答弁ができると思っているのか。数名が異端として死刑に処せられる、と私たちは考える。彼らは神を恐れ、冒瀆はしない。だが君たちは習慣的に、君たちの解釈に反対して語られることがらを冒瀆と解釈する。君たちの解釈で人民を駄目にしないかぎり、人民の方が君たちよりも上手く冒瀆を判断する。

行政官が悪意から出た明らかな冒瀆を罰するのを怠っている、と君が告白したことについて。私たちは、ものごとを罰しようとする彼らの熱意いやむしろ君たちの熱意に驚いている。まだそれほど明白でも（つまり他の事柄以上には議論されないだろうから）、冒瀆でもなく、さらに悪意から生まれてもいないことを罰するとは。人民たちでさえ簡単に分かるかもしれない、「この人ではなくバラバである」と叫んで教えるのは、ファリサイびとではない。世間の皆がこうした悪意で汚れているわけではないと君が言う点に関して、聖ヨハネに答えてくれ。彼は、世間の人は悪徳の中にあると言った。私たちは世間について話をしているのであって、神を恐れる人たちについてではない、彼らはごく少数であり、世間とはいえない。

誰が異端であるのか完全に把握している、と君が考えていることについてはどうか。私はこの意見には驚かない。というのも君たちが人の良心と心の秘密をあえて裁こうとするからである。しかし、主の審判の日には、全人の裁きが新たになされるであろう。

アサ

それから、君が旧約聖書から引く例だが、すでに答えたが、君はアサを出している。彼は人々と一緒に神と同盟を結ぶ〔代下一五〕。その条件は生命と引き換えに、思想からも感情からも精一杯神に仕えることに没頭することだった。君にお願いする、ベーズよ、行政官の裁量で、君たちの民が神への奉仕に完全な精神で専心できるように秩序立ててくれ。そうすれば君は、私たちにとってとても良い人物になるだろう。そのために死刑が命令されないように、十分に注意してくれ、そうでないと、間もなく、君たちの歩くところに草が生い茂るのを見ることになるだろう。

イ エ フ 〔北王国イスラエルの王。預言者エリシャの支持を得て、イスラエル第五王朝の初代の王。ヨラム、ユダの王アハズヤ、アハブの王妃イゼベル、アハブの一族、バアルの祭司を殺害（王下一〇）〕

君はイエフをも引き合いにだしている。彼はアハブの息子たち全員と両親を死刑にした。君たちは同じように、異端の子供と親を皆殺しにしないだろうか。むしろ女、子供、家畜もろとも町を破壊しないだろうか。モーセの律法がそれを命じたからだと言って。聖なる宗教的王たちが難解な国外の偶像崇拝のために行った全てが、彼の母に起きたように異端に起きた、と君は書いた。どんな法を引き合いに出したらモーセの律法が中途半端だとか完全ではないとか言えるのか。――その律法は完全であることを神が保証している。

ヨ シ ヤ

さらに君はヨシヤを引用する、ヨシヤは祭壇の高みある全ての異教の祭司を殺し、そこで人間の骨を焼いた〔王下二三〕。なぜ、君たちはバアルの司教を焼き殺し、祭壇で供犠者の骨を焼かなかったのか。君はどの方向を向いているのか。ベーズよ、あらゆる論証と例示が君の意見と反対方向である。

さて私はモンフォールの例外に言及する。最初の例外として、君はモンフォールがモーセを残酷だと非難する、と言う。ベーズよ、そんなことは彼の頭にも、彼の口からも、彼の書物にも決してなかった。なぜなら彼が耐え難いとしているのは、残酷さではない。神は厳しくそして厳格に、しかし残酷さはもたず、ものごとを成す。君たちこそ、モーセの律法から血を撒き散らすためにあらゆる辛いものを集める、とモンフォールからは言われている。君たちがキリストの祝福とは対極であると言いたい。神の意志に反して、キリストの時代にモーセが別の時代に神の命令によって厳格に作ったものに追随したがっている君たち。モーセの精神をもたない君たちは、きっと偽の模倣者である。人間を死刑にするのは易しいが、モーセの意図をもってこれを行うのは易しくない。どうしたらモーセの意図をもって死刑をおこなえるのか。お人よしの君が、ベーズよ、モンフォールの意図に反して、さらにその言葉に反して、モーセの権威によってなされた残酷で血なまぐさいレビたちの殺害とモンフォールは名づけたと、君はあえて言うのか。

偽の証人、ベーズ

なぜ君はモンフォールに対して嘘の証言をするのか。

だが君はこのようにして彼の言葉を自分が仲介すると言うのだろう。彼はまだ現存だというのに、いったい誰が君に、彼の意志に反して真意を遠ざけて解釈する権威を与えたのだろうか。このように聖書を解釈するのが君たちの習慣である、と私は考える。そこから聖書は明確で安易であるという君の意見が出てくる。証人によっても印しや言葉によっても説得されることはない人間の良心を、君たちは裁くこともできる。福音書で〔マタ二六〕、偽の証人と呼ばれている人は、キリストが神の神殿を壊し三日で建直せると言ったと証言した。なぜなら彼らはキリストの言葉（しかしながらそれはとても曖昧だ）をキリストの意図に反して注解したからである。正当に考えると、君もそう呼ばれるべきである。というのはまさに明断な言葉を大胆に覆し、無能（でなければ告発への愛着が強すぎる）で、悪く考えることもできないだろうから。

同じように中傷への愛着から、君が取り上げるカステリヨンの翻訳文が出てくる。まず君が慈善なしで、むしろ、合意（彼は読者のそれを要求するのだが）によって叱責せず、噛みついたり敵意をもってちくちく責めたりした。しかしそれが君たちの教会の特徴であり、そこでは慈善の気持ちをもつことなくものごとを決めつける。君には話題にする上での判断の誤りがあることに気付いた。そこには引用の繰り返ししかない。

レビたちの殺人についてカステリヨンの解釈

出エジプト記の文章で「（モーセがレビたちに言う）今日、主に向かうあなた方の手を清めなさい。

手に血がつきましたから」〔出三二（原註）〕。

ここで、ベーズよ、君はカステリヨンの翻訳を取り上げるが、あたかもカステリヨンはレビたちがこの殺人を犯したと言いたかったように取り上げている。だがこの翻訳を読んで私はそうは考えなかった。ただ単純に、モーセの律法の他の多くの箇所でなされているように、浄化と解した。彼らは清浄されているように命令された。夕方まで不浄で、彼らは死体あるいは不浄なものに触れていたからだ。花を持つ女性そして他の人々には魂の汚れはない。体の外的な汚れには、外的な洗浄で浄化しなければならない。そのように私は理解し、実際の手を血で汚したレビたちの浄化は、兄弟たちを血で殺めた罪ではない。その外的な汚れには外的な洗いが必要である。そうした浄化は民数記にある。モーセは神の命令でミディアン人を殺した衛士たちに向かって言う、「（彼は言う）軍役から外に七日いるように。誰かを殺したり、殺しを手掛けたりするものたちは誰であれ、三日目と七日目に浄化されるであろう。あなた方とあなた方の捕虜は。そしてあなたがたは七日のあいだ宿営の外に留まりなさい。あなたがたのうちすべて人を殺した者、およびすべて殺された者に触れた者は、あなたがた自身も、あなたがたの捕虜も共に、三日目と七日目とに身を清めなければならない」〔民三一・一九〕。この場において、私は君たちの翻訳を辿ると、君たちは「浄化する」という言葉を確かに利用した。そして君はあたかも大罪を犯したかのようにカステリヨンに対抗する。憎しみあるいは妬みが、君の判断力を奪ったとしても、君がそんことをしたことは今までは確かになかったのだが。

「満たす」という語に関して、君はどんな場合でも「浄化」を意味することを否認する。私はカステリヨンにヘブライ主義を任せる。ヘブライ主義にそえば、供されるものは浄化され、世俗的なものから神聖なものになる。かくしてレビ紀八章九章でアロンとその息子が浄化され、その浄化において彼らの手は満たされる、つまり聖別されるである。

君はあえて今度は聖書の明晰さを借りて自慢するつもりか。ことがらそれ自体は明晰だが、君たちが分かっていないのではないか。行政官に提案するにあたって、どのようにして君たちはレビの所業に従うようにと言うのか。行政官はレビたちに追随しなかった、そして君たちはレビの継承者ではあるが、かれらへの慈愛もなく、彼らの務めを継ぐ正当性を否定する。君たちに、誰かを死刑にする正当性はない、レビたちに追随することを恐れている。彼らは、君たちのように他者の手を使うのではなく、自らの手で殺した。君たちはこうしたレビたちを継承しない。自らの手ではなく他者の手でキリストを十字架にかけた最後のレビたちを別にしては。ベーズよ、君たちはモーセの心と勇気を持つように、最初に、彼の務めを果たすことを望むように。でなければ神がユダヤ人を非難した事で君たちが非難されるだろう。つまり、ユダヤ人は、ダビデのように楽器を持っていると考えて、踊子の声のような甘いささやきをした〔アモ六〕。

エリヤが天から降ろした火〔王上下〕

エリヤが天から降ろした火について、君は、この例は専制君主のことで、異端のことではないと答えた。なぜ君は、アタリヤが異端でなかったのに死刑にしたエホヤダ〔ヨヤダともいう大祭司。アハズヤ王の母アタルヤが王の子供たちを殺して王位を奪った時に、王子ヨシュアを匿う〕の所業を、異端に都合よく利用するのか。なぜ君はピネハス、レビたちそして諸々の人を引き合いにだしたのか。この行為でエリヤは行政官に許される以上に多くの資格得た、と君は言った。なぜ君たちは異端の行為として、行政官以上の資格をもっていた聖ペテロが、その言葉で死に追いやったアナニヤとサフィラを取り上げるのか。ここで君は使徒たちがエリヤの行為に追随すべきではない理由を挙げる。それは彼らの職務ではなかった、と君は言う。君たちの職務、ベーズよ、それは何なのか。アハズヤはエリヤも殺そうとしていたが、衛士たちにそれが可能だったのか。なぜアハズヤではなくて彼らが殺されたのか。サマリア人は、移動しているキリストの宿泊を拒絶したからだと君がいうのは、どういうことか。この罪は衛士たちの罪よりも軽い、と君にはみえるのか。キリストは、審判の日には使徒を受け入れなかった人たちがソドムの人たちよりも、もっと重く罰せられる、とは言わなかったのではないか〔マタ一〇・一五〕。エリヤは神の栄誉のためにおこなった。使徒たちがエリヤを引き合いに出すことで、使徒たちが同じ気持ちでそれを望むのは、彼らには人間的な執着があり、雪辱を果たすように掻き立てられたからだと言う。ベーズよ、君たちは使徒たちよりもずっと聖人で、君たちの中に同じに執着があるかもしれないと危ぶむべきなのか。だが時代を考慮に入れなければならない。ベーズよ、君にはっきり言う。君はキリストを別の方向へ遠ざける。軽蔑して真理を拒絶しても、真理は君の前に現れ、君の目を潰しかねない。本当らしいことよりもありとあらゆることを語る方が、君は満足なのだ。キリストは、なぜ使徒たちがエリヤの行為に追随すべきではなかったか、その理由を平易に導く。「どんな心をもっているのかあなた方は知らないのです。人間の息子は魂を消去するために来たのでなく、魂を救うために来ているのです」。なぜ君はこのように導かなかったのか。なぜ、キケロ的なやり方で真実から遠ざかるのか。次のような文章を討議して君は前へ進む、「私の王国はこの世にはない」。キリスト自身が言う言葉は「もし私の王国がこの世にあるとしたら、私の司祭たちよ」等々だ。よほど別の言葉を作り上げるのが君は好きなのだね。

ああ、もし、キリスト自身が注解しなかったら、どのようにして、君たちはこうした言葉を注解するのか。——君たちの詭弁でキリストの明晰な解釈をあえて覆い隠している。なぜキリストの時代はモーセの時代と違う時代であると認めないのか。そして福音の時代はモーセの律法時代とは違うし、神の聖霊の時代とも違う、と認めないのか。キリスト誕生以前の時代、神は人間という種族に対して荒れ狂っているが、キリストによって鎮静化された。

もし、キリストがモーセの律法の厳格さを緩和することがないならば、どのような意図でキリストは平和を作り出したのだと、君たちは思うのか。残酷さを理由として、私たちはエリヤを非難してはいない。ベーズよ、神が火を下界に送ったのは、その残酷さに従ったのではなかった。それは分かるはずだ。今度は君たちの残酷さ（君たちは非常に分かりやすく記述しているが）、大地が裂けて私たちを飲み込むのを望んでいる残酷さに、神が頷くはずはない。神から求めることができないから、君たちは行政官に助けを求める。君たちは神よりも行政官に信頼を置いている。君たちは使徒たちとは正反対である。使徒たちは行政官ではなく、全てを神に求めたのだから。さてベーズよ、聖霊から霊感を得た人々の所業は、同じように霊感を得た者たち以外からは追随されることがないと知りなさい。

人民の不服従の原因は何か

モンフォールの二番目の例外について。預言者に、キリストに、そして弟子に、起こったことが、君たちにも起こると言う。その理由は、不服従な人民を持ったからだと言う。ベーズよ、理由が君には同じように見えたかもしれないが、私はそれを信じることができない。主は「もし私の助言で彼らが止まり、彼らが私の言葉を私の民に発したならば、彼らは彼らの悪い道と悪意から、民を遠ざけることになったであろう」〔エレ二三・二二〕とエルサレムで言った。私が知っている少数の説教家（多数でも同じことだが）は、全ての民の間に、福音の祝福をもたらす一人の人間を有していない。どういうことか分かるだろうか。使徒と同じことを君は語り聞かすことができるだろうか。使徒たちは自分たちが受け入れてもらえない場所で、自分の足で砂を動かした。君たちは、担保がある間は、誰も服従してくれなくとも、その場に留まる。使徒たちは、行政官などいなくとも、弟子たちが同じ希望と勇気に根ざし、共感し共有できるようにした。君たちは、行政官で武装し、事物のみならずその意見についても武装する。厳しく対立すると相手を異端と見なす。私には君たちの誤りだけしか見えない。民の誤りではない。もし君たちの内に信仰と慈愛があるのならば、何からの良いことを君たちもするかもしれない。しかし冷たく、熱意のない者は他の人々を温めることができない。つまり君たちは性悪である。さらに君の民も性悪である。だから君たちは宗教的な判決を民に任せるべきではない。その性悪さゆえに、ひどい裁きになるだろう。

心の中に宗教を強制することは誰もできない

君がネブカドネザルとダレイオス王に言及して取り上げた諸命令、私は君にお願いする、ベーズよ。君たちの行政官が命令に従うようにしてくれ、そして誰であれ神の法律に従わない人は死刑になるようにと命令してくれ。神への外面的な奉仕（王の命令によって人々は拘束された）と、聖霊と真実にある内的奉仕、つまりキリストが私たちに教えた内面的な奉仕、との違いが君には分かっていない。

王の命令によって人を拘束できると君が確信するなら、君は何も分かっていない。

裁判を支配すること

モンフォールや私たちの返答を待たずに、君が行政官に私たちを死刑にするように何度も説き勧めるのは、自分が馬鹿だと宣言しているに等しい。私は悪意で言っているのではない。私たちが理由を言うまで君はこの勧告を引っ込めないのか。私たちの言葉が正とみなされるなら、どうなることか。私たちの血で君たちはどんな話を作るのか、君はその話（私たちの味方は聞かないだろう）が、あたかも判決文が合法的な判断で出されたかのように（君たちが私たちを拒絶するのと同様に、私たちは君たちの判決を拒絶するが）、大々的に広まることを望んでいる。ならず者にさえ慣例で許していることを、私たちにも少しは認めてほしい。君たちは私たちからいかなる犯罪も手に入れていないのだから、君たちの父たちのあの声で叫ぶしか方法がないのだ、「彼は冒瀆した。彼が犯罪者でなかったならば、私たちは君に彼を引き渡すことはなかっただろう」。

ペテロの力。アナニヤとサフィラ〔使五〕

君は、旧約聖書の例よりも、むしろ新約聖書の例に愚鈍な詭弁家である。聖ペテロが言葉によってアナニヤとサフィラを殺した時、それは非日常的な力であった、と君は言う。君は何を言っているのか、ベーズ。言葉の力は聖ペテロでは非日常的であったのか。もし、彼がこの夫婦を剣によって死刑にしたのならば、剣の力が日常的であることになり、ペテロは日常的には力をもってなかったのか。お願いだから、読み手として少し考えてみてくれ。討議の場で誤謬と嘘を死守した人は、必ずや不条理と罪の重さに陥ることになることを知ってくれ。主はペテロに言う、「お前がこの世で読む全ては、天で繋がれるだろう」〔マタ一六〕。ペテロは、キリストから普通に受け取った力に、アナニヤを繋いだ。ところがこの力は非日常的だったとベーズは言う。ベーズよ、お願いだ、もし聖ペテロにおいては、言葉の力が非日常的であったのなら、何が聖ペテロの日常的な力だったのかを私に示してくれ。以前君は、ペテロが民事行政官の法律をここで行使したと言ったが、今度は、行政官はペテロの行為に従うべきではない、つまり行政官は彼の律法に従うべきでないと言う。一つの間違った事の弁護によって、君がどんな闇、どんな混乱と感情の中に置かれているか分かっているのか。さらに君は屁理屈をこねている。ペテロは宗教的に侮蔑的で人知を超えたことを死刑で罰したとするなら、行政官には分かり切ったものを死刑で罰する権利が委ねられる、と君は言う。君は君に反対して喋っている、ベーズよ。君は前にペテロは行政官の権利でそれを行ったのだと言った。アナニヤの犯罪は隠れたものだった。つまり隠れた犯罪を罰する権利を行政官に許与したが、一方で今は、それを否定している。

そのあとで、君は人物と犯罪を検討し、神の言葉の代弁者を問題にする。ベーズよ、聖人とみなされることを望んでいる彼らが、神の言葉を軽蔑したという理由で、君たちから異端とみなされた。神の言葉の権威を盾に、死刑を受けるというのは私たちには受け入れがたい。彼らは口でいうことと心で思うことが違う（君たちが別の箇所で書くように）と、君は言うのだが、すでに君は隠した犯罪を裁いている。それを行政官に委ねることを君が否定しているはずなのに。たいてい偽善や宗教蔑視は似たような犯罪だと君は言う。私たちが言いたいのは、それは犯罪ではなく悪徳あるいは罪である。神に反する歴然とした罪であったので、神の代理である聖ペテロに彼らを罰する役目が託されたのである。重ねて君自身は、罪のことを隠された悪徳と呼んでまた矛盾したことを言う。その上に冒瀆がある、と君は受け入れがたいことを言う。つまりアナイスが供物は盗まなかった、と君は言うのだ。アナイスの金銭から供物ができるはずということなのか。君が言うのは、その宛先人のことなのか、アナイスが教会に隠した金銭には宛先人はいない。異端として死刑にされた者たち、私は彼らがどのようにに冒瀆者になったのか分らない。粘り強く死ぬまで否定する、と君は以前に言ったにもかかわらず、厚かましい嘘を異端のものに帰して、隠されたものごとを裁いている。

ものごとの着手よりも、教義において誤謬を犯す方がより危険である、と君が言うことについて。まず君は矛盾している。以前、異端は罰せられるべきであると教示したが、それは彼らが故意に罪を犯しているからだった。しかし今、君は過ちを彼らに帰着させる。過ちは故意の反対である。そして君は君たちの庭で大きくなった判決文を言い渡す。それは聖書のどんな神託にも証言にも基づかないだけではなく完全に反するものである。この誤解による不正の上で真実を保留し非常な損害を伴って世間に君たちは迎合している。この点に関して、広範にわたって議論しなければならない。

教義の二つの部分

教義には二つの部分がある。一つが（信仰によって救済を得るために人間にとって全面的に必要である部分）、人間の職務に属し神を恐れ、従順な人間をつくることである。ちょうど私たちが特記してきたことである。同様に、深みのある信仰への要請は聖書から出発する。この部分は理解するのが十分に易しいので、少しも（話しているのをちっとも聞かない人を除いて）難解なところはない。もし誰かが信じることも服することも望まないのならば、それを二つの証拠によって知ることができる。まず一つ目の証拠。何らかの悪徳を抱えたがる人は、教義の該当する悪徳を扱っている部分を覆したり質問攻めにしたりすることに慣れているはずである。もし誰かが神の所へ行くこともキリストに繋がることも望まないならば、信仰から生まれた本当の自分自身の放棄である。その人たちは、虚しく曖昧な信頼や神の赦しについて軽々しい保証を交わす。そんな軽々しい信頼と保証を彼らは信仰と呼び、それを頼りにしてそこにじっと留まる。また他の者たちは神への肉体的な奉仕を提供し、このやり方で自分自身を差し出さなければならない務めから逃れられると信じている。金持ちは、自分の欲望を維持するために、幾つかの理由を作り出し、禁欲と純潔を話題にする教義の部分を認めないだろう。貪欲で復讐に飢えた人は、悪の代わりに善を施すことはせず、自分の執着に従って何らかの反対の解釈を導くだろう。守銭奴そして高慢な人等々も同じことをする。悪徳を維持する以外の理由はあるのだろうか。

もう一つの証拠は、事前に罪に汚れていない人々でその教義も健やかであるが、罪を犯すことを望む、あるいはむしろすでに罪を犯している人で、彼らは自分たちの行為を維持し守るために何らかの解釈を導く場合である。高利貸しには嫌悪と恐怖に感じるが、暴利と訴訟を好み、暴利と訴訟を守ることができるあらゆる理由をでっち上げる。その結果、今日では、他者に抗して議論や訴訟を行うよりも、むしろ上手く財産を失うことを好む人たちが泥棒だ、と言った人がいた。これは自分の子供たちから財産を奪うことになるからである。君のやりたいことを守るための肉的な執着は、神の明白な言葉とどれほど対立することか。カルヴァンもまたそうである。彼は始めのうちこそ、迫害について上手に記述していたが、セルベトを死刑にして、あらゆることをやり、あらゆるやり方とあらゆる形をとって、彼は変化している。自分からも彼の信奉者からも促され（さらにその兄弟たちの危険を伴いながら）彼はあらゆることの企み、自分の行いが善であり正義であることを認めさせる。教義上の誤りは、危険この上ない（なぜなら人々に罪を犯すよう指導するから）と私は考える。悪徳から生まれている。彼らはものごとを教えない、彼らは善を施さない。彼らが過去において作り、現在も作り出しており、将来も作りかつ守りたがること、だから、それを作る必要があると彼らは教えるのである。彼らの過ちのみが原因ではなく、作られた悪徳のゆえに罰せられるだろう。カルヴァン派が異端であるとみなした人々は、この限りでは罪を犯していない。キリストの命令が厳密に守られるようにと望むカルヴァン派の解釈と、カルヴァン派の肉をほめそやす人々とに従わなかったという理由で、何人もの人たちが異端とされた。極めて危険なことである。主は私たちに言う、神の声を聴き、それを実際に行わない者は、砂の上に家を建てる愚か者に等しい、と〔マタ七・二六〕。救済の基礎は、信仰によって神の言葉を聴き、それを実行に移すことである、と君は知るはずである。

さて教義のもう一部分は、もっと高尚で難解なものごとを扱い、人々をより善良にするのではなく、博学にするものである。三位一体、天使たち、死後の魂の状態等々を教える。それについて前に挙げたベリーの序文ですでに特記した。聖パウロも言っている、「もし私があらゆる秘密とあらゆる学問を知ってそれでも慈悲をもたなければ、私は無である」〔Iコリ一三〕と。

さて、字義通りの教義に立ち返る方法が簡単であると考える。また服従の道が難儀でかつ狭く、我儘を捨てた人以外には開いていないとも考えられる（なぜなら意地悪な人たちもまた博学である可能性があり、意地悪さから離れることがないので）。するとカルヴァン派たちは（彼らには広い道は好ましく見え、狭い道は不快にみえる）別の場所ですべきことをここでしていることになる。

彼らが教会を定義する時、彼らの教会を私たちに描いてくれる。そこには、彼らの象徴、印しそして固有性があるが、キリストの慈悲はない。その教会は熱のない火と同じくらい慈悲がない。また、異端を定義しながら、彼らは異端の条件と特徴を神に習うのではなく、彼らの流儀で私たちに説く。同じように教会では、慈悲よりも、慈悲がない教義を何より評価し、まるで固定した物体のように留める。人が犯す重篤な罪は、慣習においてよりも教義においてだと確信しているからである。もし彼らのもとへ来る人がいれば、たとえそれが、極めて悪賢く、守銭奴、軽蔑屋、侮蔑家、悪口屋、中傷家、狡猾、妬み屋、怒りん坊、復讐を渇望する人であっても、洗礼、予定説、隷属意志等々について彼らに同意し、説教、秘蹟に足繁く通い、説教者に畏敬と尊敬をもつならば、その人は善きキリスト教徒である、となる。キリストは彼の罪を消した、過去においても現在においても未来においても。しかしその反対に、ある人がこうした悪徳から身を守り、自制し、それでも、ただ教義のある点で、例えば洗礼、予定説、隷属意志あるいは迫害においてだが、彼らと意見の違いがあるだけで異端とみなされ、腐った肢体であるから教会という身体から彼を切り落とさなければならない、となる。どんな慈悲もキリストの命令へのどんな服従も、またどんなに無垢な命も（これが本当の教義の本当の結実である、なぜなら悪しき教義という木には、善き慣習という結実はないから)、彼らに近づく人を守ることはできないだろう。彼らは悪魔のように切り捨てるのだから。

エルマ・バルイエス〔使一三・六〕

魔術師であるエルマ・バルイエスについて、君は二つのやり方で矛盾したことを言っている。最初、君は、偽預言者ハナニヤは異端であることを否定した。彼がエルマと同じくらいユダヤ人を信仰から遠ざけたからである。ところが後になって、エルマは外にいた、つまり教会が問題ではないと言って、君たちが判断したことを否定する。聖パウロの例を引いて、エルマは教会の外にいたのに裁かれたと、言う。君は、聖パウロの言葉があらゆる国で力を持っていることに少しも配慮がない。パウロはあらゆる被造物に福音を説く任務を負っているのである。もしそれを行政官に移し替える必要があれば、その剣はあらゆる国で力が発揮されることになる。もしキリストが行政官を武装させたならば、君たちが望むように行政官の力はキリストの他の賜物と同様に広がったに違いない。もし君が、エルマは聖パウロの教義に抵抗したのだから罰するべきであると言うのならば、トルコ人とローマ人は君たちにとって同様になる。だが、オオカミはライオンに襲いかかることはない。エルマの例によって、宗教を理由にして体罰が行われると君は言うが、私たちはそれを否定しない。ベーズよ、だが私たちは、これは言葉によって行われたのであって剣ではない、と断言しよう。モンフォールの例を思い出してくれ、彼は言う「彼らを言葉で殺しなさい。聖ペテロの毒舌を使いなさい、もしあなた方がペテロからそれを受け継いでいるならば。その時、私たちはあなた方がペテロの弟子たちであることを認めましょう。」

もし言葉が君たちの内で力を失うなら、行政官の剣が同じ方法で力を失わないのは不思議なことであるとなる。キリストがどちらかを研ぎ澄ますならば、剣よりも言葉を研ぎ澄まさないことがあろうか。人が不正に死刑にされるのは剣によってであり、言葉によってではないのを君たちは知らないのか。キリストの身体に対してさえ剣は力を留めている。だが言葉は正しいものでなければ、何もできない。ゆえに神は不正な祈りを拒絶するのである。もう一度君たちにそれを言おう。君たちは全く口を閉ざすか、または、揺らぎのない答えをするように。

もし君たちが聖ペテロの言葉をもっているなら、私たちを死刑にしてくれ、聖ペテロの言葉で。もしその言葉をもっていないのなら、それで自慢するのを辞めてくれ。ユダヤ人ができなかったように、剣では君たちは何もできない、体罰はヘロデ王の慢心にも起こる。コリントびとにおいて、あるものは死で罰せられ、あるものは病で罰せられた。これは正餐の濫用が原因である。神は頻繁に魂の悪徳を病と死刑で罰する。そうしたことは行政官にも似たように移し替えられることがある。アナニヤの死とエルマの無気力化と同じ理由であり、こうした事態は手を使うことなく神の隠された徳性と共になさられる。お願いだから、君たちの馬鹿げた妄想を終わりにしてくれ。こうした術策で真実が押しつぶせるかもしれないと考えているのか。行き当たりばったりで、君たちは私たちを、またある時は無知な人を騙す。どんな方法でもどんな時でも、真実を見抜かないほど神が貧相で無力だと君たちは考えているのか。暴かれない隠し事など何もないことを君たちは知らないのか。あらゆる事に対抗して議論するスコラ的な衣を脱いでくれ、天ではそんなことは何処にも起こらないのだから。

腐った部分を切り落とすこと

君が腐敗した部分を切り落とすと語る点について、愚かしくて君に話す時宜を得ない。というのも腐敗した肢体は正式破門以前に教会から剣で切り落とされはしない。死刑になった人が君たちの学派から切り落とされないように。

キリストの勝利

返答について、君はなぜ答えが書かれたのか理解しない、あるいは理解していない振りをしている。なぜならモンフォールは君たちのすることを遺憾に思っていた。つまりキリスト教徒の寛大さの弟子だからだ。ファリサイびとがしたのと同じ事を欲してはいけない、剣と死以外のものを探してくれ。

モンフォールに言って欲しいと君が望んでいる点について。感想を言ったがために危険な状態に落とされた人間だと君に示している。真面目過ぎると君たちは馬鹿にしている。ベーズよ、セルベトについて、私が沈黙を守るように何度も私たちの死を望む。私たちが感じている迫害について語れば語るほど、死刑にするように熱心に行政官に知らせる。

君は再洗礼派とセルベトに対して叱責を浴びせている。弛んだ理由を手に入れることは容易い。なぜ君たちはセルベトの本を燃やしたのか。なぜ再洗礼派の本を守ったのか。君たちはこんな風に扱われることを望んでいるのか。

君たちの宗教はキリストの教会と共通すると君は言う。なぜ、君たちの間に、かくも手厳しい宗教の反逆行為があるのだろうか。なぜ、君たちと共に使徒のシンボルと聖書を受け入れた者たちを死刑にするのか。君たちは告白に対して誰にも不平は言わない（君たちはそう言う）。まさにしかり。あたかも事前に幾つかの理由で宗教があったかのように、民には関わらず行政官の権威によって、行政官に反対する民の暴力と喧騒によって王侯が代わると、心と精神も変わると君たちは思うのか。

君は行政官が隠されたことがらを裁くことを否定する。なのに、なぜ、行政官は、異端に有罪を言い渡すのか。彼らの望みを意識して罪を犯すからか、でも彼らは死ぬまで否定すると君は言う。彼らが死ぬまで否定するならば、一体どのようにして彼らが意識して罪を犯すことを君たちは知るのか。

二番目の返答では、君が余りにも貧相なので、さらに反駁の必要はない。

アナニヤについて

三番目の返答で、私たちはこの原因に結びつけられていることがらを反駁した。そして君は、アナニヤの件でモンフォールの真意を取り損ねている。なぜなら聖ペテロがアナニヤをはっきりと咎めたのは、彼の虚偽を原因としてだけではなく、彼が畑の売上金を手元に置いたという原因からである。そして聖ルカはキリスト教徒の共同体について言及する〔使五〕。そこでの規則違反の例としてアナニヤを引くが、アナニヤは他者と共有するあらゆるものを欲しがったのではなく、ほんの一部を欲しがった。君は、彼が最初、畑の売上金の全てを捧げたいと思っていたと言うが、聖ルカはそう書かなかった。だから君の頭でそう書くことはできない。君は、彼がなぜ畑を完全に売り払ったのか、全ての売上金を持ち出すことを熟慮しなかったのか、と疑問を投げかける。畑と土地は金銭みたいに簡単には分けることができないからと私が君に答える。全部まとめてでなければ売ることができないというのが、頻繁に畑の条件となっているのだろう。

四番目の返答について。君は、聖ペテロがアナニヤを殺し、民事裁判権を行使したと言う。民事裁判の剣は言葉であるということになる。なぜ、行政官は悪人を死刑にするのに、言葉を使わないのか。どんな言葉の矢を君は使徒に放つのか。死刑にするということは、民事行政官の言葉だが、それをどんな道具で作れるのか。君たち以外に誰がそんなことを言ったのか。ヘロデ王が民事裁判によって死刑になったら、神の天使が彼の傲慢のゆえに、彼を叩いたのか〔使一二〕。さらに聖ペテロのこうした力が非日常的であると言う君たちに同意する人はいるだろうか。頭を使ってほしい。

五番目の返答について。君は私たちに途方もないキリスト像をでっち上げる。人殺しの絶え間ない力を行使する一方で、つかの間だけの救いを与えてくれキリストである。だから天の鍵は開くためにではなく閉じるためとなる。ここでもう一度、私は書こう、ベーズよ、ユダヤの律法学士よりもファリサイびとよりも君たちに能力があることを見せてくれ、彼らは剣を用いて殺せたが言葉では殺せなかった、君たちもそうしていることは、お見通しだ。

ベーズは聖ペテロを教会から排除

六番目の返答について。君は聖ペテロを教会から除外する。君の説明では、教会はそれ自身のためにあるのではなく行政官に固有の物となる。生命を取り去ることは行政官にふさわしい。教会は生命を取り去ることはない。だがベーズよ、聖ペテロは生命を取り去った。聖ペテロはつまり教会には属さなかったということになってしまう。

もう一つの六番目の返答について（君は二回、六番目があるので）、君が導いていることは、すでに私たちは十分に反駁した。

新約聖書の寓話

七番目の返答について。君は新約聖書の寓話を嘲笑している。良くない。どんなに精神が文字と違っているのか君は分かっていない。君は文字に執着し、それでだめになる。私は類似について何も言わないようにする（君はそれが本当の寓話であると認めるはずだから）。君は、キリストが肉によって処女から生まれたという話について分かっていない。一人の処女から精神によって教会が生まれるためである。キリストが説教師として、漁師を選んだことを君は分かっていない。石の上に彼の教会を建てるために、キリストがシモン・ペテロと名づけた〔黙一二〕ことが、君は分かっていない。原罪で死ぬ私たちが正義において生きるようにと、キリストが死に、そして甦ったことが君には少しも分かっていない。弟子たちが待たなければならない状態を私たちが解するように、二人の盗人に混じりキリストが十字架に掛けられたことが君は分かっていない。ユダヤの律法学者とファリサイびとはキリストよりもバラバが釈放されることを好んだのは、（慣例的に異端と見なされた）キリスト教徒が盗人よりもユダヤの律法学者から嫌われることで私たちが驚嘆しないようにするためである、ということも、君は理解していない。なぜ、キリストの偉大な輝きによって目が見えなくなったパウロが、後に視力を取り戻したのかも君は分かっていない。私たちが彼の書いた言葉の意味を理解するためである。つまり「ある者が賢人であることを望むならば、最初は愚かな事をする必要がある」〔コリ三・一八〕。使徒たちが、一晩中働いても何も釣れずにいたのに、キリストの命令で小舟の右側から網を打つと、彼らは豊漁となった〔ヨハ二一・六〕。これは私たちに次のことを教えてくれるためである。キリストから使わされ、自らのなかにキリストの霊の豊饒さをもって話しかける者たちだけが、人間を豊漁に導くように説き教えることができる。平たく言えば「文字が生きた精神を殺す」ということの意味が分からない人は、君たちに似ている。ベーズよ、君たちは文字に執着して、人間を殺す、まるで文字が君たちの母であるかのようだ。

聖霊に嘘を言うこと

君がモンフォールを非難することについて。彼は、自分がする以上のことをできないと言う人々は聖霊に嘘をつく人だ、と語ったのである。君にはそれが分かっていない。彼は君に似た人たちのことを話題にした。その人たちは生き損ねている。より良く生きることを否定し、罪の言い訳をする、それは間違いである。ベーズよ、その気になれば私たちへの中傷や嘘を君は慎むことができる。私たちの死を企んだりすることからも離れられる。君がキリストを信じるならば、それは君の持つ力ではなくキリストの力によって可能である。

神の僕に何ができるか

全ての神の奉仕者が、無価値なものを有益に完全にできるはずがないと告白している、と君は指摘する。君は彼らを侮辱している。彼らを強めてくれる神によって全てができると彼らは言っているのだ。彼らは肉には従わず、精神に従っている、彼らは煩悩と共に彼らの肉を十字架に掛けた。君はまた君の師であるのにカルヴァンをも侮辱している、カルヴァンは『キリスト教綱要』の最初（第一章）で次のように書く、「我々が神の助けと神の手を希うならば、我々に神の助けがあれば、確かに、我々は全てができる。神はその良き意思に従って我々の新しい心を我々が望んでいたように成長させる――そして新しい徳、それによって我々には神の命令を行使することが可能になる」。同じようにルターも、ルカによる福音書七章の聖霊降臨祭後一六番目の日曜日の福音の講話で、次のように話す、「つまり原罪は我々にアダムより自然で固有に作られたので、キリストの正義と命は我々にとって固有のものとして作られなければならない。その結果、まさにそれが我々の内で自然ならば、正義の徳と命は我々の中で機能する。キリストの内では、正義と個人的な命だけでなくまた作用して有用である。泉であり全てのキリストの仲間へそこから流れ出ていく。ちょうどアダムが罪を犯し全人類に死があるように」。ルターはマタイによる福音書二二章、聖霊降臨祭後一八番目の日曜日について言及するが、私はあえて語らなかった。君たちとって立派な異端になることを望んでいなかった。「神は天の天使から愛されたほどに、私たちからも、心の底から信仰と完全さをもって、愛されなければならない」と彼は極めて分かりやすく言う。そして同じ事が、ヨハネによる福音書四章、ローマの信徒への手紙一三章、マタイによる福音書二一章、ルカによる福音書一八章においても書かれている。

「肉」によって、ペテロを知る

八番目の返答について。モンフォールが「肉によってパウロとペテロ知る」と呼んでいることを君は解していない。聖ペテロはアナニヤを大地に押し倒し神秘の矢を使った、つまり言葉である。君は私に同意しない、ベーズよ、君は言葉が、肉的な矢であって欲しいからだ。だが、私に言ってくれ、君たちの所では一体どんな鉄床《かなとこ》で言葉を叩いているのか。どんな手が矢を射っているのか。誰がこんなに明白なことを君たちに否定させているのか。もし言葉が神秘的な矢でなかったならば、両側が良く切れる神の剣とは何なのかを私に言ってくれ。君の気が進まなくとも、言葉は神秘的な矢であると私は言う。聖ペテロが、範として一人の男を剣で死刑にすることを望んだので、それを使った、「肉」によって聖ペテロを知ること、つまり、肉と手で作った矢をもって精神で作った矢を作ったとは、これでは、まさに茶番である。

ペテロの鍵

九番目の返答についても似たようなもので、君はモンフォールのことを少しも理解していない。あるいは分からない振りをしている。聖ペテロと聖パウロの行動が問題となる。彼らの力である鍵は閉めることも開けることもできた。つまり殺すことも生かすこともできた。その力を誇り、悪しきことつまり殺すとにしか使わない者たちは罪を犯す、とモンフォールは説く。彼は聖ペテロの鍵をこのような人が持つことを否定する。行政官に、悪人を死刑にする権利を与えるならば、聖ペテロの鍵を持つことはない。他の言い方をすれば、聖ペテロは両方ともできたのであるから、同じ力で生かすことができるであろう。それゆえ行政官の力に聖ペテロをみることは、愚かしく奇妙なことである。

裁かないこと

聖パウロの文脈では裁かないということ、内輪の些細なものごとへの裁決が問題である、と君は言う。上手に言うものだ。もし他者への奉仕者をゲヘナ風に地獄の苦しみで有罪にするだけではなく、些細で安易な出来事も裁くことが誰にも許されないならば、神の審判に君たちはどう答えるつもりなのか。君たちと同じくらい神を願い賛美する「神の奉仕者」を君たちは個々に内輪で裁くだけではなく、皆の前で公然と神の奉仕者に、軽い刑ではないものを言い渡す。つまり永遠の火で焼くゲヘナの地獄の苦しみを与える（この奉仕者たちが良心に反して罪を犯し、神を故意に冒瀆するというのが君たちの判断だから）。こうした難解なものごとについては、すでに何年も議論されたが、それにもかかわらず十分に公言されない。

聖職者の歴史の例に関して、私は君の意見と同じである。その人たちによって、互いに党派が対立してものごとが捉えられることを望んではいない。なぜなら彼らは変化しやすく、一定しないので彼らによってはどちらの党も自分たちの言い分を確立できるように見えるからである。

さて、あらゆる議論についての君の結論だが、君はブーリンガーの言葉を使うが、それは（君が言う通り）平易で明快に論駁の全体をまとめる。この種のものごとにおいては、聖書、明示的な事実、いわゆる積み重ねの事例によって説く必要がある、とブーリンガーは言う。だがここでブーリンガーはベーズと矛盾する。ベーズよ。君は異端者が常に無知に関わると教示したが、彼らは死ぬまでそれを否定する。彼らは無知によって告訴されたのだから、聖書や明示的な事実によって説かれる必要があるが、そうしたことは行われるはずもない。死に臨んで、彼らは良心の聖書をもっている。君たちが何を聖書の明示的な証拠と呼ぶのか、私は知りたいものだ。

聖書の明らかな言葉

もし、例えば「君は少しも殺してはいけない」、「君は少しも盗んではいけない」、「君は少しも嘘の証言をしてはいけない」等々のように、君たちが、明白で比喩も無く語られたものを「明示的」と呼ぶならば、私たちは君たちと同意見である。それゆえ、もし誰かが殺したり盗んだりしたら、私たちは彼が罰せられるべきだと考える。しかし、もし君たちが聖書の明示的な言葉ではなく、君たちの解釈、注解や報告を明示的な証拠と呼ぶならば、それは共通通貨をもたない人々の所為である。君たちに向かってルター派が、またルター派に向かって君たちが、聖書の明示的な証拠によって有罪とされるかもしれない（ちょうど君たちが裁くように）。短く言えば、個別の理由で（私たちは上記で言及した）神学者が誰であっても、そうしたものが全ての審判になることだろう。同様に、もしこうした雄弁術

（ソクラテスは世辞の時宜を得た技術と呼んだ）が突然現れたら、それが君たちにとっては、慈善よりも偉大な救霊となって、可能なあらゆるものを作りだすことができるだろう。

判断する前に知ること

ヨシュアについてのブーリンガーの言葉の最後。ヨシュアは、武器を取る前に、主の掟に反して建てられたと思われる祭壇を仲間と共に叩き壊す命令を下す目的で、ルベン人に伝言を送った〔ヨシュ二二〕。見事で説得力がある例である。君たちはベリーと彼の撰集に入った者たちに対してそのやり方を取らなければならなかった。つまり君たちは、彼らが宗教を覆すために、あるいはむしろ血を流させる王侯を引きずりだすために書いたのかどうか、調査するべきである。この方法によって宗教は存続可能となる。しかし今、君たちは彼らに死刑を求めている。彼らの意図を知る前に、君たちは君たち自身に刑を言い渡している。

ベーズの結論

最後に結論。君は宗教を理由に王侯の職務を主に三つの点で軽減する。一点目、彼らは異端を裁けるほど大胆ではない。確かにそれは職務ではない。ベーズよ、むしろその対極、職務の禁止事項である。二点目、王侯は、異端の審判は敬虔に腐敗なくつまりは人間の権威にはよらずに執行されるように配慮する。ベーズよ、君は何を言うのか。目はどこについているのか。つまりどういうことなのか。彼らは異端をあえて裁かないことになるのか。あえてもつれさせて異端の判決が行使されるように気を配るのか。つまり罪を審判して人間を死刑にするのではなく、「知らない」罪のために人間を死刑にすることになる。

なぜ君は「知る」という言葉から少しも学ばないのか。審判という職務、つまり理由を知るということはどのようなことなのか。一体誰が、君に矛盾したことをこれほどまでに見苦しく言わせているのか。君の本では、神学者たちの良心に信頼をおく者たちに喧嘩を売るのか。君の師匠のカルヴァンに対しても似たようなもので、セルベトに対抗してこう書いている、「所有地の件では事実も権利も調査することなく、他者の言い分の、または彼らに命令する判決は、明らかに誹謗・嘲弄であり、不誠実で下劣とさえ捉えられる。神の名誉に関わる調査に無気力であり、それを見分けるのに熟練した審査をする意思さえない者たちは、それ以上にどんなに耐え難いものか」。

何通り、矛盾したことを言うのか、ベーズよ。王侯が異端を裁くほど大胆ではないことを望み、そう言いながら、彼らが異端を裁くことを望む。知ることなく罪の裁決はできないはずである。彼らが人間の権威をもって何の裁決も行使しないことを望んでいると言いながら、王侯に向けて異端を見つけるのは、神学者の仕事であると示す。これが行われれば、確かに王侯は、神学者の権威によって裁くことになる。君が望むのは、王侯が異端の裁判を神の言葉への賞賛を通して行使することであるから、それで異端を神の言葉で裁くことになるのだろう。異端を裁くことは、教会に課せられた仕事であり、王侯に課せられた仕事ではないと君は言う。そこから明らかに、王侯を教会から締め出している。それなのに、その前の部分で権威について話した時には、王侯が聖職者の職位にあると言っていた。

権限

もし、他の人が同じようなことをするならば、君は天と地を揺らすほど大騒ぎをし、あらゆる王侯にその人を攻撃させようとするだろうに。しかしなぜ君は異端と同様、冒瀆者をも罰することが王侯の職務である、と言っているのに、明らかな冒瀆あるいは殺人よりも、異端を裁く権利を王侯から取り去るのか。

もし、王侯がどちらも死刑にすることを君が望んでいるなら、彼らは殺人よりも異端のことがらについて、神学者になぜ助言を求めるのだろうか。すでに君はベリーに反対した。ベリーは人々が民事におけるよりも宗教の原因の方に失敗しやすいと言ったからである。異端を裁くのが易しかったら、殺人でなく異端を裁くために、カルヴァンなんか呼ぶ必要がどこにあるのか。もし異端が明白な冒瀆者だったら、カルヴァンの台所から告発者を出すことに、どんな必要があるというのか。なぜ、彼自身が起訴の形を取るのか。カルヴァンの料理人は何も知らないので——あるいはジュネーヴの行政官もそうで——行政官は、明らかな冒瀆さえ、カルヴァンの切符なしでは、裁くことができないのではないか。ベーズよ、君たちは、王侯たちが長いこと好き勝手に作ったものを手に入れようと専心するのか。王侯たちが自らは異端を裁こうとせず、牧師の口をかりて異端者に有罪を下すことを君たちは望んでいる。すでに長いことそれが行われているから、君たちの本など必要がない。ピラトは手を洗い、告発者たちに無垢な血を転嫁した〔マタ二七・二四〕。彼らは偉大な勇気でそれを受け止める、自らの上にさらに彼らの子供の上に。

今日、王たち、王侯たちは異端の事項を神学者たちに委任している。神学者たちの目と良心を通して裁き、死刑を宣告する。ジュネーヴの行政官はこのように行った。カルヴァンとカルヴァン派の判決文にそって、セルベトを生きたまま焼いた。異端を裁くことができず、裁くべきでもない（君は書くが）と言う者だけが、カルヴァン派の寛大な司祭である。

私は君にお願いする、ベーズよ、最初から下手くそに論駁したり、燃え上がる家の上に油を注いだりする以外に、この本にどんな益があるのか。もうひと夏、待ってくれ、ベーズよ、そうすれば君たちの本の実りを君は目にすることができるだろう。君が簡単に王侯たちから受け取るものは（彼らが今日もっている愛情からみて）彼らが血で一杯にした牧場である。死刑を行使するこの広い道で神は彼らから讃えられる。だがむしろ神の命令に服従する狭き道を通って神を讃え、奉仕し、あがめるべきである。彼らは君たちのトランペットを聴くやいなや（罪の赦しによって神が心の重荷を取り去らないなら）、君たちは新たな流血を見るだろうが、それで君たちは渇きを癒し、さらに君たちの願望をも満たすことができると言うのか。

さあ、読者よ、ベーズの本に反論し、迫害について私が話すことは以上である。残るは、この議論全体がもっと簡単に誹りを受けることもなく分かってもらえるように、私たちの意見と判断をまとめて示すことである。

議論の結論［これ以降の章題はフランス語版に記載］

行政官の職位

行政官は、非─聖職者で（私たちの論敵である作家たちも、行政官は教会に固有の務めをしないことを漠然と認めているが）世俗的である。キリスト到来以前は神から命じられた職位であり、キリスト教のみに固有ではなく、全ての人々に共通するものであることを断言する。未開で野蛮な国々を除いて、行政官はキリストの到来以前から全ての人々と共に存在したのである。

この職位は、剣によって罰せられなければならない罪や、重罪が犯される可能性のあるあらゆる国において、必要である。人々が悪人であればあるだけ、この職務は必要であると断言する。そのため、もし廃止したいと望んでも、巷に悪徳は未だ続いているので、それはあたかも、オオカミたちが徘徊し家畜の群れを窺って襲いかかる時に、塀、囲いそして牧羊犬を牧場から取り去るようなものである。悪意を取り去れ、そうすれば行政官はいらない。しかし不安や悪意が巷にある間は、悪い行政官が行うかもしれないことよりも、この世に、もっと多い害が与えられる可能性を考慮すれば、行政官を廃止することができないのである。

行政官の職務

行政官の職務は悪を罰することである。それにかかわる行政官は悪を裁くことができる。あらゆる時代のあらゆる国の自然の律法によって認められうる職務である、と聖パウロはその職務について書いている。

行政官の職務は、明らかな冒瀆を裁くことである

明らかな冒瀆に関して、誰かが神はいないと言い、意図的に神を冒瀆するならば、こうしたことは自然の律法に反するのだから、あらゆる国は裁くことができる。またあらゆる行政官はそれを裁かなければならない。そこからキリスト教の行政官にはトルコ人を裁く権利が与えられる――あるいは同様にトルコの行政官にはキリスト教徒を――かかる明らかな冒瀆を原因として、国家の尊厳を欠くようなならず者を罰する。冒瀆は、あらゆる国のコモン・センスによって罰せられなければならず、決して神学者の特殊な解釈によるものではない。

別の例は、冒瀆者としてルターがツウィングリを捉えるような、そしてツウィングリがルターを捉

えるような場合である。このようなことが全ての人の間で互いに起こるかもしれない。こうした解釈というのは、自然で共有できる意識とは少しも関係がなく、神学者の憎しみと妬みから出ている。だから行政官から拒絶されなければならない。（ベーズの言葉にある）誤解によって、行政官が真理の保護者ではなく、何か別のもの、残酷性の執行官となることを恐れる。

もし誰かがキリスト教徒でありながら、キリスト教の告白に謀反し聖書を完全に拒絶し自らの誤解を他者に教え、それを行政官が鎮圧するならば、私は逆らって言うことなど何もない。しかし異端は、行政官が裁くべきではない。ベーズよ、君は自らそう書いている。私たちはそれに付け加えて、他者の良識に関わり、第三者の残酷性の執行官になることをおそれて、行政官たるものは知識なく罰することのできない罪を罰するべきではないと言う。「あなた方の律法に従って、それを取り上げ、それを裁きなさい」と、辛抱強く言うべきだろう。他の言い方をするなら、恐れや他の事に左右されて罪を知ることができずに死刑にするならば、彼を行政官に引き渡した者たちよりも罰は少ないけれど、それでも彼は手を洗っても虚しいだけである、なぜなら第三者の残酷性の執行官になったからである。

福音の司祭

福音の司祭に関して、私たちは福音の司祭職を軽視せず、むしろそれを確立する。彼らの間には、対立する司祭が存在するので、ある者たちは君たちの意見に属し、別の者たちは反対意見である。私たちに言えることは、柔和で穏やかで神の模倣者である者たちに対しては、あたかもキリストそのものに向かうように従わなければならないということである。だが、残酷に血を流し、周囲からあらゆる見識を取り除いて暴力によって全てを作り出す者たちの意見は、拒絶する。こうした説諭者からは、ユダヤの律法学者やファリサイびとに対するように、人は身を守る。もし私たちの意見が受け入れられたらば、私たちの論敵さえ、何人もの血が守られることを否定できないであろう。そうでなければ血は流される。もし宗教ゆえに血が無用に流されるならば、全ての人民の間で、神を恐れる善良な人々が逃げ出すであろう。

現在、生み出されている判決文が続く間は、悪人たちの間に混じって（律法によって破棄されたとしても）多くの神を恐れる善良な人々が命を落とす。彼らのために世界は作られたのに彼らに相応しいものではなくなる。たった一人の善き者が滅ぶよりも、幾人もの悪人たちが生きながらえることが、まだ良いと考える。

カルヴァン派への警告〔以下、［ ］部分はフランス語版では削除〕

さて、残っているのは、おお［チューリッヒの］カルヴァン派の君たち［（なぜならば君たちはこうした判決文の作成者だから）――そして完全に君たち、スイスの教会（なぜならカルヴァン派は君たちの判決文でセルベトが死刑になったことを自慢しているから）――］、私は君たちを職務上の戒告処分にする。今日がどのような時代であるのか、君たちはよく分かっている。王侯たちは君たちが望んではいけないあらゆる機会を捉えて、もっと迅速に流血を起こす。イタリアで、フランスで、ドイツで、スペインそして英国で、神を恐れる人々の血が「異端」の名の下に、極めて迅速にまき散らされた。［ロカルノの人々、君たちの兄弟、隣人が君たちの思いとは反対に国を追われた］。君たちの間で（私は君たちの本来の良心の証拠をみるのだが）、模倣と、憎しみと不和が、目立たぬように隠れて、支配権を振るっている。［君たちとルター派の人々の間には、大きな不和が存在する］。君たちの間では、慈愛が冷め切っていることを否定できまい。日々、君たちは君たち自身の目で、君たちの宗教と労働が退廃していくのを見ている。君たちの行政官は君たちの事が少しも好きでない。行政官の誰もが、君たちが論敵に使う果敢な悪徳を嘆いている。人々は君たちに恐怖を覚えている。君たちは互いに目隠しをしている。君たちは時間の大部分を口論と討議に充てる。君たちは君たち自身を、互いに助けるとか支援するとかよりも、互いに害することに励む。短く言えば、君たちのあらゆる建物は、廃墟そのものである。だが君たちはこの時代に、あえて異端を死刑にする君たちの律法を公布するのか。おお良識のない人々よ、もう少し医学や自然の慎重さを考慮しなさい。そこから君たちの試練を学びなさい。

類似の指摘

もし、病人の身体の一部が病気であるならば、医者は、その人に肉、それによって悪い部分が肥太る可能性があるので、肉を控えるようにと命令する。自然に身体が肥えた結果、病気になる害はないものならば、その部分に食餌制限を命じるだけで十分である。しかしそれか行えないなら、一部分の危険をともなって栄養を与えるよりも、体中に食餌制限を処方する方が良い。身体中で、それ自体が互いにくっついているのだから、それを嘆く部分はない。身体の部分間での慈善もそのようなものである。君たちはこの例に従わなければならない。さあ、君たちの律法をそれ自体が善良で正しくあるようにしなさい。公布された律法はキリストの教会という身体から離れても、妨げられることはないはずである。神を恐れる人々が死刑にされることが起きるが、君たちは良き行政官にのみそれを許していると言ったり、主張したりしてはいけない。なぜならそれはあたかも、医者が病人に、葡萄酒を許可しながら、葡萄酒は「手」には許可しないが他の肢体には許可している、と主張するようなものだ。飲酒は部分的ではなく身体中に広がり、何よりも病気の部分にたっぷり広がる。肢体の健康を考えるならば、身体中に節制を命令すべきである。勤勉な賢者の本当の慎重さはそこにある。毒麦を特定の律法で抜くよりは、収穫まで悪い草でもそのままにすることを受け入れ、まとめて根を取ったり破壊したりしないで育てるように。

ひとたび君たちが与えた判決文を、意見を変えて撤回することは、どんなに辛く苛立たしいことだか私には分かっている。不名誉を恐れているのだ。だが間違いに固執する不名誉はさらに大きい。少しの時間だけ貶されるよりも永遠の痛みを担うことの方が大きな苦しみとなるだろう。こうも残酷で血なまぐさい間違いさえ固守するのだから、君たちは神に対しても、神を恐れる人々にとっても、卑しむべき者となる。現在、君たちは相互に世辞を言い合い、君たちの帝国とその支配を喜んでいる。しかしまだ罪を悔いる場はある、さあ、急ぎなさい、と私は君たちに言おう。もし、君たちがこの強情を続けていくならば、君たちが捨て去った財産を虚しく探す事になるであろう。

さて議論が終わったので、ベーズが使った詭弁（ソフィスト）の言い回しを並べてみるのは無駄でないように私にはみえる。その結果、どんな技巧が流血に役立つのかが分かるだろう。つまり冒頭から、虐殺者であった嘘の父を作り出していたのだ。

ソフィストの技巧

ソフィストの技巧はまさに真実に反する討論の技術である。それは中傷家に固有のものであり、そうした理由から、ちょうど、その技術の作り主である彼らの父が悪魔と呼ばれたように、ギリシア語では「悪魔」と呼ばれた。この技術をベーズがどれだけ利用してきたか、分かるだけの十分なものを私たちはすでに提示したが、さらに、あたかも一つ表の如く、この技術から得た言い回しを手短に提示し、ベーズの本からの例をそれに付け加える。そうすれば、読者は、この男が真実を攻撃するためにそれを使ったソフィスト的な言い回しだけしかないことを知るであろう。

偽りの多義解釈［これ以降の小見出しはフランス語版に記載］

真実を攻撃するためにソフィストを利用する最初の証拠は「同形異義語、言葉遊び」つまり「両義性」と呼ばれているものである。幾つもの意味を持つ言葉で、質問が要請しているのと違う方向へ遠ざけていく。ベーズが行政官の「力」を解釈する時、この言葉は意味と奇跡に及んでいる。「間違った教えを説く」を「別の教義を与える」と彼は解釈する。この意見は、聖パウロの所で「別の教義に従う」を意味し、主に信心に属する問題になる。

曖昧さについて

二番目の言い回しは、幾つかの言葉の曖昧さである。教会の定義の後、彼は「子羊たちが牧人の声に耳を傾ける教会では」と話す。そこに曖昧さがある。つまりそれが「牧人の声に耳を傾ける」ことへの疑念である。というのも、福音における服従が問題となっているのに、ベーズはそれを説教の聴取の外へ遠ざける。さらに「手を血で染める」時、カステリヨンの翻訳は身体を問題にしているが、ベーズは魂に踏み迷う。

接合と分離

三番目の言い回しは、分離されていなければならないものごとが、接合された事例。カステリヨンが聖書の序文で異端は危害の意図のない人々であると言った、とベーズが告発する場合。カステリヨンは異端のことを話題にしているのではなく、異端とみなされた神を恐れる人々を話題にしている。カステリヨンの発言は、本来の異端とは切り離さなければならない。

接合されなければならないものごとが、分離された事例。彼は、ベリーが三位一体やそのような他の問題への配慮を拒絶したことをもちだす。ベリーは配慮を拒絶してはいない、むしろ逆である。

あることがらが接合している事例。

カステリヨンの言葉。カステリヨンは宗教において人が簡単に迷走することを教えてくれる。彼は「善人」という二つの文字を加える。ベリーが、トルコ人も他国の民も神がいないとは思っていない、と話題にするのを、ベーズは反対に、「全ての国の民は神がいる」と思ってはいない、とみなして「全て」という言葉を接合させている。

何かを除去する事例。

カステリヨンが次のように書く。聖霊に対する罪はこの世紀でも来るべき世紀でも許されることはないとキリストが語るが、「この来るべきこの世紀」のことは分からない。するとベーズはカステリヨンの言葉から小辞「この」を除去する。カステリヨンの意図と彼の言葉の知性がここにあるというのに。さらにベーズはベリーの序文からベリーの意図を知る単に必要なことがらを排除している場合もある。

アクセントについて

四番目はアクセントの問題。発音がまた別の意味をもたらす時がある。モンフォールが次のように書く、「もし同じようなことが起こっても、驚くことはない。その結果、暴力を行使した人々は暴力に苦しむことになる」。ベーズがこれを読むと、あたかも、こちらが正当に苦しむ人々を誹謗しているようである。私が書いたのは、人々の執拗さ、謀反そして悪しき習慣についてであり、愚弄しながら私が彼らを非難しているように、彼は発音する。

朗読上の比喩について

五番目は朗読上の比喩について。一つのことがらから別のことがらに逸れる。聖パウロのテトスに下した異端を避けるようにとの命令と、二度も三度も注意された後に更生しない人を避けて拒絶するようにとのキリストの命令とをベリーが比較する時、ベーズはこの比較を馬鹿にし、この文章では聖パウロは公的な拒否を扱う、と言う。一方、ベリーは公的な拒否と私的な拒否を比べてはいない。ただ一つの拒否と別の拒否を比較している。もう一つの例。モーセの文章〔民一五〕の意図的に罪を犯す人々についての箇所で、ベーズはあたかもモーセが名指しで死罪やそうでない罪を語っているように解釈する。彼は何度も、罰するべきか非かを問題にする。ここでは全体に、裏工作、雄弁の外見を通して粉飾・扮装したあらゆるものが出ている。カステリヨンが言う「誰も虐殺を決して禁止することはできない、虐殺者さえも」をベーズが問題にする場合。モンフォールが「皆が冒瀆をする」と言うのを問題とする場合。あるいはクランベールによって正当化された聖ヨハネについて言う言葉は「誰であれイエスがキリストであり肉から来ていると信じる者、その人は神から生まれている」を問題にする時。さらに、ベーズが旧約聖書から新約聖書までの出来事を不当に使う時。またアナニヤとサフィラの死であるとか、エリマの失明であるとか、キリストの鞭であるとか、ベーズが引き合いに出して、行政官に当てはめる時。以上が言葉の欺瞞である。

偶然の欺瞞

さて、私たちはものごとの内にある欺瞞について話さなければならない。まず事故的なものについて。これは偶然で偶発的なものごとであり、そのような偶発的なものごとについて語られる事は、提示されたものごとに属する。例えばベーズが、異端は意図して罪を犯し、無知に染まり、さらに違うものを教える、と言う時である。こうしたものごとはごく少数の異端においては存在するかもしれないが、異端の一般的な問題からは外れて、多数の異端に存在しない。さらにベーズが再洗礼派は、虐殺や不貞を維持していると言う時、なんと多くのことが偶発的であり、また再洗礼派の教義には属さないことか。

何かにそって語られたものから、単に語られたものまで

この種の欺瞞は、ある種のことを考慮したり比較したりして語る内に、本道を逸れてあたかも一般的に語られているかのような場合である。カステリヨンが言う、神と会うことは使徒の時代には小さなことだったと。つまり神託と預言の中で約束された出会いという観点である。それに対してベーズは、あたかもカステリヨンが使徒の時代ではなく、使徒たちの面識について一般的に語ったとでもいうように、そしてカステリヨンがあたかも比較して話したかのように、積極的に議論をする。カステリヨンが、聖なる書簡は大部分が曖昧で隠された文章で書かれたと言う時には、ベーズはあたかもカステリヨンが聖書は一般的に理解できない、と言ったように受け取り、それは全部理解できるように言う。実際、以上はごく一部である。

無知について

こうした欺瞞によって、ソフィストは一つのことから、正反対のことを作り出す。例えば、ベーズが偽預言者は律法にそって罰せられるべきであり、盗人は律法に反して罰せられるべきだと望む場合。さらに彼が、外国のならず者が罰せられて、異邦人の異端が罰せられないことを望む場合。迫害のことで矛盾したことを言ってカルヴァンを弁解するが、同じことがらでエラスムスを糾弾する時。異端を罰しながら結果を考慮するように望むのに、異端を見捨てながらそうは望まない場合である。

論点先取の虚偽〔それを立てる理由そのものがまず問われねばならないような前提に基づく虚偽〕

人が受容できないことがらを使う場合。例えば、ベーズは行政官がキリストから構成されていると言い、それによって自分の望む結論へ向かう場合。あるいはキリスト、ペテロそしてパウロが行政官の職務を濫用したと言う場合。さらに面識は信仰の以前にあり、穢れのない心を持つより前に神は知られていたと言う場合。オジアンダーと他の者たちが異端であり、異端は意図的に真理に無知であると言う場合。こうした点についてベーズは人々からの同意を得ない。

悪しき結論

よくない結論となる場合。例えば、私たちが異端の死刑を望んでいないという理由で、私たちが宗教を覆したいと望んでいる、とベーズが結論づける場合。あるいは、私たちが特に法王に反対しないので、法王に追従しているとベーズが結論する場合。さらに、私たちはセルベトの死を認めていないので、悪を支援している、と結論づける場合。どれも、全然、良き結論に達していない。なぜなら他にも幾つも原因があるはずである。推測を通して証明しなければならない時には、総じてベーズはこうした欺瞞の方法を使う。こうした証明は余りにも危険であり致命的である。

原因として作られた原因ではないものについて

誤った奇妙な原因を導く場合。例えば、なぜキリストは彼の王国がこの世ではない、と言ったのか、ベーズはその理由を作りたがる。彼は別の原因を探し、キリスト自身が与えた原因をないがしろにした。なぜキリストは彼の使徒たちに、天から火を降らせたエリヤへの追随を許さなかったのか、も同様の例である。

多様な質問について

一つの質問ではなく、幾つもの質問が一緒に置かれている場合。例えば、ベーズは異端の特性を規定し言明したがっているが、私たちの前に、偽善者、誤った識者、偏屈な人、反乱者の特性と条件を提示する。異端の本性と意味には少しも関係がない。

ご覧の通り、ソフィストの欺瞞、騙しそして巧妙さの諸種類と手法を、ベーズは著書で使いこなした。彼の著作はこうした欺瞞と騙しによって成り立っているが、彼はまた他の方法も利用した。真実に対抗して戦いを企てたのだから、彼にはそうする必要があった。曖昧でなく曇りもない光に対抗して、偽りでも嘘でもない真実に対抗して、君は語ることも導くこともできないのだろうから。彼の本は得体が知れない物が一杯詰まっていると言える。その全てを拾うには余りに長すぎる。ここで私が扱ったのは、輝くものの全てが黄金とは限らないことを人々に教えるために、役立つだろう。ベーズの雄弁術は光り輝くが、真実に反抗して使われた。そこには真実の熱愛者たちに対抗する権威や気品もないから、ちょうど誠実な御婦人に対抗する厚化粧の娼婦のようなものである。

神よ、立ち上がりたまえ。神の敵を消し去ってくれ。忌むべき全ての者が神の御前から逃げ去るように。神の御顔の光をもって我々を照らしたまえ、無知の闇が払われ、唯一神、啓蒙の父なる主が、輝く光の中で永遠に讃えられますように。

一五五五年三月十一日、アーメン。アーメン。

あとがき

これを書いた数か月後、ジュネーヴの名高い説教家が、ある暴動がジュネーヴで起こるに至った詳細を記述した。彼の記述にはこの都市の状態と性格が極めて力強く描き出されている。ここに記述の一部を付け加えるのが適当であると私は考える。登場する行政官がどのような人物であるのか知ってほしい。異端と呼ばれている人々の生命を奪う剣を、この行政官に与えたある人々のことを。どんな判断で、少しの危惧もなく行政官に大事なものごとへの決定権を付与したのか。その理由を知ってほしい。以下にこの説教家の記述を引用する。

「悪い巡り合せ、最近の喧騒それらが重なりあった様々な噂が、重大な混乱をこの都市と私たちに呼び起こしたと私は確信しています。その混乱が君のいる所まで達してしまったことは疑いがありません。――その結果、君だけが留め置かれたのではありません。多くの私たちの友達が嫌疑をかけられ、かくして大きな不安に陥りました――誇大表現することは避けましょう。何が起こったかを歴史的に語ること、これこそが私の務めであると考えていますから。つまり事態は全て以下の通りです。

ある二人が上院議会にいました。意地悪く激高しやすく、軽率さの極み、さらに二人とも貧相で貪欲でした。一人の名はペランで、もう一人はヴァンデルと名乗っていました。ペランは町の守備隊長であり、意地の悪さを理由にしては罰せられることがない、という見本となって、意地悪な人々を魅了しました。もし何事かが、大っぴらに傲慢かつ放縦に起こされても、法の刑罰が下されないようにと、防御の準備はできていました。ヴァンデルはペランをあらゆる場で忠実に助けました。彼らは人に上手に取り入って長老会の一部を思い通りにしました。自分の立場をヴァンデルとペランからの寵愛だけでしか維持することのできない人たちは、酷い条件で彼らに従うように強いられました。血縁関係の権利によって繋がれ、強制されてヴァンデルとペランに同調しました。こうして彼らの力はさらに強くなりました。少なくとも長老会の中ではさらに強くなり、彼らの支離滅裂な意見に苦労してまで、あえて対抗しようとする者は誰もいなくなりました。

何年もの間、判決が彼らの恣意で行われたことは確かであり、あからさまな酷い取引もありました。ジュネーヴという都市は、単にそれを見ていただけではなく、彼らのせいで近隣地域や外国にまで悪い評判を広めました。深刻な虐待と略奪を幾度も受けた複数の地域は、黙っていませんでした。苦しんだある人が、彼らの意地悪さを暴いた時には、報復の準備が整っていました。彼らと肩を並べる人々の発言全てを、疑うことなく簡単に鵜呑みにし、幾人もの人々がすでに隷属状態に麻痺していました。あらゆる勅令が記録簿の中に葬られました。簡単に言えば、彼らが恩恵を与えてくれれば、法に対するいかなる恐れも恥も存在しなかったのです。この都市の知事と評議官は、彼らの好きなように作り出されました。最終的に、得体のしれないハルピュイア……むしろ人民の内の卑怯者と屑を……を選んだあとで盛況が訪れましたが、人々はその恥をやがて恐ろしく感じることになります。月日が経つと、皆が次のように告白しました。もし選挙が都市の敵方にも許されたならば、何の価値もない人々はもっと恥じ入り、栄誉に祭り上げられることはなかったはずであると。議会の少数が何かの間違いを犯しただけで、この間違いと腐敗を正すのに二百人委員会があったはずでした。しかし、彼らはそこに、幾人もの下層民、何の評価も価値もない人々、変わりやすく誘惑されやすい若者層、そして品行不正で身持ちの悪い人々を充てました。多数の愚民が、人数を重視して彼らに歯向かうことがないようにと、彼らを支持してくれると思われる全ての人を加えました。とうとう、彼らから選ばれてもいない人たちが無理矢理、法廷に入るほどの無秩序でした。この州では、教会の判断が抵抗していると見て取るや度を超えた無罪があらゆる悪徳に適用されるようになり、まともな学派がなくなるようにするために破門の論議で私たちに揺さぶりをかけたのです、云々。」

　これで十分だろう。

　読者よ、以上がこの町の実態と状況である。この偉大な伝導者にして牧師〔カルヴァンを示唆していると考えられる。〕が、念入りに巧みに暴動を描こうとしたことに、まずは誰かが感嘆するはずである。聖書が彼に余裕を与えたのだ。だが誇張することなく書く、と約束したにも関わらず、最初から守らない（確かにあらゆる物語がそうだが）。鋭く敵に対して主張するのをみると、彼は描写する人間ではなく、悲痛に糾弾する人間であることが明らかになる。最後に、幾年もの間、暴徒と呼ばれた者たちの好みと恣意で作られた判決があったことを彼は語っているが、この点には賛辞を送ろう。なぜなら、この「幾年もの間」とは、確実に意一五五三年を含む。セルベトが火刑にされた年と重なる。もし、判決がペランとヴァンデルの秘密裏に行われたならば、セルベトは意地悪でいい加減な人の嗜好と恣意、極限の厚かましさの中で、裁決されたことになる。無論、この善き伝道者が本当のことを書いたとしてのことだが。この土地ではどんな人間に宗教についての判決権が与えられたのか、分かるはずである。

もしペランとヴァンデルという人が、セルベトが死刑になるのをあらゆる権力を使って進めたことが明白であるのならば（あまりにも明白だが）、さらに人数の点からみて、彼の血が流れることへの荷担を避けるために、反対派が意見表明ための出席を望まなかったことが明白ならば、この説教家の言葉を信じなければならない。説教家は彼らの恣意によって何年も判決が出されたと証言している。宗教に関することでは、彼の助言、いやむしろ彼の規範を認めなければならないことも自明となる。

得体の知れない社会の屑と価値のない人々を人民が選び出したことについては、私は沈黙する。神ならばきっと真実だと言い切れるはずである。今後も社会の屑と汚泥がキリスト教徒を裁くことになる。無能な人間と人民の汚泥の恣意と判決によって、キリストの弟子たちは滅ぶのか。目の見えないモグラよりも盲いた人々よ、こうした事態が見えないのか。

神よ、立ち上がりたまえ、そして神の問題を裁きたまえ。

訳註

(1) ミュンスターの人々 一五三二年頃、再洗礼派に改宗したロートマン、マッティス、ライデンのヤンらを中心にミュンスター市民を再洗礼派に改宗させ、原始共産制を敷いた。周囲の反再洗礼派の攻撃にもかかわらず、一年間、絶え凌いだ。反再洗礼派の資料しか残されていないため正確な把握はしにくいが、その理念性を現実性に強引に押し付けたという点で、ある意味、近過去のポルポト派の政治支配をしのばせる。

(2) ちなみにラテン語から訳された出村氏の訳を記しておく。

「この世界の主なるキリストは、地上を去るに際して、いつの日か再びこの世に戻るであろうと人々に語られました。そして再臨の日に備えて白い衣を用意するように命じられました。すなわち、信仰深く、争論なしに平和に生きること、互いに他者をあいするようにと命じられました。しかし、今日わたしたちがその務めをどれほど忠実に果たしているか、願わくはお考え下さいますように。いったい、どれほどの者が心して白い衣を備えようと努めているでありましょうか。輝かしい主の再臨を待ち望みつつ、この世にあって、聖く正しく信仰深い生活を送ろうと力を傾けて努力している者は、果たしているのでしょうか。およそ見当たらないのではないでしょうか。真の敬虔、神への恐れと愛は地に堕ち、凍りついてしまいました。わたしたちは、騒々しさと争乱とあらゆる種類の悪行とに明け暮れております。どのようにすればキリストのもとに至り得るかについて、すなわち、どうしたら生活を改めることができるかを論じ合うのではなく、キリストご自身の身分や職務について、またキリストは今どこにおられ、何をなし、どのようにして父なる神の右に座するのか、どのようにして父と一つであるのかをめぐって論争しております。同様に、三位一体論、予定論、自由意志、神、天使、この世の後の魂の状態、その他この種のことをめぐって論争しております。しかし、これらは信仰による救いを獲得するのにどうしても知らなければならない事柄ではないのです。かの取税人や罪人は、これらのことは何も知らなくても救われたのです。こうしたことを知るためには、まず清き心を持たなければなりません。これらのことを見ることは、神御自身を見ることであり、神を見奉るには清く、汚れのない心が必要なことは、聖書にあるとおりです。「心の清い者は幸いである。その人は神を見るであろう」〔マタ五・八〕。こうした事柄は、それを知ったからといって、人間をより立派にするわけではありません。「たとえわたしがすべての奥義に通じているとしても、愛がなければ何の役にも立たない〔Iコリ一三・二、三〕と記されております。人間のこのような転倒した好奇心は、それ自体で邪悪ですが、さらにそれよりも大きな害悪を生み出します」〔セバスチャン・カステリヨ『異端者は迫害さるべきか』出村彰訳、『宗教改革著作集第七巻』所収、教文館、四〇—四一ページ〕。

（3）「金貨の刻印」云々については、『異端者は迫害さるべきか』の一節を前提としている。「わたしが繰り返し異端とは何か考究した結果分かったのは、わたしたちが異端と見なすのは、わたしたちと意見を異にする者たちすべてであるということです。このことは、今日数え切れないほど多い分派のうちで、他を異端と見なさないのはほとんど一つもないという事実のうちに明らかです。そこで、この町あるいは地方では、あなたはまことの信仰者として通るのに、隣の町異端と見なされる始末です。したがって、もしだれかが今の時代を生き延びようと願うならば。町の数、分派の数ほども多くの信仰と宗教を持たなければならないことになります。ちょうど、国から国へと旅をする者が、毎日通貨を両替しなければならないのと同じことです。ここでは通用するのに、他の国では通用しないというようなことがないのは、ただ金貨だけです。それと同様に、わたしたちも宗教において金貨を持ち歩きたいものです。印刻は異なっても、金貨はどこでも通用するからです。そこで、父なる全能の神、その御子、聖霊を信ずること、聖書に含まれるまことの敬虔の戒めを承認すること、それこそは金よりももっと精錬され、よしとされるところです。しかし、これまでのところ、人々は聖餐や洗礼、その他このような事柄において意見が分かれていることは、金貨にさまざまな印刻や図柄が印されているのと同じことです。それだから、わたしたちは互いに他の者を忍び合い、他人の信仰を直ちに断罪することを慎もうではありませんか。他の人の信仰もまたイエス・キリストの上に建てられているのです。最後には目標に到達するために、ある人を一般庶民の意見に追従して異端と断定することなく、神の言葉に従うことにしようではありませんか」。〔同署、四九ページ〕

（4）著者はベーズがカステリヨンの言葉「quid sit *id* futurum seccukum（カノ来たるべき世がいかなるものか）の *id* を故意にのぞき「quid sit futurum seculum（来たるべき世がいかなるものか）にしたとして非難している。

（5）処刑の様子については、出村彰『カステリヨ』、清水書院、一一二ページを参照。

（6）一五四四年にヴィレはカルヴァンの序文を付けて、『対話によって分かたれる、会話に関するキリスト教的討論』を出版した。第四の対話は「初期のミサについて」と題されている。一五五四年には『イエス・キリストの真の後継者たちの活動について——また、ミサの誕生と確立と完成』が現れた。この作品の再版（一五五九年）の題名では、「完成」の後に、「そして研究」と続く。

(7) 一つの信仰文書集で、一五四八年にカール五世はこれによってドイツの宗教対立を解決しようとした。この暫定取り決めは、二信仰の様々な教義と実践の寄せ集めで、両陣営とも評価しなかった。皇帝は帝国内の諸都市に、公会議の開催を待つ間「暫定的に」、この文書を受け入れて遵守し、拒絶する説教師は全て追放するように命じた。

(8) ここはラテン語版では、ユウェナーリス『風刺詩』〔二・八〇―八一〕からの引用になっている。「ちょうど農村の家畜の群れ全体が、ただ一頭の豚の湿疹や疥癬によってみんな倒れるように。葡萄の房が他の葡萄の房を見て青く色づくように」(国原吉之助訳、岩波書店、「岩波文庫」、二〇一二年、九四ページ)。

(9) 一五五二年に、カルヴァンとジュネーブの公証人ジャン・トロワイエとの間に長い争いがあった。『キリスト教綱要』や救霊予定説についての書物の中でカルヴァンが展開する予定説の教義を、トロワイエは批判したのだった。

(10) アレイオス(二五〇頃―三三六)ローマ・カトリック教会の視点で見れば最大の大異端。キリストの三位一体説において、神とその子や聖霊は同等ではなく、子は被造物のなかでもっとも優れたものとして神により無から創造された、と説いた。ローマ皇帝で最初にキリスト教に改宗したコンスタンティヌスはアレイオス派を重視したが、ニカイア公会議で異端とされ、亡命の地コンスタンティノープルで歿した。カトリック信徒たちはその最期をおぞましく描写した。しかしアレイオスの教義はその後、各地に残存し、のちのちまでローマ・カトリック教を悩ませた。

付属資料　テオドール・ド・ベーズ

『行政官の権威を論ず』（抄訳と要約）

以下に紹介するのは、カステリヨンの編書『異端者について』へのテオドール・ド・ベーズの反論『行政官の権威を論ずる』（原著ラテン語『異端者は世俗権によって裁かるべきことについての文書　マルティヌス・ベリウスの寄せ集めで新しいアカデメイア派に抗して』、一五五四。フランス語訳、一五六〇）である。本書『異端者を処罰すべからざることを論ず』は、このベーズの『行政官の権威を論ず』への反駁書にあたる。したがって本書は反論への反論という、まさしく論争書の文脈でとらなければならない。さいわいにも『異端者について』には抄訳ながら日本語訳があり、『異端者について』がもともと各教父や各知識人の書物から寛容を謳った文章を抜き出し、それにカステリヨンがマルタン・ベリーという匿名のもと、格調高い序文をほどこしたものだから、ベリーの序文さえ載っていれば、全訳にしても抄訳にしても、それほどの重要な差異をもたらすものではない。対して『異端者を処罰すべからざることを論ず』はお読みいただいたように、ベーズの反論に抗してほぼ逐語的に各文言を否定してゆく。したがって本来ならば『行政官の権威を論ず』を先にお読みいただくとよいのだが、この論争文書は五百ページ近い大著であり、異端者討伐論・反寛容論としてもこの時代では異例な長さになっている。しかも同時代の論争文書としてはめずらしく、双方ともに面罵合戦とはならず、あくまでも論旨にそった討論を展開している。ご紹介するにあたっては、その長大さに鑑み、ここではその緒言と結論を全訳し、本論については抄訳をふくめた要約で我慢していただきたくお願いする。なおベーズのラテン語原著の出版は一五五四年であるが、参照したのは下記の、一五六〇年刊行のニコラ・コラドンによるフランス語訳である。

　底本はフランス国立図書館所蔵の *Traitté de l'Authorité du Magistrat en punition des heretiques, & du moyen d'y proceder*, fait en Latin par Theodore de Besze, contre l'opinion de certains Academiques, qui par leurs escrits soustiennent l'impunité de ceux qui sement des erreurs, & les veulent exempter de la sujection des loix. Nouvellement traduit de Latin en François par Nicolas Colladon, Imprimé par Conrad Badius, M.D.LX.（電子コピー）である。

行政官の権威を論ず

緒　言（全訳）

フランス言語圏に散らばる信者の方々に、私たちの唯一の救い主であり私たちの希望であるイエス・キリストにおいて、挨拶をおくります。

いと親愛なる兄弟のみなさん、この書物は五年ほど前、標題に載っているひとによってラテン語で執筆されました。そのひとは、神がご自分の聖なる名前を高め、教会を教化するために授けられた恩恵と恩寵をつうじて、すでに十分に知られている方です。そうした仕事をこのひとは神の恩寵によって大きくし、実を結ばせようと望んでいます。以下の論考を作成したきっかけは（この論考を読まれる向きは冒頭からお分かりいただけるでしょうが）幾篇かの書物に回答するためでした。それらの書物は、改革派教会にもぐりこんだ、邪で、悪魔の手先である輩がひそかに、匿名で印刷させ、諸教会の平和を攪乱し、神を中傷し、神のみ言葉の確かさを否定し、真のキリスト教を、哀れな盲目のトルコ人やユダヤ人の見解と、さらにはかつて存在したもっとも本格的な異端の徒たちのあらゆる誤謬とさえも混同しようとしているのです。ひとことで言うなら、三位一体の神秘、イエス・キリストの神性と人間性を否定し、幼児に対する聖なる秘蹟を断罪し、たくさんのその他の冒瀆で穢れながら、そのような毒で世界を汚染した、かのおぞましい怪物であるセルベトが、誠実で生きるのにふさわしい人間であることを、暗黙裡に示そうと努めているのです。ところでこのひとは彼らを当時、神のおかげでたいそう見事に反駁したので、これらの油断ならない奴原は上記の書物でいかなる回答も主張できず、彼らの悪巧みは幾人ものその信者たちにばれてしまい、そのひとたちは今では彼らを唾棄しているありさまです。しかしながらこの者たちの邪悪さはあいかわらず（この者たちのうちにある限り）、正しく整えられているものを動揺させ、正しく語られたものを転覆させ、正しくなされたものを糾弾するのをやめませんでしたし、やめてもおりません。しかし神の恩寵により、聖書（彼らの言では不完全で不十分だそうですが）はつねに神の奉仕者たちに、あらゆる彼らの罵詈雑言に対して十分な回答と弁明をもたらしてくれます。それはたとえば、これらのよこしまな者のひとりがジャン・カルヴァンの著書からいつわりに満ちて抜粋し、嬉々として俗っぽい気の利いた言葉で註釈をつけた条項への、カルヴァンの回答とテオドール・ド・ベーズの回答をふくんでいる、最近ラテン語からフランス語へ翻訳された、私たちがお見せした書物でご覧になったとおりです。思うにこの者はいまではこの点に関しては口を噤むことでしょう。しかしこの者とその同類の輩は、敗れてもなお少しも敗れたと認めず、幾つもの場所で毒をまき散らし、さらにひそかに印刷させたフランス語の本や、聖書のヘブライ語、ギリシア語、ラテン語の新しい翻訳、いや曲解をつうじ、彼らの無思慮に応じて、教会の教化を遅れさせるなんらかの新しい手段をずっと探し続けるでしょうから、私たちの方では、こうしたことすべてにおいてこの者たちは、もっぱら素朴な人々を惹きつけたいと望んでいることから判断して、この大胆な男の術数と奸計を、できるかぎり、素朴な人々に明らかにするのが良かろうと判断しました。こうしたことをするために、とりわけこのご覧になっている本が、ラテン語を解さないひとたちの役に立つよう、フランス語に置き換えられれば、それには大いに貢献するように思えました。かくして、親愛なる兄弟のみなさん、私たちは忠実にそれを翻訳すべく努めましたので、いま、あなたがたにお渡しししているのです。そこで言及されている誤謬は（それらをこれ以外のやり方で論駁するのは不可能でしたので）ひどく奇想天外で、ひどく常軌を逸しているため、それらは永遠に埋葬されるのが望ましく思われる、というのは事実です。けれどもこれらの災いをもたらす者たちとその主《あるじ》であるサタンはほかの方法でこうした誤謬やそれに類したことがらを広め続けているので、教会のもっとも素朴なひとたちにこのことを警告したり、このひとたちが汚染されたり誘惑されたりしないように備えさせることもおこなっています。それこそ私たちが、警戒の姿勢をたもち、神に祈りをささげ、各人がお互いに誠実な良心をささげつつそのもとに道をすすみながら、謙譲と畏敬の念をもって聖書を読むように、そして、聖書から寓意を作らず、いつわりの宗教と真の宗教を混同することもなく、イエス・キリストの恩恵を忌み嫌わせることなく、この世の中に完全で罪のない人間に出会うだろうと信じさせることもなく、行政官から神の権威の讃辞を維持するためのその権力の執行を取り上げることなく、要するにあらゆる宗教や国家、人々の間の誠実さを廃棄することなく、聖霊の導きにしたがい、真実の信仰にして廉直な悔悛へと良心を教化すべく、あれらの聖書の章句を訴える義なる牧師に耳を貸すように勧めるときに、このひとたちが獲得するのを望むことであります。それというのも、これらの輩は上記のしてはならないことすべてを、この本の論述をつうじてお分かりになるでしょうが、主張しています。しかしながら、誰かがこの本の標題を読んで、私たちが、あのような論考をしかもフランス語に翻訳して、白日のもとにさらすのは、まったく具合の悪い時節を選んだものだと思われるかも知れません。なぜなら異端者を処罰する行政官の義務について、この書物がそのように語っているように、こんにち教皇派が〔異端者という〕この名前を、信仰告白をかたくなにまもる真の信者たちに与えているのですから、これは彼らの狂乱が極限にまで達していることから判断して、彼らをそこから迂回させ、あるいは少なくとも鎮めるべきであったのに、その代りに彼らに、迫害し、虐殺し、さらには火刑に処す口実を与えているように見えるかも知れません。しかしすべてを考慮してみると、教皇派自身もこころ穏やかにこれを読んだなら、二つの面で教化されるでしょう。まず最初に、ここで彼らに神の言葉をつうじて、彼らが異端者（すなわちミサや人間の工夫によるあらゆる偶像崇拝を嫌悪し、福音の教義のうちに生き、死のうと望んでいる人々）と呼んでいるのは、ただ単に異端者でないだけでなく、私たちの良き主であるイエス・キリストが命じたように、洗礼の聖なる秘蹟になされた約束のうちにとどまっている真の信者でキリスト教徒であると、彼らに示すことになるでしょうという点において。第二に、彼らは福音書と福音書の同胞に対してそのひとたちが司法の権力を奪取するといっているとして、彼らを咎めるのは、私たち自身も権力を奪取しようとする者たちと闘い、この点において単に行政官には異端者、すなわち、それがそうした者を十分に認識する場合の唯一の試金石である、神の言葉によりそうであると認められた者たちを罰し、ときとしては死罪を課すことが許されるばかりでなく、そうしなければならないと主張している以上、あやまった非難だと知るでしょうから。あなた方は、教皇派が、というか少なくとも彼らの幾人かが、この論考に詳細に書かれていることを読む忍耐をせず、ただちに標題にある彼らの利益を悪くとるだろう、と私におっしゃるでしょう。私としては、それは私たちが修復しようのない悪であり、にもかかわらず、その悪を避けるためには、私たちは必ずや私たちの義務を遂行しなければなりません。こうしたことは、まっとうなひとたちの会話におけるのみならず、聖書の各書（記）においても、外見を隠すために誰かの味方となり、残りの人々を非難し、真理を破壊するというのは、ほとんどいつの時代でもサタンとその手先の術数なのです。けれども神の不名誉にも口を噤み、サタンとその一味にいかなる抵抗もなく、自分たちの陰謀を遂行させせて、あいかわらず領土を増やし、つねに多くの人々を誘惑するにまかせなければならないと、考えた者は誰でしょうか。したがって私たちに関する限り、なにが起ころうと、私たちは神の真理に役立たなければなりません。もし幾人かの者がそうしたことに目くじらをたて、それどころか、私たちが上手に言ったことがらを引き裂いて、私たちに対して激高するとしても、つねにそれによってよく教化されるある少数の人々がいるであろうということで、慰めることにしましょう。そうした少数の人々は、滅びにいたる者たちの大群集すべてよりも、私たちにとって貴重であるはずですから。そしてまた、最後には真理が、真理を生み出す人々の徳によって勝利をおさめるでしょうから。真理というものは、言わせていただければ、ただ単に教義に関するのみならず、私たちの生活に即していえば、良心であって、それをもって私たちは人々の間にあって神のみ前に歩み出るのです。おぞましくも教会を迫害した古代ローマ皇帝時代のキリスト教徒は、幾つもの法外なことがらで非難され、あやまって告発されました。それらのことがらは当時、人々が喜んで権力のある者たちの気に入ることに従ったのでそう信じられたのですが、こんにちではかれらに帰せられた罪過はすべからく偽りの非難だということが、よく分かっています。サウルはダビデを憎んでいましたが、ダビデの方では、それにもかかわらず、彼に対していつも変わらず立派に振る舞っていました。けれども宮廷や庶民の中でさえ少なからぬ者が国王に媚びるべく、不正にもまた謂われなく、ダビデを悪く言い、非常に奇怪でただそれだけの虚偽を彼に対して捏造するまでにいたりました。しかしダビデは万事を忍耐強く耐え忍び、最後には神が彼を自由の身にされ、称揚されたので、そのときには彼の無実が、業《わざ》と言葉と文書によって証言されたような顛末をつうじて、みなに理解されました。このような具合ですから私たちもまた、神が最後にはこんにちの教会のために配慮されるということを期待すべきなのです。私の兄弟たちよ、ただ私たちの素朴さと廉直さのうちに歩むよう気をつけよう。そしてダビデの敵たちの執拗さが、俚諺のように、どれほど彼を強いて身を放り出すようさせたとしても、にもかかわらず彼はしっかりと手綱を放さず、律法に則らず、神から禁じられているなにごとも犯さないよう自分の感情を抑えたのです。私たちの兄弟たちの身体をとおして私たちに用いられている不正な訴訟や、暴政、残虐さ、私たちみなに総じて浴びせられている中傷は、私たちの心をたいそう傷つけるに間違いないことがらです。しかしこうしたことが、神のみ言葉が私たちに教えているとおり、神により許された手段を越えるほどに私たちに忍耐を失わさせることなど起こりませんように。したがってこのように、福音書の純粋な教義のうちにしっかりとどまり、「詩篇」一篇で謳われているように、日夜その教義を瞑想することにしましょう。いかなる偶像崇拝も、淫蕩な行為も、泥酔も、大喰らいも、口汚い言葉も避け、私たちの唯一の弁護人の名のもと、私たちの迫害されている兄弟たちが力と口と叡智を授けられ、神の真の証人として語れるよう、父なる神に絶えず祈りましょう。また人々みなのため、王や行政官や、私たちを迫害している者たちのためにさえ、少なくとも誰かが救済へと改宗するよう、祈りましょう。ますます神がそのみ言葉の伝道者を出現させられ、サタンが私たちを誘惑すべく画策するあらゆる過ちを露わにし、拒絶するようにさせられるよう、神に祈りながら、すべての異端説を避けるべく備えましょう。そしてもし私たちが異端者や信仰のどこかの箇所を嘲弄する出しゃばりの類によって迫害されるなら、それはまさしく、刀剣や火刑によるのと同じくらい辛い迫害であって、私たちを骨髄にいたるまで本当に傷つけるに違いありません。だがこの者たちの揶揄や、彼らが私たちの教義から引き出してくる不条理な言い回しのために、白状するのが恥ずかしいほどに逃げ腰になってはいけません。それどころか逆に、この者たちが神の真理を曖昧にすればするほど、私たちの方でも真理を大声で、明瞭に述べるよう努めることにしよう。もしこの者たちが無知なやからに嘲弄のうちに真理をさらすべく揶揄の数々を工夫するなら、私たちは分別をもって、意味深い言葉で話すことで、真理を確認しよう。イエス・キリストはご自身が、天から降りてきた、人々に生命をもたらす神のパンである、と説教されている。ユダヤ人たちはそのことに不平を言って、それがたいそうな不条理だと思いました。「これはヨセフの息子のイエスではないか。どうして今、『私は天から降って来た』などというのか」〔ヨハ六・四二〕。しかしイエスはさらに同じことを繰り返すのをまったくやめません。それどころかもっとはっきりと繰り返します。まことに、まことに、私を信頼する者は永遠の生命をえるだろう。私は生命のパンであり、等々です。復活を否認するサドカイびとは、イエス・キリストとその弟子たちが信奉していることがらを滑稽に見せかけるために、モーセの律法を援用します。けれどもイエスは彼らにきっぱりと、「あなたたちは聖書も神の力も知らないから、思い違いをしている」〔マタ二二・二九〕とお答えになりました。そしてモーセの証言によって彼の教義を確証しています。さあ、私の兄弟たちよ、こんにちでもなお、事情はどうあるかということです。私たちは聖パウロと聖書全篇にもとづいて、私たちが業《わざ》ではなく信仰によって救われると主張しています。この点に関して教皇派は、それでは善行を積むことなどしてはならず、邪に生きることは聖人として生きることと同じだけの価値があるのだと言って、馬鹿にしています。この者たちの嘲弄に関して、この点を主張するままにさせておいた方がよいでしょうか。いいえ、けれども私たちは、善行の道を歩まなければならないが、そこに私たちの救済の信を置いてはならず、善行は私たちの救済の原因ではなく、信仰の果実をつうじてイエス・キリストのうちに救済を手に入れるのだと、いっそうますます言明するでしょうし、回答するでしょう。同じくまた、現世において万事が神のご意志によって生じている、そして神の摂理が全てのもののうえを支配していると私たちが述べると、この本が執筆された当の相手である、あれらの異端者の出しゃばりどもは、この教義を愚弄してさらけだそうとして、頭の中でたくさんの論証を創りだします。彼らは、であれば神は罪の創造主であり、万事が神のご意志から生じているなら悪漢を罰することなど問題にはならない、等々と述べるでしょう。しかし（サドカイびとが行ったように）無理にこじつけられた聖書の幾つかの章句でいろどった、この者たちの浮わついた才知をめぐって、摂理のこの問題を主張するにまかせておくべきでしょうか。そんなことはありません。私たちは、近年あなた方にお届けした本がこのことを詳細に論じているように、この者たちが聖書を知らないため、過ちをおかしていることを明らかにするでしょう。なぜならあの忌むべきセルベトが、生涯をかけて、その才知、その舌、その手を、真の宗教に抗して無数の誤謬と中傷を夢想し、発言し、執筆するために従事させたあと、無名人として通用するだろうと考えていたこの都市で囚われ、その異端説を叱責され、聖書をつうじて諭され、非難されても、頑なままにとどまり、それどころかますます中傷を広げたので、神が命ぜられているように、正式に処刑されたせいで、あれらの不良どもは、すぐさま居丈高になり、こう言っているのです。「それではトルコ人やユダヤ人、教皇派、そして私たちと意見の一致をみない者たちをみな、殺さなければならないのだろうか。信仰が霊的なものであるのだから、行政官が、それがどのような種類にせよ、口をはさむことはあってはならないことだ」と。またその他、無数の狂気の沙汰を申しています。それらはここで、神の名誉のために、結論と啓発をかねて、討議されます。したがって、いと親愛なる兄弟たちよ、聖書を読みなさい。聖書にもとづいて論証しなさい。そうすればあなた方はここには神の真理に適合しないものはなにもないとお分かりになるでしょう。そのうえ、この本の著者は、自分が相手取って執筆している者たちを、時として、「新アカデメイア派」と名指しているので、この用語が曖昧とならないよう、あなた方にその理由を、若干言葉を費して言及しておきましょう。「アカデメイア派」は古代、哲学者の一党派で、アテナイの都市にある、アカデメイアという場所に由来して名付けられています。その地にこの哲学者たちは学校を構え、討論の鍛錬をしました。またそこでこの党派の創設者プラトンが教えていました。ところで、いかにアカデメイア派に三つの種類があるとしても、（アカデメイア派を支持しながらキケロが書いているところから明らかなように、そして聖アウグスティヌスが同じく『アカデメイア派論駁』と題した三巻本〔教文館、『アウグスティヌス著作集第一巻』所収、一九七九年〕で、ことさら彼らを拒絶しているように）、そのうちのひとつが他のものよりももっと常軌を逸しているわけではないのです。状況はといえば彼らの方法は、どれもそろって、確実な結論を提出するような類ではなく（他の幾つもの党派が、総師匠とともに、濫用するきらいはあるが、そうしているように）、何も決定しないまま、蓋然性、もしくは本当らしさと彼らが呼んでいた推論によってものごとを討議することなのです。なぜなら彼らは自分たちの学校で、ひとはなにごとも確実なものとして認知することは出来ず、また、人間はけっして真理の認識にいたることは出来ず、賢人であってさえ叡智がなにか、確実に知ることが出来ず、またその能力もないし、叡智を弁えていもしない、と主張しているからです。そして、人間にとって素晴らしく、またたいそう必要なことであるだけにますます、真理と叡智を努めて尋ねることが残されているように、他方、真理や叡智を捜しながら、誤認することを恐れて、なにごとかを否定したり確言したり、はっきりと是認したり否認したりしないようにすべきである、と主張しているからです。以上が彼らの教義の要点ですが、これらは単に提言されるのを聞くだけでも、それらが不条理で滑稽であると思わないような、分別のあるひとはおりません。しかし聖アウグスティヌスがこうした夢想をどのように扱っているか、彼らの言葉そのものによって明確にそれらを拒絶しているか、見ることは、上記の書物を読んだことがあるひとならご存じのように、楽しみでもあります。そしてそれらがフランス語に翻訳されていないので、その、いま問題になっている翻訳が主として対象としているひとたち（すなわち、ラテン語を解さないひとたち）がいささかでもそれについて知ることができるように、私がその二、三の章句をお話ししておきましょう。さてそこで、この聖なる神学博士〔アウグスティヌスのこと〕はこの者たちのことをからかって、こうおっしゃいました。「もし真理の認知にいたることが不可能ならば、人々に真理をさがすよう誘っても愚かしい限りだ。ちょうどそれは誰かに、ローマ（あるいはどこか他の場所）に行く支度をしなさい、いい鍛錬になるはずだ、しかし請け負ってもいいが、君はローマに近づけまい、それどころか正しい道を進んでいるとさえ言うべきではない、ただ本当らしいというべきなのだ、と言っているように」。またアウグスティヌスは、彼らが賢人をどう読んでいるのか、叡智とはなにか知っているかどうか、彼らに尋ねています。なぜなら叡智の認識があると前提にしなければ、賢人とは叡智ゆえにそう呼ばれるのですから、何某が賢人だ、というのは揶揄になるでしょう。また面白い名場面があって、アウグスティヌスが、この者たちが、失敗する恐れがあるから真理を見つけることは不可能だと言いながら、謙虚さを示すために見解を蓋然的である、すなわち本当らしい、と主張しているところを急襲して、本当らしいとは本当のこと、つまり真理に似ているなにごとかを意味するのであるから、そのようにしてこの者たちの見解が本当らしいと、要するに真理に似ていることを、彼らが人間にはけっして真理にたどり着けないと主張しているのである以上、どのようにして理解するのか、と尋ねています。そしてこの者たちを愚弄しながら、彼らは私の父親に一度も会ったり、面識をもったりしたことがないのに、私に「なんてまあ、あなたはご尊父に瓜二つだ」という男のようだ、と言っています。そして彼が論争しにその場に呼び寄せた者が、そのように話すひとは、自分の言葉がなんらかの噂にしか基づいていないのだから、ほとんど賢明ではない、と回答しています。

しかしアカデメイア派については、話はまったく別です。この者たちは自分たちが本当らしいと述べているものを理性のうえに築いているのです。アウグスティヌスは彼らにもっと素敵な名場面を授けています。それはあたかも例の男がこう述べているかのように語りながら、です。「どれほど私があなたのご尊父に会ったこともなく、あなたがご尊父に似ていらっしゃるなどという噂を聞いたこともないとしても、しかしまあ、あなたはご尊父にそっくりなように思われる」。ところでもし彼らの手法が良かったか悪かったかとかにかかわるのだったら、ここで詳細に論ずる必要はありません。それほど聖アウグスティヌスは上記の書物でたいそう見事に反論して、ご自分の再論の冒頭で、キリスト教の教義を十分に活用するためには、アカデメイア派の先に述べた諸点がご自分に嫌悪を催させ、そこから離脱させるようなものだったので、この者たちの論証でご自身の精神をよく鍛えるべく、とりわけこの者たちに駁論して執筆しようとお望みになりました。事実、私たちが神に由来すると知っている聖書に基づいて決定している信仰箇条が問題となる場合は、このような手段を実践している様子はありません。しかしながらこれらの出しゃばりはそうしたがっており（それゆえ著者は彼らをアカデメイア派と名付けているのですが）、加えて、被造物のあらゆる権威よりもはるかに真正な印璽、すなわち神のみ子の血により批准されているというのに、天と地よりも確実なものごとに異議を唱え、謙虚だという賞讃を獲得しようと欲しています。なるほどいかにも古代のアカデメイア派は何も確言せず、哲学者たちのあいだに多くの意見の違いがあることから判断して、万事が不確実であるというきっかけにしました。同様にこれらの厄介な仲間たちは、宗教をめぐり人々のあいだにある様々な見解を援用しています。そしてそのようにして各人が、自分にありそうだと思えるものを主張しながら判断を保留するよう望むのです。しかしそれでは私たちの方では、着心地の悪い服を着ているようなものでしょう。それは真理を、すなわち私たちの主イエス・キリストを否定することでしょう。イエスは父なる神から私たちに主にして教師として授けられたのですから、イエスが誤ることがないと、またプラトンのような存在ではないと、しかしながらイエスの弟子である私たちがアカデメイア派のように迷っているとしても、それはもっともなことではないと知っているので、私たちはイエスのすべての言葉を是認します。そして私たちは、そうしたことを弁えるであろう人々は、イエスを自分たちの裁き手であると感じるでしょう。そして謙虚に、信仰を確信して、イエスの言葉に従いつつ、サタンとその闇につつまれた信奉者たちを苛立たせてやりましょう、そして私たちの前には真の光明があることを弁えつつ、大胆に進みましょう。これこそが、聖アウグスティヌスが上記の書物の中で結論しているところで、その結論をもって、あなた方の心にしっかりと刻み付けていただくようお願いしながら、私たちの終幕としましょう。この聖なる神学博士は、したがって、神の叡智において（そこでは彼はこの叡智を人間的、と呼んでいます。なぜなら神はその叡智を人間に伝えており、それを聖書の中で、ご自身の信徒にその聖霊をつうじて啓示されているからです）富めるように全生涯を費やすであろうと主張しながら、こう言っています。「人間を学ぶように仕向ける二つのものがあることに間違いはない。権力と理性である。しかし私に関していえば、私はキリストの権威からいささかも遠ざかるまいと決心している。なぜならそれ以上に満ち足り、強力で、真正なものを見出せないからだ」。兄弟たちよ、神があなたとともにいますように。アーメン。一五五九年十一月　日。〔日付は空欄〕

本　論

異端者を罰すべき地上の行政官の義務[1]を論ず。自らをマルタン・ベリーと呼ばせている者の撰集《せんじゅう》に抗して、テオドール・ド・ベーズにより執筆された。

まえがき〔一一〇ページ〕（この書を認めるにいたった経緯。要旨および抄訳）

当代ほど教会が内憂外患をかかえ、救いを望んでいる時代はない。教会を救おうとする人々の少なさは驚くほどだ。ある者はかつての平穏、すなわち無知を懐かしむ。ある者は当代の災厄を嘆くだけで、何もしない。ある者はこうした状況を見て、せせら笑う始末だ。ユダヤ人を解放しようとしたモーセの時代にも、敬虔さの口実のもと、モーセに反抗した大勢の者がいた。かかる邪さや忘恩の例は当時にもこと欠かない。

「全能にして賢明な生ける神はまた、ご威光になされた侮辱の復讐を遂行されるのにいと正しき方であって、教皇の手先どもの間から、かの忌まわしく唾棄すべき異端者のセルベトを奪い取り、ジュネーヴ市当局の手にいかにも迅速に引き渡され、市当局によってこの災いの種、これまで存在した人間の中でもっとも不敬虔や中傷に満ちている男がその邪悪な振る舞いゆえに、罰せられんがため、荘厳な市当局評議会は教会の司牧者と一緒に、すなわち各部署がその勤めに応じて事態の運営に立派に携わったので、この悪漢の不敬虔さを明らかにし反駁するために意見や敬虔さが欠けたとか、この男を悔悛させるために慈愛や細心さが欠けたとか、その訴訟を扱うにあたって深慮や忠実さや誠実さが欠けたとか、神の威光の名誉を保つために不動心や高潔さが欠けた、などということは言えない」(二一―三ページ)。

セルベトを投獄するやいなや、「サタンの同輩」(すなわちカステリヨンたち)が、学識あり誠実なセルベトが囚人とされたことはなんという不名誉か、と騒ぎ始めた。彼らはかつてのドナティストのように、聖書のどこかに前例があるのかどうか、地上の行政官に異端者を裁く権利があるのかどうか、主張し、果てはジュネーヴ市当局を批判し、ジュネーヴを訪れる者を指して「第二の教皇に会いに来るのさ」などと嘲弄した。ジュネーヴは「新しい教皇派」の牙城だというのである。

カルヴァンの仲間は文書合戦に手を初める。まずカルヴァンは、行政官は異端者を告発し、罰する権力を有し、セルベトが処刑されたのは正しかった、と論ずる。すると異端者の弁護人どもは（カステリヨンたち）はたしてキリスト教圏がこの論を支持し、異端者処罰論に傾くのを見て、自分たちの身に危険が及ぶことを恐れるにいたり、セルベト個人の問題としてではなく、一般論として、何者にも異端者を罰することはできない、と弁じた。その一篇が『異端者について』で、内容は慈悲や寛容について書かれているのに、危険を恐れて篇者の名前を隠し、出版地もマグデブルクと隠している。これは古今東西のキリスト教徒や賢人の言葉の撰集で、それに加えてマルタン・ベリーという偽名のもと、序文が冠されている。またその巻末には、バジル・モンフォールという、これも偽名による、カルヴァンの懲罰論の各箇条に逐一反駁するような文章が置かれている。私（ベーズ）にはその能力も資質もないが、フィリップ・メランヒトン、ジャン・カルヴァン、ハインリヒ・ブーリンガー、ヴォルフガンク・カピトといった改革派の重鎮の励ましによって、逐一反論することを決意した。私（ベーズ）は三点にしぼって反論することにしよう。（一）異端者を処罰しなければならないのか。（二）この処罰は司法をつかさどる行政官に属しているか。（三）罰は処刑にまでおよぶのか。しかしこれらの三点を論ずるまえに、まず異端者とはなにか、ついで行政官とはなにか、確認しておく必要がある。

異端者について〔一〇一―三二ページ〕（要旨および抄訳・以下同様）

ここからベーズは、主として『異端者論』のベリーによる「序文」を段落ごとに引用し、それに反論する（あるいは揶揄する）という形式をとって、論を進める。

ベリーの異端者の定義「『異端者〔heretique〕』とはしかるべく説諭されて、なお服従しない者のことだ」に一度は同意してみせるが、ベーズの定義はやや異なる。語源的に言って「異端者の名前は自分の意見に頑な者すべてを指すわけではなく、教会を去り、別に党派を立てる者のことだ」。また「異端者」は論旨によって教会に戻ることはない。

ベリーはさらに「異端者」を二分する。ひとつは習慣において頑な者である。酒乱だとか吝嗇だとか派手好きだとか迫害者がこれにあたる。これらの者は諭しても習慣を変えない。もうひとつは霊的なものに関して頑なな者であり、厳密にはこちらが異端者の名にあたいする。ギリシア語の語源では、ベリーによれば、「異端」とは「党派もしくは見解」を指す。このため邪な党派や見解に頑固に固執する者は「異端者」と呼ばれた。ベーズはベリーが第一の定義に属する者としてユダヤ人や律法学者、ファリサイびとをあげる。ベーズはベリーによる第一の異端者の定義がはなはだ恣意的であるとし、習慣のうえでの異端者を「異端者」と認めない。霊的自由派や再洗礼派もベリーのように考えると、習慣のうえでの「異端者」に属するが（とベーズは言う）、ベーズは彼らを「異端者」と命名せず、「邪な者〔mechant〕」と呼ぶ。ベリーも彼らを「異端者」と呼ばずに「偽善者」と呼べばよいのだ。

「君〔ベリー〕の分類の他のものについては、私に言わせれば誤りがある。それは君がその中に何らかの悪しき見解に頑に執着しているものをみな、ふくめているからだ。そうではなくて、私が言いたいのは、どのような異端者について話柄になろうとも、ひとりの男が異端者として名指される以前に、まだ要求される点がある。すなわち教会で受け入れられている教義に抗して内乱を企てていると見なされること、すなわち教会の内部問題に首をつっこむことだ」。

ベーズはベリーが温和な市民の相貌を見せながら、キリスト教君主、神のみ言葉の信者、改革派教会を死刑執行者として非難している。君の内部には驕慢、邪悪、無思慮があふれている。

今度は私（ベーズ）が異端者を定義してみよう。ベーズもまた人間を二種類に分類する。ひとつは真にして唯一の宗教、すなわちキリスト教を棄て、教会の外部にいる者、これが「外教徒〔infidelle〕」である。偶像崇拝者〔カトリック教徒のこと〕やトルコ人、ユダヤ人がこれに属する。もうひとつは教理を是認し、非の打ちどころのない生活をしながら、なにかしら不満をいだき、教会に分裂をもたらす者たちである。アウグスティヌスは異端者と分離主義者を同一に見做していた。教会に分離を持ち込む者はやがて異端説に融合する。ベーズの考えでは異端者は上記の二つの異端者にくわえて、さらに下位区分しようとする。つまり後者を二分するのである。ひとつは教えられるのを不快に思い、なかなかに自説を棄てようとせず、教会の中に不和の種を蒔く。もうひとつは打ち勝ちがたい頑なさの持ち主で、真理を拒絶するのみか、教会の平和と調和をみだす。聖書は最後の二つを「道に迷えるもの」と総括する。つまり異端説をみずからのうちに留めておくか、他の信徒をも巻き込むかの違いである。

「異端者とは宗教的熱意に包まれながら、教会の聖なるみ言葉に満足できず、二度にわたって説諭されながらも、偽りの教理を提案し、教会の平和と一致を破るものである」

また異端者の中でも、口伝えに異端説を広めようとする者と、異端説をいだいてなんらかの書物を出版する者とのあいだには、教会にとっての危険性において大きな違いがあることは、確認しておかなければならない。

以上、ベーズの論理は十六世紀特有の混濁にみちて、私（紹介者）も十分に把握しかねる箇所が、この冒頭の一節にも多々存在するが、ベーズはベリーの「異端者」の総括的な用法に我慢しかね、「外教徒」と「異端者」、さらに後者を「分離主義者」と教義な意味での「異端者」、さらに最後の「異端者」のグループを「消極的異端者」と「積極的異端者」に分けているようである。しかしカルヴァン派自体がローマ・カトリック教会にとって、異端者であるという事態には口を噤んでいる。

行政官について〔三一―五八ページ〕

ここでは行政官の定義と分担について論ずる。人間が集まり都市（暫定的にヨーロッパ・スタイルの「都市国家」を想定している）が形成されると、市民が不便なく快適に過ごせるように、法律とそれを守護し、法律の番人となる「行政官」が必要となる。行政官は、市民の合意により公共の平穏と安寧の守護者となるべく命を受ける。かかる平穏は法律の遵守に基づいている。行政官の主たる配慮とは、単に善良な市民というだけではなく、廉直な市民を育てるよう努めることである。廉直な市民とは己れの義務を果たす人間のことで、その義務は主として二つに分けられる。ひとつは神に仕えること、いまひとつは人々のために尽力することである。行政官はこの二つの義務がしっかり果たされるよう努めなければならない。とくに大切なのは神への奉仕義務であり、これを怠けると神の罰を受ける。上記のことがらは哲学者も言っていることで、私（ベーズ）はキリスト教徒としてここからは話すことにしよう。ひとがこの世に生まれたのは神を讃えるためである。人間の至福を人生の目標にしている者は過ちを犯しているのであって、正しい目標とは公私を問わず、神に仕えることである。しかし人間はアベルとカインの昔から、二つの類に分かれてきた。神信仰が俗人に轡《くつわ》をかけるためのものだとするような意見は否定すべきだ（多分マキャヴェッリを念頭に置いている）。また神が怒って災いを招かないようにするため、というのも間違っている。神にはそのような下心はお見通しなのだ。またそれとは正反対に都市全体が信心に凝り固まって、何をするにも神頼みという国家がある。後者について、以下に論ずることとする。このような国家、すなわちキリスト教国家は種々の身分から成立している。ここで「身分」と言っているのは、古代ローマのように元老院議員、騎士、平民のような市民間における差異的身分でも、教会におけるような位階のことでもなく、都市の住む場所にもとづく街区共同体である。街区共同体はそれぞれ、神の国、すなわち教会において二つの戒律を定められている。成文法、すなわち文字化された神のみ言葉と、コモン・ロー、すなわち慣習法である。慣習法によりさまざまな宗教的儀式の式次第が決定される。慣習法は各都市によっても違いうる。慣習法にせよ成文法にせよ、神に仕えるという点では同じである。しかしなんらかの仕事をなすためには、得手不得手がある。神はそのために、ご自身のお考えをよく表明できる者を定められた。このために宗務会が立てられ、行政官が選ばれた。行政官は神のごとくであって、それは行政官の権力が神に由来するからである。しかし行政官の権力は無限定ではない。行政官の支配は市民の外面にとどまり、内面は教会にゆだねられる。神の律法が記されているのが旧約・新約聖書である。宗教にかかわるものは、たとえば儀式の式次第などをのぞけば行政官の任務ではない。「要するに教会の規律に違反したり、教会の調和と平穏をかき乱す悪しき市民がいたら、罪の軽重に応じて、叱責したり処罰したりする」。キリスト教国家において行政官は神の代官である。

「行政官は教会の教えるところにしたがって身を律し、ついで教会の静謐のために必要な場合にはいつでも、彼らの義務はあらゆる手段をもちいて、外教徒や放蕩者や異端者たち、要するにあらゆる敵対者の図太さや邪念に対して、み言葉やみ言葉の説教師、教会の規律を守る必要がある」。

ベーズはこれに続いて、聖書の各書から自説を補強する章句を引っ張ってくる。たとえば「テモテ前書」では「王たちやすべての高官〔行政官〕のためにも〔願いと祈りと取り成しと感謝とを〕ささげなさい。私たちが常に信心と品位を保ち、平穏で落ち着いた生活を送るためです」〔Ⅰテモ二・二―三〕とされるのである。

このような前提に立って、ベリーの命題「異端者の処罰は行政官に属さない」を検討することにする。ベリーが援用する各改革派指導者、マルティン・ルター、ヨハン・ブレンツ、ジャン・カルヴァン、あるいは著名な知識人、エラスムスの言葉をとりあげ、反論を加える。例えば、ヨハン・ブレンツに関してはほぼ以下のような具合である。ベリーはブレンツの「再洗礼派を処刑すべきではない」

という一文を幾度となく繰り返す。しかしブレンツの言は特殊な例であって「彼が話しているのは単純に異端説が非常に素朴であるので、悪しき、あるいは危険な活動に至らないばかりか、宗教においてなにごとも破壊しないケースである」。ベリーはブレンツの最新の書物を読んでさえいない。ブレンツはそこでこう書いていたのだ。「行政官はみなが平安にかつ誠実に、相和して暮らすよう、適切に命令を下さなければならない。公共の安寧と行政官に逆らう者は誰であろうと、洗礼を認める者であろうと、再洗礼を認める者、すなわち再洗礼派であろうと、行政官によって正義にのっとって罰せられなければならないことを、行政官は知るべきである」。もうひとり、エラスムスの事例をあげておこう。ベーズはそもそもエラスムスを評価していない。エラスムスはたいそう変わりやすく、自分が何を信じているか明かさないからだ。エラスムスの一書によれば、教皇の聖職者たちは異端者に対して邪悪で残虐な仕打ちをしている。司教の勤めは焼却し破壊することではなく、悪に対処するよう教え癒すことだ。ベリーはその程度しかエラスムスから引き出せない。しかしエラスムスはこうも言っているのだ。「ひとりの君主が、公共の安寧をかき乱す異端者を処刑させうることを誰が妨げようか。〔中略〕私がこうしたことを述べるのは異端者によかれと思ってではない。そしてたったひとりにしても、私がその者を真の異端者、すなわち悪意をもって間違いをおかしたり、徒党を組んだり、矯正のしようにない者とみとめるかぎり、けっして私の側の支援によって恩赦をうけたり、より寛大に取り扱われたりはしないだろう」。

このようにルターやカルヴァンにかんしても、ベリーの撰集が掲載する寛容論擁護の文章に対して、異端者懲罰論を述べた一節を対応させるのだが、ここではこれ以上例を引かない（延々と述べられるカルヴァンの項など興味深いが、紙幅が許さない）。また上記の四名の「権威」のあとで「歴史的権威」、キリスト教教父の数名に関するベリーの援用に反駁するが、これももう触れない。このあと、ベーズはベリーの異端者を迫害すべからずという説の基幹的論証を二つにわけ、それぞれに相当数のページを割いている。それぞれの発言を見ることにしよう。

相手方の第一の論証〔五八—九五ページ〕

ベーズに言わせれば、ベリーが依拠する第一の根拠とは「討論が慣例化しているこうしたことがらをすべて知ることは必ずしも絶対必要というわけではない。そうしたことを知りうるほどに心が浄い人々しかいないというわけではないし、それらが知られたからといって、それらが人間をよりよくするということは絶対にない」という点にある。ベーズが反論して言うには、ベリーはキリスト教の根拠を無垢な生活に据えている。そして無垢な生活とは人々の相互のかかわり方において成立するもので、キリストの教えの中には彼らの間に生じた諍いゆえに、異端者扱いし、罰しあうということはなかった。ベーズに言わせればこれは哲学者の発想であり、キリスト教徒のそれではない。ベリーは、ひとはキリストに達する道、すなわち改めるべき生活について論争をしているのではなく、キリストがどのような状態におられるかとか、三位一体、予定説、自由意志、死後の霊魂の状態その他は、信仰により救済をえるために必ずしも大いに必要だというわけではない、と論ずる。無垢な心をもてばそれらのことがらは分かるようになるからだ。パウロは言っている。たとえ私がすべての奥義に通じているとしても、私に慈愛がなければ、私は何者でもない、と。ベリーによれば、いかなるキリスト教徒でも一点、すなわちキリストが神の子であり、主にして、世界の審判者であると信じているという事実で共通している、と言う。ベリーが言うのは敬虔さ、謙虚、無垢であり、真理については沈黙している。これでは再洗礼派も認めるということにはならないだろうか。ベーズによれば、ベリーは哲学者の尺度でキリスト教徒の無垢を測っているのである。ベリーの行きつく先は真の神の認識どころか、偶像崇拝である。ベリーはまた、自分たちの生活の改善についてではなく、キリストのあり方とか働きについて論争してきたのが、現在の結果である、とも言う。ベーズは反論して言う、キリストのあり方とか働きを知らなかったら、どのようにしてキリストが神の子にして主、世界の審判者であると知ることができようか。神にいたる途はキリストしかないし、キリストにいたる途は信仰しかないのである。

ベリーが三位一体の認識は不必要だというのに対し、ベーズはその認識こそキリスト教の根幹である、と主張する。救霊予定説や自由意志をめぐる論争が、倨傲と残酷しか生み出さないと言うベリーに対して、真の謙虚の唯一の源は、救済においてひとが自分自身では何者でもなく、能力も意志も持たないことを自覚することだ、と真っ向から否定する。「苦悩のただ中での私たちのあらゆる希望は無償で変わることのない、神の選択である」。またベリーは一方でキリストに至る途は生活の矯正であるというのに、他方ではモーセの神を信ぜよという。これは矛盾ではないだろうか。天使に関する認識は無用だとベリーは言うが、無用なことを聖書や聖霊が述べるだろうか。それは死後の生の認識についても同じである。ベーズはここにいたって、キリスト教徒の信仰とは何か、キリストに至る途は何かを語る。生活の矯正が救済の途であれば、ただ律法を守ればよい、という話になる。しかし律法と福音は同じではない。私たち〔ベーズたち〕の方では、私たちに向けられた神の無償で永遠の愛情は世界の創造以前から、キリストにおいて私たちを選んでいる。信仰をつうじて信者が告白するものごとを、君たち、邪悪なやからや中傷家はほとんど必要ないと判断して棄却するのだ。ところが実は生活の悔い改めなどというものは信仰が生み出すものである。キリストが私たち〔ベーズたち〕の間にお出でになってから、私たちは浄い心をもち生活を改善すべく認識したのだ。信仰なくして神を喜ばせることは出来ないし、信仰のない者には神の怒りがふりそそぐだけだ。神が無垢の心のうちに結ばれた善き業を好もしいと思われるが、それは信仰を前提にしての話なのである。

「これらすべてのことがらは、私たちが先に話したとおりであり、君たちが偶像と真の神を混同し、宗教の礎を完璧に転倒させ、誠実で無垢な生活をまがまがしく定義したことを私たちが巧みに証明して見せたものだから、要するに装われた虚しい外観のもと、君たちは聖霊に対して、あらゆる聖父たちに対して、忠実な行政官や神のみ言葉の聖なる司牧者に対して公然と闘いを挑んだのだから、（私見では）君たちが信じ込ませようと思っている者にばれないどころか、これらの輩、教会が成立したその当初から、信仰のかぐわしい香りを放ち純粋な教理を主張するあらゆる教会が異端者と見なしてきた者たちは、罰せられるべきではなかった。なぜならこの者たちは確実な知識が大いに必要とされているわけではないことがらについて語り、論じたからであって、逆に、〔訳者註：現在の異端者たちは〕その記憶があらゆる義なる人々にとって憎悪の対象となり、嫌悪と恐怖のうちに残るにふさわしいのである。そして行政官の勤めは、ほかならぬ君たち、キリスト教をその根幹まで破壊し、その記憶が失われ、埋もれていたあれらの哀れな輩の、古い誤謬を新しく登場させる君たちに正しく、重い罰を下すよう求められているのである」

相手方の第二の論証〔九五―一一八ページ〕

「異端者をいささかも罰してはならない。なぜなら教会内ですでにかくも長きにわたり論争の的になってきた対立は書かれた神の言葉、すなわち聖書にふくまれている言葉によっては解決されないからである」。

これこそ第一の論証よりも不敬に満ちた、君たちの言い分だ。ひとつに現在ある問題が曖昧でいまだ解決されていないと言い、ひとつに聖書に説かれている宗教は謎のように曖昧である、と言っているからだ。君の言いたいことはこうだ。「真理を知る者は誰もおらず、聖書は非常に曖昧なので聖書によって、教会がすでに長きにわたって苦労してきた対立を鎮めることは不可能であり、何びとをも異端者として断罪することは問題にはならない。天からのなんらかの新しい啓示を待つか、聖書の新しい解釈を待つ以外ない。その新しい解釈こそまことに明晰で、まことに明瞭なもので誰もが疑うことが出来ないようなものなのである。そのあいだは宗教の問題に関しては各人自由に、欲するところを信じ、教えることが許される」。君はなんと不敬虔で有害なことを述べているのか。君は自由の弁護人ではなく、放縦の弁護人なのだ。ベリーの述べていることは虚言である。この世の中には複数の神を崇めさせるエピクロスの徒や、世界の永遠性を説く逍遥学派の徒もいる。この大陸だけでなく、新大陸の信仰を見れば、それはどれほど多様であろうか。これらの見解は最後の審判の日まで滅びることはないであろう。だが君たちがどう言おうと聖書には明確に記されている。義化の問題、自由意志の問題、聖餐の問題、聖人への祈願の問題——君たちはそれらを曖昧と評する。だがそれらはきちんと聖書に書かれているのだ。君たちが聖書で未決定とされていることがらは、実に些細なことで君たちは神の教会の内部にまがまがしい妄想を連れ込み、信仰の代りに見解を、真理の代りにもっともらしさを、必然性の代りに蓋然性を呼び込んでいるのだ。信者がこのような夢想にとらわれず、棄却してくれるように。「神はいつでも何かしら教会をお持ちで、その教会は単に神のみ声を聞くことができるのみならず、それを弁え、理解することができるのだ。したがって教会はそれらのことを決して疑ったことなどなく、それを知ることなしにはどんな教会も存在しなくなる。こうしたことについて神は教会にたえず、はっきりと、そしてやすやすと諭され、教えられてきたからだ。しかしキリストの来臨とともに神はそうしたことを以前よりもいっそう明確になされている」。確かに聖書の理解には聖霊の介在が不可欠だし、この聖霊が万人に授けられていないのも事実だ。救済に必要欠くべからざることがらに関して、神の聖霊がまったき真理のうちにわれわれを導かなければ、真理はいったいどこにあるのだろう。もし真理がどこにもないならば、キリスト教は中身がなく、取るに足りない夢想以外の何ものでもなくなるだろう。「コリントの信徒への第二の手紙」でパウロは神が教会に対し、このうえなく明瞭に語っておられる、と書きとめた。それゆえ神のご命令に従わない者は、奴隷が主人に対したように、神から激しく打擲されるのだ。「それゆえ君が、人間の堕落と邪悪は、聖書が十分によく理解されていないことに因するというのは、きわめて間違っている」。この論証におけるベーズの宣言は誤解のしようのなく明確なものだ。「最後にこの第二の論証を反駁する結論を言えば、宗教対立がこれまで十分に解決されたためしがなかったし、それを神の言葉によって解決できないというのは、本当ではない。さらにまたそうしたものごとの判断を宙ぶらりんにしておいたり、裁き手である神のなにかしら新しい判決を待っていたりするのは問題外である。われわれはここまでのところ、聖書に記載されている神のみ言葉によって真実と虚偽を判別してきたし、同じみ言葉によってまだずっとこのように判別しなければならないだろう。そして教会にこの忌まわしく、不敬虔と神聖冒瀆にあふれた、本当に悪魔的な未決定を導きいれようとしている君たちとその仲間よ、君たちをキリスト教の宿命的な敵として、応報に罰するよう許されているし、要請されてもいるのだ」。

ユダ・マカベの例からとられた第三の論証〔一一八―一一九ページ〕

君たちが、新しい士師が来るまで異端者に触れてはならないとしている例をとりあげてみよう。君たちは未決定の例として、マカベアが生贄の祭壇の石を寺院の丘のどこにおけばよいか、預言者が新しい啓示をもってくるまでどう決定したらよいか、判断できなかった逸話をあげている。これに答えよう。まず、マカベア書は正典ではない。さらに君たちはマカベアの例を君たちの未決定の根拠にしているが、両者はまったく異なる。ユダ・マカベは寺院の古い祭壇が穢れているのをみて、石を別の場所に移そうとしたが、律法では定められていなかったので、どうすればいいか分からなかったのだ。君はこの箇所から、神のみ言葉なしに何も侵犯してはならない、ということ以外何を取り出すことができるのか。しかし私たちには中傷家を罰すべし、という格別のご命令がある。「行政官の主たる勤めは最初の石板に反する罪が罰せられるよう、細心の注意をはらって見張ることだ」。

モーセの例からとられた第四の論証〔一二〇―一二三ページ〕

第二の例は、「モーセが神から受けた、故意に律法を破る者は死罪とすべし、しかしながら安息日に薪を集めた者は、まず神からそれについてのことさらの回答を受けているのでなければ、死なせることを欲しない」〔民一五・三〇―三四。ただし原典とはかなり異なる〕というものだった。しかしこれはヘブライ語の原典に忠実ではない。「故意に」との訳は原典ではそうではなくて「安易に」だ〔新共同訳では「故意に」〕。一般的に、君は多くのヘブライ語の文章を改竄している。モーセはここで二つの罪を分けているのだ。ひとつは無知によるもの、もうひとつは驕り高ぶっておかすものである。後者は死をもって罰すべきである。「安息日の儀式の励行を軽んずる者を許すことが許されてないなら、聖パウロが告げているように、すでに自らによって断罪されている異端者を罰せずに放任しておくことははるかにそうすべきではない」。

ガマリエルの権威からとられた第五の論証〔一二四―一二五ページ〕

ガマリエルが使徒たちに、その教義が怪しく、確固たる基盤に基づいていないと宣言して、布教させまいとし、人々を唆した「使徒言行録」の一節を君が引くことについてはこう答えよう。ガマリエルの言葉を解釈して、カルヴァンはこう言っている。(2)「ガマリエルは、闇の中の盲人のように、どちらの側が正しいのか判別するのが出来なかったのだから、どちらの側にも味方する勇気がなく、自分の意見を判断停止にしている。しかし正しい原則から彼は悪しき結論を導き出している。すなわちこの問題を整理しようとして逸れざるをえなくなったのである。なぜならもしものごとが神に由来するのであれば、神がご自分の大義を主張なさるであろうことは確実であり、もしものごとが人間に由来するのであれば、そのものごとは、最後には低きにおもむくであろう。そしてたとえ神おひとりが葡萄栽培者であるとしても、神は必ずや労働者を葡萄園にお送りなさるであろうし、神おひとりが成長させるとしても、植樹し、水を撒く者がいることを欲せられる。神が頭領であり、ご自分の寺院の作業の監督であるとしても、神はご自身とともに、建築を進行させるために努める、僕《しもべ》や労働者を採用される。要するに、どれほど神がその制作物の弁護人であり保護者であるにしても、神は道具や僕として人間を用いられるのである」。君たちはガマリエルの忠告を褒め称えるがよい。私たちは聖パウロの側につこう。聖パウロは人々がキリストのものとは別の福音を説教する者たちみなを呪われ、忌まわしい者とみなすよう欲しているのである。

聖パウロの権威からとられた第六の論証〔一二五―一二八ページ〕

ベリーは「ローマの信徒への手紙」での聖パウロの言葉、「信仰の弱い人をうけいれなさい」〔ロマ一四・一〕、「他人の召し使いをさばくとは、いったいあなたは何者ですか。召し使いが立つのも倒れるのも、その主人によるのです」〔同上・四〕、「なぜあなたは、自分の兄弟を裁くのですか。また、なぜ兄弟を侮るのですか」〔同・一〇〕、「従って、もう互いに裁き合わないようにしよう」〔同・一八〕等々を援用して、持論の根拠とする。しかしこれは奸計である。まず第一に、聖パウロは異端者について語っているのではない。聖パウロは他の箇所では異端者を犬とか、信仰において不具なる者とか呼んでいるからだ。福音史家はユダヤ教徒で、しかも割礼をうけキリストを信じようとしている者について語っている。そういう時代だったのだ。これに比して、どこに神の教会に頑に一致しない異端者との相違があるというのだ。聖パウロは個人がおこなったことについての裁きはくださないのを常とした。しかし今ここで問題となっているのは、単なる個人ではなく、神ご自身が裁き手となられる聖職者の、あるいは公人の異端者なのである。「なぜなら聖書はまたわれわれに、果実からその木を判断し、信仰を過った者が分かった場合。できるかぎり穏和に正しい道に戻してやるよう、命じられているからだ。聖パウロが公での慣例と履行を叱ったというのはとんでもない話である」。

慈愛の描写からとられた第七の論証〔一二八―一三一ページ〕

使徒ペテロや使徒パウロは言った。「慈愛は多くの罪をおおう。慈愛はすべてを我慢する。慈愛はすべてを信ずる。慈愛はすべてを期待する。慈愛はすべてを忍ぶ」〔Ｉコリ一三・四―七からの自由訳〕。したがって異端者を罰するのではなく、教え諭さなければならない。慈愛に満ちた良き弁護人よ！　行政官の義務は慈愛の教えとは正反対である。彼は泥棒を我慢せず、偽りの証人を信じない。慈愛がひとつであっても、その働き方は、慈愛がかかわっている人物の多様性に応じて、さまざまに作用する。一方では厳しく、一方では優しい、と聖アウグスティヌスは言っている。憎悪と慈愛は対立物であるが、主なる神は両者をともに用いるよう教えており、したがってわれわれもあるものごとは憎み、あるものごとは愛するようになる。主は義なる者を愛し、邪な者を憎んでいるからである。異端者が邪でないことを示すか、さもなくば君たちの立派な慈愛がキリスト教徒のものではなく、悪魔的なものであることを弁えるがよい。もし君たちが、異端者が邪であることを否定するなら、なぜ聖パウロは異端者がその自らの判断にもとづいて処罰されると言っているのか。なぜ彼らを避け、彼らと食事をともにしてはならないと、聖パウロは示しているのか。それではいったいなぜ、聖パウロは慈愛はすべてを耐え、等々と言ったのか。それは悪漢の処罰がキリスト教圏から締め出されるためではないし、たとえ判事が悪を罰しても、その悪が義なるひとに対してだったら慈愛をこめて、悪徳だったら（その人間にではなく）その悪徳にたいして憎しみをもって罰するように、との計らいからである。「ところで、あなたたちすべての忠実な行政官と神の言葉の司牧者よ、主の羊の群れに襲いかかろうとしている白く扮したあれらの狼どもによくよく注意しなさい。同じく君主や行政官よ、大罪の大きさや切迫した危険が要請するときはいつでも、その名誉と栄光を守るため、あなたたちの手に剣をゆだねられた神に立派に仕えるべく、羊たちの群れの救済をめざし、人間に扮装したあれらの怪物に向けて、この剣を勇敢にふるうが良い。このために、それまで見たことのないほど優しい人間であったモーセの例に倣うがよいのだ」。

第八の論証、すなわち何のためにキリスト教徒は優しく、温和であるのか〔一三二—一四二ページ〕

この者たちは寛容の使者と名乗りながら、われわれをまがまがしき迫害者として、剣や槍、楯を手にした屈強な戦闘者に仕立て上げる。寛容の使徒の口から恐ろしげな武器の名前が出てくるのには驚かざるをえない。彼らは宗教問題で迫害する側を、羨望、貪欲、野心、無知ゆえの神への奉仕が原因であると決めつけ、そうでない者は邪念から迫害しているのだという。この者は泥棒や人殺しに対する処罰さえ残酷だとして叱責する。ベリーは次のように言う。「あるいは信仰のため正しい感覚を抱いていようと、過ちに陥ったりしようと、いったい誰が信仰のために迫害を耐え忍ぶであろうか。もしその男が正しい信仰をいだいているなら、いささかもその男に災いがなされてはならない。それというのももしキリストが、ご自分を十字架につけた者たちのために、その者たちが自分が何をしているのか知らなかったのであればなおさらのこと、赦免を求めたとしたら、どれほどご自身のために磔に処せられるのを覚悟している人々に対してそうなさらないだろうか。そしてもしモーセの律法が不注意で誰かを殺してしまった者を許しているとしたら、過ちのゆえに、すなわち義なることを述べようとして、自分たちが言い張っていることが偽りであると知らなかったゆえに、処刑されることを甘んじている人々に対し、許すべきではないだろうか」。ベーズはこの言葉をとらえて言う。もしこれほど広く門が開かれていたら、どれほどたくさんの異端者であふれかえることだろうか。聖アウグスティヌスはマニ教徒やドナトゥス派信徒に関して、かつてこう言った。「主はおっしゃった、これらの災いのために苦しむ者、神の子、イエス・キリストのために苦しむ者はさいわいである。しかし君たちはイエスのためにでも、イエスのゆえにでもなく、イエスにさからって苦しんでいるのである」。しかしベリーは聖アウグスティヌスよりも悪辣である。聖アウグスティヌスが批判したのは教会から離れた者たちのことだが、その者たちはなおカトリック教会にとどまっていた。ところが君たちは、三位一体もキリストの働きも、救霊予定説も、義化も洗礼も、聖餐もないがしろにしているではないか。君たちのいのちを今日日《きょうび》まで救ってきた行政官や司牧者を、そうしてきたがゆえに、残忍で非人間的だと呼ぶのか。「しかし私が思うに、君たちをいっそう苛立たせているのは哀れな無実の者たち、すなわち再洗礼派と、君たちの良き幼い愛すべき兄弟のセルベトのかくも残酷な処刑だということに、私が気づいていないというのか」。「願わくはあれらのあまりにも広い寛大さにあふれた人々が、異端者の死体が魚たちの餌となるよりも、異端の致死的な毒に染まって何百万もの霊魂が滅びることを好んだとしても、もう誰も驚かないように」。「なぜ君たちは私たちを血に飢えた、というのか。なんらかの点で私たちと意見を異とする者たちをみな、異端者として見なしているからかね。だがそれは明々白々の中傷であり、それ以上に無思慮なことはない。われわれは教皇派のようにただちに人々を処刑台に、あるいは火刑台に、あるいはその他の死罪の場に、神のみ言葉によりかれらの大義をいかほどか穏和にかつ正統的に、まず知ることも、彼らの弁明も聞くことなく、引っ張っていくだろうか」。さらにベーズはカルヴァンそのひとに向けられたセルベト処刑批判に抗してこう反駁する。「われわれが行政官を動かして残忍さに走らせたというのは、嘘っぱちで、その虚言はセルベトの訴訟そのものについても堂々たるジュネーヴ評議会の証言によって拒絶されうるところである。ジュネーヴ評議会は君たちが、すでに長期にわたって悪魔と結託し同盟を組んで対決しているかのひと、君たちが（ジュネーヴ市の不名誉きわまりないことに）この訴訟において当事者でありながら裁判官であると主張しているかのひとは、言わせてもらえば、できる限り努力をかさねて、セルベトをかの邪な過誤から抜け出させようと努め、そしてこの男がいかにしても正道に戻らないのを見て、あらゆる手段を尽くして彼が火刑に処せられないよう努力したのだ。しかしこの災い多い者の狂乱はいかにも大きく、不敬虔はいかにも忌まわしく、いかにも怖ろしかったので、そうでなければ大いに温厚で大いに寛大な評議会そのものが、少なくともこの男は火刑に値する、と判断したのである」。

第九の論証、これ以上にこわがらないですむ人々はいないのだから、異端者たちを生きていくままに放任すべきだということ〔一四二―一五〇ページ〕

この節はベーズがベリー側の言葉、「私は確実なこととして主張するが、素朴さのうちに神を畏れ、自分たちが宗教について知っていることがらに忠実であると示す人々以上に、君主や行政官たちに服従する者はいない」にかみつくところから始まる。彼らの言う素朴さのうちに神を畏れると述べる声は、羊のものではなく狼の声だ。彼らの言う素朴さとは神への無知である。「しかしながら私は、私たちが主要なことがら、それを知らない者はキリスト教徒ではないようなことがらを弁えることを要求する。すなわちそれは素朴さと無知とを弁別することであり、謙虚さと愚かさを弁別することである。黙従的信仰はソルボンヌ〔神学部〕の教理に任せるとして、これらの者たちが私たちを過ちに陥れないようにこう述べておく」。あるいはクランベールの言葉、「もし誰かが迷える羊に遭遇して、その者がその羊は君のものだと思い込み、君の家に連れて行ったら、君の羊でないにもかかわらず、善意ゆえに、君はその羊をいとおしみはしないだろうか。もし君が邪な者であって、そうしたとしたら、神はどうなさるだろう。神は、善意から真理であると思っていることを擁護した者たちをいつくしみにならないだろうか。たまたまその者たちが過ちに陥ったとしても、神はお許しにならないだろうか」に対して、「クランベールよ、それは違う」ときっぱり撥ね付ける。「イスラム教徒ならいざ知らず、われわれはキリストの外にある者が善意〔すぐれた信仰〕をもつとは考えない。そうではなく恐ろしい堕落のなかにいると認識するのであり、われわれはみな堕落のうちに怒りの子供として生まれ、キリストのみがその聖霊をつうじて、われわれのうちにあって治癒されるのである」。またクランベールが、異端者よりも恐れるにあたいしない者はこの世にいない、「なぜなら心にないことを言うよりも死を望む者は、誰にもましてもっとも従順な人々であるからだ」と結論するのに反論して、「神の言葉によって説得されてなお、自らの見解にしがみついている場合、その男はなるほど立派に従順である」とする。「要するにその男に引き合いに出すあらゆる理由や、聖書からの明白な証言の数々にもかかわらず、度し難く直し難い頑固さしか楯に有さず、それどころか教会を混乱させ、信徒を自らの方に引き寄せ、忠実な牧師を襲おうと努め、教会の規律を鼻先で笑うだろう。もし行政官がその男に手をかけようものなら、ただちにその男は殉教者として自慢するのだ」。異端者に寛大を説く者たちの素朴さ、無垢、信義、寛容とはこのような類で、白い衣の内側に狼の凶暴さと、満たされることのない害への欲望なのである。

キリストの優しさと寛大さの例からとられた、第一〇の論証〔一五一―一六三ページ〕

この節ではまずベリーからの多くの引用が続く。私たちもベーズに付き合ってみることにしよう。ベリーは言う、「なるほど常に無実で、咎ありと認められた者たちをお許しになり、七の七〇倍許すように命じられたキリストの生活と教えを考えるとき、もし私たちがキリストの優しさを真似ることができなければ、どのようにしてキリスト教徒の名を担うことが出来ようか」。「したがって私たちみなを苦しめている大量の罪を考え、各人が自分自身のうちで内省し、他人を断罪することではなく、生活を改めることを考えるならが、それはかの人々にとって最善といえよう」。「キリストがモロク、あるいはその類の他の神であると考えない誰が、生きたままの人間を焼き、生贄としてささげるだろうか。イエス・キリストに従おうと欲する誰が、どれほど多くの諍いがあったとしても、他にもまして権勢を驕っている者たちとなんらかのことがらで意見を異にするのならば、イエス・キリストのご命令に応じて、異教徒のもっとも勢力をほこった暴君がかつて人間を火刑に処したよりもより残虐に、生きたまま焼かれえなければならないのだろうか。さらにもまして火のただなかで熱烈にキリストを讃え、大声でキリストを信ずると叫ぶ者が。仮にイエス・キリストがここにおられて裁かれ、判決を宣告され、松明を手にされ、薪に火をつけるべく進み出られ、人間を火刑に処そうとしたとしよう。誰がキリストについてそれがサタンであると考えないだろうか。なぜならキリストのみ名を祈る人々を火刑に処すとはサタンがはたらく仕業以外のなんであろうか。おお、キリストよ、創造神にしてこの世界の王よ、あなたにはこれらのものごとがお見えになりますか。あなたは余りにもお変わりになられ、余りにも野蛮になられご自身と対立するようになられたのですか。あなたが地上にいらしたときは、あなた以上に穏和で優しい何ものもおりませんでしたし、中傷を我慢することにおいて忍耐強い何ものもおりませんでした。毛を刈り取ろうとする者のまえの羊とおなじく、あなたはどの方面からも鞭打たれ、嘲弄され、茨の冠をかぶせられても、口を開かれませんでした。それどころかあなたはこうした侮辱をした者のために祈られたのです。あなたは今ではこれほどまでにお変わりになられたのでしょうか。父なる神の聖なるみ名にかけて懇願するのですが、私たちの主が要求したようにあなたのご命令とご教訓を理解しない者たちが溺死させせられ、鞭打たれ、内臓にいたるまで突き抜かれ、それから塩づけにされることをあなたはご命令なさっているのですか。そしてその頭が切り落とされることを、その者たちがとろ火で焼かれ、あらゆる種類の拷問で可能な限り長いあいだ責められることをご命令なさっているのですか。あなたはこうしたことをご命令なさっていらっしゃるのですか。あなたはこうしたことを是認なさるのですか。これらのことをおこなっているのはあなたの代理人でしょうか。あなたはこうした虐殺に立ち会われているのでしょうか。人間の肉をたらふく食されているのでしょうか。もしキリストであるあなたがこうしたことをおこなっていらっしゃるなら、あるいはそうしたことをおこなうようにご命令されているなら、あなたは悪魔がおこなうことを何か残されたのでしょうか。あなたはサタンとおなじことをなさるのでしょうか。おお、なんという大きな中傷でしょうか。おお、サタンの示唆と教唆によってなされることどもをキリストに敢えて帰さしめる人間たちの、なんという悪賢い大胆さでしょうか」。——以上はベリーの序文から再録したものだ、とベーズは言う。彼らの言葉を聞く者は、彼らが自分のことにかまけて、羊の群れのことを忘れているのに気付くであろう。ベーズの反論は多岐にわたり、神学的な内容も含まれるので、ここでは端折り、ベーズの側からのセルベトの最期の描出と行政官の役割について触れる文章を、これも訳出することにする。ベーズによるセルベトの最期とはこうである。

「しかしセルベトに関していえば、君たちはあえて彼をはっきりと名指す勇気がないのだろうが、彼が炎のなかで大声でキリストを讃え、キリストを信じていると熱烈に叫んだと君たちが述べても、死に瀕してもしかしながら、この男は、そこにいた教会人がそう要求しても、またどれほどその場にいた牧師たちがほとんど涙を流さんばかりにして、彼を説き伏せ、信仰を守り、彼の魂を憐れむように努力しても、キリストが神の永遠のみ子だとは決して認めず、この男からその言葉を引き出すことができなかったことを考えると、この男からこの要点を引き出すことは不可能だったのではないだろうか。それというのも死の間際になってさえ、この男は生涯たくらんできた奸計と悪意に満ちた粉飾を忘れなかったからである。そこに集まっている群衆になんらかの後悔の徴を見せるよう説諭されるやただちに、『私はキリストが永遠なる神のみ子であることを告白します。』と言った。だがこの男がそのように語っている最中に、人々は彼の策略に気づき、そこでこの男に、単にキリストを永遠なる神のみ子として認めるのみならず、仲介者としての働きを除かないために、神の永遠なるみ子として認めるように要求すると、神のみ子にそれにふさわしい栄誉を帰することよりも、口を閉ざしすっかり沈黙する方を好んだだけに、そう判断できる。一方ではそれ以前ははっきりと意識していなかった死の恐怖におののき、他方では、私が思うに、神の正しい裁きに呆然としていたのだ」。以上がセルベトの最期についてである。以下は行政官の職務について。「行政官はしたがってキリストに倣う。まず行政官が真の宗教の維持と発展のために、主から受けとったあらゆる手段をもちいるべきである。それからまた、その権力にもとづき、臣下が相互に慈愛をほどこしながら、平和で静謐に暮らすことを妨げる可能性があるすべてのものを取り除かねばならない。とはいうものの、万事を神の栄光と国家の保持のために役立たせるべく、悪人や悪党を罰し、訴訟や諍いを解決するときには、キリストは判事ではないのだから、姦通した女を断罪することもなかったし、二人の兄弟のあいだで分かつべきものに介入しもしなかったにもかかわらず、当然のこととして、行政官はキリストに倣っているといいうるだろう」。「行政官がキリストのみ名を引き合いに出したあとで、死罪にすべく処刑人の手に聖書をもたせながら、悪党の判決を言い渡すとき、こうしたことをおこなっているのがイエス・キリスト御自らであると君たちは思わないだろうか」。「悪しき者たちを罰するのはキリストの本性には汚らわしいことだろうか。逆にそれどころか、まず第一に、行政官の権威と正統的な列席によって、み言葉の司牧者があらゆる障害から守護され、保持されるように、またついで、司牧者が行政官によって悪党を罰することができるように、キリストが彼の教会にことさら行政官をおかれたのは確かなことではないだろうか。そうでなければ、なぜ行政官に、そのひとの怒りのためだけではなく、その良心のために、従わなければならないのだろうか」。

第一一論証、すなわちいかに悪人であろうとも、一括して罰する習慣がない幾人ものその他の種類の人間がいること〔一六三―一六八ページ〕

ベリーはまたこう言う。「もし私たちの間で、ただ単にトルコ人やユダヤ人のみならず、誹謗者、自惚れ屋、吝嗇家、羨望者、ふしだらな輩、呑兵衛が暮らすのを放任し、その他の規則を逸脱した種類の人間に我慢しているなら、またもし彼らとともに暮らし、饗宴を開催し、一緒に悦びを楽しんだりするなら、私たちと一緒になってキリストの名前を誓願し、誰にも害を加えず、言われたり、なされたりしてはならないと認めること以外を言ったりしたりすることよりも、死ぬことの方を好むほどの情動をいだいている人々と生活や楽しみを過ごすべきではないだろうか」。これほど常軌を逸した男がいるだろうか。まず第一に、いくらかの行政官が、君が話している放埓を罰することにおろそかになっているとしても、だからと言って異端者を処罰しない法はない。明らかにキリスト教の信仰を棄てているトルコ人やユダヤ人を、明らかにイエス・キリストを侮辱した場合でなければ、どのように罰せようか。あるいはキリスト教徒を煽動して反逆に走らせた場合とか、行政官によってなされた正しく合理的ななんらかの勅令に頑に従わなかったりする場合、彼らは煽動者として罰せられる。行政官はまた、必要があれば、トルコ人に対して臣下を守る義務がある。しかし異端者に対しては、話が別だ。彼らは宗教に関して格別に悪意を抱いている連中だ。基本的に行政官は単純な罪ではなく、犯罪にまでゆきついた者たちを罰する。〔ジュネーヴには〕学校《エコール》があり、正義と悪徳を教えられる。また宗務会では長老が教会規律にかんして眼を光らせている。さまざまな放縦と異なり、異端は単純な罪ではなく、最悪の過誤に数えられる。「行政官がごくわずかな不正にも罰するのを習いとしているのだから、なぜ行政官がきちんと異端者を罰してはならないか、その理由がない。異端者たちは自分たち自身の良心の証言によってすでに罰せられているのだから」。

何者にも信仰を強制することはできないし、すべきでもないということについての、第一二の論証〔一六八—一七六ページ〕

ベーズはトルコ人やローマ教皇派を例にとって、信仰の強制を否定する。しかし行政官が異端者を罰することはこの範疇にはいらない。いつわって神の尊厳をないがしろにする者と、その他の悪事を見分ける法をどのように行政官に教えればよいのか。またわれわれは信仰において不具である者と確信的な異端者を峻別する。問題となるのは後者であって、「行政官とは神に本心から仕える、神の司牧者であり、その み子に口づけをする者であるのだ。すなわち、大胆にも、破廉恥にも神の威信になされた侮辱の復讐をしなければならない。行政官は神のこの世における検事なのである。そして行政官は目に見える世界の秩序と、教義と、慣習を守らねばならない。したがって彼は身体全部が滅びるまえに、腐った枝を切除しなければならないのだ。一本の枝を切って、樹全体を守るのが行政官の仕事である。しかしわれわれは頑なでも煽動的でもない、単なる無知な者は許容する。主ご自身、子供たちがそうする以外身をただそうとしない場合には、意図して叩いて矯正し、扱いやすい気立てのよい子供たちは、喧嘩をすることがあっても、やさしく鞭打ち、叱るにとどめている。聖パウロもただちに復讐する能力をもちいることがお出来になり、姦通を働いた者をサタンの手に渡したが、それは復活の日、その霊が救われるようにであった。霊的自由派は言う。「キリスト教徒はその行いが暴力や何らかの法への抵触から由来しているのではなく、聖霊の素直な教えに由来しているがゆえに自由で無拘束なのである。聖霊は彼らのうちに信仰を呼び覚まし、彼らの心が慈愛にむくように教え、焚きつけるのである」。この言葉は本当だが、善き働きに導かれていないかぎり、異端者の拠りどころとなる。「なぜなら神の霊に導かれていると驕らない異端者の党派はないし、ある者たちはそのためにみ言葉を棄却してしまうほどなのだ」。「聖書を受け取っても、それを誤用するためにしか用いない者もいる」。しかしわれわれが属する真の教会の信者は永遠の絆によって結ばれている。「われわれは告げたいのだが、無償で与えられるこの聖霊によって天地創造以前から選ばれている者はみな、罪への隷属から解放されており、神に由来するあらゆるものを味わい、欲し、遂行し始めるまでに、引き出されている」。君たちは罰することと殺すことは違う、という。しかし異端者に対し罰するのが地上の行政官に許されているとしたら、異端者を死罪にすることも許されているのではないか。君たちが言うように、良心を強制して、異端者を罰することが不正であるかどうかという問題がある。君たちは良心の自由を侵しているという。しかし私はといえば、教会でそうしたことを行うのは必要で有益であり、これまで常にそうなされてきた。君たちへの回答として聖アウグスティヌスの言葉を送ろう。「誰かをその意図に反して真理にしたがうよう強いてはならないとあなたがたが言うことについては、聖書も神の功徳も知らないあなたたちの誤りである。神は、その者たちの意志に反して強いている間に、彼らがその意志を持つようになさるのである」。

相手方が、異端者の処罰は地上の行政官に属していないことを証明していると主張している幾つかの論証について〔一七六―一七七ページ〕

さて以上がいかなる心配もなくこれらの輩が神の教会を説得しえ、神の権威を冒瀆し、教会の平穏と調和を乱すことがすることが許されるという理由である。われわれはすでにこれらの悪魔の手先の目的が、優しさと寛容を口実に、純粋で無垢な教会の基盤をひっくり返すことだと示してきた。これから先では、われわれがかれらを罰しなければならないと認めているにもかかわらず、その処罰は地上の行政官には属していないとする論証に耳を傾けよう。

キリストの霊的王国はこの世のものではない。なぜなら聖パウロも、私たちの戦いの武器は肉のものではない、と言っているからである、とする第一の論証〔一七七―一八四ページ〕

ベリーは言う。「霊的戦争が地上の武器によって遂行されるのは不条理なことがらである。戦争はキリストにかかわるものだから、キリストの武器によってはこばれなければならない。ところで主は、御自らの王国はこの世のものではない、と証言されている」。ベリーたちが主はこの世の主君にして判事であると信じているなら、なぜ彼らは宗教には介入しない地上の主権をこれほどまでに制限するのか。あたかも行政官の剣が神の剣をではないように述べるのか。行政官は神の司牧者だというのに。われわれは地上の行政官と霊的司牧者を区別する。もし君たちが地上の王国は国王に授けられているにしても、天地のあらゆる権力はキリストに与えられている。偽善者や外教徒はキリストのこの所有権を認めない。キリストはこの世ではなく、教会の王ではあるが、しかし非常のおりには地上の行政官に代わる者として不逞の輩を処罰する。もし君たちが支配の形態と行政の様式を述べるだけなら、われわれも同意見だ。しかし行政官には地上の出来事を裁くことしかできず、異端者を裁くことは権限にないというなら、それは間違っている。キリストはその教会の唯一の長として働くのだ。「これは私がここでついでに触れたかったことであり、それはそのようにセルベトということの善き小さな兄弟をこのうえなく大きな問題として判断しているか、どのような良心のもとでその責が果たされているかを、銘々がきちんと知るようにである」。

神学者たちは、ほかの学問においてそうしうるように、行政官の援助なしにその権利を行使しうるという、第二の論証〔一八四―一八九ページ〕

ベーズは続いて、クランベールが行政官に向けて放った言葉を引用する。「主たる神があなたたちの手に委ねた剣で我慢しなさい。盗賊を罰しなさい。裏切者や偽証者、その他これに類する者を罰しなさい。宗教に関しては、信者をその者に対してなされた侮辱や暴行から守りなさい。それがあなた方の勤めなのだ。しかし神学の教義に関しては、あなた方の剣を用いることは問題にならない。そうではなくて、行政官がこうしたことをあなた方から、あなた方が彼らの教義を武器であつかうよう許しをこうたら、ちょうど医者が同じようなことをあなた方に求めてくるかも知れない。要するにあなた方に、他の者の意見に対してあなた方が武器で彼を守るように、だ。ちょうど哲学者や修辞学者、同種のその他の学者がそうもとめるようにである。もしあなた方があなた方の剣でそうした学者を扱うことができないのなら、他の学問と同じように言葉や文書にもとづいているのだから、神学についてはなおさらである。もしすぐれた医師が行政官の頼りなくして学問で、彼の理論を守る、十分な手段を持っているとしたら、なぜ神学者を同じように扱うことができないのだろうか」。ここから三点をとりあげ、ベーズはクランベールに反駁する。まず一点目はわれわれのあいだで論争中の問題を決定したものとして提示していることだ。二点目は異端者を泥棒、裏切者、偽証者と区別している点だ。身分がどうあろうと、詐欺的に異端者に引き込むことが裏切りや偽証以外の何であろうか。三点目はわれわれが剣と武器によってキリストの教義を扱わなくてはならないと考えているかのように、忌まわしいやり方でわれわれをおとしめていることだ。だがこれは真面目に相手をする論点だろうか。泥棒などより劣る連中は神の裁きなど恐れることもないので、行政官の正統な権能によって、われわれがこの者たちを迫害するためでなく、神から正統に命じられた手段をつうじてわれわれが防御するためである。ここでその主たる論証、神学が他の学問とことなっているかどうか考えてみよう。なるほど国家の維持や装飾のために、その配慮が行政官の手にゆだねられる学芸というものがある。行政官や領主が学校を建設するのは、その一つの例であり、ジュネーヴはこの点で恵まれている。これらの高貴な学問で遵守されるのは、各人が勝手に仕事を進めることではなく、行政官の命令によってである。そして君の言葉は聖書の大預言者たちの振る舞いによって否定されている。ダビデがレビびとの掟を、確信をもって破らなければ、自分の勤めの義務に反していただろうか。その他旧約聖書からの例があふれている。君はこれに対して「旧約聖書は新約聖書でもちいるべき剣である、神の言葉の姿である」と反論するだろう。これについては別の箇所で詳論しよう。しかしキリストが強制の権利と権能を否定していないことははっきりさせておこう。われわれは君に反対して、かかることがらこそ行政官の主たる勤めであり、神が認めた聖なる国王たちみながそのように活用して来たのである。

キリストと使徒の例からとられた、第三の論証〔一八九—一九八ページ〕

同じくクランベールは言う。「キリストは行政官の助けなしに、ご自分の教義を擁護された。使徒もおなじであり、使徒たちにしたがう人々もおなじであろう」。一方、モンフォールはこう言う。「行政官は義なるひとを、彼らになされる暴行から守らなければならない（ところが彼らの言い分では、異端者はどのような暴行も中傷もおこなわないのだ——ベーズの註）。しかし義なるひとを力ずくですることもないし、武器をもって宗旨を教えさせることもない。そうでなければキリストは十分に武器を与えられていなかったことになるかも知れませんし、十分に使徒たちを武装させていなかったことになるでしょう」。「キリストが使徒にお与えになった武器で我慢することにしましょう。たえず私たちの口にあるかぎり、聖書は完璧なものなのですし、そこに何をつけ加える得るべきでも何かを省くべきでもないからです」。この中傷に答えるためには、まず第一に、われわれの質問はキリストとはなんであるかとか、使徒とはなんであるか、あるいは真の教会に何ができるかといったものではないということだ。われわれはキリストが教会を維持する無制限の力をお持ちだということを疑ってはいないし、ただ単に使徒たちだけでなく、あらゆる司牧者も、神の恩寵だけをもって、こんにちまで、打ち負かされることも、勇気を挫けさせられることもなく、この世のあらゆる攻撃に耐えてきた。われわれもこの点では同意する。しかしキリストがどのようにどの教会が導かれことを欲せられているか、ゆいいつ言葉によってか、行政官も司牧者であるその他の外的な権力によってであるかは別である。神が教会をお創りになって、秩序を保つようにされ、そこで用いられるのが邪な者に対する剣である。時として君主が怠惰であったり、教会に矛先を向けたりする場合には、神が天使を遣わせ剣にとらせることとなる。時として神は信徒が相互に剣を用いることを禁ずる。これらの例についてはたくさん旧約聖書に載っている。しかしわれわれの敵は、それらがみな旧約の時代だと主張する。それでは、たとえば聖ペテロはなぜアナニヤたちを殺したのか。しかしながら言葉による教会の司牧者にとって例外だということは認める。われわれがこう言うのは行政官の権能を奪うためではなく、また教会の司牧者の身分に何かを付け加えるためでもない。ただあれらの輩の中傷に反駁するためである。キリストの時代以来そこに何らかの新しい方法で、この世の王侯がどのような抵抗を見せようとも、権力と非霊的な処罰とがそこにあるよう、主は配慮されたのだ。異端者の処罰はその霊であって、いかに聖書に記載がなくとも、慣例によってそれは行政官の手でなされるよう、定められているのだ。神ご自身、良かれと思われたときには、国王に働きかけて、その方法と手段をつうじて、教会を守護し維持するようにさせた。「したがって、主が私たちにこのような手段や救済を、教会にとってたいそう有益でしかも（神がそう望まれたとおり）すべからく必要であるものを差し出されるとき、君たちが傲慢にも軽んじ、拒否するにもかかわらず、われわれはよろこんでそれに頼り、それらを受け入れる。われわれがそれを受け入れるのは人々に信仰を強制するためではなく（なぜなら強制して人々を信仰に導くのは不可能だから）、またなおさらのこと、われわれが光りのもとに出ていくことを恐れてではない（なぜなら事実、われわれはこっそりと教えているわけではないし、君たちが偽名をもちいてしているように扮装をする習慣があったからではない）、そうではなくてこれらの、主なる神を、そして教会の司牧者を、王侯たちを頑なにないがしろにする者たちが、その功罪に応じて罰せられるようにである」。ベーズは自分の意見のまとめに、聖アウグスティヌスが聖ボニファティウス一世〔教皇在位四一八―四二二〕に宛てた書簡を援用するが、これは略す。

世間が、何が異端説であるか判断できないゆえの、第四の論証〔一九九―二〇四ページ〕

つぎにベーズの舌鋒を浴びるのはエレウテーである。「世間は異端説を裁くことはできない。肉体が精神を、闇が光りを裁くことができないのと同様である」。「すなわち世間が知らないばかりでなく、狂気だとして嘲弄し、虚偽として非難していることがらについて宣告を読み上げることは不可能なのである」。なるほどそうだとしよう。しかしそれが、世間が神のことがらを知らなくとも、世間は神のみ言葉によって、しかるべく確信犯的な異端者をキリスト教徒の行政官が罰することが出来ない理由になるのかね。「宗教は旧約・新約聖書の中に含まれており、その宗旨の開陳は教会の責務となる。教会の義務は事件の場所と時間、状況を通じ、的確かつ平和裏に神の言葉をめぐる対立を決議することであり、あらゆる手段をとって誤りに陥っている者を、その過誤や償いを認めるようにすることである。しかし行政官の任務とは中傷家や異端者の人物を特定し、犯罪の度合いに応じて意志的な無知や悪意によって神の権威に対してなされた侮辱や教会の規律の軽視を罰することである。このようにしてわれわれ、世間ではなく神の言葉が異端説の問題を裁くのである。しかし神の司牧者、すなわち行政官に、われわれは異端者の認識を委ねるである。私は幾人もの国王や君主がこのことにおいて大きく失敗しているのを知っている。しかし彼らの例は他の忠実で真にキリスト教徒たる君主たちが、自分たちの勤めをおこなうのを妨げてはならない。反対のことをするよう努めるより、むしろこの者たちを気にかけてはならない」。ユダヤ人が説教を行ったかどでキリストをピラトに訴えたとき、ピラトはこれを相手にしなかったが、キリストがカエサルの悪口を言っていると聞いたとき、これを取り上げなければならなかった。現代でもローマの反キリスト（教皇）を批判する者はただちに難を受ける。改革派信徒やそのシンパは拷問にあい、火刑に処せられるか舌を引き抜かれて放り出される。こうした構図は庶民から代官に、代官から君主へと社会的構造になってしまっている。これが教皇派の暴政の実態である。われわれが再洗礼派を見出しても、そうはしない。まず穏便に説諭する。セルベトに対してもその最期まで説得するのをやめなかった。これはジュネーヴだけが支持する処刑ではなく、全スイスも認めている。しかも君たちは公然と出なく隠密裏に、匿名で文句を言っているではないか。君たちは「世間は裁くことが出来ない」というが、われわれは神とその司牧者であり伝令である者たちにすべての判断を委ねているのであり、世間は問題にしていない。

幾人もの王侯がその権力を濫用していることについての、第五の論証〔二〇五―二〇八ページ〕

あれらの中傷家ではない誠実な人々は言うだろう。「もし事態がそのようなら、善人の君主は滅多にいないのだから、気違いに剣を渡すようなものだ。さきほど語ったことがらに着手しなければ、すぐに律儀な人々の咽喉を引き裂くだろう」。これは教皇派の残忍さを聞きつけた人々が判断するところと思える。しかしじっくり考慮して欲しい。正しい司牧者に巡り合うのがそんなに珍しいものだろうか。暴君たちの日常的な残虐さとかある者の間違った熱意というものは優れた君主とか信者とかが神の子に接吻することを妨げるものではない。すなわち悪魔が、あきれた大胆さと心を奪われた無知によってできるものなら宗教を転覆させ破壊させるために、引き寄せ、ひそかに連れ込む輩に対して、神が授けたもうた権力を正しい節度を持って使うのみである。そのためにまず祈りと涙をもって教会が神に頼るようしなければならない。世間の攻撃に立ち向かう、信者の武器がそれなのだから。

「しかしながら下位行政官の義務は、その国において、法のもとで、できる限り、宗教の純粋さを維持することにある。この点においてその者は大いに慎重かつ十分な熟慮をもってことにあたらなければならない。この間にも不動心と寛仁さが必要とされる。この件に関して現代ではマグデブルクの町がいちじるしい例となる。この町の名前についてベリーは意図的に混乱させ、教義を根ざしたものにするために、もし人々がその教義を保持していたなら（ベリーがそう信じさせたがったように）、立派で有徳なこの町の町民が真の宗教のために自らの生命を最大級の危難にささげることを欲しなかったろうに、と言っている。このように、幾人かの君主がその勤めを濫用しようと、神がお与えになったキリスト教の行政官の援助を、外教徒とか異端者の表面的な暴力に対して、用いることをためらわなければならないと判断する者なら誰でも、その者は神の教会から、主のみ心にかなうたびにはいつも、驚くほどに有効な、さらには必要な救援であるものを、取り除くことになるのだ。

古代教会の権威についての、第六の論証〔二〇九—二一七ページ〕

われわれの敵は宗教のことがらにおいて行政官が何の関与もしないということで、われわれに異論を呈すべく、古代教会の例を持ち出す。たとえばエレウテール〔四五六年頃—五三一年頃のトゥルネ出身の聖人。異端者に厳しく接する一方で、彼らの回心に努めた〕の次の発言がそうである。「キリストの教えの他にも、古代教会や昔の神学博士たちさえも、異端者を破門以外の刑で罰してはならないという意見である。テオドシウス帝〔一世。在位三七九—三九六〕、ウァレンティニアヌス帝〔一世。在位三六四—三七五〕、マルティニアヌス帝〔在位三二三—三二五〕その他の皇帝が上記の件で定めた律法に関しては、それらは最上級の罰則に移行しているが、それらは聖書にも古代法典にも反している。エレウテールの発言は行政官から異端者を罰するあらゆる権力を奪っている。なぜなら破門は教会法の分野だからだ。また異端者をキリスト教の集団から切り離すことが古代の習慣であったなら、つぎにように語るベリーは何を考えているのだろう。「その者が異端者を自由に放つべきだと主張するとき、あるいは異端者の陰謀や努力に対抗するひとたちを残酷だと告発するとき、さらには異端者以上に恐れる必要がない人々はいないと、大声で叫ぶとき」、この男は自分の脚を自分の斧で切り落とした樵よりも賢くない。聖書に言及しても、行政官が宗教のことがらに介入してはいけないだとか、彼が異端者を破門以外の刑で罰してはならないだとかいうことが記載されているたった一箇所でさえ、明らかにはできないのだ。古代教父にかんしてはペラギウス派を弾劾した聖アウグスティヌスを引いてもよいが、われわれの目的は教父たちをベリーの無思慮から守ることにあるのだから、控えておこう。古代法典についてもことは同様である。このことから何が分かるのか。各人が気ままに思うところを信ずることを許すのは、古代教会の慣習ではなかったということだ。エレウテールの言い分を借りるとこうなる。教会が破門したとする。破門した以上、教会はそれ以上の罰を加えられない。また行政官も彼らに手を出せない。しかし史実はそうではない。公会議によって異端者と罰せられたアレイオスを皇帝コンスタンティヌスは追放の処分にした、等々。ベリーは言う。「これらの罰は度を越えており、あらゆる聖書、古代教父やその教令にも反している」と。ベーズはここで延々と教令を援用するのだが、ここではその事実の指摘にとどめる。最後にまた、聖アウグスティヌスからの長い「逐語的な」引用があり、真の教会にも、偽りの教会にも破門はあるが、真の教会の破門は矯正させ、過ちから逃れさせるための破門であり、偽りの教会の破門は破滅させ、過ちに陥るようにさせるための破門である、と結論している。

異端者を死によって罰することが行政官には許されていないか〔二一七―二二〇ページ〕

ここから第三の問題に移る、とベーズは言う。すなわち行政官に異端者を罰することは許されていても、死によって罰することは問題とならない、とする点である。われわれの対立者は宗教において何も確たることはない、と言いたげである。また彼らは幾人かの学識あふれる人々とともに、あらゆる人間を神のもとに率い、優しく人間的な精神の持ち主にすることを欲し、行政官は異端者を罰することはできるが、死罪にまで処することは許されていない、と主張する。ベーズは、行政官がたまたま正当に異端者を処刑したとしても、他の行政官が暴政を敷くのを望んでいない、と言う。われわれは行政官が正当的な手続きを経たあとでなければ、無謀に何かすることは許されていない、と考える。われわれは、キリスト教徒は寛大でなければならないと考えるが、しかしながらわれわれはそうした寛大さには神の言葉という制限が必要であると考える。なぜなら箴言に悪者を唆し、義なる者を虐げる輩は主にとって忌まわしい、とあるからだ。われわれは教会の寛大さや君主の寛仁さを濫用して破壊に走る者を、正当に罰するよう望む。もしその輩がおとなしくわれわれとの論証を欲するなら、われわれも紳士的に応ずるであろう。

毒麦の喩からとられた論証〔二二〇―二四三ページ〕

幾人もの古代の者や現代の者が毒麦の喩をもちいて、異端者を火刑にするべきではない、と主張しているので、これに答えよう。

第一に彼らと違っているのは、毒麦の喩で指されているのは異端者だけではなく「暮らしぶりにおける鑿鑿をかうやり方や悪しき例によって教会を攻撃する者や外教徒さえもその中に含まれる」と考えている点である。ベーズはこれに聖アウグスティヌスとルターの言葉をもって答えようとする。世界を畑にたとえたとするとそこには二種類の麦しかない。よい実を結ぶ麦と毒麦である。ところが毒麦は異端者ばかりでなく、教会の内部で騒ぎをおこす悪漢もそれにふくまれる。キリストが毒麦の喩で示したのは、禍々しさをもたらすあらゆる者たちではなかったろうか。

くわえて、この喩から異端者を死刑にする判決を下すのを禁じられていると判断し、良い麦と毒麦をともに抜き去らないようにせよとの結論を下すのは、旧約聖書時代の神が徹底して悪しき町や人々、家畜さえも徹底して滅ぼしたのはどういう理由からなのだろうか。その中には間違って罪を犯した者もいるはずなのに、神は町もろとも全滅させるように命じられた。「汝は主にのみ仕えよ」という言葉は今現在でも真実なのだ。旧約の律法は厳格であり、新約の福音は慈愛に満ちている。しかしこれは現在の律法を侵害しても神は怒らないということを意味しない。キリストによってもたらされた慈愛が大きければ大きいほど、邪な者への罰は大きい。毒麦の喩は旧約の律法を穏健に表現したものなのだ。

第三に、家長の言葉がよっている話し方を考慮しなければならない。「なぜなら家長は召使いたちに、彼らが毒麦の代わりに良い麦を引き抜かぬよう、同時に毒麦を成長するに任せよ、と言っているのではなく、毒麦といっしょに良い麦を引き抜かぬようそうせよ、と言っているのだ。すなわち、この命令が毒麦にそなえたものではなく、良い麦にそなえてなされたものであることが分かる」。

ついで聖クリュソストモスの発言「それらが成長するに任せなさい」、すなわち異端者の小集会を破壊し、彼らの口を閉ざさせ、彼らの大胆な発言を封じ込めよ、しかし彼らを殺してはならない、彼らを死なぬようにせよ、という意味である。あるいはまた別の人物は「それらが成長するに任せなさい」、邪宗の教義を非難し、その教義を呪え、しかしその輩を許しなさい、と言う。かかる解釈にたどりつくなら、それは家長の言葉の曲解であるということを誰が見て取らないだろうか。聖ヒエロニュムスは、これはものごとが未だ疑わしく、不確かである場合には裁きを決する参加者になることを、単にいましめている喩だという意見である。聖アウグスティヌスもこの箇所の解釈に困難を覚えて、教会分裂の危険を見た。ベーズはアウグスティヌスを引用する。「なぜならそうではなくて、良い麦がいかなる損害もうけないような完璧な確信があって、恐れがそこに少しもはいる余裕がなければ、つまり各々の秩序を乱す者の大罪が皆の眼にあまりにも明らかであり、皆の眼にあまりにもおぞましく、その大罪を支持しようとする者がいなかったり、かかる壊乱者に心動かされる者がいないほどであるなら、あるいはもしそうした者がいるとしても、その者たちは教会分裂を引き起こす可能性のある輩であり、こうしたケースでは規律への隷属から外れるべきではないのだ」。

最後に、もしこの喩でキリストが異端者を罰する行政官の勤めを示していると主張したなら、それを求めている弟子たちに対しそれについての言明のうちで、この点に関してはいかなる言及もなされていない、というのは驚嘆すべきものだろう。そしてベーズは率直に、「キリストの意図とまったく違う解釈を、夢想しうるとまでは言わなくとも、ただ解釈しうるものか、理解できないと告白するものである。そうしたら、どれほどわれわれが、その喩の語り手であるキリストや、その弟子たちに大いなる屈辱をくわえていることになるだろうか」。

さて喩の問題に戻ろう。ベリーたちはこの喩の「家長」がキリストを、「召使」が「行政官」を指しているとしているが、ベーズは「召使」がむしろ「天使」を意味すると考える。家長はキリストに答えて「私は収穫のときがきたらあなたに申し上げましょう」ではなく「私は収穫のときがきたら、収穫人に言いましょう」と語ったのだ。キリストの用語からすると、収穫人は「行政官」を指す。この件について論証を経た結果、ベーズはつぎのようなイメージを紡ぎだす。「ヨブ記の冒頭でのように、神はサタンのいる前で、天使と会話をしているあり方で紹介される。それはわれわれに、一幅の絵画におけるように、差配する聖霊である天使をつうじて世界全般を統治される神の、理解を越えた摂理を示すためであるかのようである。〔中略〕しかも、私の見るところ、むしろ喩の目的を見なければならないのに、喩のそれぞれの語に執着する者は過っている」。さらにベーズは独自の解釈（あるいはジュネーヴ改革派教会路線にそった）を展開する。「教会はかくて絶えざる災厄に襲われている。そして忌まわしい者どもがつねに栄え、勝利を誇って、教会を外部からまた内部から頑固に襲撃しているることは、人間の判断からするとひどく奇妙で不条理であるように思われる。しかし、われわれをその手で蒔いた家長は、われわれを慰め、われわれに次のように告げる。これはこの世における神の教会の恒久的な状況であろうし、この世で毒麦がなくなることは決してないであろうが、けれどもこの世で教会の完全な再生と改革を目の当たりにすることを期待してはならないし、この世が永続するべくもない。なぜなら神が一定の時点を決定され、その折にはたいそう純粋であらゆる夾雑物から浄化された良い麦が納屋に収められるだろうし、毒麦は刈り取られ燃やすために火にくべられるだろう」。この予定された時点は長い間待たれてきたが、いまこそその秋《とき》である。以上が毒麦の喩の概要である。他方このことから行政官、もしくは教会規律の責務と監督を担っている者が自分たちの勤めをおこなわなくともよい、ということを意味するものではない。この喩で告げられているのは、普遍的な浄化であり、普遍的な収穫というのは最後の審判にほかならないし、普遍的な浄化が民事的な、あるいは司牧者的な権威によってなされる、個別教会の浄化を妨げるものではない。主なる神はこの普遍的かつ個別的浄化をわれわれが混同することないよう、はっきりわけられたのである。

行政官には霊魂を殺すことが許されていないことについての、第二の論証〔二四三―二五一ページ〕

ベリー側はこう述べている。「異端者は神の王国にいささかも参加していないのだから、行政官には彼らを死罪にすることが許されておらず、彼を断罪の仲介者にすることは大いに不適切である。ところで主たる神のみに霊魂を殺すことが許されているのであるから、行政官が異端者を死刑に処すべきではない、という結論に導かれる。神のみ業を簒奪する危険性があるのだ」。この問題はモーセの時代以来の古いものであるが、イエス・キリストが『福音』によって行政官の地位をいささかも低めていないのを考えると、こんにちでは何の価値もないことであるので、簡単に触れるにとどめよう。放蕩の限りを尽くし、ほかの人々を神のお勤めから逸脱させる中傷家や偽の預言者が、行政官によって死罪に処せられ、いかなる許しもなく抹殺されるよう、神が命じられているのはきわめて明白であり、異端者についておこなう非難も、その他の悪人になしうるものであることも確実である。殺人者も毒殺者も男色家にしても、死刑にさいして後悔しないどころか喜びを表す者もいる。行政官により処刑される異端者もさながらである。行政官はわれわれが平穏な生活を過ごせるよう、神により命じられている。したがって日常生活や宗教の面でいざこざを持ち込もうとする輩が出てきた場合には、これを罰しなければならない。罪人が罪を悔いるにしても最期まで頑なであろうと、行政官は罪人と判断した者を逃げおおせるにまかせず、神から委ねられた職務を粛々と遂行しなければならない。行政官があらゆる手段を尽くしてこの災い多き者が罪のうちに死なないようにさせるべく努力したことを考慮すると、行政官が神のみ業を簒奪したのではなく、神に霊魂に対する判決をとっておいたのだ。聖パウロにしたがえば、神の判決によって定められた永遠の劫罰にかかわっている限り、異端者は彼自身、滅びの原因である。人々が異端者たちを霊魂の殺戮者と呼び、異端者たちを処刑した者たちではないことは正当なのである。

以上が幾人かの善良で学識ある人々を動かして、異端者たちを死よりも軽い刑以外で罰すべきではない、と考えさせた理由である。この問いかけに私は、論争に関心があるからではなく、真実を明らかにするために答えようとしてきた。ひとが信仰のもとに至る場合、何者も強いることは出来ないとか、使徒たちはこの方法を採らなかったとする人々に対しては、第二の点を論じたおり、十分に納得させたと思う。最後に神は道を迷った子羊を火であぶることなく、むしろ子羊を捜しに来られて治癒されるといって、キリスト教徒の優しさを説く者たちは、われわれが異端者を死罪に処すのではなく、単に避けるよう、また剣を農耕器具に変え、槍を鎌に変えて、われらがいと優しい救世主たるキリストは同じような結末にいたる幾つものその他の教えを私たちに提示されている、と言っている。われわれはそのすべてを認めよう。われわれの見解では、教会規律の監督官ではなく行政官が、外教徒でも、単に過っている者でもなく、またすべての過ちではなく、唯一明白で、神の言葉によりしかるべく確実なものとされた不敬虔だけであり、さらに言えば、教会内に党派や分裂を持ちこむような輩だけを罰するのだ。確かに、幾人かの者たちは、すでに猛り狂っている人々の手に剣をわたすようなものだという懸念を大声で訴えている。すでにして悲惨な状態に陥っている現状を、厳罰をもってのぞむことで、いっそう悪くするのではないか、というのである。私はこれには反対の意見である。なぜなら万人がその権利を濫用しているとしても、われわれの仕事は真実を隠すことでもなく、神が定められた境界を踏み越えることでもない。乱れた当代にあって教会を入念に観察し、福音の教義がただしく説かれたあとで、行政官も教会規律のために選ばれた代表も、彼らの権力の影響がどのようなものかよく弁えている。私は神と天使に対して、こんにちの教会の腐敗は、君侯が己れの義務についておろそかになっているとか、君侯自身、過ちにふけるとか、卑劣さのために、真の教会の司牧者たちと結ばれていないことに由来する、と断言し得る。神が行政官に授けられた剣を示さなければならなかったのだ。いまでは司牧者は教会の外に追い出され、教会の中央にはサタンが座し、強大な君主をその残虐をふるまう手先としている。神のご命令をないがしろにすれば、甚大な混乱が生ずるのだ。かの輩によれば各人の自由が奪われたのは教皇の暴政だというが、神の教会においては自由があり、各人の欲するところを信じ、教えることができるのである。

われわれの対立者の解釈にもとづく、毒麦の喩からとられた三番目の論証〔二五一―二五五ページ〕

この章でベーズはクランベールの引く毒麦の喩にふたたび戻る。クランベールは次のように言う。「もし異端者が毒麦ならば、彼らを殺してはならないし、しばらくの間、彼らを放任すべきである。もしその者が異端者でなく人殺しとか、その他の悪党だったら、悪党たちを放任し、しばらくの間、苦しませなければならないが、その者たちを死なせてはならない。それは誤りである。なぜならもし誰かが悪党どもを死なせなかったら、世間はやっていけないだろうから。ところで悪党とか異端者は収穫のときまで放置しておくことが必要であるとすると、そこから由来するのが、誰であろうと、収穫する以前に、すなわち最後の審判の日のまえに、異端者を死におやることを望む者は、同じような方法で悪党どもを死に追いやることを望んでいることになる。しかし。それどころかかえって逆に、悪党どもを死に追いやることを欲する者は誰であろうと、その者が、キリストが毒麦を放置するように下されたご命令を棄却しようとするのでなければ、異端者を死なせることを欲しなかったのである」。ベーズは反論する。誰が上記の狡猾さに驚かない者がいようか。クランベールは毒麦の喩に異端者、もしくは悪党を認めようとする。しかしわれわれは異端者、および悪党、すなわちあらゆる躓きの種、忌まわしい者すべてを認めるものだ。もし「収穫までは、毒麦がのびるに任せておきなさい」という言葉が行政官に向けて発せられ、世界の焼尽のまえにはいかなる悪漢をも殺してはならないということになり、最後の審判の日までいかなる躓きも取り除いてはならないとしても、こうしたことは観察されることがないし、また観察されるはずもないであろう。この喩で語られたことは行政官にも当てはまらないし、教会規律にもあてはまらない。これらの喩をつうじて、行政官は悪党どもを急がせてこの世から追放すべく判決をくだしてはならないし、教会規律もかかる者たちを叱責するためにおこなわれてはならない、と示されている。それゆえに天使には神のご命令により教会を掃攘するのをその日まで待たねばならないと言われているのだ。しかし君はそのような解釈は古代の人々はおこなってこなかった、と反論するだろう。古代教父のあいだに完全な意見の一致があるわけではないが、近代人を見ると、この人々はわれわれの意見に同調してくれる。ここにいたってベーズはアウグスティヌスから長文の引用をおこなうが、要諦は、行政官は悪党どもを処罰すべしの一言に尽きる。とはいえアウグスティヌスはドナティストたちを処刑すべきではない、と考えていたことも事実である。

人間の大半を死刑にしなければならないだろうから、という第四の論証〔二五六―二六六ページ〕

ベリーの同胞モンフォールは、異教徒たちは異教の神々にささげものをしているのだから、彼らすべてを処刑するのには大変な薪が必要となろう、と言っている。この男が言うには、われわれがわれわれと違う人間に対し威嚇と虐殺しか胸に抱いていないかのようだ。語義からいっても、誰かを中傷するならわれわれはその男をキリスト教国家の名のもとに、非人間性と残酷さにより告発できる。なぜならギリシア語の語源からして、中傷家とは誰かの名誉を傷つける者だからである。神学者は狭義にこの定義をとって、神の尊厳を傷つける者を指している。しかし狭義に拘泥する必要はない。セルベトもそうだし、三位一体の教義がひとを優れた者になどしないと主張し、自由意志を口にして神の栄光を奪い、要するに神の言葉が曖昧で謎のように起草されたと不平をいう者どもも、こんにちトルコ人やユダヤ人、教皇派の者たちがそうであるように、その仲間である。これらの輩に対する神の復人間の大半を死刑にしなければならないだろうから……

讐は峻烈をきわめるであろう。しかし場合により、聖パウロがそうであったように、中傷が悪意というよりも無知からおこなわれることがある。それもキリスト教の教えの肝要な部分に関して、である。私から言えばこれらの者も許されるべきではない。この者たちの陥っている無知そのものが神の厳粛なる罰だからである。だがこれらの罪が頑さを伴っているのでないかぎり、これら不具の者たちが行政官によって罰せられるよう仕向けるより、忍耐をもって神が諭してくださるよう祈る方がよい。頑な者たちは不具であるよりも邪念をもった輩であり、キリスト教君主は、罪状にのっとって、教会を執拗に混乱に陥れようとする輩を罰すべきだからである。最後に怒りの衝動を抑えられなくて中傷を口にする者たちがいる。この者たちを神や王をののしったからといって一律に罰すべきではなく、その状況をまず把握しなければならない。偶像崇拝についてはもっと緻密に区別する必要がある。身体的な偶像や画像をもってなにかしら神に等しいものとしたり、そのような具合にして偶像崇拝者となった者は聖書にあるごとく、きびしく咎めなければならない。あらゆる民族のあらゆる偶像崇拝が罰せられるわけではなく、イスラエルの民のみを罰し、その他の偶像崇拝者はおのずと罰せられるにまかせるがよい。行政官の営為がたとえ剣をとってさえ、キリスト教を維持し、不屈の心をもって、いかなる民からにせよ、勇猛に保持することであるにしても、誰といえどもそのために剣をもって人々の心を得ようなどすることは出来ないし、すべきではないからである。だが往々にしてもう一種類の偶像崇拝が存する。これは非常に危険なものであり、先にあげた偶像崇拝と同一に罰してはならない。それというのも聖書は往々にして、神への信仰以外に人々の心を占めるものを偶像とよんでいるからである。イスラム教徒はマホメットという優れた預言者の存在を信じ、夢想でしかなく虚しい想像のうえに宗教の土台をすべからく建てた。教皇派の「煉獄」やその他の内容のない思いつきも同様である。それらはみな偶像と称すべきである。その他の者で被造物をして自分たちが仕える神にしている者もいる。大食漢はその腹を、吝嗇家は富を、野心家はその誉れを、淫蕩な者はその愛人を、という具合にである。これゆえにたとえば聖パウロは吝嗇が一種の偶像崇拝だと言ったのだ。この種の偶像崇拝も先に述べた偶像崇拝者に対するのとおなじく、二つに分けなければならない。無知な者を邪悪な者と、素朴に過つ者を徒党を組む輩と分けるようにである。しかしながらこの第二の偶像崇拝に関しては、それをもたない人間を捜すことが非常に難しいところから、別様に裁く必要がある。思い返すに第一の偶像崇拝について三つの主要な点があることを示した。行政官が悪徳を罰することは神におまかせして、ただ罪や悪口のみを罰するもの。あるいはその悪徳が歴然としているが、他の者や共同体には迷惑をかけないもの。この者たちに対しては説教や祈りで改心させようとするだろう。だが大食漢が財産をすっかり蕩尽してしまったり、あまつさえ他人の資産に手を付けるまでになったら、行政官は偶像崇拝としてではなく、盗人として、罪状にそくしてその者を罰するだろう。中傷家や偶像崇拝者にしても同じなのだ。聖職売買者と呼ばれる者たちについては、異端というより神聖冒瀆に属するので、ここでは論じない。しかし古代のキリスト教徒が魔術師シモンを異端者の指揮官として言及していることは述べておく。だがその件はシモン・ペテロではなくこの魔術師シモンの末裔として、その罪を明々白々に遂行しているローマの教皇にはあてはまるまい。

われわれの対立者はまたこうも述べている。「異端者を殺せば、キリスト者の群れはとても小さく、おまけにその中に無数の党派があるのだから、処刑されることをまぬがれる人々はごくわずかだ」と。これは私が返答するのに恥ずかしくなるほどのあからさまな、私たちに対する中傷である。私たちが幾度も繰り返しているように、異端者と外教徒は別物であるし、異端者のあいだにも相互におおきく異なった誤りがある。このことにいっそう慎重になって、過ちに寛大すぎて教会に疫病を蔓延させたり、苛烈すぎて教会が解消したりしないよう注意しよう。最後に修道僧と再洗礼派の比較に関しては、私にはもっともだと思われない。なぜならものごとの所有や私有を、あたかもキリスト教的な慈愛を忌するように、排することと、修道院において誓願のもとに、その財産を幾人もの人々と共有することとは別のことだ。さらに結婚を控える誓願を立てることと、すべての女性が共有されることは別のことだ。教会から行政職をとりのぞくことや、司法の誓願や職分を邪悪であるとして断罪することと、特権によって修道院長のみにしたがうのだといっては、服従の免除を主張することとは別のことだ。もはや罪をおかさないと言い、私たちの至福が存する罪の赦免を排することと、最上の聖性の誓願をして、他人よりも聖なる生活を送っているということとは別のことだ。だが、私がこのよう

人間の大半を死刑にしなければならないだろうから……

に語るとしても、私は修道生活に好意をもっていないし、それを迷信の深淵と考えている。そうではなく、もし再洗礼派を死罪にすることが許されるなら、修道僧にもそうできるという結論が正しくないことを示すためである。思うに再洗礼派と修道僧のあいだには、明確な不敬虔と鈍重な迷信のあいだほどの、差異があるからである。

聖パウロが異端者を死に追いやることをお命じにはならず、ただその者を避けるよう欲しており、この方ご自身、ユダヤびとのために呪われようとかまわない、という第五の論証〔二六七―二六九ページ〕

私たちの相手は、聖パウロがテトスに、異端者を殺すのではなく、避けるよう命じられたと言って私たちに反論する。モンフォールという名前に隠れて、この男はいきり立ち、聖パウロが「彼らのためなら呪われてもかまわない、とご自身が記された人々に死をもたらせるべくお命じになるために来られたことなどありえない」というのである。これは愚劣な話だ。なぜならこの使徒はイスラエル人総体について語っているのに、かの男はそれを異端者のなかでももっとも邪な者全員にあてはめているからだ。この使徒はイスラエルの民が神への熱情を抱いていたが、それは知識に基づくものではなかった、と証言している。他方、この使徒は、呪われるようご自身が望まれている民族のある者たちが、ガラテヤびとのあいだに混乱をもたらしたために、切除されることを欲しておられる。この者たちはかの方がまた、その最期が破滅であるキリストの十字架の仇だ、と言われている。くわえて邪悪さを憎むことと邪悪な人間を憎むこととを区別しないほど愚かなことがあろうか。モーセが多数の人間を死に追いやったとき、神が彼らを憎んでしたわけではなく、彼らがおかした偶像崇拝への怒りに動かされてのことではなかったか。そして神への熱意にしたがって、かくも厳格で、しかも義にかなっている罰を下したのではなかったか。教会の規律がなんの役にも立たず、そうした手段では抑えつけることが不可能な異端者たちに抗して、神の忠実な司牧者は行政官の援助にすがるべきである。しかしその場合でも彼らに同情し、その救済のために神に涙と祈りをささげなければならない。行政官はそうした異端者たちを処刑人の手にゆだね、彼らの災厄を呻き、彼らが悔悛して死に行くよう神に祈るのである。民法にせよ教会法にせよ、誰かに対して憎しみをいだいて裁くなら、それはもう裁きとはいえないのである。

聖パウロが、時が来るまえに裁くことを禁じられた理由についての、第六の論証〔二七〇―二七一ページ〕

だが、聖パウロが、時が来るまえに裁くことを戒められたことを、私たちの相手はよく援用する。

それはあたかも、この箇所で行政官や教会によるおおやけの判決について述べられており、妄想にもとづいて個人がくだす判決についてではないかのようである。さきに「私を裁くのは主である」とか「各人が神の讃辞をいだくであろう」とか述べたことで、聖パウロはこの箇所でコリントびとを、彼らが司牧者を妄想のままに裁いたこと以外、あるいは、こちらの者たちがあちらの者たちよりも優れていると定めるために戦いの裁き手であるかのように、他人の権利を侵犯してある人々を称揚する以外、なにも非難していない。このことはおおやけに教会にのみ許されているわけではなく、個別的に各信者に許されていることなのだ。無鉄砲に判断したり、中傷するきっかけを捜しながら、慈愛の真の働きによってだけでなく、なんらかの悪しき貪欲さに誘惑されたりしないように配慮し、果実によって樹を判断しなければいけない。

死を恐れることは人々を偽善者にすることから派生する、第七の論証について〔二七一―二七二ページ〕

上記の理由にくわえて、モンフォールは以下のように付け加えている。「死で異端者を罰すれば、人々を偽善者になるよう慣らせるようなものだ」と。だが他の犯罪に関しても同じように言えるだろう。くわえてこれは行政官の目的が人心を統べ、形成することよりもむしろ、宗教にかかわることにおいてと同じく、現世のあらゆる営為にあっていとなむやり方においても、外面的な和平と静謐さを保護し、維持することにあると立派に告げるものだ。人々のあいだにさまざまな精神があるように、愛情によって徳に近づかない者もいる。これらの人々には別様に対処する必要があり、処罰の恐怖によって強いなければならない。行政官はその両者をおこなわなければならない。行政官が剣をもっているのは、一方では善き人々を守護し維持するためであり、他方では悪しき人々を怖れさせるためである。ところでどれほどその家臣が内心で愛され、付き従うようにさせるべく努力していても、心をさぐることが出来なければ出来ないだけ、外面とか目に見えるところからでなければ判断できない。したがって、もしひとりの人物が宗教やその他の国事に混乱をもたらすのを、善意からであれ、偽善からであれ、控えるのであれば、行政官には罰すべきなにごともない。またどれほど偽善者が多かろうと、そのために裁判をおこなうのを放棄したり、悪漢に対して処罰を放棄するべきではない。聖アウグスティヌスが述べたように、処罰の恐怖は善意の喜びをもたらすわけではないが、すくなくともそれがあれば、悪しき欲望は精神の奥底に封じ込められるからである。薬が万事において効力をもたないとしても、それを控えようとする者は誰もいないか、気がふれた者だけだろう。

このように対応したことで悪しく理解された何者かの例示からとられた、

第八の論証〔二七二―二七九ページ〕

これらの人々がどんな精神により突き動かされているのか、もっとよく知るには、彼らが忠実にして、真に改革派的な教会を公然と攻撃している論証をたどる必要がある。クランベールはミュンスターの再洗礼派のおぞましい狂気を抑圧した善意ある徳高き君主を、残忍だとして非難したあとで、こう怒りをぶちまけている。「神がこうしたことがらをどれほど不快に思われたかは、神が、再洗礼派を死罪にすべきだという見解をはじめて抱いた者が、学識あり世間ですべからく認められていたのだが、再洗礼派が武器ももたず殺されているのを目の当たりにしたあと間もなく、大人数の戦闘のさなか、殺されるようにさせられたことからも分かる。少なからぬ信者は彼が再洗礼派に対して行ったがために、こうしたことが起こったのだと信じている」。さらにモンフォールは私たちの友人である英国の信者を怒り狂った狂犬になぞらえ、こうからかっている。「その結末は、福音をその律法にいただきながら、彼らがいかなる福音主義者であったかを示している。それはそこから大いに苦労して逃れたものが知っていることであり、それ以上に福音を感じさせなかったことはなかった、と証言している。そしてかつて暴力で取り掛かったように、いまや彼らに対して同じようにしていることを疑ってはならない」。

おお、われわれの時代の、すぐれたキリストの使徒であったひとを、その死後においてさえ無遠慮に攻撃するのか。その賞讃の頂点として君や君の仲間によって非難されなければならないのか。かの痛ましい日の災厄についていては、どちらの党派も忘れ去ろうとしている。私は君が誘うように、災厄の原因について論じようとは思わないが、君は評議会や国家や教会が一致して君の考えに従わないのを恥ずかしくおもっていないのか。二、三の者をのぞいてみなが是認したものを、非人間的な評議会として非難するのだろうか。その評議会がなければ、いま、教会はかの邪な再洗礼派の軍勢によって弾圧されているだろう。そうすればどのような都市においても評定官は安全でなくなり、貞潔とか廉恥とかはあらゆる家庭から追放されているだろう。君はなぜ、神がこの評議会を快く思われていないと考えるのかね。「なぜならその発案者が戦闘直後に戦死したからだ」、と君は答える。「その男の残虐さに対する罰なのだ」と。それでは何も武器をもっていない者が虐殺者よりも正しく殺されたというのかね。そのような秘密がいままで君にしか伝わらなかったというのは驚くべきことだ。英国の教会がいま迫害されていることをどう思うかね。君はそれを正統な神の罰だというのかね。容易に宗教の敵を死に追い遣ることができたのに、そうする代わりに、行政官の剣によって抑圧するよりも、神のみ言葉によって寛大にキリストのもとに誘おうとしたではないかな。なんという人間的で優しさに満ちた輩だ。だが、神よ、苦しめられている者に苦しみをお与えになることを欲せられない神よ、エドムびとがあなたの民とその苦しみを嘲ったゆえに、その者たちを断じて許そうとなさらなかった神よ、あなたのみ名の愛情ゆえに、これらの狡猾な輩すべて、あなたの教会の攪乱者たちを殲滅するために、あなたの聖霊をつうじて、キリスト教君主に雅量と不屈さをお与えになりますように。内部の敵からの攻撃からあなたの教会をお守りくださるように。あなたの不滅のみ名を讃えるために、この世の片隅をお与えくださるように。だがそれはそれとして、本論に戻ろう。

古代教会の権威からとられた、九番目にして最後の論証〔二七九―二八六ページ〕

最後に、教父の例や古代教会の権威の問題が残されている。公正に裁こうとする者なら誰でも、時代の差異や教父たちの差異を知らなければならないと認めてくれるだろう。時代に関しては、神はその教会をいつも同じ状態で導かれるのを、善しとなさらず、ときとしては外面的な力によってお守りくださり、ときによっては唯一み言葉のみで励まされるのである。コンスタンティヌス大帝の時代まで、教会は表面にでることがなかったが、それでも当時の教父たちの文書によれば、キリスト教は栄えており、キリスト教徒の行政官は異端者を死によって罰すべきでないと結論している。しかしその後、神が教会に保護者として皇帝をたてられるにいたると、アレイオス派が首をもたげた。コンスタンティヌス大帝が、彼らを死罪にするのを控えたので、他の権力者もこれにならった。しかしかれらはもっと厳格にことにあたるべきであった。コンスタンティヌス帝はアレイオスを呼び戻したばかりか、アタナシウスを追放させたのだった。皇帝たちが権力をもって宗教に触れるのはまだ新奇なことだったので、かれらはとりわけ優しくことにあたったのだ。コンスタンティヌス帝はその後、アレイオスの生命を助けたが、アレイオスの書物を隠し持っている者は処刑すると勅令を出した。この異端者にしたがった人々に対しては教会の調和と結合を攪乱させていたので、いっそう酷に扱った。こうしたことがあったとしても、いかなる司教も、言葉によってでも、文書によってでもコンスタンティヌス帝を非難しなかった。ユスティニアヌス帝も、セウェルスという名の異端者の書を所有しながらそれを焼却しなかった者たちを処刑するとした。そうであれば古代教会の絶えざる協調を引き合いにする、これらの気取り屋は何者なのだろう。皇帝たちは異端者を苦しめるのにいかなる危険も感じなかったろうか。その勅令で教会の教理にさからう者たちを処刑するのに困難を覚えたろうか。聖アウグスティヌスはドナトゥス派[3]の生命を助けるよう努め、異端者を死罪にすることや、ドナトゥス派をそのように扱われることは許されていないと主張したが、それらのケースではそうすることがふさわしいと考え直し、皇帝の士官たちに望むがままに対処するよう懇願した。アサ王もヨシュア王もそうしなかっただろうか。彼らのおこないはみなから讃えられ、神も善しとされた。聖書の章句も、人間の脳で作り出される論証も、古代教父の例も、どれひとつとして異端者を処刑すべきではない、ということを証明するものではないのだ。

提出された疑問の確認：すなわちその疑問を論ずるために この本は企画された〔二八六―二八八ページ〕

これまで、ベリーの提出した問題に関して、ことごとく反証してきた。これからは私の論証を、ルターとかブッツァーとかカピトとか、近年逝去した指導者や、いまも健在で活躍している、ベリーも認めざるをえないであろう権威を借用しながら、展開しようと思う。

異端者を処罰すべきこと〔二八八―二九一ページ〕

まずここで私たちが神のみ言葉によって、三種類の人間、一方はトルコ人やユダヤ人のような外教徒、他方は盗人や人殺しのように、暮らしぶりや心根において非難さるべき輩、最後に無知や素朴さのために真理から道を踏み外した者を判別したことを思い出そう。私たちが異端者と呼ぶのは唯一、自らキリスト教徒と思われようと欲し、神のみ言葉によりしかるべくその過ちを納得しながら、自分たちの判断につきしたがい、教会に対して頑にそのいつわりの信仰箇条を支持し、自分たちの分派によって教会の平和と統一を乱していることを意識しない者たちである。異端者に何らかの処罰を加えることに疑念をいだくあれらの狡猾な輩でなければ、私が知る限り、こうした者たちを罰しなければならないことを確言するには、これ以上の理由を引き合いに出す必要はないと思われる。これらの怪物的な輩は教会において驚倒にあたいするほど危険な疫病であり、教会を転倒させるための悪魔の真の手先なのである。人々の間に誠実さがなくなったとしても、教義すら正しく残されていれば、船員に航路を示す星辰となり、その光は、嵐のただなかであらゆる信者が使命を忘れず、正道を歩むよう照らし出すのである。しかし教義が腐敗し、神の偽りの外見に悪魔が隠れているとき、少なからぬ者が神の代りに悪魔を受け入れ、真理の認識に到達する希望から去ることであらゆる宗教を離れることになろう。要するに神の教会に恐るべき混乱が生ずることになるではないか。われわれはからだの健全な部分をまもるために、こうした潰瘍を削除しなければならない。そればかりではなくわれわれには聖書の言葉がある。注意されてもわれわれや教会の言葉に耳を傾けない者が、神のみ言葉によって、異教徒とみなされることが命じられているからだけでなく、教義を破壊する者はさらにいっそうそのように見なさなければならないからである。神が君臨する神の教会から追放された者は、敵である悪魔の権力のもとに放置されねばならず、それ以降、教会の構成員に復するまでは、教会の市民たる権利を回復することがかなわないのだ。こうしたことすべてを考慮すれば、異端者を処罰すべきでないと主張しているあれらの伊達男たちが、神の教会内部に、考え得るかぎり害毒のあり、父なる神からまず最初に生み出され、ついでキリストにより革められ、確認され、あらゆる時代のキリスト教教会がことごとく一致して履行してきた教義にとって、すべからく厭わしい見解を導きいれようとしているという結論にいたる。そうしてみるとこの輩の主張には、神聖冒瀆者を罰してはならないとか、父母の殺害者を罰してはならないと語っているような不条理が存在する。それらを合わせた輩よりも異端者は悪辣だからだ。以上のことは公正に判断しようとする者は賛同してくれるだろう。

行政官すら正当に異端者を罰し得ること〔二九一―二九八ページ〕

しかしその他の二点を確認するには、より論証を重ねなければならない。そこでわれわれは先ず、彼らの処罰は行政官に属しているということ、次いで、時として彼らを死刑にさせることができ、そうすべきであることを証明しよう。

第一点についてのわれわれの見解は以下のとおりだ。神が人間を造られたのだから、人間社会の主たる目的とは適切にも神を讃えることである。ところで行政官とはそうした社会を統治監督するために設置されている。行政官はしたがって、さきに述べた社会の主たる目的を考慮しなければならない。人間の営みにおいて人々のあいだに不和が生じないよう命令を出さなければならないとしても、社会の最終目的は人々が平穏に暮らすことではなく、暮らしながら平和裏に神に仕えるものであるから、行政官の役目とは、自国において神の真の奉仕者の純粋さを維持するためには（ほかにやり様がないようなら）外交を危険にさらすことである。ことほど左様に、宗教事情には眼を光らせなければならない。そして行政官は宗教を軽んずる者や党派を作る者どもを剣によって弾圧しなければ、それを維持管理しえない。だから、行政官が宗教に口をはさむことを望まない者たちは、人間社会の真の目的がなんであるか、分かっていないのだ。

ところで統治には二種類ある。行政職と教会の祭祀職である。したがって教会の形式的規律を維持し得る権力を行政官に与えない者は、必然的にそれを祭司に与えることとなる。しかし後者は祭司の鍵を行政官の剣と混同することである。ひとりの再洗礼派がいたと仮定しよう。祭司たちはこの男を召喚しようとする。しかしその男はまだ罪人である者たちと関わりたくないと答えるだろう。ここで教会はなにをなすべきだろう。教会はこの男が悪魔に身を委ねるのに任せる以外できないだろう。この男はよろこんで、なんの拘束も受けず、教会から離れ、そのような罰以上のものを要求しないだろう。そうするとその他の気のふれた連中が出てきて、この男にしたがうだろう。かくして分離と反抗が発生する。それに続いてセルベトの徒やオジアンダーの徒が招かれ、その地にやってきて、教会を裁くことだろう。教会はその者を破門せずにはいられなくなる。しかしその者には弟子がおり、党派をつくるだろう。最後には何かしらアカデメイア派のような者が出現して（宗教の起源ははっきりしていないと主張するわれわれの対立者がそうであるように）、召喚されると、自分はただ学ぶことしか求めておらず、したがってあらゆる書物を読み、あらゆる話柄に耳を傾けるのが自分の習慣だと述べる。教会が説諭しようとすると、何ものも良心を強いることは出来ないと言い、自由にさせてくれという。さらにその男の振る舞いが聖書に反しているといっても、その男は古代のアカデメイア派の格言を口にし、自分以外の誰も、なにも分かっていないのだといい、だがそのことで誰も咎めようとは思わない、と反論する。教会から破門されても、この男は少しずつ仲間を集め、党派を形成するのだ。このような場合、教会はどうしたらよいだろう。主なる神に祈ることだろうか。確かにそうすれば悪魔がどのように努めても、教会は庇護されるだろう。しかし飢えに苦しむ者がつねにエリヤのように天使から食物を与えられるとは限らない。あたかも神の手からのように、他人から肉をもらうこともあるだろうし、合法的な手段で自分で獲得することもあるだろう。それでは教会にキリスト教徒の行政官がいるケースを考えてみよう。現世のことがらに関して臣民のあいだの不和や無秩序を容赦しえない行政官が、ありうるかぎりもっとも重要な結果をもたらし、人間社会の主要な目的であることについて己れの権力を制限をこえてもちいる場合と、これ以外のケースでは剣をもちいる権力をもつことが断じてない人々に、こうした騒擾の処罰と矯正が許される場合と、どちらをとるべきであろうか。だが行政官が気が付かないふりをし、要請されるとおりに義務を果たさないとしたら、教会にとって、もちろんその国の教会においてだが、大きな危険にして明白な破滅が存することを見てとらない者が誰かいるだろうか。他方、ローマの反キリストがそうであるように、祭祀職が行政職を侵害し、あってはならないことだが、神が判別された諸権力を混同するとしたら、あらゆることがらに極度の混乱をもたらすことが分からない者が、誰かいるだろうか。（毎日のことだが）牧童が狼になったらどういう事態なのだろうか。他の者たちがこの輩を叱責するために宗務会を開くべきだとおっしゃるだろう。そのとおりだ。それゆえに古代の教書に、毎年各教区で宗務会を開催すべし、と命じられているのである。そのような場合、下級の司祭が上級の司祭に叱責されて、服従しなければ、すぐさま公会議が招集されることが必要で、公会議は上級の司祭を告発する権威を有するだろう。いったい誰の命令によりすべての聖職者は集合するのだろう。それは聖グレゴリウス自らが、反キリストの本当の名前だと告白した世界司祭なのだろうか。それゆえどこを見渡しても、誰が行政官に、犯罪の要請に応じて、形式的な規律をないがしろにし、頑になって党派を結成する者たちを制圧する権威と権力をさずけないだろうか。主たる神がなんらかの常ならぬ対処法によって備えるのでなければ、必ずや果てしない、かつ信じがたい混乱が生ずるはずである。なぜなら人間の条件と本性は、人々によって履行された何らかの権威や支配をつうじてすら、義務のうちに叱責されなければならないほどだからである。しかし行政官がその権力を濫用したらどうだろうか。君が耐えようとしている危険、あるいはそれ以上の危険に陥らないだろうか。それというのもなんにせよ危険にさらされていないような教会を、この世に建設することなど出来はしないからだ。しかし神の秘めやかなご判断によってそのような者が是認されるとき、私たちは人々にしたがうよりも神にしたがうべく、われわれの状態に我慢すべきである。われわれが暴君的な残虐さに陥ることを怖れるという口実で、行政官から司法の主要な部分を奪ったり、神に例外的な神に尋常ならぬ対処法をお願いしながら、行政官に通常の対処法を残すことが許されているのである。上級の権力に私たちの霊魂が服従しなければならないという、聖パウロの言葉は決定的な点だからだ。

神の言葉の権威からとられた第二の論証〔二九八―三一二ページ〕

第二の論証とはつぎのようなものである。すなわち人間は神の栄光に仕えるべく要求されている、ということである。なぜなら神の栄光とは人間社会のみならず、その構成員すべての究極的な目的であり、そのために各人は心身ともに働かせなければならないからだ。大邸宅には各職務に沿った使用人がいるのと同様、この世にもさまざまな身分、位階があり、同じようにではなく、その任務に応じて神の栄光を高めるのである。神は臣民のみならず王侯にも、律法にのっとり、国王としての任務をまっとうするよう命じている。つまり国王は善き信者として暮らすばかりでなく、義なることがらを命ずる律法を、適切な厳格さをもってつくり、逆の法律を禁ずるようにする。しかしもしやこうしたことが、反抗的な者たちに対してなされえない場合はどうなるのか。この者たちは、こうしたことがイスラエルの国王に向けて告げられたものであり、くわえてこれらの援用によって国王の勤めが宗教的事由にまで及んでいるとは思われない、という。これには、行政官の権力はイスラエルでも他の国民のあいだにあっても変わることがないし、神が下されるご命令にことさら言及されているのが国王である、と答えよう。国王の生涯や働きを考えてみよう。まずソロモンの模範となったダビデは、どのように主たる神のご命令を守っているだろうか。ダビデは地上のことだけを差配し、宗教の表面的な規律には関与していないだろうか。かれは主なる神の徳のうちに歓喜し、主なる神に望みをかけ、したがって揺らぐことがなかった。己の民をたえず気にかけ、神への讃辞を忘れることはなかった。しかしそれだからといって、宗教に関わることを控えはしなかった。ダビデに次のように語りかけたベリーの輩を例にとってみよう。「あなたはなにをお望みなのですか、神の優れたしもべたるあなたは。あなたは、神への奉仕とその形式についてあなたと不和な者たちを、善人であるにもかかわらず、抹殺しようというのでしょうか。信仰について誰も強制すべきではありません。あなたはよい麦を引き抜かないために毒麦を放置しなければなりません。要するにそうした知識は至高の祭司に属しているのです」。「そのとおり」と私はこたえよう。ベリーにせよ、モンフォールにせよ、クランベールにせよ、あるいは、このようにダビデに言葉をかけたその他のごろつきにせよ、ダビデがこのようにおこなったことについてどう考えたらよいのだろうか。神と交わした約束を果たすゆえに、あれらの者たちに罰を加えたのではないか。なぜならダビデは一人の国王に求められる、正義を愛し、不敬虔を憎むという、枢要な徳とはどのようなものか、知っていたからである。彼は、神が託された権能に応じて、他人の不敬虔を妨げない国王が、不敬虔をそうあるべきようには憎んでいないことを知っていた。最後に、国王たちは、神が聖油を塗られた預言者たちに触れるべきでないことを知っていた。またそうした人々を民衆が苦しめることを許してはならず、そうした行為は国王たち自身が預言者を迫害していることと同じであることを知っていた。教会の外面の規律への配慮が君主の仕事には属していないとしたら、ダビデは主なる神との約束を履行したことをうたがうべきではない。そうでないとしたら、どのような権威のもとに、契約の櫃をある地から別の地へと念入りに運ばせたのか。なぜなら命令する義務が属している者が、維持するようその権利と権能をもちいなければならないことを疑ってはならないからだ。ソロモンは自分の父が要求したことを、祭司の追放までふくめて、実施していないだろうか。逆に、父親が示した例から逸脱したときには、神から見放されなかったろうか。そしてそのせいで、イスラエルの王国は二分されなかったか。アサ王に例をとれば、彼は神が指定された場所が古来の規律を改めようとした故ではなかったろうか。その後生じた災いはソロモン燔祭をおこなうよう命じられたのを受けて、そこでの生贄が敬虔のよそおいのもと、公然と神の教会に戦を仕掛けているのを見てとり、至聖所をひっくりかえし、画像や木でできた偶像をもまた打ち壊した。異端者や明白な偶像崇拝を絶滅させるにとどまらず、みなを集め、神に仕えるために新たな契約を厳かな儀式のもと、改めた。ところがベリーは「序文」でなんといっているか。「いったい誰がキリストが、モロクや、それに似た神のごとく、己のために人間を生きたまま火刑に処したり、生贄にしたりするのを望んでいると考えないだろうか」。この言葉は中傷以外のなにものでもない。いと聖なる国王、ヨシュアよ、供犠司祭をその祭壇のうえで供犠にし、死者の骨を燃やし、死者の骨に至るまで罰を及ぼしたことで、あなたを非人道的で残虐だと咎められるのを避けるのは不可能なのでしょう。だが私たちがこうした中傷の言葉をもちいたり、これほど不敬虔な考えにおちいることなどありませんように。宗教が完全なすがたで守られるならば、キリスト教徒の行政官が考慮すべき、市民的で俗世界の和平が最終的にして主要な目的であるどころか、君主は教会の守護者で扶養者でなければならない。神の栄光をいや増す能力と契機を有する者が誰であろうと、そのことに無頓着で、そこから外れるなら、死の恐れのゆえに装って宗教を棄てる者よりも、もっと無分別に神を否定しているのだ。しかしながらその権威と権力を履行し、恥知らずな異端者を罰することが出来ながら、そうしない者は、神が保護するように授けられた国家を裏切ったとして有罪だということを誰が免れえようか。時として君主が卑劣でその義務を怠ったため、神が聖霊をつうじて、有徳で勇敢な身分ある者を動かし、君主の勤めを例外的に果たして、異端者を絶滅させ、真の宗教を再建することがある。聖書には石版をないがしろにした輩を死をもって罰する幾つもの掟がある。そして教会の司祭職はそれらの者に剣の力を与えることはない。したがって神がいたずらにそれらの掟をつくられたか、それともそれらの者の処刑を行政官と市民の権力とに委ねたか、である。つぎにキリストが旧約時代にはなかったように行政官の権力を制限したか否かが、問題となる。私が考えるに、必要があればキリスト教君主が出現する、ということはキリスト教の歴史書が明示している。われわれは司教によってなされた破門宣告ののちに、異端者たちが皇帝令によって処罰され、追放され、時としておなじく皇帝令に応じて呼び戻されたことを見出すであろう。要するに皇帝たちは教会の外的な規律の保全に関して、彼らに属しているものすべてをおこなったのだ。しかし最終的に帝国の権威は衰弱し、ローマの司教が徐々に暴政をふるうようになった。結局のところ、このような行政官は宗教の事象に関与せず、とくに異端者の処罰に関与せず、ことさら神のみ言葉を軽んじ、あらゆる古代の権威を棄却し、したがって教会の外側の破滅と破壊をたくらんでいるのだ。

外国のあいだで遵守されてきた生活習慣からとられた、第三の論証〔三二二―三二五ページ〕

神のみ言葉が照らし出さない外国はかつて存在しなかったし、古代、ドナトゥス派の見解から生ずる大災厄や危難にさらされない国もなかった。いまではベリー派がその脅威となっている。そのためキリスト教君主が、自分たちの任務が何か、その義務はなにかを理解していないならば、異教国家におけるよりも恥ずべき態度である。ヌマ・ポンピリウスのように、国王は宗教の事由に関しても段取りをつけなければならない。ところで聖書に沿ってさがすと、異教徒の国王を参照すると、聖霊に導かれた、特別な賞讃にあたいする者もいる。キリスト教君主もこれらの外国の、そして異教の国王の例に倣って勤めを果たすべきである。異教徒の国王で立派に勤めを励行し、厳しく律法を守らせている一方で、神の栄光が汚されるのをそのままにしたり、見てみぬふりをするキリスト教君主がいるなら、どのようにして神の罰を受けずに済ませられようか。

当代の教会博士の合意からとられた、最後の論証〔三一五―三一七ページ〕

教会史も古代王の例もわきに退けよう。その代りに、現代の人々の意見で、神のお気に召すようなものを挙げてみよう。まずルターによれば行政官は新しい契約を守るばかりでなく、とりわけ旧い契約を守るよう命じられている。彼は偶像崇拝者や異端者を罰しなければならない。これはキリストの言う毒麦を抜かないこととは抵触しない、と述べている。また碩学なメランヒトンも君主の勤めについて一書をものし、ルターと同様のことを語っている。リューネブルク教会のウルバヌス・レギヌスも同意見であるようだ。ザクセン教会は、トリエント公会議でも、君主は律法の代弁者として、新約・旧約の律法、すなわち規律を守らせる義務を有する、と開陳されたと主張している。ヨハンネス・ブレンツにもこうした見解を告げる一節がある。マルティン・ブッツァーもその『ヨハネ伝第二二章註解』でこう述べている。

「聖書によく通じているあらゆる人々は、かつても、また現代も、何者をも信仰を強制してはならないし、宗教に味方することを強制してはならないと主張している。これをもってある人々はこう結論づける。すなわち行政官の任務は信仰や宗教の事情にはいささかも関与しないし、それに与るものごとにおいて何かを命じたり、改めたり、更生させたり、罰したりすることは許されておらず、ただ世俗的な事情にかぎって係ると。しかし私〔ブッツァー〕には、こう語る人々が、市民の権力と行政官の権力というきわめてすぐれた任務について、きわめてキリスト教的な見解を掲げているとは思われない。聖書では君主と行政官は神々と呼ばれており、したがって彼らは人間のあいだにあっていささかなりとも神を代理する。そのため彼らは悪をたしなめ、善を促し、とりわけ主要な善であるものを促し、維持するようにつとめ、反対にもっとも害をなす悪をたしなめるよう大いに努力するべきである。そして宗教が他のあらゆる善にもましてとびぬけて卓越しているばかりでなく、宗教がなければ人間にとっていかなる善も救いもないからである。それゆえに行政官はまず第一に、宗教を維持し、保全することに配慮しなければならない。宗教を腐敗させ害を加えるときほど、一国の国民にとってこれ以上に大きな危険が発生することはなく、宗教が健全な状態にとどまり、精気を保っているときほど、大きな利益がないのであればそうなのである」。神がお変わりにならない以上、こんにちでも、迷信や偶像を崇める者を行政官は罰しなければならない。「真の宗教はこんにちでも教父の時代でも、その納まる座は心にある。にもかかわらず、教義の公表や儀式の差配が外面的なものであり、神がひとの上に公権力、すなわち行政官を定めて、教義も儀式もたくみに、つまり神が予兆され命じられたように運営されたのであって、かつ、こうした方法をつうじて神への奉仕があらゆるものに先んじて尊ばれるものであり、さらに邪な教義や迷信深い儀式以上に人々にとって有害なものは起りえないのだから、私たちの間でも、また私たちの時代でも、行政官の勤めとは、これらのことがらにおいて犯される明らかな過ちに気をつけることである」。

ヴォルフガンク・カピトも、ハインリヒ・ブーリンガーも同じような見解を表明している。「ジュネーヴの教会についていうなら、ここで教会がこの点でどのような見解を有しているか思い出していただく必要はないと思う。なぜなら一部はセルベトに対してなされた正当な処罰により、また一部はカルヴァン、この卓越した、忠実にしてすぐれた判断力をもつ（ベリーが死ぬほど羨んでいる）神学者が、これらのあらゆる問題について簡略に、しかし、この小冊子が刊行されているのに、どのようにして何者かがそれを反故にしたというので驚くばかりだが、それほど当を得て書き込んだ、あの小冊子により、事情は十分にはっきりしている。さてベリーよ、私は今や君にこう尋ねる。これほど広い合意、古代人のあいだのみならず、君の強力な楯となってくれると思い込んでいる人々のあいだでの合意を、君についていては、どう思うかね。君が各人に許されていると思っている、かの自由はどこにあるのかね。ものごとが、もっと明確になるように人々が決めるまでにいたったほど、疑わしいというのに。君が信じさせたがった、宗教の主要な箇条における不確かさは、どこにあるのかね。無知と一緒になっているからといって、許すように君が望んでいる、異端者の善意はどこにあるのかね。だが私はここまでで十分にこれらのことがらについて語ったと思う」。

異端者を時として、死罪をもって処罰することは、
場合に応じては正しく、また適切であること〔三二七―三三四ページ〕

最後に残された問題は、時として異端者を死罪をもってさえ罰するのは適切かどうか、ということだ。ここでの私の対立者はアカデメイア派を気取る者たちばかりでなく、この件以外は敬虔で正しい知識を有する者だ。前者については苛烈にして激烈にその異様な無思慮を反駁し、後者には穏便にして友好的に扱うことにする。それゆえ後者にきつい言葉と聞こえたとしても、それは前者の悪意に対する発言であると思って欲しい。バジル・モンフォールとかいう輩は、この世でもっとも災いをもたらす者に対する義にのっとった正統的な懲罰であるのに、通常、迫害に対して援用される反駁をおこなっている。後者に関しては、罰に対しても、罰を加える当人に対しても（なぜならこの人たちは異端者は行政官により罰せられるべきだと認めているのだから）、意見の不一致があるわけではなく、ただ罰則が適用される度合いを限定していることに対してである。われわれが異端者と定義するのは、分離主義者でも外教徒でもなく、キリスト教の熱烈な信仰者を装いながら、その一方で教会に分裂と混乱をもたらそうとする輩である。われわれは行政官の権力と教会の司牧職を混同しようとも思わない。さ

異端者を時として、死罪をもって処罰することは……

てそこで、われわれの対立者モンフォールは、ブーリンガーにまず噛みついている。ブーリンガーは問う、行政官に彼の支配下にある臣民が宗教を軽んじているからといって罰することが許されているかどうか、こんにちでは疑問にふされている、と。対してモンフォールはこういう。「ある者は自分たちと意見が一致しない者は誰であろうと異端者ときめつけ、死刑にすることを望んでいる。別の者は異国人には構わないで、同じ民族に属する者だけを罰しようとする」。だが、モンフォールよ、君がこうした言葉を吐くのはすこしあとで、その論証を反駁する者に対してか。しかしその者はことさら自分は行政官が臣下におよぼす権力と司法について語っているのだと宣言している。自分と意見が異なる者ではなく、聖なる宗教を軽んずる者を異端者と名付けよ。君にその区別がつかないなら、すべからく無実な人々を良心にさからって中傷する本物の悪魔だ。君が反駁する一言一句は教皇派のものではなく、ブーリンガーのものだ。教皇派はいかに残酷であろうとも、そのように語りはしないからだ。彼らは異端者と異教徒の王に仕える外教徒を区別しないほど無分別ではない。われわれは君がいうように教皇派を怖れてはいず、強硬派に襲われれば従容として死に赴く覚悟がある。君はいう、「私は君たちを啓蒙するために語るのだ。もし考えを改めればそれにこしたことはない」。それならなぜ君は最初から敵意丸出しで挑んでくるのだ。「私は彼らに対し愛想よく、キリスト教的に接近したいが、彼らが剣と炎をもって向かってくるのだ」と君は言う。われわれがどこでそんな態度を示したというのか。君は再洗礼派か、セルベトの徒であり、君はわれわれをではなく、われわれの君主を怖れて本当の名前を隠している。われわれの君主がいささかなりとも酷に働くのは、再洗礼派に対してか、セルベトの輩に対してなのだから。

異端の罪の恐ろしさからとられた、最初の論証〔三三五―三四二ページ〕

われわれは論証を三つに分けることにする。第一に、犯罪の性質の考察を論証する。誰かを処罰する場合、犯罪の重大さに比例することが望ましいからだ。裁判官は国益におうじて恩情をかけることがあるが、そのように地域や場所、状況によって罰が変わることがない、犯罪がある。両親の殺害や神聖冒瀆、地域で崇拝されている宗教の中傷などがそれだ。両親殺害や神聖冒瀆に関してどこでも一致しているのは明白である。しかし中傷や不敬虔の犯罪に関する罰に疑念を呈する向きがあるのには驚いてしまう。犯罪の大きさがその対象となったものの性質に応じて評価されるべきであるということを否定する者はいないだろう。神の栄誉は人間の栄誉よりも大きいのだから、中傷や不敬虔の度合いも大きい。しかし人間は盲目だから、神への奉仕がもっとも枢要であることに気付かない。また良心の程度も、故意とか断固として中傷しているのか、判断するのも難しい。だからメリテスはソクラテスを告発して、既存の宗教をないがしろにし、新しい神々を導きいれた、と言った。しかし何らかの宗教を創設しようとする場合、人々がたびたび誤りをおかし、誤解することは避けられないことだから、この規則を外国で実践することははなはだアイロニーに富んでいる。しかしことキリスト教教会に関しては、それが光明をもたらし、神の声が唯一の光である。ひとは神のみ手に触れることが不可能なので、教徒の心に封印を刻む聖餐がある。誰であろうとその徴のもとに、みなに受け入れられている以外の教義を教える者は主として教会のもとで、二度説諭されるであろう。その者は教会に対し罪をおかし、故意に、確信をもって宗教を冒瀆するのである。もし異教徒や外教徒が教会の外部にいて、中傷や神聖冒瀆をおかしたとしても、その罰は神におまかせしなければならない。しかしその者が教会の内部にいて、過ちをおかしたとしたら、どう扱うべきだろう。人間の不完全さに由来する欠陥には、優しく諭すだろう。しかしその者が神の言葉と教会の規律を頑に拒んだりしたら、それにふさわしい罰を私は知らない。

神のみ言葉の権威からとられた、第二の論証〔三四二―三六九ページ〕

『行政官の権威を論ず』のなかで、おそらく最長の章でまずベーズは、大罪を犯した者には神の言葉が待っているとし、旧約の物語の中から陸続とそれに該当する事件・文言を抽出してゆく。前半は同趣旨の文章の羅列なのでここではひとつひとつ取り上げない。たとえば申命記一三章を冒頭から延々と三ページにわたり引用して、不信仰な者への罰を説く。出エジプト記からの引用をひとつ拾っておこう。「主ひとりのほか、神々に犠牲をささげる者は、断ち滅ぼされる」〔二二・二〇〕。申命記の引用につづいてベーズはモンフォールに呼びかける。神がモーセに下された律法には、三種あって、第一が十戒、第二が典礼に関する律法、第三が司法である。モンフォールはこの三種の律法の区別ができないか、もしくは知らないふりをしているので、司法や典礼法を疎んじている。司法は十戒にふくまれるものであっても、特に国家の困難や利益にかかわり、行政官に服するよう説くものである。また司法はただ民衆にのみかかわる。その民衆とは元来ユダヤの民を指しており、もしユダヤの国がまだ存続していたら、この司法で律せられていただろう。また、たとえば「汝、盗むなかれ」という十戒の律法はユダヤの民に適用され、その盗みの程度において罪科を定められたものだが、それ以外の民族では行政官の判断によって、もっと加重な罪科を課すこともある。それは教会や教会の権威を乱す者にとっても同様で、そのような場合には行政官が介入しなければならない。背教して党派を立てる者には、神にならって行政官が死罪を命ずることもありうる。モンフォールよ、君がどれほど非人間的だと騒いでも、真実は最後には明らかになるだろう。――以下、ベーズはモンフォールの文章を引いて逐一反論を加えるが、ここでは詳述を避け、いく点かを訳出するにとどめる。まず異端者の定義について。「真の宗教に背を向け、他の者たちをそうするように唆す者。この者たちを私たちは異端者と呼ぶので、贋預言者や夢占い師、あるいは異教の神に供犠をささげる者たちをではない。これらの外面の儀式や預言の資質は終わりを遂げ、教会内にもう存続していない。これらのことがらが教会内に存続することをやめたとしても、背反は存続しており、したがって罰は終わるべきではないし教会内部にたえず場を与えられるべきである」。「こうした古代の偶像崇拝に対する罰は、石打であったが、今でもおこなわれているに違いない世俗的な、なんらかの罰の喩ではなく、精神的な罰、すなわち永遠で、その罰に対してほかのやり方では追及できない異端者を保留しておくべき、そのような罰であり、肉体に触れる剣ではなく精神的な剣の罰である」。「モーセがレビの民を用いて偶像崇拝者を処刑させせた、そのレビびとの例からとられた論証に君はこう答えている。『これに関してはもう十分に答えてきた、と君〔モンフォール〕は言う。物質的な牡牛を鋳造したので、その罰は肉体的に追及される。精神的な牡牛の場合は罰は精神的であるに相違ない』。なるほど、モンフォールよ、私は今やオリゲネスを媒介にして神の教会にあれほど災いをもたらした、かの非現実的な精神を、君のうちに認めるものだ。なぜならそれはかつては悪魔の驚くべき術数だったが、古代人の誰ひとりとして（彼らの名誉のために言うのだが）、そうあるべきようには受けいれなかった。それというのも〔オリゲネスは〕聖書を教会の外部に締め出すことなどとうてい出来ないと見て取って、聖書を他愛もない寓話で粉飾し、すっかり教訓噺に変えてしまい、こうした寓話でおしゃべりの種にされないひとことも聖書中にないようにして、聖書を無用なものにしてしまったのだ。これがこんにち、自由思想家〔いうまでもないが一七世紀的な含意があるわけではない〕や再洗礼派がたどっている道である。だが、お願いだから、示してみよ、聖書のどの一節に、司法が影絵であり模像であるというような妄想を読み取ったのかね。なぜなら儀式やまた幾つかの物語においては、そうしたことが本当だと心から認めよう。聖書が私にそう教えているのだから。しかし司法と、また物理的な偶像崇拝に関しては、偶像崇拝が何らかの精神的な影絵で模像であるということをただのひとことも読んだ覚えがない」。——ベーズはさらに熱心に畳み掛けるが、限りがないので、最後の二ページほどを訳出して、この章を終わりとしよう。

「神聖冒瀆を罰するよう命ずる律法に対する君の返答のうち、二つが残っている。なぜなら君の中傷のうちの残余に関しては、ほかの箇所で反駁したからだ。『もしこの律法が実施されたら、と君〔モンフォール〕は言う、人々をみな殺戮しなければならなくなるだろう。言葉で神を認めながら、心とおこないで神を否認しているからだ。これは秘密のことがらではなく、明々白々のことがらである。さらに（上述したとおり）誰が本当に異端者か、完璧にかつ確信をもってまだ分からないからである』。さて、どうか耳を傾けるがよい。邪念をもって神を中傷する者は誰であろうと、行政官の義務は明白な意思をもち断固として弾劾することである。この点に関して幾人もの怠惰な者がいることを認めよう。しかし彼らの怠惰をもって、君は行政官の勤めの掟を作るべきではないし、作ることも出来ない。私は神聖冒瀆が私たちの間にあって必要以上にあたりまえになっていることをよく知っているし、私はここに涙を浮かべて、人々の執拗さを蛇蝎視するものだ。とはいえ（君が主張しているように）みなが明らかに神聖冒瀆を犯していることは否定する。もしできるものなら、私が述べていることが嘘だということを示してみよ。君が、誰が本当に異端者かまだ完璧には分かっていないと示したと述べた件に関しては、君の本の中にその論証を長い時間をかけて再三捜したが、まったく発見できなかった。それどころかむしろ宗教の不確実性についての君の見解を支持するために、神の言葉に反して破廉恥にも、かつ悪意をこめて君が吐き出したたくさんの神聖冒瀆を見出したのである。あたかも神のみ言葉がたいそう曖昧に、謎によって書かれているので、裁き手の新しい判決を待つ必要があり、キリストと悪魔のあいだで訴訟が続いているあいだは、めいめいに自由を与えて、良いと思われることを主張し、教化する許可を出すべきであるかのようだ。これらの神聖冒瀆と、それに、幾つものその他の冒瀆を君の本の中に見つけたことを私は認めるものである。そうした神聖冒瀆を、君の不敬虔をすっかり曝け出すためでなければ、どんな機会に論証と称したく思っているのか、私には分からない。さて、私たちが、問題が提出された箇所で、君の論証を完膚なきまでに反駁した今（私はそう思っているが）、君はもう新たな論証をさがす必要はないし、新しい解決法をさがす必要もなくなった」。

新旧約聖書と古代教会の例からとられた、第三の論証〔三七〇―三八五ページ〕

ベーズの反論の最後の章は七〇ページ余にわたる三部構成のもので、旧約聖書からとられた例示による反駁と新約聖書からとられた例示、教会博士からとられた例示で分けられる。想定論争相手は相変わらずモンフォールである。ベーズはモンフォールに対し、他の点では温厚であったのに、こと宗教問題となると厳格になったモーセが、老若男女を問わず偶像崇拝者三千人を処刑した、という例示からはじめて、アハブによるバアル神を崇めた者の処刑、等々の事例を多々、幾度となく繰り返すが、煩瑣をさけてここでは取り上げない。モンフォールも偶像崇拝者やバアル神信仰者への罰は気づいており、これらを認めながらも、こんにちの異端者はそのような真似をしていないのだから、同等に論ずるのは誤りである、としている。しかしベーズの見解では、神のみ言葉を越えて神を理解しようとしたり、神のみ言葉を自分に有利なように捻じ曲げて解釈するのは、偶像崇拝にあたる。

新約聖書からとられた例証〔三八六―四一三ページ〕

新約聖書からは二つの例が挙げられる。ひとつは「使徒言行録」第五章、ひとつは同第一三章である。第五章でハナニヤとその妻サフィラが聖ペテロの言葉のみで息絶え、第一三章では魔術師エリマが聖パウロの言葉によって盲目となっている。アナニヤとサフィラは異端の罪で死んだのではなく、偽善や神聖冒瀆、虚偽にゆえに殺されたのだということをベーズは認める。聖ペテロは人間の知ることがない罪でエリマを死に追いやったが、行政官はひとの世界に害を与えると分かる罪しか罰せない。この二つの例に共通するのは、そのどちらもが神のみ言葉をないがしろにしている、という点である。違いは前者では神のみ言葉に背いた行為が問われ、後者では教義が問われていることにある。ただし両者の場合、いずれも神の司祭が行政官の勤めを果たしている。「他人を欺瞞や邪念により信仰から背かせること、主への道を、すなわちみ言葉にふくまれる教義をさかしまにすること、これが異端者たちの特徴である。そしてどれほどこの例が死罪に言及していないとしても、私たちの対立者が頑なに否定していることは真実なのだ。つまり宗教が関与している犯罪や問題においても、肉体的な罰は該当しうるのである」。

モンフォールは「なぜ新約聖書から別の一節を引かないのか。〔中略〕あるいは「人々があなたがたを迫害するとき、あなたがたは仕合せである」という一節を」と反論するであろう。私たちがその言葉を知らないとでも思っているのか。司祭は神の行政官であり、市民の行政官に対する教会の行政官として扱われるべきである。教会の内部に治しがたい諍いが生じたら、市民の司祭、すなわち行政官に調停を依頼する。「法廷において宗教を頑なに蔑ろにし、党派を結成するような輩に対して剣の能力を発揮する行政官は、狼に変身するだろうか。必要な場合にはいつであろうと、行政官が正当にも異端者を処刑させるとき、世俗世間は歓び陽気になるだろうか、苦悩する神の教会は涙を流すだろうか」。モンフォールは反論するだろう。聖ペテロは偽善と瞞着ゆえに二人〔アナニヤとサフィア〕を殺した。しかし彼ら〔＝偽善者〕は嘘をつこうとしない者しか殺さない、と。さらに続けてモンフォールはベーズたちに反論するだろう。「心の中で同意していなくとも、外面的なおこないや言葉だけで自分たちの宗教に合意する者は死ぬことなどないだろう。ここから明らかなのは彼らの間では真理よりも嘘が重大であり、もし誰かが思っていることを口にする羽目になったら、処刑される」。ベーズは答えて以下の喩を述べる。「私たちの君主が幾人かの再洗礼派を罰したが、それは心の内で思っていることを話したためでないし、また力ずくで彼らを真の宗教に戻るよう強いるためでもなく、人間社会全体の絆を破っており、賎しく裏切者の背教者であり、神のみ言葉を明々白々に捻じ曲げ、教会の権威を軽蔑し嘲弄して、そのうえ彼ら相互のあいだで党派ごとに分裂し、その国にあってしかるべき静寂を乱したからである。セルベトもまた、このおぞましい怪物は、考えていることを口にしたからではなく、かくも邪悪な見解を保持し、かくも忌まわしい話をまき散らし、かくも恐ろしい不敬虔からなる書物を出版し、あらゆる三位一体説に抗し、キリストの人間の位格に抗し、幼児洗礼に抗し、信仰に抗し、義化に抗し、要するにあらゆる宗教に抗したからである。彼は三〇年にわたってかくも侮辱的に、かつ災厄をともなって、神と教会と行政官の言葉を嘲弄しつづけてきたので、私には空の下に、これほど呪われた、これほど嫌悪すべき怪物がいたとは思えない」。モンフォールの第二の反論の主旨はこうである。すなわちベーズたちは心を裁くことができないので、言葉で裁いている。これは聖ペテロが聖霊によって導かれ心で裁いたのと逆である。答えて言う（あまり整然としていない）。聖ペテロは確かに聖霊に導かれていた。しかし同様の罪をなぜ行政官が罰せないであろうか。ブーリンガーも私たちも同意見である。つづいて第三の反論。こうしたことは聖ペテロにとって異端として現れていない。「私たちは誰にもその財産を売ったり、キリストにささげるように、すなわち、自らを捨てるよう強いはしない。しかしもし誰かが心の底から捨てようと欲したら、すべからく、完全に自らを捨てなければならないし、主に無垢で穢れのない生贄をささげなければならない。なぜなら主はひとをすっかり、夫が妻をそうするように、得ようと欲せられるからである、誰かが神に心の底から仕えるのでなく、できるよりも少なく捧げるのであれば、そのような者はまことにアナニヤの跡を追いかけているのである」。ベーズは、アナニヤは異端者の例としてではなく、心と外面が違う例としてあげた、と述べる。隠された神聖冒瀆を罰することが許されているなら、いっそうのこと神聖冒瀆が隠されたものでなくなったとき、行政官はその権力を用い、そうした罪を糾弾し、罰することができる。続いて第四の反論。「聖ペテロが言葉によってなしたことを、剣をもってさせようと欲するのは、はなはだ不合理ではないか」。ベーズは答えて言う。ブーリンガーも指摘しているところだが、神は行政官の仕事を、使徒をつうじておこなわれた。さらに殺すことは殺すことで、言葉によろうと剣によろうと差異はない。与えられた罰は同じなのである。第五の反論。「聖ペテロが言葉によってなしたように、行政官が剣によって殺すなら、同じく聖ペテロが言葉によって甦らせたように、なぜ行政官は剣によって甦らせないのか。剣によって殺すなら、山賊にもできる。しかし山賊は死人を甦らせない」。ひとには与えられた職種というものがある。処刑するのは通常行政官の勤めで、甦らせるのはしばらくのあいだ教会に与えられた勤めであった。第六の反論。「君は悪人としてアナニヤをとがめ、彼が聖書において嘘をついたという。しかしこんにち誰か聖書において嘘をつかない者がいるだろうか。〔中略〕司祭と行政官はまったく異なる身分だ。カルヴァンも、「教会は行政官に固有の勤めのなにごとも攻撃しないし、簒奪しない。行政官も教会のためになされることをおこなうことが出来ない」、と言っているではないか」。ベーズは答えて「使徒たちに例外的に（すなわちあらゆる行政官たちが教会に反対していた時代のことだ）人間のうちに隠されている宗教への侮りで、まだ心のうちに秘密にされているものとか、表面化していない中傷とかを死罪にすることが許されているなら、まず最初にすでに（ついでに述べておくが）宗教のことがらに関して死罪がおこなわれることはありうるし、毒麦を抜くことについての君の大言壮語はあてはまらない」。第七の反論。アナニヤは喩であって、神に完璧に仕えることができず、聖霊を欺く人間の苦しみを表象する、とモンフォールはアナニヤを弁護する。ベーズはこれを詭弁とし、旧約中からさまざま例を――たとえばアブラハムやダニエルの――引いてくる。第八の反論。「聖パウロはもはや肉によってキリストを知ることがなく、聖霊によって知った。他ならぬ私たちは肉によって聖パウロや聖ペテロを知りたいと願うものだ」。私たちが肉によって、すなわち他の人間のように、聖ペテロや聖パウロを知っているという傲慢さには驚きを禁じ得ない。私たちはこの方々を単に使徒としてみなすのではなく、天上の力、聖霊の徳を真に備えたひととして見るのである。アナニヤを殺させたのは聖ペテロというより、神なのである。第九の、そして最後の反論。「なぜ私たちはこの方々の真似をして病人を治癒したり、死者を甦らせたりしないのか。生命を与えられないのなら少なくとも奪うべきではない」。もしそうであったら、世俗的に死罪にあたいする罪人をどうやって罰するのか。

教会史からとられた例証〔四一三―四一七ページ〕

ベーズはさまざまな典拠から自説を補強しているが、ここでは彼が引くティトゥス＝リウィウスの引用を訳出するにとどめる。その意図は明白だろう。

「ローマ共和国が建国されて以来当初から、行政官に厳命されてきたことは他国の供犠や典礼を利用したり、公のすべての衆会や都市からさえも、あらゆる祭司や占い師を追放したり、その種の卜占者の書物を捜しそれらを焚書にさせたり、ローマで遵守され実施されてきたやり方以外でなされた供犠のあらゆる伝統を廃したりすることであった。かかる厳命を違反した者のために命ぜられた処罰をお知りになりたければ、それを私たちに教えてくれるパウロという名の、ひとりの法曹がいる、彼によれば、人々の心を動揺させるために、新しく知られていない、すなわちしきたりになく、もっともでないなんらかの宗教を引き合いにする者たちは、もしそれが身分があり顕職の者であれば、追放されるか監禁されるかとなり、民衆に属するその他の者だったら、処刑する、というのである」。

全論考の結論〔四一七―四二八ページ〕（全訳）

このように神のみ言葉によって、義にして聖なる君主がみな、そうしてきたように、行政官が宗教を蔑ろにする者を罰し、終には処刑にまで至らしめることが、神のみ心であることを示し、さかしまに援用することが倣いとなっていることをすべて、（私が思うに）十分に論駁してきたいま、宗教の事由にかんして死刑は履行されるべきではないと判断する人々の見解についてゆくことは出来ないと告白したい。したがってそれらの者と私は意見を異とし、その結果、災いが極度で甚大である場合をのぞき、この極刑を役立てるべきではなく、この極刑を役立てる場合でも、キリスト教徒に要求される慈愛と優しさから遠ざからない、きちんとした節度を保つべきであるという意見に達した。なぜならこの問題をめぐっては、大いに慎重になるべきであり、また最初に人物について、次いで過ちについて、最後に刑の種類について斟酌すべきであるからである。それはある人物、すなわちモンフォールが対抗して以上述べてきたたいそうな反駁書を著したひとによって非常にたくみに明言されている如くである。その反駁書については先述したけれども、しかし私はここに、その言葉そのものを挿入しようと思う。それはひとつにそれらの言葉がこの論争の総じて全体を砕けた言葉で明晰に詳述しているからであり、またひとつには私たちの相手が以下の碩学の人物を非難したとき、かれらがどのような判断に立っていたか、誰もが知るようにである。

この人物〔欄外註でブーリンガーとその出典が指示されている〕は次のように語っている。

「したがって、人物については大いに多様である。なぜなら自分たちの過誤に頑な旗手や仕官のような人物がおり、この者たちはふてぶてしく、偽善者で、たわごとでいっぱいで、結果的に人々を惑わすには適している。彼らに関してはいかなる改心の見込みもなく、自分たち自身の滅亡をもとめ、お互いに引っ張り合いながら、滅亡へと落ちてゆく。このような者たちは、教会の疫病として、彼らの毒が癌のようにたえずもっと先へと広がらないように、あらゆる手立てを尽くして鎮圧しなければならない。それからこの者たちに誘惑され、瞞着されたその他の人々がいる。これらの人々は過っているが、邪念によってではなく、頑で、しかし時間がたつにつれて、改心し、悔悛するにいたる。そしてこれらの人々は即座に罰してはならず、主なる神に祈願し、待ち、彼らが過ちに陥っているあいだは、正道に戻るようになるまで、善意と穏やかさの精神をもって教化しなければならない。

「過誤の諸問題については、それぞれに重要性の度合いが高いものがある。非常に大きな神聖冒瀆や不敬虔、常軌を逸した言動を放ち、ひとがそれに苦しまなければならないどころか、耳が聞くに耐えられないものもある。もし早くから消しにかからないと、共和国国家をじかに、かつ明確に転覆させる目的を有するものもある。さてこのようなものの糾弾が問われるとき、聖書と純粋な真理をつうじて、引き合いに出された問題は、そう伝えられているように、偽りであり間違っていることを示す必要がある。真理が認識され、聖書の明白な証言が提出されたのち、このような神聖冒瀆者や教会や共和国の現状を転覆させようとする者たちを十分にきびしく罰するのがよいであろう。しかしより些細な、重大ではない問題における幾つかの過誤で間違いをおかす者たちに対しては、より軽微で、より穏便ななんらかの罰を用いなければならないだろう。なぜならその者たちの過誤によって神も冒瀆されず、教会も損害を被らず、共和国の状態も攪乱されないような、そのような間違いを犯す者も幾人かいるからである。そしてこの点において私たちは、かの使徒がおっしゃったこと、「お互いに重荷を運びあいなさい」、おなじく「さまざまな問題点の論争においておじけさせるのではなく、信仰において弱い者を、救済しなさい」を思い出さなければならない。

「その他に、懲罰と処罰についても大いに考慮すべきである。なぜなら執拗に間違いを犯し、その他の人々を自分たちとともに過誤の中に引きいれようと努め、さらに彼らを過誤の内に養うよう努める者たち、神聖冒瀆者たち、教会を攪乱する、否むしろ教会を破壊する者たちは、当然のこととして、処刑されうる。しかしながら、とは言っても、過誤に陥っている者が誰であろうと処刑されるべきではない。そして脅迫によって、非難ののち癒すことができれば、そのときには極刑に至らせるべきではない。要するに、何事につけても、節度を保つことが最善なのである。罰金刑があり、牢獄もある。牢獄には贋の教義という毒に穢された者たちを、他人を毒で汚染することを懸念して、禁固することができる。過誤に陥った者たちを懲罰し、鎮圧するために適切な、その他の肉体的な処罰もある。まだ穢れのない他の人々を救うべく、容易に汚染しないようにし、完全にいのちを落とすまでにはゆかずとも、力を萎えさせるためである。しかし裁き手が深慮を有し、神への畏れを心に抱き、眼の前に公正を宿していれば、彼は誘惑する者においても、誘惑される者においても、過誤や間違った教義をどのように罰すべきか、状況にしたがって決断をくだすことがただしくできるであろう。同じく頑迷な反乱、あるいは、愚かさや軽率さに由来し、邪念からではないが、信用するにあまりにも過度な容易さも同様である。

「犯罪が凶悪で、すでに犯され、したがって処刑という結果になれば、譴責をどれほど巧みに、かつ十分入念におこなうにしても、譴責によって事態を流れるにまかせてはならない。むしろ行政官は譴責を受けることが必要な者を、早期から譴責するという義務を履行しなければならない。なぜなら、家臣に対して、また何らかの悪事に陥る危険にあるとすでに見て取った者たちに対して理にかない、明敏な譴責をおこなうことが、あらゆる統治者と行政官によくよく推奨されることがらだからである。それゆえに善良にして深慮ある忠実な行政官は、しばしば、無知のゆえに悪事をはたらいたり、譴責を受け分別をもって身を慎む者たちを許してきた。福音書において主は罪をおかしている者はこれを譴責し、その者が譴責にしたがえばこれを許し、反逆に固執すればまたこの者に対してよりいっそうの厳しさで対処するよう命じられている。ヨシュアはルベンの一族とその仲間たちに対し戦争を起こす前に、彼らのもとに使節を派遣して、主の律法のもとになされた禁止に反して設置したと思われる祭壇を、打ち壊すべきであると警告している。皇帝ユスティニアヌスは皇帝令一〇九条で、畏れ入り正道に立ち戻るであろう者たちは、これを生かしめると欲した。なぜならヨシュアもまた過誤に汚染されたと思える者をみな死なせたのではなく、原則として矯正不可能な者たちを死なせたのであるからである。したがって行政官は悪事をはたらいたり、神に背いた者を処罰するに、節度をもたなければならない」。

ここまでのところ私はブーリンガーが執筆したところを復唱してきた。ブーリンガーの意見は私たちが論じてきた論証と一緒になって、慎ましく、また真理を愛するすべての精神を（私が信じているように）満足させることだろう。しかしながら私はさらに次のことだけは付言したい。すなわち教会の頑なな攪乱者、党派の創設者たちに対して真の宗教を維持すべき君主の義務とは、かなり適切に次の三点に含まれうるということだ。なぜならまず最初に、君主はその権力の境界と限度を越えないよう注意深く警戒すべきであるということがある。すなわちある教義が異端説かどうかを判断しようと企ててはならない。こうしたことの知識は教会に属すのであって、君主にではない。第二に、かかる問題は、その者が誰であろうと、誰かしら人間の権威にもとづいてではなく、また歴史の単純な長さや慣習の予見にしたがってでもなく、ただ神のみ言葉の純粋にして義にかなった証明にもとづいて、敬

虔に、身に恥じることがないように、履行されるよう命ずるべきである、ということである。これはものごとの理解がゆきとどかないために、神の真理の弁護者にして信奉者となる代わりに、他人を残虐にあつかう司牧者とならないためである。最後に、異端説の罪を心穏やかにして正統に弁えたのち、そのとき私たちが述べてきたように、あらゆる状況をかんがみ、神の威光に向けて神にあってしかるべき栄誉を支え、教会の平穏と静寂に適切にそなえるため、どのようなものであろうと処罰を命じなければならない、というものである。以上がこの問題に関して私たちの意見がどのようなものかである。この意見を明言するため、私たちがいささか長くなったとしても、この問題を論ずる機会を、彼らの有毒な書物で、私たちに与えた者たちの異常な邪念を咎めなければならない。なぜなら何者かと論争するのは私の本意ではなかったし、ましてやたまたま私といささか意見を異とする、義にして論争を好まない人々に対してはなおさらであった。そうではなく教会を守るためであり、長い間、アカデメイア派を真似て、優しさと慎ましさで装われたなにがしかの外見を口実とし、あれらの破廉恥漢が、教会を破滅させ転覆させようと企図しているからであった。またこの有毒な悪漢たちが、かくも恥ずかしげもなくあしざまにその名声と素晴らしい評判を傷つけるにいたったことを私が我慢できなかった、幾人かの人々の名前さえも用いたのである。なぜなら、教えてくれたまえ、人間に軽率に裁くことを禁ずるふりをしながら、彼ら自身は教会をかくも悪しき立場から裁いているこの者たちは、私たちにこれ以上何を残すのかね。いったい誰が、宗教において人々がなんらかの問題をはっきりと明示するために対立物を断罪することしか望まない者が、それ以上ひどく、あるいはそれ以上優れた何かを見出すのができないほどなのに、自身でさまざまな条項を明示するのかね。誰が神と偶像を混同するだろうか。誰が、悪魔自身のもとに見出せるような、それ以外の信仰をキリスト教徒に要求するだろうか。誰が私たち自らから私たちの救済を始めるだろうか。いったい誰が、キリストのおかれた状態とお勧め、三位一体、救霊予定説、自由意志について話すとき、こうしたことすべてを救済に必要ない、それを耳にしてもひとをより優れたものにはしないことがらの間に置くのかね。宗教の諸対立が、さらには、聖人への祈願とか、義認とか、自由意志とか、洗礼、主の聖餐にかかわるような、私たちが教皇派と向かい合っている対立点が問われているときに、各人はその判断が各人に教えるものを信ずる自由と許可があると望むだろうか。なぜなら（とその者たちは言うのだが）曖昧な問題で、その問題の知識はかならずしも救済に必要がない、こうした問題の幾つかについて、何も決定できないからだと。そして誰がまた、私たちに規則として両側に揺れ動くガマリエルの見解を呈示するのかね。誰がいったい、聖書が曖昧で、謎によって書かれ、もっと豊かで明晰なそれ以外の新しい啓示を待つべきであると、敢えて述べているのかね。誰が信仰の代わりに見解を、真理の代わりに本当らしさを、必然の代わりに蓋然性を導入するのかね。誰がかくも堂々と異端者を厚遇し、一国の共和国がより畏れず、より怖がらない人々がいることを明示することを思いついたのかね。誰が、ただ単に異端者を断じて処刑してはならないのみか、罰することもしてはならないと主張しているのかね。誰が、行政官に、宗教に関することがらへのあらゆる配慮を却下しているのかね。誰が、行政官を強盗と比較しているのかね。誰が、かくも無思慮に聖書のかくも多くの章句の意味を改悪しているのかね。誰が妄想的な寓意によって、聖書すべてを夢物語に変えてしまっているのかね。誰が、聖なる教会のかくも多くの善良で名誉ある行政官や、主の群れのかくも多くの忠実な司牧者たちを、非難や無数の中傷で埋め尽くすのかね。要するに、これまでのように、こうした話柄をもう小さな声で歯の間でうなるのにとどまらず、公然と印刷された本でおおやけにしているのかね。なぜならこれらは異常な見解であり、過誤の怪物であり、それらの過誤をこの者たちは長い間、温めていたのであるが、最後に彼らの善き小さな兄弟であるセルベトが処刑されたとき、彼らには先に進むことが不可能となったのである。かくして、優しさと心の寛さ（自分たちが中心課題としてなにを主張しているか、信徒が見抜くのを避けるためだ）を支持するふりをしながら、彼らは、あのあわれな無垢のセルベトの殉教によって心にいだいた恨みでひどくこころ動かされ、自分たちの毒を神の教会に向けて吐きかけたのだ。すでに長いあいだ探し求めていたかかる許可をひとたび獲得しえたら、彼らが襲撃を企てようとしない邪念や悪意があるだろうか。したがって私たちがこの小冊子で論ずる場合、すなわち行政官は異端者たちを罰し鎮圧すべきかどうかということについてであるが、無価値なことがらを論争することではなく、さらにその知識がほとんど必要ないひとつの問題を議論することでもない。そうではなく私たちは救済と教会の状況の管理、そして神のみ子が御自らの血で獲得された教会について話しているのである。その教会のただなかで、表現を変えればキリストのみ胸と内臓のただなかに、私はこれらの伊達男をあまりに長く放任していたと悟り、その結果もし早くからそれを治療しなければ、彼らが私たちを襲うのを察知するまえに、彼らにとらわれてしまう危険がでてきた。したがって聖にして忠実な教会の行政官たちに、また他ならぬ善良で配慮がいきとどいた教会の司牧者に、そしてとりわけ、神の教会において評判高いお名前によって、神の教会のこれらの攪乱者にして残虐な盗賊が自分たちの異端説を恥知らずにも名づけた、いと高名なるヴィルテンベルク侯にあてて申し上げます。私は神のみ名において述べますが、あらゆる信徒のなかでもっとも小さな私は、神があなた方の腕の中におかれたあらゆる手段を用いて、心を込めて、迅速に、熱心に、主があなた方を見張りとされた群れにとびかかる用意ができている、あれらの白い狼を排斥するよう、あなた方に要求いたします。私はまたそのみ言葉に、アカデメイア派を真似る他ならぬ君たちが呪詛をなげかける主なる神にお願いいたしますが、宗教を不意打ちしてきた対立を、かかる呪詛によって決定することができないようにお命じください。そして君たちがひどく軽んじ、侮蔑しているため、神の教会の善き行政官と忠実なる司牧者を野蛮さと残虐さと、非人間性の咎で大胆にも告発しているのである。私は神に願う、君たちが真理に対して闘うよりも真理を知ったあとで、自分たちに対して威嚇し合うように、あるいは少なくとも故意に、神を無視することを楽しみとするがよい。そしてこうしたことに満足せず、なんらかの敬虔さをいだいているように見せかけるため、君たちは何冊もの文書を印刷させ。素朴な人々の信仰やその良心を揺さぶり、混乱させるように努めるのをやめないのだ。なぜなら君たちが、それらとほとんど同じ値打ちしかないその他の幾冊もの本と同様、自分の名前や、文体や、君たちの素敵な本が印刷された場所を削除する努力をしているにもかかわらず、しかしながら君たちの厚かましさや、新奇なものへの愛着、君たちが用いている変装は君たちを十分に知らしめているのだ。このような具合で誰もがよく、君たちが何者か、君たちが何を企てているか、理解するのだ。主が、主の御権能によって、君たちの信条を霧散させ、破滅させますように。このことは確実である。そして私は君たちにこのことについて早くから警告してきたのだ。ベリー、君と、モンフォール、君とに、そしてまとめてあらゆる君たちの血族に。

神に誉れあれ。

原著ではこの結論のあとにロマ書第一三章とペテロ前書第二章からの引用がおかれている。本書本体をご覧いただければお分かりと思うが、『行政官の権威論』ではこの二章が重要な役割を占めている。『行政官の権威論』では附録になっているが、以下に新共同訳から、日本語訳を紹介する。関係

者のご海容をお願いする。

ロマ書第一三章〔一―五〕（引用）

「人は皆、上に立つ権威に従うべきです。神に由来しない権威はなく、今ある権威はすべて神によって立てられたものだからです。従って、権威に逆らう者は、神の定めに背くことになり、背く者は自分の身に裁きを招くでしょう。実際、支配者は、善を行う者にはそうではないが、悪を行う者には恐ろしい存在です。あなたは権威者を恐れないことを願っている。それなら善を行いなさい。そうすれば、権威者からほめられるでしょう。権威者は、あなたに善を行わせるために、神に仕える者なのです。しかしもし悪を行えば、恐れなければなりません。権威者はいたずらに剣を帯びているのではなく、神に仕える者として、悪を行う者に怒りをもって報いるのです。だから、怒りを逃れるためだけでなく、良心のためにも、これに従うべきです」。

ペトロ前書第二章〔一三―一四〕（引用）

「主のために、すべて人間の立てた制度に従いなさい。それが統治者としての皇帝であろうと、あるいは、悪を行う者を処罰し、善を行う者をほめるために、皇帝が派遣した総督であろうと、服従しなさい」

（ちなみにロマ書の引用にあって「支配者」および「権威者」はともにベーズ仏訳では「Prince〔王、王侯〕」、ペトロ前書にあって「統治者」は「Roi〔国王〕」となっている）

訳註

（1）扉の『行政官の権威を論ず』に代わって、諸言が終わり、本論に入るこのページでは『行政官の義務〔devoir〕を論ず』と、いっそう過激な表現のタイトルが用いられているが、この要約を通して、ここではこの文書本体につけられた標題を尊重した。

（2）内容的には、カルヴァン『新約聖書註解Ⅴ　使徒行伝　上』益田健次訳、新教出版社、一九七四（一九六六）年、一〇二ページ以降が該当するが、ベーズは原典からかなり自由に取捨選択しているようだ。

（3）ドナトゥスは四世紀前半のカルタゴ司教で、アフリカに誕生した異端キリスト教一派の指導者。背教司祭の秘蹟には効果がないとして、厳格な教会生活を主張し、ローマ教会の腐敗を鋭く突いた。ディオクレティアヌス帝の迫害を受けたが、そのためかえって全アフリカに浸透した。

あとがき

カステリヨンは互いに不寛容な宗教改革にあけくれた十六世紀フランス語圏、いや西欧・東欧諸国で陽の目をみた、あるいは早産のうちに消滅した改革諸派およびカトリック諸派のなかにあって、相互排斥を阻止しようと努めた数少ない思想家のひとりであった。『異端者を処罰すべからざることを論ず』のラテン語写本の存在は一九三〇年代の終わりころから知られていたが、（その経緯はライデンで刊行された『カステリオノアーナ』〔一九五一年〕所収のブルーノ・ベッカー著「ある未刊行の写本」に詳しい）、第二次世界大戦とその後の諸事情もあって、確認されたのはようやく一九六〇年代にロッテルダムのレモンストラント派教会図書館においてであった。

そもそもカステリヨンが『異端者は迫害さるべきか』（ラテン語標題：以下フランス語版にしたがって『異端者について』と表記する）をマルタン・ベリーの偽名のもとで編纂したのは、カルヴァン指導下のジュネーヴで焚刑に処せられた、医師で神学者のスペイン人ミゲル・セルベトの擁護のためであった。いま「編纂した」という言葉を用いたのは、『異端者について』がマルタン・ベリーが、カステリヨンの、同じく仮名であるバジル・モンフォールとともに大きな枠組みをつくって、そのなかにアウグスティヌスからカルヴァンそのひとにいたるまで、思想界の著名人のいわゆる「撰集《せんじゅう》」を枠組

み の中に収録したからである。『異端者について』にはすでに西本幸二氏による抄訳と解説が『ルネサンス文学』第一号・第三号に発表されており、また『宗教改革著作集 一〇巻 カルヴァンとその周辺 Ⅱ』(教文館 一九九〇年)に出村彰氏による抄訳が刊行されているので、参照されたい。簡単に触れれば、イエス・キリストが神であることを否定する大著『キリスト教再興』を刊行したセルベトが、その神学的著作を忌み嫌うカルヴァンの手によりジュネーヴで逮捕、刑死させられた事件を取り上げて、寛容論を説いた撰集《せんじゅう》である。この著書に激怒したのがカルヴァンおよびその片腕テオドール・ド・ベーズであって、とくにベーズは本書附録で紹介『行政官の権威について』を発表、異端撲滅を謳い上げた。本書『異端者を処罰すべからざることを論ず』は『行政官の権威について』を論駁する目的で記されたもので、それはベーズの著作へのおびただしい言及にも見て取れる。また『異端者について』に対抗してカルヴァンは、ベーズが『行政官の権威について』を執筆しているあいだに、『正統信仰宣言』を世に問うた。

年代的に見るとセルベトの火刑が一五五三年一〇月二七日、その四ヶ月後、カルヴァンがラテン語とフランス語で『スペイン人ミゲル・セルベトのおぞましき過ちに抗して聖三位一体の忠実なる正統派の弁論』、それとほぼ時期を一にして一五五四年三月、カステリヨンは『異端者について』ラテン語版を、またそのひと月後にフランス語版を刊行した。一五六四年五月末にカルヴァンがジュネーヴで歿したのち、その後継者となるであろうベーズは同年九月『異端者について』に論駁をすべく、

『行政官の権威について』を刊行した。

概要は、この書の補遺をお読みいただければお分かりと思われるが、異端者は罰せられなければならないかいなか、またその刑罰は俗界の行政官の管轄に帰すべきかいなか、刑罰は極刑をもってすべきかいなか、を論じていた。ベーズは自分が告発するマルタン・ベリーに代表される異端者に対し、行政官が極刑をもって臨むべしとした。このときベーズは異端者とはカルヴァン派ならぬ者とし、やがて聖バルテルミーの虐殺（一五七二年八月）を受けて、異端者（カトリック側から見た）を擁護し、暴君討伐論を執筆するにいたるとは夢にも考えていなかったのである。

この『異端者を処罰すべからざることを論ず』の発見以前は、カルヴァンの『正統信仰宣言』（ラテン語版一五五四年二月、フランス語版同年同月）に対抗して筆を執った『カルヴァンの誹謗文書に抗して』（ラテン語版一六一二年、オランダで死後出版。仏語初訳は一九九八年）がカステリヨンのセルベト論争の終着点だと思われていた。カステリヨンの著作と言えば、反内戦論『悩めるフランスに勧めること』（現代フランス語版があるが、その出版以前に二宮敬氏が十六世紀の原著から訳された邦訳がある。これは学術的にも優れた邦訳であるので、もし入手出来たらお読みいただきたい。筑摩書房、世界文学大系「ルネサンス文学集」所収、昭和三九年。仏訳、一九六七年）や、カステリヨン本人の言葉を借りれば、「なぜなら私は先ず、信ずればよいことは何か、何を信ずべきか、無視してよいことは何か、知らなければならないことは何かを尋ねるべく企てているからだ」という、宗教改革の時代ならではの課題を扱う『疑う技術、信ずる技術、知らないでいる技術、知ることの技術』（仏訳、一九五三年）などが知られているが、長年写本の状態にあり、同時代はもちろん、四世紀をへるまで他の思想家に影響を与えた形跡がない『異端者を処罰すべからざることを論ず』を中央大学人文科学研究所翻訳叢書の一冊として上梓しようと願ったのには、もちろん、それなりの理由がある。

まず相田淑子が率先してまとめた人文科学研究所所属フランス・ルネサンス研究チームが、高橋薫の提案で一期五年をかけ、上述したジョゼフ・ルクレールの名著『宗教改革の世紀における寛容の歴史〔Joseph Lecler, *Histoire de la tolérance au siècle de la Réforme* (Albin Michel, 1994: 初版上下巻 Desclée de Brouwer, 1955)〕』を輪読している間に、十六世紀における寛容の問題に敏感になっていた経緯がある。つぎに私たちが特にカステリヨンにおける寛容の主張を扱うにいたったのは、聖バルテルミーの虐殺をかかえるフランスにおけるカトリック教徒による人文主義者や改革派の焚殺と、カルヴァン主導下におけるジュネーヴでの改革派による「異端者」の焚殺の両者を糾弾する視点を声を大にして論じた思想家の筆頭にこの神学者がいると思われたからである。そして最後に数あるカステリヨンの著作の中から『異端者を処罰すべからざるを論ず』の翻訳を選んだのは、物理的に翻訳可能な分量であったこと、形式的に対話文学等ではなく、『悩めるフランスに勧めること』とならぶ散文論文であること、そして高橋が読んだ十六世紀に綴られたフランス語寛容論のなかで、もっとも感動的であったため、年寄の高橋が強力に推し、若い研究員が年長の高橋を立ててくれたことなどがある。

高橋が雑な読書体験から思い描いていたのとは異なって、翻訳作業は難航をきわめた。当初客員研究員の宮川慎也、同須田（佐藤）正樹と相田、高橋の四人で協力分担して翻訳を進める予定であったが、須田（佐藤）正樹が教職・諸般の事情により退会したため、残された三人で須田（佐藤）が訳し残していた部分を高橋が活用しその他の訳し通せなかった部分を高橋、宮川、相田が分担訳出することとなった。須田（佐藤）氏の翻訳協力者としての功は大変有難かったことをつけ加え、謝意を表するものである。また原典に頻出する引用の出典が明記されていないため、ラテン語版を参照し、さらにラテン語版でも明記されていない古代作家や中世の著述家の引用と思われる箇所については、その他の原典をさぐりつつ、註を施そうとしたが、私たちの勉強不足で不明な箇所が数多く残った。温かいご指摘をお願いする次第である。また幾つかの語彙については統一をおこなったが、メンバーの意見により三人の共訳とするだけで監修者を立てなかった。相田の専攻がフランス十六世紀詩、宮川の専攻がモンテーニュ、高橋にはこれといった看板がないといった、三人三様の出自をもち、ために訳文の文体も異なり、あるいはお目障りになったかもしれない。監修者を立てるか立てないかの判断は、三人がそれぞれの分担箇所に責任をもつという意志を尊重した結果であり、もともとこの企てに携わっていた三人に加え、須田（佐藤）の後任として参加した小池美穂客員研究員を交えて、四名が互いの訳文をチェックするにとどめた。したがって監修者は「フランス・ルネサンス研究チーム」ということになる。なお訳出の担当部分は次のとおりである。

高橋　薫　まえがき、二ページから一一二ページ前半、二一〇ページから二七五ページ、おわりに、付属資料
宮川慎也　一一二ページ後半から二〇九ページまで、二七五ページ後半から二九七ページまで
相田淑子　二九八ページから三九七ページまで
小池美穂　校閲

またすでに述べたように、『異端者を処罰すべからざるを論ず』にはラテン語の元本があって、そののちにフランス語訳が執筆されたようである。本来なら人文科学研究所の学術出版にあたる本書において、ラテン語版とわたしたちが翻訳したフランス語版の異文をも訳出すべきであったが、残念ながらそこまで長い論考を訳出する能力が、私たちにはなかった。非才をお詫びするとともに、ご海容を願う次第である。

問題点の多い、拙い翻訳ではあるが、信念の対決に明け暮れたこの時代の、しかしながら信念の相対性を説いたカステリヨンの文章が、思想信条の自由が暴政につながり、思想信条の節度が過度の禁欲になりかねない二十一世紀のこの世界を生きるひとびとの耳に、少しでも届くようなことがあれば、それは訳者たちの最上の仕合せである。

最後にカステリヨンに関する日本語の文献を紹介しておく。

カステリヨン『悩めるフランスに勧めること』、『ルネサンス文学集』所収、二宮敬訳、平凡社、昭和三九年

セバスチャン・カステリョ『異端は迫害さるべきか』（抄訳）、『宗教改革著作集　第十巻』所収、出村彰訳、教文館、一九九三年

渡辺一夫「ある神学者の話（セバスチャン・カステリヨンの場合）」、『フランス・ルネサンスの人々』所収（単行本・全集版などがある）

西本晃二「セバスチャン・カステリヨン『異端者について』（第一回、および第二回）」、『ルネサンス文学』第一号・第三号所収

砂原教男「カステリヨンとその著作」、『大阪府立大学人文論集』一九九四年十二月

出村　彰『カステリョ』、清水書院、一九九四年

ピエール・ベール「カスタリヨン（カステリヨン）」、『歴史批評辞典　I』所収、野沢協訳、法政大学出版局、一九八二年

ツヴァイク『権力とたたかう良心』、みすず書房、一九七三年

グッギスベルク、ハンス・R『セバスティアン・カステリョ　宗教寛容のためのたたかい』、出村彰訳、新教出版社、二〇〇六年

ジャン・カルヴァン『キリスト教綱要　全四巻七分冊』、渡辺信夫訳、新教出版社、一九六二―一九六五年
ジャン・カルヴァン『キリスト教綱要（初版）』、久米あつみ訳、教文館、一九八六年

最後の最後になるが人文科学研究所出版委員会委員長秋山嘉先生と中央大学出版部小川砂織さんには大変お世話になった。記して謝辞の言葉とする。

フランス・ルネサンス研究チーム
責任者　高橋　薫

訳者紹介

高《たか》橋《はし》　薫《かおる》　研究員・中央大学教授

相《あい》田《だ》淑《よし》子《こ》　研究員・中央大学教授

宮《みや》川《かわ》慎《しん》也《や》　客員研究員・中央大学兼任講師

翻訳協力

須《す》田《だ》（佐藤）正樹《まさき》　元客員研究員・元中央大学兼任講師

校閲協力

小《こ》池《いけ》美《み》穂《ほ》　客員研究員・中央大学兼任講師

異端者を処罰すべからざるを論ず

中央大学人文科学研究所　翻訳叢書 9

2014年 3 月 1 日　第 1 刷発行

編　　者　中央大学人文科学研究所
訳　　者　高橋　薫　相田淑子
　　　　　宮川慎也
発行者　中央大学出版部
　　　　代表者　遠山　曉

〒192-0393
東京都八王子市東中野742-1
発行所　中央大学出版部
電話 042(674)2351・FAX 042(674)2354
http://www2.chuo-u.ac.jp/up/

©　中央大学人文科学研究所　2014

ニシキ印刷㈱

ISBN978-4-8057-5408-5

中央大学人文科学研究所翻訳叢書

1

スコットランド西方諸島の旅

一八世紀英文壇の巨人がスコットランド奥地を訪ねて氏族制の崩壊、アメリカ移民、貨幣経済の到来などの問題に考察を加える紀行の古典。

四六判　三六八頁
定価　二五〇〇円

2

ヘブリディーズ諸島旅日記

伝記の最高峰ボズウェル『ジョンソン伝』の先駆けとなった二人の一〇〇日におよぶスコットランド奥地の旅の詳細きわまる日記の全訳。

四六判　五八四頁
定価　四〇〇〇円

3

フランス十七世紀演劇集　喜劇

フランス十七世紀演劇の隠れた傑作喜劇4編を収録。喜劇の流れを理解するために「十七世紀フランス喜劇概観」を付した。

四六判　六五六頁
定価　四六〇〇円

4

フランス十七世紀演劇集　悲劇

フランス十七世紀演劇の隠れた名作悲劇4編を収録。本邦初訳。悲劇の流れを理解するために「十七世紀フランス悲劇概観」を付した。

四六判　六〇二頁
定価　四二〇〇円

5

フランス民話集Ⅰ

子供から大人まで誰からも愛されてきた昔話。フランスの文化を分かり易く伝える語りの書。ケルトの香りが漂うブルターニュ民話を集録。

四六判　六四〇頁
定価　四四〇〇円

中央大学人文科学研究所翻訳叢書

6 ウィーンとウィーン人

多くの「ウィーン本」で言及されながらも正体不明であった幻の名著。手垢にまみれたウィーン像を一掃し、民衆の素顔を克明に描写。

四六判 一三〇二頁
定価 七二〇〇円

7 フランス民話集Ⅱ

フランスの文化を分かり易く伝える民話集。ドーフィネ、ガスコーニュ、ロレーヌ、ブルタニューなど四つの地方の豊饒な昔話を収録。

四六判 七八六頁
定価 五五〇〇円

8 ケルティック・テクストを巡る

原典および基本文献の翻訳・解説を通して、島嶼ケルトの事蹟と心性を読み解くという、我が国ではこれまで類例のない試み。

四六判 四八〇頁
定価 三三〇〇円

＊価格は本体価格です。別途消費税が必要です。